怒髮衝冠
憑闌處
瀟瀟雨歇
抬望眼
仰天長嘯
壯懷激烈
三十功名塵與土
八千裏路雲和月
莫等閒
白了少年頭

王曾瑜 著

河南大学出版社

滿江紅

［柒］忠貫天日

图书在版编目(CIP)数据

满江红. 忠贯天日/王曾瑜著. —郑州:河南大学出版社,2014.9
ISBN 978-7-5649-1622-0

Ⅰ.①满… Ⅱ.①王… Ⅲ.①长篇历史小说-中国-当代
Ⅳ.①I247.5

中国版本图书馆 CIP 数据核字(2014)第 222447 号

责任编辑　陈广胜
责任校对　王四朋
封面设计　王四朋

出　版	河南大学出版社
	地址:郑州市郑东新区商务外环中华大厦 2401 号　邮编:450046
	电话:0371-86059701(营销部)
	网址:www.hupress.com
排　版	郑州市今日文教印制有限公司
印　刷	开封智圣印务有限公司
版　次	2014 年 10 月第 1 版　　印　次　2014 年 10 月第 1 次印刷
开　本	710mm×1000mm　1/16　印　张　23.75
字　数	342 千字　　　　　　　　定　价　229.00 元(7 册)

(本书如有印装质量问题,请与河南大学出版社营销部联系调换)

汤阴岳飞纪念馆

杭州岳王庙

杭州岳坟

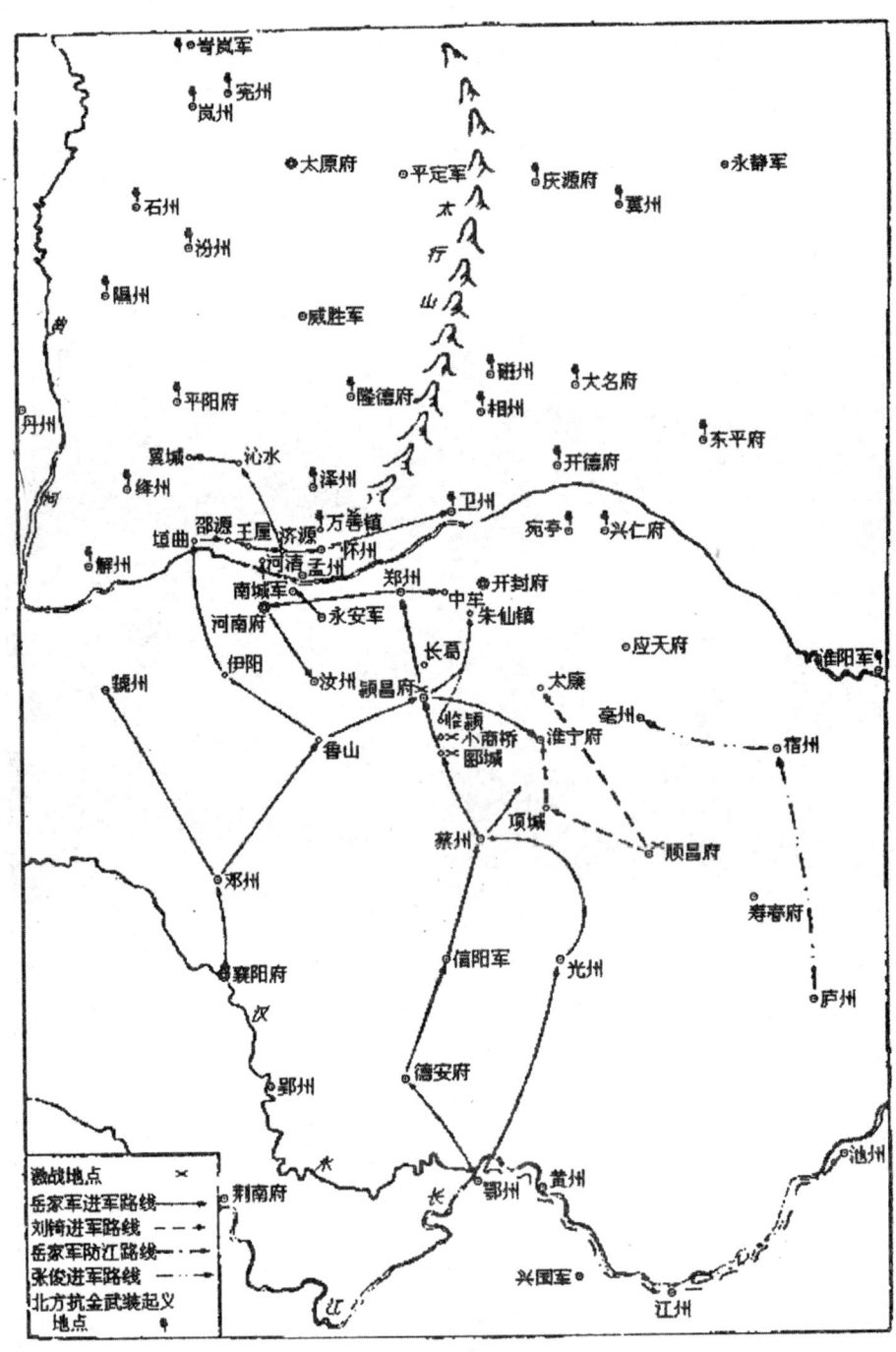

岳家军第四次北伐路线图

重要人物表

完颜兀术　汉名宗弼,金太祖子,都元帅,人称四太子。

完颜突合速　元帅左监军,号龙虎大王。

完颜阿离补　元帅左监军,后升左副元帅。

完颜撒离喝　元帅右监军,后升右副元帅。

完颜拔离速　元帅左都监,后升元帅左监军。

大挞不野　渤海人,元帅右都监,后升元帅右监军。

完颜阿鲁补　三路都统。

韩常　昭武大将军。

李成　奉国上将军。

郦琼　骠骑卫上将军。

孔彦舟　安远大将军。

杜充　宋朝降臣,金朝行台尚书省右丞相。

张通古　参知行台尚书省事。

翟平　昭勇大将军。

宋高宗赵构　宋徽宗第九子,南宋开国皇帝。

秦桧　宰相。

郑亿年　秦桧亲戚,金朝归宋官员。

张莺哥　宋高宗婕妤,后为婉仪。

吴金奴　宋高宗才人,后为皇后。

冯益　宦官。

刘缨缨　赵士缵新娘,后为宋高宗贵妃。

张去为　宦官。

王癸癸　秦桧妻。

王次翁　御史中丞,后任参知政事。

范同　给事中,后任参知政事。

刘锜　东京副留守,淮北宣抚判官。

岳飞　武胜、定国军节度使,荆湖北路、京西南路宣抚使,兼河南、河北诸路招讨使,为南宋方面军统帅,后为枢密副使。

李娃　岳飞后妻。

王贵　提举一行事务、中军统制。

张宪　同提举一行事务、前军统制。

高芸香　张宪后妻。

朱芾　参谋官。

岳雲　岳飞长子,书写机宜文字。

巩岫娟　岳雲妻。

岳雷　岳飞次子。

温锦萍　岳雷妻。

徐庆　右军统制。

寇成　后军统制。

牛皋　左军统制。

董先　踏白军统制。

郭青　背嵬军同统制。

于鹏　干办公事。

孙革　干办公事。

张节夫　干办公事。

王敏求　干办公事。

李廷珪　干办公事。

李宝　岳家军忠义统领、统制。

孙彦　岳家军忠义统领、统制。

王万　破敌军统制。

姚政　游奕军统制。

杨钦　水军统制。

黄佐　水军副统制。

王俊　前军副统制。

李道　选锋军统制。

胡清　选锋军副统制。

赵秉渊　胜捷军统制。

武赳　胜捷军副统制。

梁兴　忠义军统制。

董荣　忠义军同统制。

赵雲　忠义军副统制。

李进　忠义军统领。

牛显　忠义军统领。

张峪　忠义军统领。

孙显　前军统领。

冯赛　前军第一将正将。

崔虎　前军第一将副将。

李璋　前军第二将正将。

白安时　前军第二将副将。

高林　前军第三将正将。

刘遇　前军第三将副将。

沈德　游奕军统领。

芮红奴　原是岳翻妻，改嫁高林。

王处仁　进奏官。

王莹　水军统领。

郝晸　中军副统制。

苏坚　中军统领。

霍坚　都训练。

李若虚　前参议官、司农少卿、司农卿。

马羽　右军第二将正将。

庞荣　左军副统制。

李兴　河南府路兵马钤辖、左军同统制。

王良存　京西转运副使。

李启　回易官。

完颜迪古乃　汉名亮,完颜斡本次子,万夫长,后为金朝第四代皇帝。

傅选　右军副统制。

李山　后军副统制。

王兰　右军第三将正将。

完颜厮里忽　汉名宗秀,金朝皇族,镇国上将军,号镇国大王。

李建　踏白军统领。

陈照　胜捷军统领。

杨再兴　背嵬军第一将正将。

姚侑　背嵬军第一将副将。

王刚　背嵬军第二将正将。

罗彦　背嵬军第二将副将。

马準　破敌军统领。

杨成　破敌军第二将正将。

刘政　破敌军第四将准备将。

张应　中军第一将正将。

韩清　李娃表弟,中军第二将正将。

焦元　中军第三将正将。

张俊　淮西宣抚使,为南宋方面军统帅,后为枢密使。

王德　行营中护军都统制。

田师中　行营中护军前军统制,后任鄂州驻扎御前诸军都统制。

完颜赛里　汉名宗贤,金朝皇族,号盖天大王。

胡闳休　背嵬军第三将正将。

周彦　背嵬军第四将正将。

李迪　背嵬军第三将副将。

刘辅之　背嵬军第三将准备将。

杨浩　背嵬军第四将副将。

蒋世雄　背嵬军第四将准备将。

韩元　背嵬军第一将准备将。

樊贵　游奕军第五将正将。

梁吉　游奕军第五将副将。

李遇　游奕军第五将准备将。

李仪　背嵬军第五将正将。

刘深　背嵬军第六将正将。

王恪　游奕军第四将正将。

史贵　后军第四将正将。

李德　后军第五将副将。

边俊　后军第一将正将。

李喜　后军第一将副将。

贾彦　后军第一将准备将。

左迪　背嵬军第七将准备将。

赵瑗　宋太祖七世孙,宋高宗养子,后为宋孝宗。

万俟卨　监察御史,后为右谏议大夫、御史中丞。

黄彦节　宦官。

罗汝楫　殿中侍御史。

杨沂中　殿前副都指挥使、淮北宣抚副使。

李清照　女诗人,号易安居士。

金熙宗　汉名亶,金朝第三代皇帝。

宇文虚中　宋朝降臣,金人尊为"国师"。

洪皓　宋使。

完颜阿鲁补　汉名宗敏,金太祖子,邢王,人称五太子。

韩世忠　京东、淮东宣抚处置使,为南宋方面军统帅,后为枢密使。

林大声　湖、广总领。

赵九龄　前河北西路招抚司干办公事。

邵缉　文士。

黄纵　前岳家军主管机宜文字。

刘巧娘　岳飞前妻。

周三畏　大理卿。

薛仁辅　大理寺左断刑少卿。

刘洪道　前鄂州知州。

岳银铃　岳飞姐。

高泽民　岳银铃子。

慧海　庐山东林寺住持僧。

隗顺　狱子。

元龟年　大理寺评事。

何彦猷　大理寺丞。

李若樸　李若虚弟，大理寺丞。

泽一　鄂州头陀寺典座。

管蕙卿　李光妻。

张宗本　张所子。

柔福帝姬赵嬛嬛　宋徽宗第二十女，封福国长公主。

高世荣　驸马都尉。

赵士㒟　齐安郡王、开府仪同三司、判大宗正事。

智浃　文士。

王燕哥　新兴郡夫人，绰号一丈青。

宋金时代语汇简释

奚车　辽宋金时代的奚人善于制造轻巧的车,便于行走沙地和山路,时称奚车。

都烈、抹颜、孛术鲁　女真姓。

少卿　司农少卿等通称少卿。

岳家人　即岳家军,当时有此习惯称呼。其余张家人、韩家人等亦依此类推。

榷货务　官署名,掌管发行关子、钞引等票据,出售香药、象牙等经济事务。

关子　南宋初发行的票据,可兑换钱币等。

队将　宋军编制单位"队"的统兵官,凡是有低品武官衔者,称队将,没有低品武官衔者,称队官。

宣副　宣抚副使简称。

朝请　朝请郎简称。

肉傀儡　宋时以小孩演傀儡戏,称肉傀儡。

评事　大理寺评事简称。

五刑　指笞、杖、徒、流、死五种刑罚。

莫须有　岂不须有。

院长　大理寺等刑狱吏胥的尊称。

除名　按唐宋刑法,是指削除官员的所有官爵,并相应销毁其全部官告。

勒停　削除官员的实职差遣。

寺丞　大理寺丞、司农寺丞等通称。

私罪　唐宋时把官员的罪名分为私罪和公罪。公罪是指执行公务中犯罪，并无私曲，类似于今天的政治错误。私罪是因私情而犯罪，其处罚重于公罪。

大辟　死刑。

牢城　宋朝厢军的一种番号，刺配充牢城军者，从事苦役。

小分　只领一半军俸者。

脊杖、臀杖　杖刑的部位有异，脊杖打背部，臀杖打臀部。

编管　官员、官员家属等的流放罪，免于刺面，但在流放地管制最严。官员流放有羁管、编管、安置、居住等不同待遇和等级。

宣教　宣教郎简称。

承事　承事郎简称。

大 事 记

绍兴十年五月,完颜兀术毁约南侵,占领开封府。

宦官冯益向宋高宗献赵氏宗室妻刘缨缨。

御史中丞王次翁面奏宋高宗,为秦桧说情。

五月至六月,刘锜军在顺昌府大败完颜兀术金军。

五月,李宝游击军在宛亭县等地破金军。

六月,岳飞部署反攻,并给东林寺慧海寄诗,示意功成身退。

岳家军举行出师仪式。

岳飞说服李若虚,违诏北伐,攻取蔡州,牛皋、李兴等军收复汝州。

六月至闰六月,张俊违约卖阵,单独退兵。

闰六月,张宪麾军攻克颍昌府,与金朝主力援军激战,夺取淮宁府。

王贵麾军占领郑州,七月,夺回西京河南府。

梁兴、董荣等游击军深入河东与河北。

七月八日,岳家军在郾城大败完颜兀术金军。

十日,完颜兀术金军占临颍县。金军偏师佯攻郾城县,被岳家军击败。

十三日,杨再兴等三百骑在小商桥重创金军,英勇战殁。

十四日,岳飞、张宪等统军重占临颍县。

王贵、岳雲等军在颍昌府大败完颜兀术金军。

十八日,岳飞接宋高宗班师诏,并回奏规谏。

十九日,岳家军于朱仙镇再破完颜兀术金军。

二十日,岳飞连接十二道金字牌颁发的班师诏,被迫撤军。

八月,岳飞到临安府,请求辞职,宋高宗不予允准。

绍兴十一年二月,岳飞扶病出兵援淮西。

十八日,淮西宋军于柘皋镇大败金军。

三月,金军战败张俊、韩世忠等军,渡淮北撤,岳家军赴援不及。

四月,宋廷罢岳飞、韩世忠和张俊三大将兵权。

五月,张俊与岳飞出使楚州。

岳飞向韩世忠报告秦桧阴谋,反对宋廷撤军江南,放弃海州。

六月,韩世忠面奏,揭露秦桧阴谋。

七月,张俊往镇江府设枢密行府。

岳飞上辞职奏,李清照拜会李娃。

张俊胁迫王贵。

八月,秦桧唆使党羽弹劾岳飞,宋高宗罢岳飞枢密副使。

岳飞告假回江州。

九月一日,张宪启程赴镇江府。

八日,王俊出面,在鄂州诬告张宪谋反。

蒋世雄向岳飞密报王俊诬告。

张俊据急递传送的诬告,在镇江府逮捕张宪,违法刑讯。

十月,岳飞返回临安府。

王处仁冒险向岳飞密报王俊诬告。

十三日,岳飞入狱。

宋金重新和谈。

十一月,何铸天良发现,力辨岳飞无辜。

宋高宗和秦桧改命万俟卨主审,对岳飞等酷刑逼供。

岳飞等拒不自诬。

宋金正式订立屈辱和议。

十二月,岳飞绝食,岳雷入狱服侍。

李清照、柔福帝姬等慰问李娃。

若干官员和士人营救岳飞不成。

二十九日,宋高宗下令,法外加刑,处死岳飞、张宪和岳雲。于鹏、孙革、王处仁和蒋世雄被流放,中途遇害。

隗顺背负岳飞尸身,仓促掩埋于钱塘门外。

此后,举国痛悼岳飞遇害。

李娃、高芸香等流放岭南和福建。

岳雷死于流放地惠州。

目　录

[壹]　败盟前后　1

[贰]　顺昌之战　13

[叁]　初试锋芒　27

[肆]　违旨出师　32

[伍]　进军京西　46

[陆]　收复颍昌　54

[柒]　攻占淮宁　61

[捌]　连克郑洛　67

[玖]　深入两河　76

[壹零]　违约卖阵　85

[壹壹]　决战郾城　95

[壹贰]　血战小商桥　109

[壹叁]　决战颍昌　123

[壹肆]　进军朱仙镇　133

[壹伍]　十二道金字牌　153

[壹陆]　十年之力　废于一旦　173

[壹柒]　卷土重来　182

[壹捌]　朝觐前后　192

[壹玖]　扶病出师　201

[贰零] 先胜后败 210
[贰壹] 解除兵权 224
[贰贰] 画押枢密 234
[贰叁] 直道危行 245
[贰肆] 罢官赋闲 258
[贰伍] 紧收罗网 270
[贰陆] 蹈节尽义 286
[贰柒] 残酷诏狱 295
[贰捌] 卑屈事仇 308
[贰玖] 暗无天日 318
[叁零] 罪名"莫须有" 326
[叁壹] 岁末殉难 337
[叁贰] 历尽折磨 349

寄题汤阴县岳飞纪念馆

汤阴战骨殉神州,
古国升沉八百秋。
遥想背嵬腾血马,
犹听父老哭牵牛。
山河兴废多雄鬼,
冠盖炎凉少义丘。
激烈壮怀终不泯,
大江后浪逐前流。

[壹] 败盟前后

  金朝天眷三年,即宋朝绍兴十年(1140年)三月初,金朝都元帅完颜兀术在燕京召集军事会议,商讨对宋发动战争。金朝兴起之初,军事问题一般都是由几个统军的女真贵族商量和决策。如今故将凋零,所以连一些宋朝的降官,如行台尚书省右丞相杜充,奉国上将军、安武军节度使李成,骠骑卫上将军、亳州防御使郦琼,安远大将军、淄州刺史孔彦舟等人,也奉命前来参加会议和咨询。李成等人在伪齐时还保留了汉人的服饰,如今则一律辫发左衽。

  完颜兀术新近改封越王,耶律观音现在是名正言顺的越国王妃。辽东汉儿、昭武大将军韩常经历仙人关之战,只剩下一只右眼,他在会议之前突然要求单独拜会耶律观音。耶律观音就在燕京城西南的行宫里召见韩常。韩常对王妃行女真跪礼后,耶律观音请他坐下,问道:"韩十八,你有甚底事?"韩常说:"下官惟求与耶律娘子密谈。"耶律观音当即命令女奴们退下。

　　韩常指着自己失去的左眼说:"下官追随四太子,惟是出生入死,岂有二心?然而如今大金底兵势,与入中原之初已大不相同。今日南房军底勇锐,恰似昔日底大金军;而今日大金军底怯懦,又恰似昔日南房军。四太子执意用兵,下官只见有害,不见有利。"耶律观音说:"你何不以此言语劝解四太子?"

　　韩常说:"四太子以为,大金用兵最善于马军驰突,河南平旷,非比昔日底和尚原、仙人关山险,正是用武之地。下官苦劝无用,故只得面陈耶律娘子。"耶律观音说:"用兵底事,男女内外有别,我只管得家事,问不得军事。"韩常只能摇头叹息,又再三劝说,耶律观音由于自己的丈夫在完颜宗姓的残酷斗争中,一直处于胜势,正值踌躇满志的时候,根本听不进韩常的话,她说:"用兵得利,可以进据南方。闻得上界有天堂,下界有苏、杭,我亦愿日后去苏、杭一游。便是失利,住不得燕京,须是退出榆关,我亦是不失为越王妃。"

　　韩常只得告退,他临行时叮咛说:"下官唯是进忠告,然而切望耶律娘子不与四太子说破。"耶律观音笑着说:"我不与四太子说破,然而你须是一如既往,效力厮杀,四太子必是与你加官晋爵。"韩常唯唯诺诺,退出行宫。

　　在军事会议上,元帅左监军完颜阿离补、元帅右监军完颜撒离喝、元帅左都监完颜拔离速、元帅右都监大挞不野都少言寡语,他们其实不赞成出兵攻宋,但在完颜兀术得势之际,又不敢公开反对。唯有龙虎大王完颜突合速十分积极,他说:"当年挞懒教我放秦桧南归,如今他是康王底宰相,必是暗中佑助大金。大金用兵,长于骑射,自来是秋冬出师,暑月收兵。体探得南房在河南目即并无军马把截,可乘夏日进兵,攻其不备,一举占领河南、陕西。待到秋冬,南房便是发兵交战,亦无能为。"完颜兀术高兴地拍手说:"此计煞好!"

　　李成的内心害怕岳飞,颇为怯战,但表面上从不愿流露,况且还必须奉承完颜兀术。他说："下官最知郑亿年底行藏，如今他在江南，亦可与秦桧合力，佑助大金。"杜充说："莫须与秦桧、郑亿年暗通书问。"

完颜兀术说："你可为我修书与秦桧、郑亿年。"杜充正准备应答，完颜兀术又想到岳飞，说："闻得岳飞本是你底部曲，你亦可修书与岳飞，教他投拜，我必当重赏。"杜充明知岳飞决不会投降，也只能逢迎说："下官遵命！然而修书当在四太子发兵时，以免泄漏兵机。"完颜兀术说："甚好！"

郦琼感到自己也必须没话找话，阿谀奉承，就说："四太子勇冠三军，当矢石交集之际，四太子便脱去兜鍪，指麾三军，意气自若，无不与孙吴兵法暗合。江南诸帅，才能尚不及中人，每当出兵，必居数百里外，自谓持重；若是战斗不利，必先逃遁，岂得与大金军马相抗。况且康王荒淫无道，国政不纲，人所共知。四太子以大军亲临，康王必是心碎胆裂。"

完颜兀术听后，哈哈大笑，大家明知郦琼曲意逢迎，都不便戳穿，倒是韩常忍不住说话："郦太尉，你便是言过其实。"张通古奉使归来后，更得完颜斡本的信用，如今担任参知行台尚书省事，他以完颜兀术的谋主身份说："我奉使江南，备知情伪。江南并非无忠臣良将，若是康王以大金为不共戴天底仇敌，必欲报复，任用他们，则鹿死谁手，尚未可知。康王与秦桧一意苟安求和，排斥忠臣良将，大金便操胜券。然而用兵之道，亦须见机而进，见机而止，难以预测。"

完颜兀术说："自家十年前与挞不野、韩十八等远征江南，艰险备尝。此回用兵，第一便是占据江北，再与康王和议，划江为界，待日后徐谋灭亡赵氏。若是不得已，亦可夺取刘豫时底河南、陕西地界。万不得已，则是依旧划河为界，料得康王与秦桧必是依允。"完颜兀术虽然好战，但历次的失败也使他不敢夸口必胜，他所说的三套方案自然是与张通古商议的结果。

军事会议结束后，完颜兀术又保奏完颜突合速担任元帅左监军，同时设两名元帅左监军，这是破例的事，用以表示完颜兀术对完颜突合速的倚重。

宋高宗在王伦被扣押后又派遣两批使节，第一批苏符等人被金朝拒不接纳，第二批莫将等人又在四月被金朝扣押于涿州。完颜兀术在军事会议上原来决定六月初出兵,又因担心宋朝向河南地区发遣重兵,临时改为五月初南侵。金军分兵四路,完颜撒离喝和完颜拔离速统兵攻陕西,与宋将吴璘、杨政、郭浩三军对阵。山东统军使完颜聂耳所部与韩世忠军对阵。李成带兵进占西京河南府。完颜兀术亲自统率大军,在十三日突入东京开封府城。由于宋廷没有在河南地区派驻重兵,官员们或是望风逃遁,或是闻风投拜。

宋高宗虽然怀着紧张不安的心理,担心金人撕毁和约,但与建炎三年、四年间窘急和惊怖的心态毕竟不可同日而语。四月,北方传来了金人拘留莫将等使节的消息,宋高宗马上召见秦桧和孙近,说:"东京是旧都,若有缓急,岂得无兵无防,可速命刘锜统本军前去赴任。"秦桧本来还不想发兵,但见到皇帝有几分着急,才不敢劝阻,说:"臣愚领旨!"刘锜统率军马迟至四月下旬启程。

宋高宗仍不放心,又召见郑亿年,郑亿年在殿上表现得信心十足,说:"陛下圣意高远,与虏人定南北长久和好之策。依臣愚所料,虏人唯是虚声恫吓,意在邀索钱财等事,决无用兵之理。臣愿以全家百口保虏人讲和,不敢有他。"他的话又使宋高宗吃了定心丸,感到高枕无忧。

郑亿年所以敢于如此保证,其实是中了张通古的诡计。他向完颜兀术提议,教杜充给秦桧与郑亿年暗通书信,说金朝不过是虚张声势,其实决不会用兵,借以麻痹对方,秦桧和郑亿年却信以为真。秦桧比较谨慎,不愿把杜充的话外泄;而郑亿年为了卖弄自己胸有妙算,又把殿上所说的到处张扬。

在临安定居以后,行宫的建设渐成规模。五月盛暑的一个下午,宋高宗在新开的一个大龙池中,初次登上豪华的御舟,与张婕妤、吴才人避暑。御舟停靠在树阴下,正舱的门窗洞开,微风吹拂,另有四名宫女不断为他们摇扇。正舱陈设华丽,雕镂着精致的龙凤之类,其中摆设一套红漆光亮的螺钿桌椅,椅子上铺着黄罗蒲褥,螺钿桌上摆满了夏令瓜果,以及鹿梨浆、卤梅水、木瓜汁之类凉水。有四名宫女用琵琶、筝、琴和箫奏乐,一名宫女则轻歌曼舞,唱着一曲艳词:"洞天深处,赏娇红轻玉。高张云幕,国艳天香相竞秀。琼苑风光如醉,露洗妖妍,风传馥郁,云雨巫山约……"

一名小宦官蹑手蹑脚登上御舟,进入正舱,他专等宫女表演结束才上前跪奏:"小底奏禀官家,今有冯十五自福州来,有要事求见陛下。"冯益离开行宫五年,宋高宗几乎把他遗忘了,他说:"多时不见,朕亦是思念,便教冯十五登御舟。"小宦官出正舱不一会儿,冯益满面春风进来,跪拜皇帝,他激动地说:"小底多时不得拜见官家,今日恭祝圣躬万福!"

宋高宗问道:"你有甚底要事?"冯益双膝跪行,从袖里取出一卷画,用双手捧着,说:"小底今有一幅丹青,敬献官家。"冯益为了偷着给宗室赵士缵新娘画像,也是煞费苦心,因为赵仲节家毕竟不允许别人随便给新妇作画。冯益设法出重金买通一个女画工,让她以女使的身份就雇于赵仲节家,反复地观察刘缨缨的长相和身段,终于完成了这幅画像。

宋高宗接过画卷,吴才人已经猜着几分,她眼明手快,抢上前去,帮助皇帝拉开画卷,张婕妤最担心最害怕的时刻终于来到,她的脸霎时变色,但又很快抢先说:"如此姿质艳美,便是蜀地底华蕊、吴地底西施所不及,煞是国色!"她的表情并没有逃过吴才人的眼睛,吴才人心里暗自好笑,但表面上又若无其事,也不住称赞画中的美女。

宋高宗还没有发问,冯益就抢先说:"此小娘子便是刘氏,名缨缨,今年一十七岁,如今是西外宗正司荣州防御使仲节底新妇,士缵底浑家。"宋高宗听说这个女子论辈分应是自己的族婶,下意识地暴怒,厉声说:"你何以不及早奏于朕知?"

冯益对皇帝的发怒毫无思想准备,但他还是立即随机应变,在地上不断叩头,哭丧着脸说:"小底死罪!小底死罪!官家底心腹事,小底何尝有一日不铭记心头。小底自到福州,遍访大街小巷,直是踏破铁鞋无觅处。"他接着又向皇帝详述发现刘缨缨和画像的经过。

宋高宗此时已经意识到自己的失态,也收敛了怒容,露出平静的表情,把手一挥,说:"冯十五且起!"冯益懂得,事情已有转机,他一面起立,一面说:"小底谢罪!小底谢罪!谢官家不斩底圣恩!"宋高宗又有意慢悠悠地问道:"冯十五,你以为当怎生措置?"冯益对此问话早有思想准备,他说:"小底以为,此事须付与小底十万贯钱,一个武翼郎底空名官告。"宋高宗问道:"士缵如今是甚武阶?"冯益回答:"尚未得官封。"宋高宗说:"朕须慎惜名器与钱财,付你一个成忠郎底空名官告,另与你五千贯钱。"成忠郎比武翼郎有正九品和从七品的差别。冯益本拟乘此机会，发一笔大横财，如今这个愿望已经落空，但也只得响亮地应答："小底遵旨！"宋高宗说："你可退下，在行宫晚食后便夤夜出行，速去速归！"冯益心想："官家唯是欲火急如燃眉！"只能唯唯而退。他刚出船舱，又有小宦官喊道："冯十五，官家教你回归，另有宣谕。"冯益再次返回下跪，宋高宗说："此是宫中机事，不得外泄。将刘氏送到行在，沿途亦不得张扬。若是泄密，朕必加罚！"冯益连忙说："小底恭领圣旨！"

冯益再次出舱，心想："我岂不知，官家既是色中饿鬼，又怕担当好色底恶名，此事又何劳宣谕。然而若要人不知，除非己莫为，官家强取族婶底事，又必是不胫而走，传播四方。"他本拟与张去为、王继先等故人相聚，以便自吹自擂一番，现在却只得匆匆吃过晚饭，连夜骑马动身，南下福州。

宋高宗发付冯益走后，又吩咐宫女们张着刘缨缨的画像，久久地观赏，他凝神发呆，不觉口角流涎。夏日天长，虽然烈日西沉，舱内天光尚明，张婕妤问道："官家莫须用御膳？"宋高宗方才从呆望中清醒，随口说："便在此用膳。"御膳很快摆在舱内，宋高宗仍然如痴如呆一般，他只是想着这个画中美人，无心用膳。

张去为登上御舟，却很识相地站立在舱外，不言不语，只等皇帝用膳完毕，然后进入正舱，跪奏说："小底有紧切事奏禀官家。"宋高宗问道："甚底？"张去为立即呈上了金军突过黄河，侵入河南的急报。宋高宗看后，当即脸上变色，露出恼羞成怒的模样，但又转而长叹一声，命令张去为说："你可速召秦桧与孙近面对。"

秦桧和孙近怀着诚惶诚恐的心情连夜上殿，行臣礼毕，宋高宗带着怒意说："郑亿年以全家百口保虏人讲好，北边无战事。不料四太子心怀歹毒，举无名之师，背信弃义，你们又当作何说？"秦桧还是准备了一些话，他带着委屈的语调说："臣愚蠢无识，唯知仰承陛下圣算与大孝，如今四太子败盟，便是理屈不在朝廷。既是虏人举兵，朝廷亦只得应战，不可示怯懦之意。"

宋高宗问道："怎生应战？"秦桧说："臣愚以为，方今军机，莫须以重兵持守，轻兵择利，且看战事如何，再作措置。"宋高宗说："卿言重兵持守,轻兵择利,甚合朕意。卿可为朕草手诏,便以此意晓谕东南三大将与川蜀胡世将。刘锜一军又当如何?"秦桧说:"刘锜军仅有两万,而四太子大军十余万,不如且教他择利退师,以待朝廷指挥。"宋高宗说:"朕依卿议,卿亦可以此意为朕草诏。"秦桧于是就在明晃晃的烛光下为皇帝起草五份手诏。

宋高宗又乘此空闲,问孙近说:"卿以为当如何措置?"孙近更感为难,他想,事态的演变已到此地步,自己总不能完全与秦桧说同样的话,就用委婉的口吻说:"如何应战,诚如秦相公所议。然而事已至此,莫须依王伦密奏中所议,教福州底张相公重开都督府,督率诸大将。"秦桧听后,无比恼恨,但也只能习惯性地狠咬一下牙齿,嚼齿动腮。宋高宗和孙近都没有注意秦桧的动静。宋高宗只是听孙近口奏,不作表态。

退殿后,秦桧不露声色,与孙近照常话别。他坐在轿内,又开始焦急地冥思默想,习惯性地嚼齿动腮。他下意识地用低到只有自己听见的声音说:"建炎三年,扬州之难,主上得痿腐之症,黄潜善与汪伯彦遂成台谏官众矢之的,引咎下野。绍兴七年,淮西之变,张浚又成台谏官众矢之的,狼狈罢相。难道此回便当是老夫难辞其咎?"尽管天气颇热,他说到这里,还是打了一个寒噤,又说:"主上底圣意高远难测,直是不寒而栗!"他想来想去,还是必须找两个人,一是御史中丞王次翁,二是现任给事中范同。

秦桧回府,正准备找这两人分别前来商量,不料早有一个人在书房等候,此人就是郑亿年,王癸癸正陪着他说话。此时此刻,秦桧本人也是泥菩萨过河,自身难保,见到郑亿年,已明白对方的来意,真有几分讨厌,但碍于王癸癸的面子,又不得不与郑亿年酬酢。郑亿年哭丧着脸,说:"自家们不幸中杜充那厮底奸计,下官以百口保房人必不败盟,此前见得廖刚,被他羞辱一通,言道下官有何面目尚在朝廷。秦相公以为,下官当怎生处置?"

秦桧也叹息说:"杜充那厮,直是卖友!"他当着王癸癸的面,不便多提自己在建炎三年与杜充鬼混的事,欲言而止,又改换话题说:"圣上所以用郑资政,只为做顾问。如今既是房人败盟,依下官愚见,郑资政不如上奏,申请在外宫观,暂且韬光养晦,以为后图。"王癸癸这次倒是帮丈夫说话:"郑十八,老身以为,你便依老汉底计谋,亦是不得已底上策。"郑亿年对此再无话说,却又坐着说了一阵闲话,有王癸癸陪客,秦桧还不敢赶他动身。

好不容易等郑亿年出门,已是二更,秦桧急不可耐地下令先请王次翁。王次翁连夜坐轿到秦府,秦桧亲自将他迎到书房,显得十分谦恭。

王次翁字庆曾,济南府历城县人,早年在官场还颇得一些人的好评,说他履行清修,淡泊名利。但秦桧再相后,只与他谈一次话,就私下对王癸癸说:"此人无大能为,却是正宜为老夫所用。"

秦桧请王次翁坐定,也不与他讲客套话,就单刀直入,说:"下官不料房人败盟。如今士风浇薄,见人危机,多有落井下石。"王次翁已经完全明白对方的用意,就用斩钉截铁的语气说:"下官蒙秦相公底大恩,台谏官辈皆是相公拔擢,可保台谏官决然无事。"秦桧心里感到宽慰,又说:"张浚本是志大才疏底人,主上已是嫌弃。然而孙近在面对时,竟奏请教他当都督,督率诸大将。下官为此煞是忧心,如若张浚重新到朝,岂不败坏国事。"王次翁说:"孙近是个反覆小人,两面三舌,台谏官辈必当劾奏。如是张浚重入政府,便是国家之祸。下官当于来日求圣上召对,力陈是非曲直,不得教小人异议乘间而入。"

秦桧说:"若得王中丞如此相助,下官不胜感激。待孙近逐出政府,参政底高官,便当虚位以待。"按宋朝的惯例,御史中丞升迁的下一阶,就可能是执政。对于秦桧的许愿,王次翁内心乐不可支,嘴上却说:"下官唯求国事有济,至于升沉祸福,又何足介怀。"秦桧面露一丝奸笑,说:"然而圣上又岂吝以高官封赏贤士。"王次翁还是谦避再三。

秦桧恭敬地把王次翁送出门,已是三更,又下令请范同。范同到后,照样是亲切迎接,两人又到书房密谈。秦桧用谦恭的语调说:"择善智计过人,老夫料得,必是知得今夜相请为甚底事。"范同笑着说:"依下官所料,秦相公今夜必是先请王中丞,后请下官。"秦桧不能不佩服对方的精明,说:"择善煞是料事如神!然而老夫今有疑难,切望择善有以教我,老夫当铭感不忘。"范同说:"秦相公须知《尚书·咸有一德》底言语:'德无常师,主善为师;善无常主,协于克一。'"

秦桧听了这句话,还是不解其意,说:"怎生底?"范同笑着说:"'主善为师'者,天下底事,各随时节,不可拘泥。以往秦相公力主与虏人讲好,便是适当其时底善德;如今虏人败盟,曲直已分,秦相公力主用兵,此又是适当其时底善德。"秦桧听后,竟一时得意忘形,拍起手来,大笑说:"择善妙计惊人!不知日后主上当以何高官为酬?"范同笑而不答。

于是秦桧和范同连夜起草奏疏,主要意思是"臣前赞议和,今请伐虏,皆是主善为师",并且扬言自己愿到沿江,督率诸军出战云云。范同的授意是抗敌的招牌已不容不抢,必须由秦桧首先抢到手,然后再相机行事。但因两人仓促起草,竟用错了儒家的经典。

再说王次翁翌日请求宋高宗面对,得到允准。他上殿礼毕,说:"近日虏人背信弃义,然而国家根基已固,料得四太子不能得逞,此事不足上轸宸襟。"宋高宗说:"如今国势已非建炎时可比,朕便是呼兀术渡江,他亦必不敢来。朕所忧虞底,是兵祸连结,未有了得,亦不知何时得以再和。"

王次翁心想:"原来事势至此,主上尚是愿和。"就乘机说:"陛下既是以和议为主,而诸将备御益严,士卒勇锐,诚如圣谕,四太子必是无能为力。陛下自即位以来,宰相执掌国是,初无定议,国事或有变故,便更用宰相,然而后来者未必贤于前人。他们当政,无非是排黜异党,收召亲故,而与国事无补,愿陛下引以为至戒。若是陛下以为秦桧尚得上仰圣旨,主张国是,须是不使小人异议乘间而入,败坏大计。"

宋高宗颔首说:"卿底议论甚合朕心。"王次翁又乘机试探:"臣闻得或有朝士,建议收召张浚,重建都督府,节制诸将。"宋高宗摇头说:"朕宁至覆国,不用此人!"

到此为止,王次翁认为已经圆满地完成了秦桧的托付,正准备下殿。张去为适时上殿,向宋高宗进呈了秦桧刚写完的奏疏。宋高宗边看边说:"秦桧言道,'德无常师,主善为师',此又如何是伊尹做成汤宰相时所言?"

王次翁听秦桧用错了儒家经典,又连忙辩护说:"此一句本是伊尹告太甲底言语,秦桧上奏仓促,便成小误。不知秦桧所言甚事?"宋高宗看完后,就命令张去为把此奏递给王次翁,王次翁看后说:"秦桧言道,以往挞懒有割地讲好底意思,故他赞助陛下取河南旧疆,与虏人和议;如今兀术戕杀叔父,背盟出兵,和议已变,便须赞助陛下定吊民伐罪底大计。愿陛下效法汉高祖,在马上治天下。此是天下正理。"

宋高宗说:"朕意已决,卿下殿之后,便去宣谕秦桧,教他安心,居其位而谋其政,助朕建吊民伐罪之功。"王次翁说:"臣领旨!"

秦桧得到王次翁和王癸癸两方面的报告,才定了忐忑不安的心,当夜与王癸癸痛快宴饮。秦桧亲自执酒壶站立,恭恭敬敬地向坐着的妻子斟酒,说:"老夫自再相以来,度过两回危机。第一回是胡铨那厮狂妄上书,鼓吹曲说,动摇国是,老夫不得不上奏待罪。第二回便是今日。老夫不料,仅一日之间,便是峰回路转,化险为夷。岂惟上苍保佑,亦是国夫人底大恩大德。恭请国夫人满饮一盏!"王癸癸也高兴地抓一下秦桧的鬍子,笑着叫一声"老汉"。

两人还未吃完,就有仆从进入报告,原来是范同求见。王癸癸笑着说:"官场底饿狗到此,老身正有残羹剩炙。"秦桧也笑着出迎,把范同接到屋里,夫妇俩轮流为他斟酒敬酒,仅仅是说了一点廉价的赞语,范同就更加得意。

酒足饭饱之后,秦桧又把范同请进书房,开始密谈。秦桧此时并不隐瞒,先向范同介绍王次翁面对的情况。范同说:"既是圣上决意信用秦相公,便是朝中大局已定。然而秦相公上奏,既称须定吊民伐罪底大计,又当怎生措置?"

秦桧对这个问题其实没怎么想过,他说:"老夫初次面对,唯是建议诸军重兵持守,轻兵择利,已得主上俞允。"范同此时急于表现自己,就说:"下官以为,既是主上以和议为国家底长久之利,莫须阳战阴和。"

秦桧问道:"何以叫阳战?何以叫阴和?"范同笑着说:"既是说吊民伐罪,须是下诏声讨四太子,捐高官重金,悬赏他底首级,以此等文字,杜天下之口。"秦桧说:"此议极是!"范同又说:"若要阴和,秦相公倡议重兵持守,便是上策。轻兵择利,则是有利便择,无利便不择。虏人既要河南之地,若是官军直取河南,又怎生和议?"

秦桧说:"然而东、西两京是宗庙、陵寝所在,故主上欲索取河南之地,然后与虏人以黄河为界。"范同说:"圣意虽是恁地,然而若是取得河南之地,虏人便不愿和,又当怎生底?"他说着,就取出袖中的一张地图,指着图上说:"依下官底意思,不如弃东、西、南三京,教官军占取亳州、宿州、淮阳军、淮宁府、蔡州五郡之地,亦足以杜绝小人底横议。四太子亦是过于嚣张,须是稍示惩戒,再将五郡之地以为和议之资。"

秦桧说:"便是主上依允,张俊自不足论,切恐韩世忠与岳飞骄横,不服朝命,率军直前,败坏大计。"范同说:"他们挟高官,拥重兵,秦相公自难号令,然而他们违背圣旨,又岂非是跋扈之罪。须是千方百计,教他们从命。"两人商谈,直到天将拂晓。范同正准备告退,砚童进入书房,唱喏毕,说:"夜间府第外大树上新贴一个榜帖。"说完,就把大字榜帖摊在书案上,秦桧和范同只见榜帖上用隶书写了十个大字:

  周任为孔圣,太甲作成汤。

这份榜帖当然是在讥刺秦桧上奏,用错了儒家经典。除了前述把太甲误作成汤外,秦桧奏的另一处又误用了《论语》中"陈力就列"一句,这本是周任的话,秦桧奏中却说是"孔圣"的教诲。在当时,且不说堂堂宰相,就是普通文官,居然用错儒家经典,当然是十分丢脸的事。秦桧和范同看后,只得发出尴尬的苦笑,两人互相看着对方的难堪脸色,都无话可说。

范同不料最后竟是自讨没趣,只能慌忙告别。秦桧等范同走后,恼羞成怒,开始咆哮起来:"可教临安尹限期查处,是甚人所为,将他入狱勘问!"砚童遵命退出。当夜临安市上竟贴出几十份相同的榜帖。由于榜帖都是用隶书,不像行书、楷书之类,根本不易辨认笔迹。最后也只能事过境迁,不了了之。

秦桧虽然一夜未睡,次日还是决定撇开孙近,要求单独奏对。他在殿里强打精神,把昨夜与范同的商议,用自己的话说了一通,最后说:"闻得东、西、南三京陷落,陛下必是日夕怆然,臣亦是心怀痛愤,然而处事须是以大局为重。"

宋高宗长长地叹一口气,说:"为日后和议大局,朕亦只得以东、西、南三京之地为轻。然而刘锜一军,已在顺昌府与虏人接战,小敌之坚,便是大敌之擒,当务之急,须是教岳飞、张俊、韩世忠三大将速遣兵马,进援刘锜。若是刘锜一军小有挫败,岂非是大伤国威,长四太子底锐气。卿可为朕草诏。"于是秦桧又接连为皇帝起草四份手诏,宋高宗誊录后,分别用金字牌递发岳飞、张俊、韩世忠和刘锜。其中给刘锜的手诏再次重申了所谓"择利班师"。

依照范同的建议,宋廷发布了声讨完颜兀术的诏文,以节度使的高官,银五万两,绢五万匹,田一百顷,高第大宅一区,悬赏完颜兀术的首级,又发表韩世忠、张俊和岳飞兼任河南、河北诸路招讨使,似乎要决心收复失地,表面上热闹了一阵。

[贰] 顺昌之战

济州防御使刘锜被任命为东京副留守,虽然早已内定,却迟至绍兴十年二月方才发布。他所部的基干就是当年王彦的八字军,凡是八字军的老兵,人人脸上都刺有"赤心报国,誓杀金贼"八字。王彦所部也经历不断的损折和补充,凡是后来的新兵,脸上不再刺八字。如今留下的老兵有一万多人。宋廷又特别增拨杨沂中的殿前司兵三千人,使刘锜军凑满二万人,但其中骑兵只有四百人,分成前军、右军、中军、左军、后军、游奕军和选锋军,共计七军。当时实行募兵制,军队出屯,扶老携幼。此次刘锜统兵北上,连同老幼妇女竟达十万人。他们在四月下旬暑热天气出发,行动必然迟缓。五月十七日,刘锜率领五军抵达顺昌府(治今安徽阜阳)城,而选锋军和游奕军护送老幼辎重还在后路。

宋廷委任的知府陈规是京东密州安丘县人,虽是文士,却在乱世学习兵法,颇通守城方略,镇守德安府有功,并有军事著作问世。他亲自出迎,安顿好五军的驻地,就将刘锜接到府衙叙话。双方寒暄几句,就传来本府泰和县的急报,说金朝都元帅完颜兀术已率十多万大军渡河南侵,突入东京开封府城。

这当然是一个晴天霹雳,沉默一会儿,陈规问道:"刘太尉,四太子大军背盟,一反常规,于夏日进军,当怎生措置?"刘锜沉静地回答:"下官既是蒙主上恩眷,出任东京副留守,只为备不测。不知城中有粮几何?"陈规说:"有粟数万斛。"刘锜说:"四太子此回用兵,违背天时,虏人不耐酷暑。自家们有粮即可据城固守,以逸待劳。四太子屡败于王师,下官虽是军少,亦无所惧。"陈规慷慨地说:"下官愿与刘太尉誓死守城,与顺昌府共存亡!"

刘锜立即派人催促游奕和选锋两军护送老幼辎重,尽速赶到顺昌府城。他自己与陈规登城视察地形。顺昌府城地处平原,东北临颍水,周长仅约五宋里,开东、南、西、北四门,但土城卑薄,四围近于没有城濠。刘锜见到这种状况,不免低声叹息。陈规说:"下官曾守德安府,稍知守御方略,城中尚有伪齐时所造战车,可将轮辕埋于城上,又命坊郭户撤除户扉,亦埋于城上,粗可守御。"刘锜说:"且请陈知府下令,急速依此修城。"他又指着城外的民居说:"须是坚壁清野,将城外约数千民户,尽底焚烧,百姓迁至城内。"游奕和选锋两军在当夜四更,总算赶到了顺昌城。

次日,刘锜和陈规又得急报,说是金朝昭武大将军韩常和昭勇大将军翟平已率军占领淮宁府,而另一前伪齐将王彦先,绰号王爪角,又带金兵占领了亳州。这两个州府与顺昌府毗邻。刘锜当即召集本军和全城的文官武将会议。

陈规先说:"如今虏人必是兵临顺昌,众官人有甚计议,可悉心开陈。"于是大家七嘴八舌,议论不一,有的主张退遁,有的主张坚守待援。刘锜最后站立按剑说:"当职奉命前去东京,原是以备与虏人交锋。若是自家们扶老携幼,倾城而出,虏骑奔冲迅速,在旷野之中,必是被追及围掩,无一倖免。如今唯有坚守,方得犯死求生。四太子当年在富平,曾败于王师。本军原是威震中原底八字军,将士们常有'誓杀金贼'底夙愿,今日正当为朝廷立功。此回厮杀,立功者必赏,怯战者必斩!"于是全体文武官齐声说:"自家们愿追随刘太尉,誓杀金贼!"

全城军民,不分男女老幼,紧急动员,花费六天时间,大致完成了城内的战备。军民们又临时在城外构筑一道羊马垣,作为府城外的第一道防线。刘锜下令用毒药煮豆,遍撒城郊,又在草丛茂密处投毒,以便毒死敌军的战马。刘锜又下令说:"可将本军所用底舟船尽底凿沉,以示破釜沉舟、义无反顾底意思。"于是,刘锜军带来的九百艘小船就全部凿沉在颍水中。刘锜本人的家眷安置在罗汉院中,他命令在僧房堆积柴草,派两名老兵看守,说:"若战事有不利,便焚当职底老小,岂得辱于虏人之手!"在刘锜和陈规的指挥和感召下,全城军民都敌忾同仇,抱着决一死战的誓愿。

五月二十五日，金军的千夫长完颜阿赫杀率领五十名重甲骑兵，涉过颍水，到顺昌城下侦察。负责守卫北门的左军统制杜杞预先在门外设伏。当金军进入伏击圈内，只听得一声鼓响，埋伏的将士有的在草丛，有的在树后，用强弓硬弩向金军攒射。金军的重甲并不能抵挡宋军的弓箭和弩箭，有八人当即倒马毙命，两人中箭落马。其余的金军或是带伤，纷纷拨马逃遁。宋军是步兵，无法追赶。他们清查敌人的尸体，活捉两名受伤者，发现一人腰间系有银牌，其上的女真字证明，此人即是千夫长。刘锜也闻讯赶到北门，当即给埋伏的将士记功，赏银铤。他亲自审问完颜阿赫杀和另一名俘虏裴满阿鲁以后，就下令把他们斩首，将首级连同银牌，挂在北门城头。

此支金军正是由韩常和翟平所派。翟平也是辽东汉儿，曾隶属完颜谷神和完颜蒲鲁虎，因袭击和杀戮北方的蒙古人立功而升官。韩常和翟平自淮宁府出发，正在进兵途中，败兵们逃回，向骑在马上的两将行女真跪礼，报告被宋军伏击的情况。韩常本无斗志，他对翟平说："此回大兵南下，冒此暑热，幸得南军并无防拓。然而顺昌府既已有备，体探得守将刘锜，十年前曾在富平与四太子对阵，煞是善战，当时尚是自家遮护得四太子，杀透重围。此人万万不可小觑，不如且休，待四太子与龙虎大王前来，同共进兵。"翟平却说："若是四太子与龙虎大王前来，自家们便无战功。你若不去，我自去立功。"韩常被逼无奈，只能一面飞报完颜突合速和完颜兀术，一面与翟平向顺昌府继续进兵。

韩常和翟平统率三名万夫长，其实只有一万六千余人。但因韩常的怯战，命令金军不得径渡颍河，而是在颍河北岸，选择了距离顺昌府北城约三十宋里的白沙龙涡扎寨。刘锜得知敌情，就对众将说："虏人远来，不敢渡颍水，便有怯战底意思。虏军自恃有颍水之隔，而无劫营之忧。王师今夜正宜前往劫寨，必操胜券！"右军统制焦文通原是太行忠义民兵，投奔王彦，面刺"赤心报国，誓杀金贼"八字。他站立起来，高声说："下官愿率本军将士，前往斫营！"刘锜抚摸焦文通的背，说："焦太尉煞是壮士！然而此去须是见机行事，休得恋战，不至四更，便要挪回。"

焦文通临时选拔一千二百名锐士，刘锜和陈规亲自为他们斟酒，饱餐之后,乘着夜色出城。他们来到颖水南岸,选择了一个水浅处,互相挽着手,涉过齐腰的河水,直奔敌营。

韩常是一员宿将,与宋军已经交战多次,富有经验,尽管驻营在颖水北岸,他还是派遣八名百夫长,每名百夫长率领一队骑兵,个个手持火把,在寨外巡逻。焦文通带二百军士为前锋,向敌营潜行。他们在暗处远远望见一队敌骑,就施放弓箭,金军有的中箭落马。焦文通挥军乘着混乱之际,上前砍杀,并且突入敌寨,逢着身披黑衣黑甲者就杀。后续部队也跟着冲进敌寨。宋军杀敌数百人,金军受伤者另有数百人。

韩常和翟平在睡梦中惊醒,急忙出营上马,指挥金军撤出营寨,以便整军反击。然而焦文通遵照刘锜之命,也率所部撤出金营,整军南归。金军骑兵手执火把,从后追赶。焦文通又指挥军士以密集的箭雨射退敌人。当天色明亮时,焦文通率领劫营的壮士凯旋归来,刘锜和陈规亲自出北门,将他们迎入城里,并且犒赏记功。

经历一夜的战斗,金军虽然损失还不算重,但翟平也丧失斗志,他对韩常说:"诚如韩太尉底言语,此回用兵,煞是艰难,不得轻敌。"韩常说:"自家们兵少,且在此稍驻数日,迎候大兵。"两人只是下令坚守营寨,不渡颖水。

龙虎大王、元帅左监军完颜突合速与三路都统完颜阿鲁补奉命率军前来,与韩常和翟平会合。金军的兵力因此增至近三万七千人,下辖六个万夫长。完颜突合速气势正盛,听了韩常和翟平的报告,就说:"韩十八与翟七亦是怯战,忧虞过多,且看我怎生用兵。"他与完颜阿鲁补、韩常、翟平三人拥铁骑两千,沿着颖水北岸侦察一番,问道:"此水可涉否?"韩常应答说:"如今无雨,颖水可涉。"完颜突合速说:"既是可涉,且不必建桥,明日便进兵到顺昌城下,相机进攻。"

二十九日天色微熹,金军就源源不断涉过颖水,来到顺昌城下,金军自北而西,自西而南,又自南而东,包围了整个府城。完颜突合速亲自与众将环城一周,然后下令说:"西城尤是可攻,我自率三个忒母孛堇在西城,阿鲁补、韩十八、翟七各督一个忒母孛堇在东、北、南三面。明日便要攻城,可下令军中,城破之后,儿郎们掳得男女、金银,皆归己有。"

再说刘锜与陈规也随着金军绕城视师,检查守备。刘锜从城上看到敌人的兵力调度，就下令将作为预备队的前军和选锋军调往西城，自己亲自镇守西城，他命令前军统制赵樽、选锋军统制韩直和原来负责守西城的中军统制贺辉说："当职观虏人兵势，大军麇集西城。官军须是先发制人，待虏人粗备攻具，即选死士出击，焚毁攻具，以除后患。"他命令赵樽统一指挥，在三军选拔了一千五百人。刘锜并不立即下令进攻，而是让他们饱食、饮水和休息。

骄阳高照，刘锜命令在西城城头挂一副铁甲，等铁甲发烫时，赵樽方才率领一千五百猛士，身披重甲，突出羊马垣，在不绝的鼓声中，向金军发起冲锋。金军方面，由汉人等组成的步兵正在打造各种攻城器械，而女真人等组成的重甲骑兵在阳光的曝晒下，不耐炎热，只能下马休息，有的干脆卸脱了沉重的发烫的铁甲和兜鍪。赵樽率壮士们首先攻击打造攻城器械的步兵，步兵们根本没有斗志，纷纷溃逃。宋军正好乘着炙热的阳光，纵火焚烧攻城器械。完颜突合速也是一员宿将，他马上指挥金军骑兵进攻。

赵樽命令步兵们排列整齐，等敌骑逼近，就以神臂弓、破胡弓等劲弓硬弩攒射，金军骑兵纷纷落马。但金军骑兵的奔冲毕竟不可遏制，双方又很快进行白刃近战，宋军挥舞大斧、麻扎刀等以步击骑的利器，下劈马足，上斫敌胸。有的金军落马，宋军枪手又用长枪挑去敌人的厚重兜鍪，进行刺击。金军的骑兵其实不善白刃近战，很快退遁。双方激战六、七个回合，宋军士气高昂，接连击败金军。但刘锜见到日近正午，就适时鸣锣收兵。

凯旋归来的将士得到了休整和饮食。初战告捷，更振奋了全城的人心士气。然而金军却只能经受烈日的炙烤，战马吃了毒豆和毒草，有的倒毙，有的得病。尽管如此，完颜突合速还是在下午发动攻击，顺昌府城的东西南北，同时受敌。刘锜仍然按原来的部署，由统制贺辉率中军守西门，统制钟彦率游奕军守南门，统制许清率后军守东门，统制杜杞率左军守北门，另外三军则休息待命。宋军依托羊马垣，向金军射击，金军逼近，则进行白刃近战。双方激战了一个下午，宋军打退了金军无数次冲锋，金军根本无法占领羊马垣。黄昏时分，完颜突合速组织了一千五百精骑，向西城发起最后一次冲锋。刘锜动用了选锋军，命令韩直指挥出击。蓄锐已久的选锋军上阵,很快就击退了敌人。等到暗夜,繁星满天,刘锜又命令焦文通率领右军,乘机袭击城西的金军,双方混战了半夜。

双方相持两天。刘锜让各军轮流休整,而每夜都派兵劫营,使敌人无法休息。完颜突合速眼看无法取胜,就派遣银牌天使急驰开封城,请求完颜兀术亲统大军,前来增援。六月一日,宋军在战斗中俘虏到几名金军,刘锜亲自审问,就得知这个重要的情报。刘锜和陈规召集全体文官武将讨论,有文官说:"自家们屡次告急于朝廷,然而至今未见得援兵。若是四太子提大军前来,切恐难以支捂。依下官底意思,不如全军出战,杀退龙虎大王,然后乘胜全师而归。"众人或有赞成的,或有反对的。

陈规说:"朝廷养兵十五年,正欲缓急为用。兵法言道,置之死地而后生。如今顺昌城便是死地,城垣虽是卑薄,尚得依托。目即军势虽振,若是离城,在平原旷野之中,虏人以精骑追袭,则是自取败亡。当职已置生死于度外,唯是以战求生。"刘锜说:"便依陈知府所议。今日底机会,直是天造地设。虏人与官兵虽是多寡不侔,然而事势到此,若是舍弃顺昌,不唯前功尽弃,自家们平生报国之心,便成误国之鬼,死有余辜。如今唯有死战,与此城共存亡,不得另有他志!"于是众官员齐声说:"自家们惟从刘太尉底将令!"刘锜马上吩咐取酒,每人手持一盏酒,刘锜高声说:"众官人同心协力,共饮此酒,誓杀虏贼!"于是大家都举盏一饮而尽。

二日,金军因苦战三天,不得休整,而停止攻击。刘锜却下令说:"南门外底翟平所部,兵势最弱,官军须是攻敌之瑕。"他命令前军、右军、选锋军和游奕军选拔四千锐士,由赵樽统率,向翟平部发起进攻。当天天色阴沉,天气闷热,但得到很好休整的宋军士气饱满,锐不可当,两军一接触,金军立即溃败,被杀个七零八落。完颜突合速亲自统率骑兵,前来救援,才遏制了败局。刘锜则下令乘胜收兵。

当夜出现了雷雨天气,刘锜命令骁将、前军统领阎充说:"今夜正是斫营底良机,不得错过。体探得金将三路都统扎寨城东李村,去城二十里,你可选五百猛士前往,若是杀得三路都统,尤是大功。"阎充率五百人初更出发,刘锜和陈规亲自为他们每人斟酒一盏。滂沱的大雨,雷电交加。阎充的部队在电光的照耀下,加速行军。李村的房屋早已焚毁,金军临时搭起的毡帐根本无法挡雨,大家浸泡在雨水中,已是苦不堪言。宋军突入金营,乘着不断出现的电光,向敌人乱砍乱杀。金军在仓促之中,根本不能组织抵抗。闫充带着军兵,用枪挑倒一项毡帐。只见一名披重甲的金将,在电光中用汉语大喊:"留得我命,南北便见太平!"众人根本不应答,只是一拥而上,那名金将执刀抵抗,却很快被乱刀砍死,军兵在他的腰间摘到一个金牌,并且割取了他的首级。此人就是万夫长都烈银术可。闫充顺利完成劫营,归来报功。刘锜审视了金牌和人头,吩咐连夜悬挂在北门城头。

三日,完颜突合速因为屡次失利,下令撤走南城和东城的金军,却继续在西城和北城扎寨,他无心恋战,只是等待完颜兀术大军亲临。

当天下午,刘锜接到了宋高宗的手诏,如前所述,这是秦桧为他起草的。手诏命令刘锜"择利班师"。刘锜与陈规商议后,马上回奏,说既是大敌当前,无法轻易进退,只求朝廷速发援军,以便与完颜兀术大军在顺昌决战。

再说完颜兀术轻而易举地夺取开封城后,就一直住在宋徽宗的龙德宫,成天宴饮,十分快活。元帅左监军完颜阿离补和元帅右都监大挞不野也一直陪伴着他。女真人本来就不耐暑热,完颜兀术在龙德宫里,光着上身和脚,只穿一条短裈,仍然流汗不止。他一面喝着冰凉的卤梅水和茶水,一面命令四个女子轮流为自己打扇。

完颜阿离补和大挞不野进入龙德宫,向完颜兀术行女真跪礼后起立。完颜兀术问道:"尔们有甚底事?"完颜阿离补说:"今有银牌飞报,言道突合速、阿鲁补、韩十八、翟七在顺昌,与南朝将刘锜交锋,不利。"完颜兀术说:"我闻知南将有岳飞、韩世忠、吴玠等,尚不知有刘锜。"大挞不野说:"刘锜曾在富平,与四太子交锋。"完颜兀术顿时从交椅上一跃而起,说:"此回我正宜报当年底仇恨!"

完颜兀术光着上身和脚,就往外跑。完颜阿离补和大挞不野追上来,问道:"汴京底事当如何?"完颜兀术不耐烦地说:"尔们便在此留守,等候自家底捷报。"完颜兀术来到屋外,迎着炎阳,才想到自己原来光身,又吩咐说:"速取自家底衣袍与靴来!"

完颜兀术的大军来到顺昌。由于颖水遇雨水涨,不得徒步涉水,金军临时于六日半夜,在河上搭了五座浮桥,全军跨桥南下。到七日凌晨,顺昌城周围顿时人喊马嘶,刘锜与其他官员在城上远眺,只见黑旗蔽野,不仅人马拥挤,还有骆驼、牛、毡车、奚车等错杂其间。完颜兀术至此有近十四万大军,以十八个万夫长的编制单位,把顺昌城围个水泄不通。

刘锜站立北城头,神情严肃,吩咐说:"可下令全军,恶战在即,全军将士须知'犯死求生'四字,不杀退四太子底大兵,便无以求生。"正说话间,只见有一人一骑逼近城下,高声喊道:"自家奉大金国都元帅四太子钧旨,教守城底刘太尉识得事务,速速投拜,以免城破之日,玉石俱焚。今有帛书在此!"说完,就弯弓搭箭,把帛书射来。军兵们捡到帛书,送上城头。刘锜吩咐说:"此等文书,不须读,可当即焚化!"于是军兵又把劝降书用火烧掉。

刘锜心生一计,他又吩咐招募愿出使金军者,果然有曹成和耿训两人应募。刘锜见两人口齿伶俐,就命令说:"你们可佯作间探,被敌俘后,唯是求免。虏人问当职,便言道,我是太平边帅之子,喜爱声伎,朝廷以两国讲好,便命出守东京,其实不过是图逸乐快活。虏人必是将你们放还。"曹成和耿训禀命而行。

再说完颜兀术来到顺昌城下,先在合扎亲骑和众将簇拥下,绕城一周。他回到城西大营,独自坐一把交椅,众将自完颜突合速以下,还有充谋士的张通古都站立两旁。完颜兀术带着几分怒意说:"我观顺昌城,直是可用自家底靴尖踢倒。你们用兵,却是恁地不济事!"

完颜突合速说:"南虏用兵,煞是今非昔比,四太子若是与刘锜对阵,便见得分晓。"完颜兀术厉声反驳说:"未出兵时,你踊跃请命,如今却是怯战!"他的眼光又转向韩常,说:"韩十八,你自来敢战。"韩常另有他的牢骚,原来他看不起渤海人大挞不野,结果大挞不野升为元帅右都监,而自己还只是一个正四品的昭武大将军。他嫌完颜兀术赏功不公,就用委屈的口吻说:"如今却是敢战不得!"

完颜兀术正想对韩常发怒,却有金军押来了曹成和耿训两人。完颜兀术当即审问,曹成和耿训下跪叩头,说:"男女委是被刘锜驱迫前来,如今唯求四太子免自家们一死,来生当牛做马,以为报答。"完颜兀术见他们哀求可怜,说:"我贳你们一死,你们可将南虏军情,诣实告报。"于是两人按照刘锜的吩咐,说了一通。完颜兀术说:"我放你们归去,你们可教刘锜识得事势,前来投拜。若是不愿,便于来日与自家决战。"曹成和耿训拜谢以后,奔回顺昌城。

完颜兀术命令说:"明日摆列大阵,与刘锜厮杀,务必取胜!"张通古毕竟对刘锜的用计稍有觉察,就说:"依下官底计议,须是大造攻具,以备攻城。"完颜兀术说:"如此城垣,何须攻具。自家们来日便在府衙会食,掳得妇女、玉帛,皆听儿郎们自留,男子三岁以上,尽底杀戮!"张通古就不再作声。

耿训去不多时,又带来刘锜的复信,却是约定九日会战。完颜兀术当即同意,并且对耿训说:"你归去后,多言大金底军威,到时反戈投拜,我另有重赏。"耿训谢恩后离去。

张通古说:"刘锜约后日决战,必有诡谋。"完颜兀术说:"我大军十四万,何须惧他诡计。"韩常此时不得不说:"南虏善于夜战劫营。"完颜兀术说:"若是刘锜劫寨,我教他片甲不留。"

于是完颜兀术下令全军,夜不卸甲,轮流三分之一兵力,或在马上警戒,或在平地上列队,三分之二则坐地或倚马休息。他自己独坐帐中,合扎亲兵们环列周围,火把高照,犹如白昼。不料刘锜在当夜只派二百人,分别在四门外击鼓,虚张声势。第二夜更是全军休息,寂然无声。金军连着两夜不得好好休息,自然相当疲乏。更麻烦的是战马吃了毒豆和毒草,大批病倒或死亡,又严重地影响了战斗力。

九日是个大晴天,天色微熹,金军就人喊马嘶,吵吵闹闹,顺昌城上却又是十分寂静。上午,完颜兀术与韩常亲统九名万夫长,重兵七万,在城西布阵,完颜突合速则统五名万夫长,军兵四万,在城东布阵,而城北和城南则分别由完颜阿鲁补和翟平各统两名万夫长所部,持守势。金军布阵已毕,就紧擂战鼓,鼓声震天。不料顺昌城上还是没有任何反响,原来刘锜又是在城头挂一副铁甲,测验铁甲是否在烈日照射下发烫。不发烫,则不出战。

金军没有攻具,只能列阵等待。完颜兀术心急如火,几次三番派骑兵到城下高喊:"刘锜既是约今日会战,如何不出兵?"城上只是由军士们高声回答:"且请四太子稍候,王师必当出战。"完颜兀术等得不耐烦,就命令韩常率步兵冲锋,金军进入羊马垣的弓弩射程,宋军就开始射击。步兵大抵都是汉人签军,本无斗志,见到有箭射来,就纷纷退逃,韩常也遏制不住。

刘锜选拔了五千精兵,命令韩直和赵樽说:"虏人东、西列阵,王师兵少,不可东、西出战,须是攻其一路。城西兵势厚重,必是四太子亲统,体探得其中步兵都是汉儿,或是随郦琼叛逃底行营左护军,本无斗志,你们须是猛攻两翼拐子马军。"时近正午,铁甲发烫,五千精兵在饱餐之后,出城迎战。

当宋军越过羊马垣后,韩常首先率步兵迎战。稍一接触,金军立即奔溃,有的还向宋军大喊:"自家们原是左护军,不愿与王师为敌,所可杀底,乃是左、右拐子马军,是虏人底长胜军。"韩直和赵樽命令军队停止追击。此时,金军方面的左右翼骑兵突出迎战。金军惯用的战术其实是左右侧击,向敌人包抄围掩。由于宋军的方位距离羊马垣不远,金军就不可能包抄围掩,只能正面交锋。韩直与赵樽各率二千五百人,分别迎战敌人的左、右翼骑兵。

这是顺昌开战以来最激烈的一场战斗。女真骑兵虽是金军的精锐主力,但他们不耐酷暑,又加之人困马乏,无疑极大地影响其战斗力。宋军方面,则个个生龙活虎一般,他们手持大斧、麻扎刀、提刀、长枪等,向敌人猛砍猛刺,大批的金军死伤倒地,后面的金军又继续拥上。双方仅鏖战了约一个时辰,金军尸骸遍地。韩直在战斗中也身中一枪三箭,落马倒在一个池边,幸亏有一名虞候将他救起,扶他上马而归,而那名虞候和乘马也都中箭流血。突然,刮起了一阵狂风,吹得尘霾涨天,两军之间,咫尺难辨,才解散了这场恶战。宋军退出战场,凯旋归城。

完颜兀术身披白袍,立马在一个高阜处督战,狂风平息,他见到遍地的人尸和马尸,人尸几乎都穿金军的黑衣,还有大批倒地的本军黑旗,不由伤心惨目。他哀叹说:"我自和尚原、仙人关以来,不料又有如此恶战!"孔彦舟、郦琼等人也随军出战,但金人不让他们统兵,只教他们单骑随军。郦琼想到了出兵前的一番奉承话,他害怕完颜兀术迁怒于自己,就说:"闻得龙虎大王在城东尚未接战,四太子何不亲临督战。"

完颜兀术不作回答,他立即驰下高阜,吩咐韩常在城西统兵,自己率领三千合扎亲骑,另加五个万夫长的兵力,绕道北城,直扑顺昌城东。完颜突合速闻讯,连忙骑马迎接。完颜兀术见到完颜突合速,就在马上怒气冲冲地责问:"突合速,你何以列阵不战?"完颜突合速说:"南虏不出战,我怎生迎战?"完颜兀术气得猛抽完颜突合速一马鞭,下令说:"速与我攻城!"

金军没有攻具,只能临时命令大批步兵列队进逼,踏肩登城。刘锜本来在西城指挥,见到大量金军的调动,也适时赶到东城,部署城防。刘锜命令本军撤出羊马垣,在城上安排了石炮、弓弩等兵器,并且调集了后备军。金军步兵开始攻城,城头上只见城下黑压压的一大片。刘锜等金军进入石炮与弓弩的射程,才下令发射。大多由汉人组成的金军步兵也都没有斗志,见城上发射炮石和箭矢,就立即溃逃。金军接连三次进攻,都很快瓦解。

完颜兀术气急败坏,说:"速与我将三个汉儿千夫长洼勃辣骇!"他想了一下,又下令说:"可教女真底儿郎下马上前!"于是大量女真兵只能弃马步战,他们头戴厚重的兜鍪,身披重甲,手持弓箭和刀剑,列队前进。督战者则用拒马子跟随,军队行进到哪里,拒马子就跟随到哪里,以示不得反顾。

女真兵尽管已相当疲惫,但战斗力确实不同于汉人步兵,在城上密集的矢石下,仍然不顾死亡,向前冲锋,并且向城上射箭还击。城墙上、炮架上顿时就猬集了金军的箭矢。但金军厚重的甲胄,却又严重影响他们踏肩登城。即使有些人冲到城下,还是被宋军打死打伤。双方激战到黄昏,仍然没有一名金军得以登城。于是金军在当天的战斗就以完全失败告终。

完颜兀术怒气填膺,他骑马返回城西,来不及吃晚饭,就一面部署重兵,防止劫营,一面召集会议。刘锜当夜仍派遣一千人,组成十支小部队,不断袭击金军。完颜兀术的军事会议,就是在金军不断擂鼓,大呼小叫的噪声中召开的。自完颜突合速以下,金军将领们都熟悉主将的脾性,大家一语不发,有的还故意躲在远处。完颜兀术连续两次发问:"依目即事势,当怎生底?"都无人应答。

等他问第三次,张通古还是发言了:"如今不得速胜,不如依当年破太原底战法,将顺昌城长围久困,必可得计……"言犹未了,完颜兀术马上截断他的话,下令吩咐:"可自城西南到西北,先与我开掘壕堑。"于是疲惫的汉人步兵,又立即从事这项苦役。张通古知道完颜粘罕虽死,但仍然遭受完颜兀术的嫉恨,所以他不敢提这个破太原的名将,他接着说:"然而当年破太原时,曾两次击败南房援军,方得以取胜。如今刘锜尚是一小头项人马,南房另有岳飞等数头项人马,须是防他们救应。若是岳飞出兵,或是断大金军马底后路,或是直取东京,四太子亦当三思。"张通古毕竟胸中多了墨汁,他只是拐弯抹角地提出难题,而让完颜兀术自己下决断。

众人继续不发言,军事会议就此结束。完颜兀术满脸怒色,在大帐中坐了一夜。不料十日清晨,就下起了暴雨。半天之内,积水达一宋尺左右,金军将士苦不堪言。暴涨的颍水又把原来的五座浮桥全部冲垮。下午雨小,刘锜还是派遣小部队,袭扰四围的金军。

当夜,在积水的大帐中,合扎亲兵们点亮火把,完颜兀术还是呆坐在一把交椅上,感到一筹莫展。此时张通古和完颜突合速闯进大帐,按照两人事前的商量,由完颜突合速说话:"告报四太子,体探得岳飞已亲统大军,直奔顺昌府。又如四太子所知,岳飞另遣兵马,在宛亭县攻袭大金人马,鹘旋阵亡。如今直是内外受敌。"完颜兀术从座椅上跳起来,地面的泥水溅在张通古、完颜突合速和两名合扎亲兵的脸上。完颜兀术此时不再犹豫,他说:"速与我退兵!"张通古说:"然而颍水底浮桥已毁。"完颜兀术命令完颜突合速说:"速造筏桥!"

金军从后半夜开始重新修造浮桥。五座浮桥在十一日下午方才造好,于是大军就依次过河北撤。刘锜发现此种敌情,就命令军队暂停攻击,好好休整。十二日,刘锜决定攻击敌人的断后部队。顺昌城东、北、西三门洞开,将士们踏着泥淖,在鼓声和喊杀声中向退却的敌人进攻。刘锜本人也亲率四百名骑兵,出西门追击敌人。

有一支金军被宋军步兵所包围。原来完颜兀术还是有勇将气概,亲自断后,不料竟被宋军围裹其中。有一名金将,手持一杆铁锥枪,率数百骑突入包围,又将完颜兀术救出,驰马北遁。此人是完颜兀术的女婿,渤海人千夫长,姓夏,名窝谋罕,他取了一个女真名,意为鸟卵。宋军追击,勇悍的夏窝谋罕又弯弓背射，射倒了一名宋军。

完颜兀术终于逃过颍水，来到淮宁府。他坐在府衙，召集众将，开始大发脾气。众将都低头无语，听着他的詈骂。完颜兀术感到骂还不解气，他望着翟平，厉声说："翟七，你讨蒙古时敢战，此回却是全不宣力，须是加罚！"他命令翟平跪着，袒露脊背，亲自抽打了八十柳条。完颜兀术又望着韩常，说："韩十八，你须是鞭挞九十。"韩常无可奈何地脱去衣服，跪在地上，嘴里还嘟囔着说："我只为你于仙人关坏了左眼。"完颜兀术不理不睬，只是手执柳条，在他背上如数抽打。完颜兀术接着又用柳条抽打完颜阿鲁补一百。张通古感到，如此抽打下去，不但众将离心离德，说不定还要轮到自己，就说："四太子须知气恼伤身，不如教众官人日后将功补过。又有立功底，亦须重赏。"完颜兀术才扔掉柳条，重新坐下，他想了一下，喊道："夏窝谋罕！"

夏窝谋罕马上应答："小婿在此！"完颜兀术说："你临阵敢勇，救了自家，须是重赏！"他想了一下，又说："既是万夫长都烈银术可阵亡，便教你做万夫长。"夏窝谋罕说："感荷泰山！"完颜兀术并不熟悉宇文虚中为金朝制定的官制，他问张通古："须是授他甚底武散官衔？"这可给张通古出了难题，张通古干脆就把武散官从高到低，报了一通。完颜兀术听完，又问夏窝谋罕："你如今是甚底武散官衔？"夏窝谋罕说："小婿今授从五品底显武将军。"完颜兀术再想了一下，说："我今授你正三品底金吾卫上将军。"夏窝谋罕又再次拜谢。张通古嫌赏官过高，又说："万夫长与正三品底金吾卫上将军难以相称。"完颜兀术说："便教做河南统军使。"

完颜兀术对女婿的重赏，当然引起众将不服，但此时此刻，谁都不敢说话。韩常心里更是充满怨恨："我舍生忘死，救得兀术性命，又坏了左眼，如今唯是正四品底昭武大将军。兀术赏功竟是恁地不公！"

完颜兀术接着命令说："此回虽是失利，然而距秋凉不远，我当统兵复仇。韩十八可守颍昌府，翟七守淮宁府，阿鲁补守归德府，我自与突合速归开封城，以为后图。"完颜兀术分拨已定，就与完颜突合速带大军返回开封城。

历时十八天的顺昌之战胜利结束，这是继和尚原和仙人关之战后，宋军又一次大捷。金军退走后，城里一片欢呼。由于金军仓皇撤退，城外的大量战尸也来不及焚化,各种战利品更是遍地委弃。军民们出城收拾,也颇费时日。

宋廷很快发布刘锜超升武泰军节度使,但又命令刘锜撤兵,将顺昌府的守卫移交岳飞。刘锜命杜杞的左军和焦文通的右军护送全军家属老小和伤员,先返回镇江府,自己另统其他五军,暂驻顺昌城,等待岳飞派兵接管城防。

[叁] 初试锋芒

绍兴十年正月,岳飞全家正忙于操办喜事。原来军中有一拥队,名叫温超,他早在当年河北西路招抚司时就追随岳飞,是一名老兵,于绍兴七年去世,只留下一个孤女,名叫温锦萍。寇成夫妇收留她做义女。当温超办丧事时,岳飞正好去行在平江府,但李娃和高芸香却参加吊唁,见到温锦萍可爱,就动了心。她们同岳飞商量,正式向寇成夫妇提亲。温锦萍与岳雷正好同岁,只小一个月,两人今年十五岁,按当时的婚龄,男方是早了一点。但李娃和高芸香有她们的考虑,因为岳雷按父亲的规定,也须在成丁之年,到军中服役,早结婚,早生子,其实也是对亲母刘巧娘有一个交待。所以等温锦萍服孝期满不久,就举行婚礼。

岳雷和温锦萍的婚礼定在元宵佳节,少不得有一番热闹。上一卷已交待,在福州的李纲也正是在当天逝世。由于古代交通和音信的阻隔,岳飞直到二月上旬才得知死耗,他的内心当然深感哀痛。他委托张节夫起草了悼文,自己书写以后,远寄福州。

一天,岳飞正在书房与朱芾、于鹏、孙革、张节夫等幕僚讨论军务,李宝进入唱喏,对岳飞说:"男女自蒙岳相公收留,然而至今唯是在鄂州闲住,极是思念故里父老乡亲。"于鹏问:"依你底心愿,当怎生底?"李宝说:"如今朝廷不教岳相公遣兵渡河,男女已结约乡人四十余人,愿私自渡江北上。"李宝的请求当然是给岳飞出了难题,岳飞当即说:"你且退下,容自家们计议。"

李宝只能退出书房,但心里并不高兴。当夜,他又与军中的四十四名同乡一起在鄂州城东郊的营房里商量。突然,王敏求进入,众人连忙向王敏求唱喏。王敏求取出几十个银锭给每人分发一个,然后又对李宝低声耳语,众人只见李宝脸上露出了笑意。王敏求临行前又交给李宝一个不大的麻布包袱,李宝当即把这个包袱捆在腰间,众人也不知道包袱里是什么物品。

王敏求走后,李宝马上命令众人:"卸脱军衣,更换便服,收拾行囊与兵刃,自家们今夜须是偷渡大江。"四十四人按照李宝的吩咐脱去绯红色的军衣,等一切准备就绪,大家就私出营房,来到城东武昌门外的渡口。当时,按照岳飞宣抚司的命令,禁止夜间渡江。众人不料李廷珪早就在一艘渡船上等候,招呼大家上船。李廷珪又给每人分发一袋干粮,渡船划到对江的汉阳军城外一处荒郊,停靠江岸。李廷珪亲自送四十五名壮士登岸,向众人长揖,说:"惟愿众壮士成功!"就此告别。李宝等人很快消失在暗夜里。李廷珪则返回宣抚司,向岳飞交差。

李宝等四十五人夜行昼宿,直奔故乡兴仁府。自从杜充开掘河堤,黄河改道之后,兴仁府境正好在黄河以北。李宝等人潜渡黄河以后,就在故土组织民众,准备抗金。李宝有一个义兄弟,名叫孙彦,当年曾与李宝一同率民众抗金,李宝到南方时,他却潜藏在民间。如今义兄弟相会,分外高兴。

当金军攻袭河南之地的消息传来,李宝和孙彦就立即集结了约二千六百人的队伍。李宝解开一个包袱,用双手取出其中的物品,当众一抖,原来是一面鲜艳的红底白字"岳"字战旗。李宝说:"此便是我临行前,王干办所授底'岳'字帜。奉岳相公将令,教我起兵时便用此旗。如今众将士可换着军衣,自今而后,自家们便属举世闻名底岳家军。我与孙义士便是你们底统领。"大家一阵欢呼,纷纷换穿绯红色的麻布军衣。

李宝军驻扎在宛亭县的几个村庄,不断派人打探敌情。五月二十四日下午,李宝和孙彦接到探报,说有一支金军,约有四千骑,前来宛亭县的荆堽扎寨。荆堽正好地处黄河沿岸。李宝当即召集一些头领商议,有一人名叫曹洋,此人原是一个穷秀才,在乡村教书为生,比较有文化和计谋。他说:"虏人约有四千人,又是马军,若是自家们白日与他们斗敌,未必有胜算,不如乘虏人无备,贪夜前往斫营。"众人异口同声说:"此计甚妙!"

李宝就与孙彦分兵,李宝率一千八百人取陆路,而孙彦率八百人分乘八十艘船,在半夜一更天抵达荆堽,奇袭金军。

这支金兵是完颜兀术占领开封后发遣的军马,总计有四个千夫长的编制,临时任命一名千夫长、宗室完颜鹘旋为主将,按当时习惯,就称鹘旋郎君。他们的任务是支援和配合东路的完颜聂耳,占领一些京东的州县。金军沿途根本未遇宋朝的一兵一卒,所以就愈来愈大意。他们抵达荆堽以后,临时扎营,准备休息一夜,次日进兵广济军,再南下单州。完颜鹘旋也并非不注意防备,但他只派两名百夫长各率八十五骑,分前半夜和后半夜轮流在营外巡逻,其他的金军则全部安睡。

李宝率领陆路人马潜行,在一更时就首先来到荆堽的敌营以东。他们先在暗处埋伏,发现一支金军的重甲骑兵手持火把正绕营地巡逻,就只等这支骑兵绕行到敌营西部,然后向敌营发动奇袭。金军不仅成天赶路辛苦,又值夏夜天热,许多人仗着有人巡绰,就卸甲安心熟睡。李宝首先持双刀突入,大家不发喊声,只是使用刀斧向睡梦中的金军乱劈乱砍。大多数金军终于惊醒,却是人不及甲,马不及鞍,根本无法进行有效的抵抗。孙彦也率领水路军队及时赶到,他们登岸后,正遇绕行的敌军巡逻兵,就进行以步击骑的白刃战。

在一场混战中,金军有的被杀,有的被挤入黄河淹死,有的骑光背马逃窜。完颜鹘旋还是十分勇猛,他光着上身,持手刀抵抗。四名战士同时上前,还战胜不了。李宝见到这种情景,就大喝一声,抡动双刀上前。两人战不多时,李宝一刀砍中完颜鹘旋的左膝盖,将他的左腿劈断。完颜鹘旋惨叫一声,跌倒在地,被一名战士飞步上前,砍下首级。

战斗在四更时结束。金军除逃跑和淹死者外,在地面上留下了八百多具尸体。岳家军还夺到敌马约一千匹。胜利者搜索敌尸,发现腰部有木牌者达十七人,这表明他们是百夫长和五十夫长。令人惊奇的是,竟搜索到四块银牌,另外还缴获一面白旗,上面写着"都元帅、越国王前军四千户"。原来金军统兵的四名千夫长全部在此次夜袭中丧生。

李宝和孙彦立即将夺来的敌马用于组织和编练骑兵,另外派人潜行,带着缴获的银牌、木牌和那面白旗向远方的岳飞报告战绩。

再说那支群龙无首的金朝败兵,不得不临时推举一名百夫长,逃回开封城，报告都元帅完颜兀术。这还是在完颜兀术离开开封城，前去顺昌府之前，成为金军此次南侵的第一个败报。完颜阿离补带着完颜鹘旋的哥哥、万夫长完颜阿胡迭一起来见完颜兀术。完颜阿胡迭愤怒地说："此回南房杀了自家底亲弟，我誓报此仇，愿统兵前往宛亭县剿杀。"完颜兀术就命令他统本军前去，另外还加派了一个千夫长的兵力，共计步骑七千七百人。

岳家军的初战告捷鼓舞了当地百姓，很多壮丁也纷纷前来投奔李宝。李宝的队伍扩充到四千人。他们得到了金军前来报复的探报，就进行商议。孙彦说："虏人兵势厚重，且多是马军。自家们底马军初创，难以对阵，须是用计。"曹洋向众人献计，李宝高兴地说："便依此计！"

六月二日，完颜阿胡迭带领人马进入宛亭县境，直扑荆堼。当地的金军战尸还来不及全部掩埋和焚化，约有三百具仍然暴露在外，在炎热的夏季，自然发出一阵阵臭味，招来了苍蝇和一些食肉的鸟兽。完颜阿胡迭遇到此种情景，自然增加伤感，他在暴尸中找不到自己的兄弟，只能一面流泪，一面下令把全部尸体焚化。

金军正在处理战尸，却有二十人驰轻骑而来，他们身穿宋军的绯红军衣，临近金军就盘马弯弓射箭。一名金军当即中箭身亡，而二十名骑士却立即退出战斗，飞驰而去。完颜阿胡迭大怒，马上命令一名百夫长率本部六十四骑追赶。

六十五名金军追赶了约十多宋里，前面路边一处密林里突然响起了鼓声，树起一面"岳"字战旗，大批箭矢如飞蝗一般，向金军射来。身先士卒的百夫长当即中箭，落马毙命，另外还有二十一名金军也同时毙命，其余的金兵，或是中箭带伤，只能拨马狂逃。

完颜阿胡迭得到败兵的报告，立即统兵前往，却扑了一个空，只是收拾了二十二具尸体。完颜阿胡迭怒不可遏，就发兵在附近漫无目标地搜索一阵，又是一无所获。眼看天色已近黄昏，他就只能带兵返回荆堼。

当夜金军仍在荆堼扎寨，他们汲取上次遭夜袭的教训，分兵两半，轮流警戒，轮流休息。到后半夜，一支船队出现在荆堼的黄河上，共十二艘，一百四十名战士，在曹洋的指挥下，击鼓喊杀。于是完颜阿胡迭率大部金军出寨前来，向船队放箭，船队也射箭还击，射死了十多名金军。这支船队开始顺流撤退。完颜阿胡迭率金军紧追不舍，不断放箭，每艘船上所中的箭矢都密如猬毛，但船上的岳家军将士都用盾牌挡箭，并无死伤。

天亮时，有金军驰马急报，说是岳家军乘虚攻袭荆堽的营寨，于是完颜阿胡迭只能舍弃船队，率军奔回营寨。此时金军的营寨里已是熊熊烈焰，而李宝和孙彦所部也及时退出战斗。完颜阿胡迭下令救火，却为时已晚，营寨里的粮食和辎重焚烧一空，点检金军的战尸，则有三百多具。

完颜阿胡迭气得半天说不出话，最后他下令说："我须率儿郎们搜索南房，不问男女老幼，将他们尽底斩馘，以报大仇大恨！"他带领金军在兴仁府境往返搜索，却找不到一个居民泄愤，也抢不到一粒粮食。金军无粮，只能宰杀战马充饥。两天之后，所部的千夫长们集体劝完颜阿胡迭说："大金军全凭马力，如是长此以往，战马杀尽，自家们便难以厮杀，尤是难以返回汴京。"完颜阿胡迭只能咬牙切齿地下令："与我挪回汴京。"

完颜阿胡迭总算率领金军逃出兴仁府界，进入开封府东明县界。不料李宝和孙彦又乘疲惫的金军露宿之际发动夜袭，杀敌四百多人，完颜阿胡迭率败兵狼狈逃回开封城。

[肆]
违旨出师

五月十七日晚,岳飞和李娃安顿好孩子,正准备就寝,张宪和徐庆两人急速地叩门向岳飞报告金人败盟出兵的消息。岳飞用手加额,兴奋地说:"虏人今日败盟,乃是江山社稷底大福!不然,他日之祸有不可测。"他想了一下,又对张宪和徐庆说:"你们可去告报王太尉预备出师。然而战衅既开,亦不必操之过急,且待自家们深思熟虑,然后发兵。"张宪和徐庆准备退走,岳飞又说:"张太尉,你可与游奕军姚太尉明日整军,以备朝廷急用。"张宪说:"下官遵命!"

等张宪和徐庆走后,岳飞却长久地坐在灯旁凝思。李娃等了一会儿,就说:"鹏举,你既是言道不必操之过急,今夜且安寝。"岳飞说:"你且安卧,我哪里睡得着!"李娃说:"奴家亦知鹏举底心腹事,只为李参政罢任之后,秦桧蒙蔽圣聪,一手遮天,朝中无人主张国是。然而此岂是鹏举所能遥度。你且安寝,容明日召幕僚们计议。"李娃的劝说还是起了作用,岳飞当即上床。

次日,岳飞在宣抚司坐衙,众将站立两旁,纷纷慷慨请战,岳飞此时已有主意,他说:"自家们朝朝暮暮,便是期盼长驱中原,直捣燕云,如今正是兵机。然而众太尉且静待数日,等候朝廷底指挥。日后自有众太尉大立军功、大展兵威之机。"

对于未来的北伐兵力部署,岳飞与众将、幕僚们早已商定,现在已到了正式发令的时刻。岳飞首先喊道:"水军统制杨太尉、黄太尉听令!"杨钦和黄佐从队列中走出,岳飞宣布说:"此回大江防拓,亦甚是紧切,你们统水军东至江东池州,沿江日夜巡绰,须是不教虏人窜逸过江。"两人齐声高喊:"下官听命!"

岳飞接着说:"前沿邓州与唐州甚是紧切。于干办可急速发令,教驻守襄阳府底选锋军李太尉率本军第五、第六将前赴邓州把截。选锋军其余四将教副统制胡太尉统率,另听本司号令。"于鹏站在队列中说:"下官应命!"当时岳家军全军十万人,共分十三军八十四将,其中背嵬亲军与前军、右军、中军、左军、后军各辖七将,其他踏白军、游奕军、选锋军、破敌军、胜捷军、忠义军和水军各辖六将,各将的兵力或多或少,相差不大。按照事前的商议,此次忠义军全军出战,水军全军在沿江防卫,而其他各军原则上部署一将,唯有选锋军例外地抽调两将作为防守兵力。于鹏马上从大堂退出,书写给选锋军统制李道和副统制胡清的命令,用急递发出。胡清原是一员伪齐将领,他在绍兴八年主动率一千一百多人投奔岳飞。岳飞亲自考察以后,特别任命为选锋军副统制。

岳飞又说:"前军副统制王太尉听令!"王俊只能硬着头皮走出队列,岳飞宣布说:"王太尉可率前军第七将,急速前往唐州防拓,今日便须出兵。"王俊连忙说:"下官遵命!"他虽然害怕上前沿,但对岳飞的命令也不敢不服从。

岳飞再说:"张干办,你可将虏人败盟底事,以急报传送四川宣抚副使胡相公等处,教他们理会。"张节夫也走出队列,说:"下官遵命!"他马上离开大堂,给胡世将等人撰写和发出急报。岳飞部署完毕,就说:"其余各军各将,且待日后指挥。"他当即起立退堂,然后亲自到鄂州的各军营视察战备。

到五月末和六月初,岳飞终于等到宋高宗的手诏和宋廷省札。宋高宗宣布岳飞由从一品的开府仪同三司晋升为正一品的少保,兼任河南、河北诸路招讨使。岳飞立即命令同提举一行事务、前军统制张宪和游奕军统制姚政说:"奉圣旨,张太尉与姚太尉可统本军,急速进援刘锜抗敌。你们沿途须扬言,说当职亲提大军,前赴顺昌,以张声势。王干办可随军同行。"

张宪和姚政就在当天出兵。岳飞与众将和幕僚们都去武昌门外,在大江岸边,将士们身穿绯红军衣,整齐队列,器甲耀日,接受岳飞和众官员检阅。岳飞骑在一匹黄骠马上,对两军将士激昂地说:"虏人败盟,神人共愤,此回前军与游奕军为本宣抚司底前驱,紧切救援顺昌,须兼程而进,勇往直前,义无反顾。我自当统大军继援,以保必胜!自家们底宏誓大愿,便是光复故土,教乡亲父老,重见天日。两军将士须是为朝廷宣力,立得奇功,必有官封厚赏!"于是两军将士齐声欢呼,登船出发,王敏求也随两军进发。

岳飞回城后,就与朱芾、于鹏、孙革、张节夫四人到书房商议。随着岳飞自觉与朝廷的关系愈来愈紧张,分歧愈来愈大,凡是涉及朝廷方面的问题,就不愿与众将议论,以免传扬军中,只是与这四名幕僚密谈。李廷珪虽然也是干办公事,因为是武将,岳飞就不让他参加商量。岳雲虽是书写机宜文字,也有意教他回避。

岳飞激愤地说:"秦桧言道,'德无常师,主善为师'。君臣是大伦,他身为大臣,秉执国柄,竟是面谩,饰奸罔上,又蛊惑圣明,教诸将'重兵持守,轻兵择利'。岂唯轻弃两河,分明又欲将河南之地,拱手赠送虏人。"

孙革说:"人言秦桧是虏人细作,于此便是图穷匕见。"朱芾感叹说:"若是李参政在庙堂,岂容秦桧如此胡作非为。"张节夫说:"既是明令诸将'重兵持守,轻兵择利',岳相公又何须北伐!"

于鹏却说:"既是圣旨明令'择利',岳相公统军北上,便是择利。"岳飞说:"我思忖再三,如今唯有暂缓用兵,先赴行在备述和战利害,力劝主上决意用师,方是长久之计。"

朱芾摇头说:"国朝自来崇文抑武,切恐岳相公赴行在,亦是奈何秦桧不得。"岳飞说:"我若是前往,便须与家眷同去,教妻儿安住临安。待我统军讨灭北虏,然后归行朝,还主上兵权,退隐田里。"

张节夫说:"当年秦国王翦统举国之兵伐楚,临行之前请良田、美宅、园池,用以安秦始皇猜忌底心。如今岳相公视富贵如浮云,一意成就中兴大业,用心良苦。然而秦始皇必欲灭楚,一统江山。如今虽是虏人破坏盟约,而主上仍是愿和而不愿战,故秦桧底奸计得逞。依下官之见,将在外,君命有所不受。岳相公不如径自大举北上,不须理会秦桧。"他所谓"不须理会秦桧",其实当然是"不须理会圣旨"。

孙革说:"此回举兵,非唯本军力战,亦赖诸将同心协力,共济国事。

然而如淮西张俊,素来怯战,便是圣旨严督,亦难以宣力用命。"

大家反复讨论,最后还是决定上奏,请求到行在奏事,此外还给张俊、韩世忠、胡世将和赵士㒟各发一信。奏疏和信件由张节夫和孙革起草,岳飞亲自誊录。在给张俊、韩世忠和胡世将三人的信中,用最恳切的语言,希望精诚合作,共赴国难。给赵士㒟的信,则是用婉转的口吻,希望他以德高望重的皇亲身份,伸张国是,但又避免涉及秦桧。

岳飞当夜把大家讨论的结果告诉李娃,说:"事已至此,孝娥须是及早收拾行装,若是圣旨俞允,便须与众儿女随我急速赴行在。"李娃完全明白丈夫的苦心,说:"鹏举为国家尽忠竭力,奴家又有甚说。唯是二新妇有孕,须是教娟儿与女使沿途伏侍,稍缓行程。到得临安,又可与易安居士相聚,亦是乐事。"李娃此后就打点行装,随时准备全家搬迁,到临安当人质,用以消除皇帝的疑心病,成全丈夫的抗金大业。

翌日,岳飞又召见中军统制王贵、左军统制牛皋、右军统制徐庆、踏白军统制董先、后军统制寇成、破敌军统制王万、胜捷军统制赵秉渊、副统制武赳、背嵬军同统制郭青和忠义军统制梁兴、同统制董荣、副统制赵雲、统领李进、牛显、张峪诸将及朱芾等人,等大家坐定,岳飞宣布了自己准备去临安上奏的决定。他说:"若得主上俞允,我须立即前往行在。然而兵机亦不得延误,王太尉与张太尉可主张军务,统大兵北伐,众太尉须遵禀他们底号令。"众人齐声说:"下官遵命!"

王贵说:"下官恐不足以当此重任。"徐庆说:"王太尉不必辞避,此亦是旧例。"朱芾说:"下官亦当随大军北上,执鞭随镫,听王太尉与张太尉底号令。"王贵就不再推辞。

岳飞特别对赵秉渊说:"赵太尉底乡贯是燕山府路易县。此次出兵,岂但要收复两河,亦须将燕云重归大宋底版图。赵太尉欲衣锦还乡,须是为朝廷效命。"赵秉渊说:"下官理会得。"

岳飞又命令武赳说:"虢州地处河南与陕西交界,武太尉可统胜捷军第五、第六将前往,与知商州邵兴、陕州忠义军首领吴琦同共把截,教虏人四太子与撒离喝郎君难以互为声援,便是大功。"武赳说:"下官听命,不知教下官何时启程。"岳飞说:"明日便行,我当送行劳军。"

岳飞又专门对梁兴等六名忠义军的统制和统领说:"你们曾统孤军

苦战于太行,最是劳苦。体探得因虏人虐政,如今两河已是烽火连天,义帜遍地,此正是你们大显身手底时机。料得你们早已踊跃待命,可率本军潜行北上,不与虏人交锋。待渡河之后,便伺机出击,袭扰虏人底后方,联结忠义百姓,号召两河与燕云义士,同共进讨,迎候大军渡河。"梁兴等六人十分振奋,齐声高喊:"下官遵令!"

数日之间,武赳统胜捷军的两将,梁兴等统忠义军,先后出征,岳飞与王贵、朱芾等亲自慰问和欢送。

再说张宪和姚政率领前军和游奕军,共计十一将,一万三千人马,实施急行军。他们于六月十三日,即完颜兀术在顺昌府退兵的次日,来到光州和顺昌府的交界。张宪得知金军已经撤退,就派王敏求急驰顺昌府,进行联络。王敏求很快归来,备述刘锜以少击众,大获胜捷。张宪当机立断,说:"既是恁地,自家们正宜收复蔡州。"

张宪召集姚政和各将的将官会议,他指着地图说:"蔡州所辖有十县,今体探得四太子唯是教贾潭率两个汉儿千夫长占守。贾潭是前伪齐将,亦是官军底手下败将。他不得广占十县,唯是坐守州治汝阳县。姚太尉可率本军与我分兵,我自东取道褒信、新蔡、平舆三县,姚太尉自西取道新息、真阳、确山三县,会师汝阳城下。"姚政说:"便依张太尉底命令。"众将官也都没有异议。

张宪又说:"绍兴六年冬,官军北上蔡州,曾俘获数名伪齐将,后蒙主上恩宥,皆在宣抚司各军服役。如今李序正在姚太尉军中,可教他单骑径往,劝谕贾潭,若得贾潭归降,亦免于刀兵之灾。"姚政说:"下官遵命!"

于是前军和游奕军分路进兵。前伪齐将李序在游奕军第二将中担任一个押队,他接受了姚政的命令,就单身匹马,前往蔡州州治汝阳县。他在城下大喊之后,贾潭下令打开城门,将李序迎入州衙。

两人坐定,李序开门见山地说:"我奉岳相公属下姚统制底将令,前来劝谕。闻得贾太尉下仅有汉兵二千户,一千数百人,怎生迎敌张宪与姚政一万数千人马。"贾潭说:"依你底意思,当怎生底?"

李序说:"我本奉姚政之命前来劝谕你投拜官军。我自从五年前被擒,唯是在岳家军中做一押队。岳飞底号令甚严,然而军中生理清苦,不得掳掠。我常忆在刘齐时，坐享荣华富贵，岂得与岳家军相比。"

贾潭说："既是恁地，你欲怎生行事？"李序说："难得有天赐良机，我欲随你投归四太子，重得荣华富贵。若是蔡州守不得，唯是一走了之。"贾潭说："李太尉所言有理！"于是贾潭集合军马，退出汝阳城，准备取道上蔡县北遁。

他们来到上蔡城南门下，远处只见城门洞开。突然城上树立起八面红旗，其中一面是"岳"字旗，另一面则写着"前军张"，一支军马从城门拥出，为首有两将，一是前军第一将正将冯赛，一是副将崔虎。崔虎原是伪齐临汝军的知军，上一卷已经交待，他在伪齐被废后主动投降岳飞。原来张宪进军到平舆县后，临时改变主意，他认为姚政一军足以攻占蔡州，就统兵径奔上蔡县，并且得到了贾潭逃遁的探报，就预作军事部署。

崔虎匹马单刀，突出阵前，他当然与贾潭、李序相识，大喝一声："贾潭、李序，尔们甘心从虏，执迷不悟，速来受死！"贾潭和李序更不敢迎战，只想统兵夺路逃遁。然而震天般的鼓声四起，前军第二将正将李璋、副将白安时统兵从左面杀来，第三将正将高林、副将刘遇统兵从右面杀来，统领孙显又督第四、第五将从后面拦截。于是金军纷纷投降，而贾潭和李序则在战斗中被擒。

张宪下令清点降军和俘虏，大抵都是河北、河东、燕雲的签军，也有少量的辽东汉儿，却都已剃头辫髪，身穿金军的黑衣，但少有甲胄，因为金军的重甲主要分配给女真骑兵。

张宪首先当众责问贾潭和李序说："你们甘心从虏，尚有何说？"贾潭和李序都跪在地上，特别是李序，更无话可说，只是叩头求饶。张宪指着三名副将崔虎、白安时和刘遇说："崔、白、刘三位副将原来亦与你们同僚，识得逆顺，不愿剃头辫髪，轻弃旧俗。如今在军前宣力，岳相公亦甚是信用。你们直是不知人间有羞耻二字！"白安时率蔡州军民投奔岳家军，这在上一卷已有交待，而刘遇原是胡清部属的统领，随胡清投奔岳飞。贾潭和李序更不敢求饶，又是不断叩头，李序说了一声"死罪"。张宪向白安时和刘遇用目光示意，两人就拔剑向前，劈下贾潭和李序的头颅。

张宪接着对众人训话："你们皆是虏人强行签军，家中老小必是日夜啼血。如今王师大举，行将北进两河、燕雲等地。你们可返回故园，迎候王师。若要甘心从虏,须是落得贾潭与李序底下场!"于是众人纷纷表态,有的还流泪控诉。张宪只是接收了自愿从军的一百人,其他的降兵和俘虏一律遣发回乡。众人欢呼而去。

张宪和姚政收复蔡州以后,就派王敏求回报岳飞,前军和游奕军将士则就地待命。

再说岳飞在鄂州城里焦急地等待宋高宗的圣旨。限于宋时的交通条件,岳飞宣抚司的紧急公文用急递传送到临安行朝,皇帝的回复诏旨再用金字牌递传送到宣抚司,一个来回约需二十天。这还是岳飞自绍兴七年任命王处仁为进奏官后的情况。王处仁是一名精干的吏胥,他自被岳飞委任以后,设法改进军期机速文字的传送,马递的速度比以前快,因而颇得岳飞和朝廷的好评。

迟至六月二十日清晨,金字牌算是将皇帝的回复手诏邮递到鄂州。岳飞接着王处仁的报告,怀着十分的希望,急忙到大堂,行遥拜跪领礼,然后启封,取出宋高宗亲书的黄纸。手诏不同意岳飞前往临安,说张俊已经发兵淮上,要求岳飞乘着盛夏的有利天时,发兵策应张俊,等到占领蔡州后,再轻骑到行在奏事。岳飞看后,虽然是在暑期,却是感到十足的寒意。他马上召朱芾、于鹏、孙革和张节夫到书房,给他们出示圣旨。

对于皇帝的诏命,四名幕僚都没有意外之感,特别是朱芾,他早就认为,岳飞入朝奏事的打算十有七、八是不会成功的,只是抱着试一试的赞助态度。于鹏说:"既是岳相公不得入朝,亦只得径自统军北伐,如今唯求以战制和,不容秦桧底奸谋得逞。"其他三人都没有异议。于是岳飞当即在大堂召集众将,他慷慨激昂地说:"既是圣上有旨,自家们等候北讨,度日如年,已积四年,须是养兵千日,用在一朝。当职明日便统军北上蔡州,先接应张、姚二太尉,然后直取东京。国朝中兴,在此一举!众将士可与家中老小道别。此回北伐须是扫平两河、燕云,方得与家中老小团聚。立功者受重赏,自是无上荣光,不幸战殁,马革裹尸,亦是大丈夫底素志。"

岳飞又噙着泪水说:"忆得十五年前,当职与王太尉、徐太尉等隶属宗元帅,受命于危难之际,救援东京。宗元帅于北京教场亲阅将士,众人齐声高呼：'哀兵必胜！'如今宗留守、张招抚等忠臣义士，墓木已拱，李相公拳拳孤忠，怀救国济时底壮心，亦赍志以殁。自家们须是不负他们在天之灵，岂容中原久成异域，故土老幼，常蒙剃头辫髮之辱！"他站立起来，高呼"哀兵必胜"，于是众将也齐声高呼："哀兵必胜！"

出师的具体事务自然由王贵处理。岳飞退堂以后，还是召集朱芾等四名幕僚，为他起草奏疏。这是出师前的最后一份奏疏，岳飞和四名幕僚都十分重视，由张节夫执笔，经大家修改，最后由岳飞誊录。奏疏中用尽量委婉和恳切的语言，表明了自己反对朝廷"重兵持守，轻兵择利"的决策，建议各路军马全面反攻，收复失地，而不以蔡州等五郡为限。岳飞特别表明了自己功成身退的态度，自愿将自己的家眷遣送行在。他还估计到金朝因军事失利，可能以宋钦宗父子建立傀儡政权，建议皇帝尽早册立皇储，以安天下人心。因为反复推敲，数易其稿，他们五人就在书房便饭。直到下午，岳飞亲自密封奏疏，又亲手交付王处仁，然后五人各自回家。

今晚是岳飞出征前和家人的最后一顿团圆饭。李娃和高芸香不但亲手烹调，而且把芮红奴也请来共餐。除了岳霭、岳甫、岳大娘等根本不懂事的孩子外，如岳安娘、岳霖、张敌万、张仇娘四个十岁以上的孩子，甚至连六岁的岳震，都显得神情严肃。在餐桌上，由芮红奴、巩岫娟和身孕已相当明显的温锦萍给岳飞斟酒，所谓"酒"，其实是在凉水中倒入几滴酒，因为岳飞仍然遵照亡母姚氏和皇帝的约束戒酒。李娃、高芸香和岳雷则是给岳雲斟酒。

芮红奴恭敬地奉上一杯，说："奴家恭祝岳相公旗开得胜，马到成功！"岳飞到此才微笑说："感荷芮安人！"原来因高林的官品，芮红奴的外命妇封号已由孺人升为安人。岳飞饮酒后，也为芮红奴斟酒一杯，说："下官亦是恭祝高太尉为国杀敌立功！此回前军已在蔡州初战告捷，高太尉亦已立得战功，足以教芮安人感慰，不负你底苦心！"

温锦萍由巩岫娟把她推在前面，她还是带着少女特有的羞怯，举杯说："恭请阿舅满饮此杯恢复酒！"岳飞只说"感荷"两字，又一饮而尽。巩岫娟虽然是"长新妇"，但她还是按过去的惯例，不叫"阿舅"，她说："阿爹，恭请满饮此杯功成身退酒。"岳飞深情地望了巩岫娟一眼，也举杯一饮而尽。

岳飞和李娃回到卧室,女使已经安排岳霭睡着,这个名为两岁,实则一周岁多的婴儿夜晚还是由亲母照顾,安睡在父母的大床里面。床上铺着竹席,只有一片麻布盖在身上。李娃完全明白丈夫此时此刻的复杂心境,既是满怀决战决胜的信心,又有几分忧心。但她只是催促岳飞说:"明日便是大出兵,鹏举底方寸不得乱,可及早安卧。"

夫妻虽然各穿单麻布衣,不用铺盖,然而在颇热的夏夜,却翻来覆去,怎么也睡不着。尽管这对夫妻可谓是知心,但在平时,沉默寡言的岳飞主动对妻子说话其实并不多,这时岳飞却是忍不住激动地先说:"待大功告成,自家们不可不去平定军,为死难底全城军民,为季团练一家五口修衣冠冢。"李娃也抑制不住内心的冲动,说:"亦须为循礼底前妻何氏重修坟墓。"

岳飞说:"自古迄今,每逢乾坤饱含疮痍,万姓惨遭劫难之际,便有千万忠臣烈士奋不顾身,以身许国。此回虏人侵凌,自家们所见所知底英烈又有多少。待大军凯旋而归,须是祭奠,备极人情礼意,以慰他们在天底英灵。待我解甲归田之后,须是设计,立一个三忠祠。"李娃问:"甚底三忠祠?"岳飞说:"李相公、宗留守、张招抚便是三忠。他们皆是天生英杰,忠肝义胆,雄心壮志,彪炳天地,万古不朽。建造三忠祠,足以为百代楷模,教万世景仰。"

听岳飞说到"解甲归田"四字,又激发起李娃的感慨,她说:"官场乐,官场苦,世间有多少人以荣华富贵为乐,而自家们却是以风波险恶为苦。自古以来,做高官底既享尽荣华富贵,却亦不时有身家性命之忧,战战兢兢,如临深渊,如履薄冰。国朝太祖官家圣意高远,深仁厚泽,立下不杀大臣、不斩言者之誓,做高官底始无身家性命之忧。然而死罪虽免,活罪亦复难忍。不见自哲宗官家以来,多少名士大臣远谪海外,或是逼胁自裁。奴常忆得西汉韩信底言语:'高鸟尽,良弓藏;敌国破,谋臣亡。'可不寒心!"

岳飞静静地倾听妻子的高论,反复品味着一千三百年前韩信的话,一言不发。李娃又说:"秦桧那厮,易安居士备知他阴鸷奸毒,他若是得君主宠信,天下贤士大夫必是有远谪海外之虞。"岳飞说:"众人以为他必是虏人底细作,然而并无真凭实据。此回北讨破虏,我亦当留心,若是根问被俘虏酋,或可得其真情,须是回奏主上。"李娃说:"若得如此,直是昊天上帝、列祖列宗护佑大宋江山。"

窗外突然传来一声惊雷,接着又下起了阵雨。岳飞心有所动,他翻身起床,关上窗户,又点亮一盏油灯。李娃似乎也感觉到什么,她忙着起身,看见丈夫在几案上铺纸,就赶紧磨墨。岳飞凝神思索片刻,就写下了一首七律:

> 溢浦庐山几度秋,
> 长江万折向东流。
> 男儿立志扶王室,
> 圣主专师灭虏酋。
> 功业要刊燕石上,
> 归休终伴赤松游。
> 丁宁寄语东林老,
> 莲社从今着力修。

李娃站立在岳飞身旁,看丈夫写完,就说:"奴家来日自当为鹏举邮寄东林寺慧海长老。唯愿三、二年间,自家们夫妻得以超脱官场底诸般烦恼,到东林寺清净杂念,皈依法门,亦须为十五年间底无数怨魂做道场,祈求来生之福。"岳飞说:"我便是此意。"两人重新上床,浅寐了一阵,天光已明。

夏日的晴空,虽然夜间阵雨,使人们稍感凉快,但随着艳阳高照,又是暑热逼人。岳家军的九军整齐排列在城外东郊的教场,九军包括背嵬军、右军、中军、左军、后军、踏白军、破敌军、胜捷军和水军。但水军统制杨钦已率本军第一、二将前往池州设防,副统制黄佐也率本军第三、四将前往江州设防。新任统领王莹则率本军第五、六将驻鄂州,今天他也率第六将参加象征性的出师仪式。土坛上矗立着皇帝御笔的"精忠岳飞"大纛,坛下的军衣、军旗则是一片绯红色,器甲明莹耀目,在灼热的阳光下,更显得热不可耐。将士们很快汗流浃背,却都凝立不动。鄂州的很多百姓都前来观看出师,对岳家军严整的队列,威武的军容赞叹不已。

岳飞头戴兜鍪,身穿紫麻布袍,外披烫热的铁甲,腰悬利剑,纵黄骠马来到教场。朱芾等幕僚也都佩剑骑马追随岳飞,其中最引人注目的当然是年轻的岳云。他全身甲胄，手持一对铁锥枪，也在幕僚的行列。王贵命中军副统制郝晸和统领苏坚立马本军之前，自己手执铁枻，骑马以军礼迎接岳飞，说："恭请岳相公阅兵！"岳飞说："请王太尉前行。"王贵引领岳飞一行进入教场，岳飞等人下马，登上土坛。都训练霍坚杀猪羊，祭军旗，于鹏念出师祝文毕，岳飞一行又下坛上马，王贵仍然执铁枻，紧随岳飞马后。

出师仪式还是大致仿效十五年前宗泽在北京大名府教场的阅兵。岳飞纵马来到排行最前的背嵬亲军，高声喊道："众将士满怀义愤，躬行天讨，吊民伐罪，唾手燕云，皆在此举！"立马在前的是同统制郭青，他立即与全军将士爆发出地动山摇般的怒吼："哀兵必胜！哀兵必胜！哀兵必胜！"岳飞等人也激动地与众将士齐声高呼。由于岳飞和众将已在此前到各个军营做了充分的动员，所以此时他已不需要说更多的话。其他八军都依次高呼，而围观的众百姓也跟着九军齐声呐喊，很多人落下了感奋的泪水。

岳飞检阅九军完毕，亲自登坛，挥舞"精忠"旗。九军以最后的水军改为前列，整队出教场。尽管已是挥汗如雨，将士们还是神情振奋，斗志昂扬，他们一面行进，一面激昂地高歌张所的《南乡子》和岳飞的《满江红》。悲壮慷慨的词曲，激励着军魂，激励着将士们义无反顾、奋击无前。

九军来到鄂州东城外江岸，除水军外，其他八军依次横渡大江。岳家军用于主要战场的兵力约计七万人，而此次由岳飞亲自统率渡江的约有五万二千五百人。很多百姓和将士眷属，其中也包括李娃、高芸香等人，都追随军队，来到江岸相送。直到最后一批将士到对江登岸，人影消失，他们才逐渐离去。

时值下午未时，李娃和高芸香却冒着烈日暴晒，忍受疲劳，仍然带着全家人在江岸徘徊，但成年女子都戴着盖头。高芸香手指滔滔江水，对岳雷、巩岫娟和温锦萍无比感慨地说："十二年前，奴方怀孕，便是在建康渡得大江。其时奴家在江干言道：'见得大江，更是思念黄河。'你们妈妈言道：'自家们从黄河退到大江，更无退路。'当时你们阿爹唯是一军统制，受制于杜充逆贼。如今他重兵在握，唯愿早日杀过黄河！"李娃也接着对张敌万说："当年你妈妈便是渡江不久，将你诞育人世。你阿爹只为国仇家恨，故命名你为敌万，你妹妹为仇娘。唯愿你们成年之后，世间便永不见刀兵,化干戈为犁锄,不须有以一敌万底壮士,亦不须有仇恨,此是何等快活!"

他们在江岸长久地流连着,两个长辈抑制不住感情的冲动,对子女们追述着往事。时近黄昏,一艘官船溯流而上,停泊之后,有一个官员登岸,原来竟是岳家军的前参议官、司农少卿李若虚。岳雷首先认出了对方,上前长揖,接着李娃等人都卸脱盖头,与他相见行礼。李若虚说明自己的使命:"我奉圣旨,前来岳相公处计议军事。"李娃说:"鹏举已是挥师北伐,于今日渡江。"李若虚说:"既是恁地,我须去追赶岳相公。"他马上与李娃等人匆匆告别,渡江而去。

二十二日,岳家军来到德安府,为避免烦扰当地的官吏和百姓,岳飞和将士们都不进城,只是在城外暂憩。好在天热,将士们可以临时露宿,岳飞则带幕僚们临时安顿在一所破庙里。刚吃完晚饭,就有亲兵禀报:"今有朝廷特命司农李少卿前来军前。"岳飞和众人连忙出破庙门迎接,并且安排李若虚晚饭。

当夜,大家就聚集在破庙的大殿里,点一盏油灯谈话。岳飞隐约感到李若虚此次使命非比寻常,所以除了幕僚之外,只命王贵和徐庆两将前来参加谈话。大殿临时打扫了一下,安放了一些交椅。李若虚见到四围败壁颓垣,顶上屋瓦残损,透露星光,墙角还有不少蛛网,心中不免感叹:"若是其余大将,岂愿在此间露宿。"朱芾首先说:"岳相公已接主上手诏,知得李少卿此回不远千里而来,只为商量军事。"

李若虚无奈地苦笑一下。他是在五月下旬离开临安府的,行程已是一月。临行前,宋高宗亲自召见,另有秦桧在旁侍立。宋高宗说:"卿曾任宣抚司参议官,谙熟岳飞一军将士。此回委卿以国家紧切大事,前往岳飞军前,干系利害甚重。秦卿可代朕宣谕。"

秦桧就接着说:"虏人败盟,人神共愤。然而用兵须是缜密,小有蹉跌,系国家安危甚大。李少卿久在军中,熟知兵机,故圣上特委以重任,教你今日启程,前往鄂州军前宣谕圣旨,教岳宣抚务须遵禀圣旨,以重兵持守,不得轻举妄动,只宜以些少兵力择利,以保万全。李少卿宣谕归朝,便是为朝廷立得大功。"李若虚只能说:"下官理会得。"

宋高宗还嫌秦桧说得不够,又进一步发布玉音:"赏罚是人主底大柄,此回李卿前去,务须制止岳飞大举出师,归来之后,朕必有厚赏。若是岳飞不遵朝廷号令,朕亦必加尔罚!李卿须是仰承朕旨,见岳飞时,不得二三其词。"李若虚又说:"臣愚当遵禀圣旨!"

李若虚所以接受这份苦差,也有他的苦衷。在他看来,如果自己当面抗旨,朝廷也必然会另外派人,这就更加不妙。李若虚下殿之后,就匆忙回家收拾行李,立即启程。他主要是担心夜长梦多,如果朝廷反悔,可能随时改派他人。尽管如此,特别是皇帝的警告,当然也给他很大的政治压力。所以他在一路之上,苦苦地反复思考,却无论如何也想不出一个两全其美的方案。

现在李若虚只得把上殿面对的情况原原本本予以介绍。徐庆实在听不下去,他刚张口,岳飞就用眼神和手势制止了他。孙革说:"岳相公与全军将士只为北伐,已是苦候四载。下官知得李少卿所负严命之重,然而李少卿难道不念在开封殉难底胞弟,难道不念在泰州殉职底挚友,而心无所动?"听孙革提到李若水和朱梦说两个烈士,众人的眼睛都湿润了。

李若虚面露沉痛的表情,他哽咽着说:"李相公曾言道,岳相公用兵有三难,一是可胜而不可败,二是宰辅难于以诚相待,三是各军难以协力。依此说,此回岳相公出师,可有胜算?"李若虚特别提到李纲在五年前对岳飞的郑重叮咛,完全是从感情转向现实,就可行性的角度讨论此次北伐。

岳飞字斟句酌地说:"全军将士敌忾同仇,慎于用兵,虽不得保有百胜而无一败,逆料得虏酋四太子授他底首级,自是指日可待。然而下官所忧,一是秦桧从中掣肘,二是他将不相为援,切恐淮西底张相公,本无统军决战底意思,又何况朝廷教他重兵持守。"

李若虚说:"既是恁地,大军进发,势不可还。矫诏之罪,下官愿自承担。"徐庆第一个几乎是跳上前去,紧紧地握住李若虚的手,两人激动得一时都说不出话。岳飞说:"洵卿如此深明大义,下官亦不得教洵卿独当矫诏之罪。张干办可连夜为我起草奏疏,恳切开陈,明示利害,庶几得以感动圣听。恭请洵卿回奏,哀兵必胜!"

岳飞打发众人都去休息,自己和朱芾、张节夫辛苦了一夜,写完奏疏,当即命王处仁以急递邮寄临安。

翌日大军继续进发。李若虚则在道旁相送,岳飞只是与他深情地互相长揖,就上马离去。李若虚望着一队队健儿顶着炎阳,整齐队列,昂首奋进,慷慨悲歌,不由流下两行玉箸,他又想起了昨夜孙革的话,就低声自语:"清卿,肖隐,你们在天之灵,可知今日出师否?"

[伍] 进军京西

岳飞亲统大军从德安府经信阳军，行进到望明港（今河南明港），那里有一个伪齐设置的营寨。岳家军临时驻兵望明港，召开军事会议，在蔡州的张宪和姚政也专门南下，参加讨论。会议进行了整整一天，众将和幕僚们各抒己见，直到傍晚。

主持讨论的岳飞坐着说："既是众官人别无他议，且请朱参谋区处攻讨兵机。"最终的军事部署其实本应由岳飞亲自出面，但岳飞为了表示对朱芾的尊重，有意让朱芾作总结。

朱芾一面指着桌上的一张地图，一面说："虏人四太子自兴兵以来，自以为盛夏出师，可攻王师之不备。然而刘太尉顺昌一战，便大获胜捷，煞是隽功！体探得四太子如今率重兵蛰伏开封，以颍昌、淮宁、应天三府为前卫，分命韩、翟二将与三路都统屯驻，图谋秋后弓劲马肥之际，重新用兵。虏人自恃在平原以铁骑奔冲驰突，便势不可挡。然而岳相公所统行营后护军训练积年，马军亦甚是精锐，此回在平原之地，正欲与虏骑一决胜负，方见得王师底军威。"

朱芾继续说："此回用兵，本军兵分两路，王太尉统中军、左军、选锋军、破敌军，取汝州、郑州，直指西京洛阳，自西威逼东京开封。张太尉统前军、右军、后军、踏白军、游奕军与胜捷军，进军颍昌府、淮宁府，自南虎视东京开封。于、孙二干办前往淮西宣抚张相公与顺昌刘太尉处，教他们出兵应天府，然后与本军会师东京，同共大破四太子大兵。"寇成说："朱参谋所言，深中事机，然而若是张相公与刘太尉不出兵，便怎生底？"

朱芾解释说:"此回张太尉统军多于王太尉,正是为虏军在颍昌、淮宁、应天三府把截。若是他们不出兵,张太尉便统军径取南京应天府,然后再与王太尉会师东京。蔡州不可无兵守卫,今命右军第二正将马太尉率本将军马驻守。"马羽说:"下官遵命!"

朱芾又说:"岳相公与背嵬军郭太尉及宣抚司属官,则亲统背嵬军与游奕军第四、第五将且驻蔡州,待张太尉与王太尉进军后,便进驻颍昌府郾城县,以备缓急,而联络东、西两军。用兵之道,在于备谋,详虑,竭智,众官人有甚异议,自可悉心开陈。"众将因为讨论了一整天,各种设想和建议,已都表述无遗,并且进行过争论,所以反而一片静悄悄,无人再说。

岳飞接着严肃地说:"既是众官人别无异论,便依朱参谋底措画。本军名为十万,然而各处分兵之后,正军北讨,仅余七万,如今又须勾抽右军第二将马太尉所部,守卫蔡州,便不足七万。虏人四太子虽经顺昌败衄,尚余十余万,体探得又到北方签军。故此回与虏军决战,若无淮西张相公与顺昌刘太尉军援助,必是以少击众。众将士须是有一往无前、哀兵必胜底壮心,方得扬我军威!"他的最后几句,简直都有一字千钧的分量。

翌日,岳家军就兵分两路,王贵一军由牛皋的左军充前锋,进入唐州界,然后北上汝州,胡清率领选锋军的第一至第四将则从襄阳府前来会合,王敏求以干办公事的身份随军。岳飞则与张宪统军北上蔡州。临行前,于鹏和孙革向岳飞辞行,两人各带一封岳飞致张俊和刘锜的亲笔咨目。岳飞交待说:"你们此回使命甚重,务须与张相公、刘太尉好言好语,力争他们出兵攻应天府,与本军会师东京。若是他们不从,亦务须善言话别,此便是以大局为重。"于鹏和孙革说:"下官理会得。"两人各带两名军兵,快马加鞭,各奔前程。

在张宪和姚政南下望明港,参加军事会议期间,蔡州的军务由前军统领孙显和游奕军统领沈德主持。沈德统游奕军五将驻蔡州州治汝阳县,而孙显为了接近前沿,统率前军六将屯驻最北的西平县城。

六月二十三日,孙显接到探报,说有一支金军重甲骑兵,约一千人,从郾城县出发,渡沙河南下。孙显当机立断,他命令第六将守城,自己统率五将兵力出城,在南北要道上埋伏。

金军千夫长裴满石伦的一支军马,是由驻守颍昌府的韩常所派遣。韩常自从顺昌之战失败后,背部挨了完颜兀术九十柳条,虽然只是伤及皮肉,却疼痛未愈,满腹怨恨。他得到岳家军占领蔡州的败报,就盘算着如何借岳家军之手,多杀女真人。所以他并不多派军队,只是命令裴满石伦率领本部女真骑兵,又临时支拨三名百夫长的部兵,共计有十三名百夫长,一千零八十名骑兵,深入蔡州地界,进行武装侦察。韩常表面上说得好听:"裴满字堇,此回前去硬探,委任非轻,若是捉杀得南房人马,我当告报四太子,为你记功。"裴满石伦当然不明白韩常的用心,就禀命南行。

裴满石伦的队伍在炎热的天气中行进,到了正午,还没有进入蔡州地界,却已晒得甲胄发烫,黑色的军衣湿透,并且口渴难忍。裴满石伦发现道旁的一片树林插着宋军的红旗,就命令金军突入树林,结果却不见敌方的一兵一卒。金军离开树林,见到前面有一道小河沟,就人人欢喜,准备让人和马饮水。

正在此时,小河沟的对面却出现一支行列严整的岳家军。这正是前军第一将,由冯赛和崔虎指挥,他们向金军发射强弓劲弩,射倒了一批金兵和战马。裴满石伦也是一员宿将,他当即率领金军从侧面突过小河沟,准备对岳家军实施侧后突击。

不料金军刚驰骑突过小河沟,岳家军前军的第四将、第五将、第六将伏兵四起,以锐不可当的气势,对金军实行围歼战。在喊杀声中,将士们远则使用弓弩,近则以短兵相接。战不多时,金军大部被歼。

裴满石伦率领小部败兵突围而遁,他们仅奔逃了约三宋里。在一阵阵急促的鼓声中,李璋、白安时和高林、刘遇分别率第二将、第三将再次包围这支败兵。在混战之中,裴满石伦只率两名骑兵逃遁,高林率五十余骑紧追不舍。在射程可及的距离内,高林下令:"放箭!"他先发一箭,就穿透重甲,射倒一名敌骑,接着是一阵强弓锐矢,将另外两名敌人也一起射死。

孙显在全胜后收兵。在这场围歼战中,金军逃遁者只有八十多骑,另有会说汉话的二十三名契丹人投降。岳家军统计和检查敌尸,得到了一块裴满石伦的银牌和三十三块百夫长、五十夫长的木牌,还夺到了二百多匹战马和其他军械。

岳飞和张宪的大军在前往蔡州州治汝阳县城的行军路上,有飞骑传来了孙显的捷报。岳飞在马上略读了一遍,就传给并马而行的张宪和朱芾。张宪说:"既有二十三名契丹降军,莫如将他们释放,教他们归去,宣谕王师底兵威。"朱芾说:"甚好!此亦是攻心为上。可作书与韩常,教他们带去。韩常是汉儿,为四太子坏了眼睛,体探得顺昌败后,又遭四太子鞭挞,岂无怨心。"岳飞说:"朱参谋底意思甚好!可便以自家底名义作书劝谕,他是汉儿,难道不顾族群底差异,却是甘心为四太子尽死力,而无悔意。"在后面的张节夫说:"下官愿为岳相公起草。"

大军抵达汝阳县城,沈德出城,将岳飞一行接入城里。岳飞来到州衙,又马上与将领、幕僚们作简单的商量和部署。次日,张宪就统大军北行,而李廷珪则以干办公事的身份随行。岳飞与众幕僚则暂留汝阳城。岳飞亲率的队伍则有郭青所统的背嵬军,另加沈德所率的游奕军第四、第五将。马羽则率右军第二将接管了蔡州的守备。

张宪率东路军到达西平县,孙显把他迎入县衙。张宪所做的第一件事,就是亲自对二十三名契丹俘虏训话。他坐在县衙正堂,军兵们把契丹俘虏押来。众人见到居中端坐的张宪,就跪右膝,蹲左膝,用两手按右肩,算是拜礼。张宪见到他们不是行女真跪礼,而是行契丹本族的跪礼,心中有几分高兴,说:"你们本是大辽国百姓,被金虏驱迫,委身于锋刃险境。如今大宋王师大举北伐,非唯拯救汉民于水火,亦教契丹、奚、渤海诸族免于兵革之苦,共享太平之乐。今放你们归去,教你们与老小团圆。"众人齐声欢呼。

张宪又把案上的一封书信交付军兵,说:"今有岳相公付与韩将军书信一封,相烦你们前去交付。日后王师北进,亦望你们响应,与王师同共讨伐,除虏人虐政,岂不是好!"众俘虏又是一阵欢呼。他们接受了书信。张宪又叮咛几句,就由孙显带兵把他们送出西平县北门。

王贵指挥的西路军由牛皋的左军为前锋,行进到唐州,与胡清所率的选锋军第一至第四将会合。牛皋随即统左军和选锋军突入故乡汝州地界。金朝占领汝州的军队,并非由开封城里的完颜兀术所派,而是由占领西京洛阳的李成所遣,计有四名千夫长,约三千人,都是汉人签军,而由李成的部将商元率领。金军因兵力不多,只是据守汝州南端的叶县。牛皋根据探报,对胡清和左军副统制庞荣说:"我熟知故土地理,用兵须是出奇。"胡清和庞荣听了牛皋的计划,都说:"便依牛太尉底计议。"

商元已得知岳家军北伐,也终日提心吊胆,他不断向李成乞求援兵,但李成只是命令他坚守城池,还没有派遣一兵一卒前来。商元每天都有两三次探报,只是说岳家军集结在唐州和邓州,没有北上的动向。

商元一直关注南方的动静,不料在六月下旬的一个清晨,突然出现一支岳家军,在叶县城南列阵。商元得报,急忙到城南观看,只见岳家军排列严整的队形,中间有一面红罗大旗,上刺"选锋军胡"四个白字,在初升阳光下,分外耀眼。商元不由在大热天打了一个寒噤,心中自语说:"岳家军必是绕道潜行而来,煞是神兵天降,不如用计潜逃。"

商元把四名千夫长召来,说:"岳家军虽是潜行到此,却是兵力不多,你们可出城迎敌,宣力厮杀。得胜归来,我当重赏!"四名汉人千夫长只能应命,带兵出城。他们列阵尚未完毕,胡清却看准时机,下令挥舞字帜,在响亮的鼓声中,选锋军的第一至第四将自东到西,全体出击,顿时把金军打个落花流水。在"投拜底不杀"的喊声中,近三千汉人签军纷纷扔掉兵刃,坐地投降。四名汉人千夫长眼看大势已去,也只得下马投降。这场战斗近乎在兵不血刃的情况下结束了。胡清统军乘胜进据叶县城。

再说商元,他乘四名千夫长带兵出城的机会,就率八十骑亲兵,出北门狂逃。叶县北门临近澧水,其上有一木桥。商元等过桥仅奔跑了约三宋里,突然有一支伏兵,拦阻去路,严阵以待,其上有一面红罗大旗,上刺"左军牛"三个白字。

商元急中生智,他单骑上前,高喊道:"自家便是商元,久闻牛太尉底威名,唯愿请牛太尉出阵面谈,我当归正。"只见一将手持铁矛,纵乌骓马出阵,他脱去兜鍪,显露出黑里透红的脸膛和一副虬髯,此人正是牛皋。他一面上前,一面高喊:"自家便是牛皋,商太尉若得归正,岳相公自当厚待。"两马接近,商元说:"待我下马投拜!"话音刚落,却举起手里的屈刀,向牛皋猛砍。牛皋早有防备,他将铁矛格开商元的刀,回手一枪,把商元刺于马下。

牛皋乘势驰骑上前,对八十名金军的汉人骑兵大喊道:"商元那厮甘心从虏,今已伏辜,你们还不速降!"于是这些汉人骑兵就纷纷下马,扔下兵刃,坐地投降。

牛皋与胡清会师,对降兵们进行甄别,愿意回乡的,一律发放五百文铜钱,发付他们归去,愿意从军的则分别编入左军和选锋军各将。牛皋和胡清率师北上,进据牛皋的故乡鲁山县,又继续向汝州州治梁县挺进。

在进军途中,有一骑兵前来,说是奉忠义军统制梁兴之命,前来递送书信,要求拜见主将。牛皋和胡清、庞荣当即在马上约见。此人在马上行礼,说:"男女是河南府路兵马钤辖李太尉所遣,今有岳相公属下忠义军梁统制底书信。"他取出梁兴的信,交付牛皋。牛皋看了大喜,他又把信交付胡清和庞荣阅读。那送信人说:"如今李钤辖已收复汝州城,恭请官军前去会师。"

原来李钤辖名兴,本是孟州王屋县的一个农民。他早在北宋末、南宋初,就在故乡一带聚众抗金,后来成为翟兴和翟琮手下的一员勇将,屡立战功。当翟琮被迫南撤时,李兴流落北方,不得已降了伪齐。直到金朝归还宋朝河南之地,李兴才重归宋朝,出任现职。金朝重新出兵河南之地,西京的官员们纷纷逃跑,唯有李兴率少量兵力留守。

李成率金军突入洛阳城,很快就占领了著名的天津桥一带。不料李兴只率七骑奋勇迎战,竟一时杀退了敌军数千人。李兴最后单骑转战到城南正中的定鼎门外,受伤,昏仆在地上。在混乱之中,李兴幸免于难,到半夜苏醒。李兴带伤跑到伊阳县,聚集伊阳、福昌、永宁等县的民众武装,与李成的金军周旋。梁兴等率忠义军潜行北上,路过伊阳县,结识了李兴。故特别为李兴写书信,以便与岳家军进行联络。最近李兴打听到商元的金军只是在叶县拒守,就乘机在夜晚奇袭,收复了州治梁县城。

牛皋和胡清、庞荣向送信人打听明白,发付送信人先回,他们接着率军北渡汝水,前往梁县。李兴亲自骑马出南门迎候,他与牛皋、胡清过去曾经相识,如今重逢,格外高兴。胡清说:"自家们曾屈居刘豫属下,如今尤须为大宋江山效力。"李兴对牛皋和胡清说:"正是此理。体探得李成那厮举兵前来,妄图救援商元。"牛皋说:"既是恁地,李成此回便是前来授首!敢问李钤辖有多少人马?"李兴说:"所率乡兵二千六百余人,此回统一千五百人收复汝州。"三人和庞荣简单商议一阵，就相机部署兵力。

李成禁不住商元再三催促，带兵五千前来梁县。由于李兴军对梁县采取夜间偷袭，李成竟毫无所知。他率领金军来到梁县北城下，只见城门洞开，突然鼓声大作，城上树立起宋军的红旗，其中的一面字帜是"左军庞"，使李成大吃一惊。庞荣率左军第五、第六将出城，攻击金军。与此同时，胡清率选锋军从东方杀来，李兴率本部兵马和左军第三、第四将从西方杀来，而牛皋率左军第一、第二将从北方杀来。

李成屡次败于岳家军，他见到此种四面合围的形势，根本不敢应战，只是慌忙率四百亲骑逃窜。在混战中，李成的亲骑损折一半，他本人的左肩和右臂也中了两枝流矢，右手的提刀跌落战场，但总算侥幸地逃回洛阳。其他的金兵主要是汉人步兵，他们小部被杀，大部投降。战后，牛皋下令对投降者依叶县的方式作同样处理，他向岳飞传送捷报，并且保举李兴出任本军同统制。

岳飞暂时驻军蔡州州治汝阳县，时值六月二十九日，正是本月的最后一天。王贵发来的牛皋等军汝州捷报到达后，岳飞在县衙召集郭青、沈德、朱芾、张节夫和岳雲五人会商，这是在各军出发后，他身边所剩的五名主要部将和幕僚。平时不多说话的岳雲，这次却是首先发言："王太尉言道，牛太尉等军在汝州两战两胜，兵势甚锐，然而依自家底愚见，须是暂缓攻势。只待张太尉发兵破颖昌府后，方得攻郑州与洛阳。其故非它，王太尉底兵少，张太尉底兵多。若是四太子提重兵偏攻王太尉一军，则张太尉军便自颖昌府迅即北上，直取开封，与王太尉军夹攻四太子重兵。"

郭青说："岳机宜所言，深中兵机。体探得虏人在郑州守军不多，而洛阳底李成军又在汝州一战大败，如惊弓之鸟。如今王太尉一军须是以重兵防四太子大兵攻袭，而以轻兵占取郑州与洛阳。"

岳飞和其他人虽没有发言，但都同意岳雲和郭青的意见。岳飞的内心尤其高兴："如今祥祥已是智计足备，此回北讨，堪当重任。"

岳飞望着朱芾，正准备让他进行部署，负责供应钱粮的京西转运副使王良存和回易官李启前来拜见。岳飞等人与他们互相行礼寒暄后，王良存不等坐下，就急着报告说："输送军粮等不易，下官与李官人此回唯是押送得五千石粮到军前。"岳飞平时对属官,特别像王良存那样的文官从不发火,此时却变得怒不可遏,厉声说:"七万大军,五千石粮济得甚事?"

王良存说:"宗室、江南西路十一运副亦甚是宣力,他已作札子,言道二十日内须管应副八万石。"他说完,李启就给岳飞呈上了江南西路转运副使赵伯牛的公文。赵伯牛是宋太祖七世孙,与宋高宗领养的赵瑗同是"伯"字辈,但他年龄较大,在"伯"字辈中排行第十一。岳飞也知道赵伯牛颇有政声,他接过赵伯牛的公文看了一遍,只得叹息说:"如此便是延误军机二十日。"

朱芾也接过公文阅读,他劝岳飞说:"虽是延迟,亦可究知顺昌刘太尉与淮西张相公底动静,未必有弊而无利。"岳飞就对张节夫说:"有劳张干办疾速作书与张、王二太尉,教他们暂时按兵不动,以待粮食。李兴忠义,当职允诺牛太尉所乞,便以宣抚司札授任李兴为左军同统制。"张节夫说:"下官遵命!"

[陆]
收 复 颍 昌

由于军粮运输迟缓和供应不足，张宪东路军的北上延迟至闰六月十六日，其第一个军事目标就是韩常驻守的颍昌府。在裴满石伦全军被歼后，韩常属下还有近一万四千人，分隶两名女真万夫长。一个名叫颜盏邪也，不久前曾参加过顺昌之战。另一个名叫完颜迪古乃，汉名亮，是完颜斡本的次子，今年仅十八岁，血气方刚。他向父亲主动要求上前方，新近来到开封。由于皇族的尊贵，加之完颜兀术十分欣赏他的豪气，所以特命为万夫长，闰六月上旬，他抵达颍昌府治长社县赴任。

韩常特别设宴为完颜迪古乃洗尘。完颜迪古乃受教于原辽朝上京临潢府的汉人张用直，乂因父亲的缘故，与宇文虚中等汉人亲近。他与金熙宗一样，代表女真人新的一代，对汉文明已相当熟悉和嗜好，喜欢读汉文书籍、下棋和点茶，这些都与老一代女真人迥异。但另一方面，他还是继承了女真人讲究骑射勇悍的旧风。宴会只有仨人，一张大方桌，三把交椅，韩常居中朝南，完颜迪古乃坐东朝西，而颜盏邪也坐西朝东。按照完颜迪古乃的要求，宴会不用女真食，只用汉食。

席间当然免不了谈论军事。韩常问道："迪古乃郎君，四太子有甚宣谕？"完颜迪古乃说："顺昌失利，非是败于战，而是败于天时不利。然而兀术尚有怯战底意思，他与张通古计议，下令将燕京底珍宝尽底转搬上京。他言道，且忍耐到秋冬，大金军马便得天时地利，然而若是再战不利，便弃河南，又不利，便弃燕京，回归白山黑水，以待时机。此便是忧虞过当。天下一家，大金虽是灭辽，尚不得为正统，唯有灭宋，方得为正统。秋冬时,大金军马既全占天时地利,必胜无疑!"完颜迪古乃本来完全可依汉人的礼俗,称完颜兀术为"四叔叔",他故意按本族习俗称呼女真小名,其实是含有某种蔑视之意。

韩常已经稍为觉察完颜迪古乃的意思,但他身为汉儿,面对这个完颜皇族,却无法以长官自居,更不敢说不同意见。完颜迪古乃说:"闻得南房岳飞与韩十八书信。"韩常辩解说:"我接书后,便以银牌递发汴京,交付四太子帐前。自家唯是追随四太子出生入死。"他在看了张节夫代笔的书信后,其实并非心无所动,却又马上寄发完颜兀术,以表明自己决无异志。

完颜迪古乃说:"张通古以燕京行台杜丞相与南房秦桧有旧交,教他作书与秦桧。然而我此回途经燕京,见得杜丞相已得风疾,口不能言,手不得书,切恐他在世之日无几。闻得南房岳飞原是杜丞相底部曲,如今南房诸将中,又是他最善用兵。"韩常还是不敢对完颜迪古乃坦白自己的真实想法,倒是颜盏邪也说:"岳飞煞是不得小觑。"

完颜迪古乃说:"邪也孛堇,你休得长南房底志气,灭大金底威风,此回看我怎生用兵!大金所以用兵无敌于天下,唯是有攻而无守。如今你们唯是将兵马把截府治,本府最南底郾城县无一兵一马,若是岳飞统兵前来,难道教他坐占郾城县?"韩常说:"迪古乃郎君以为,当怎生底?"

完颜迪古乃说:"我当亲统本部人马,前去郾城,若是岳飞前来,便与他厮杀。"韩常明知不行,却又不敢反对,颜盏邪也却说:"使不得!使不得!自家们兵马不多,裴满石伦千夫长又近日失利,千余精骑全军覆没。如今唯有占守府治,若是岳飞举兵来犯,须是四太子大兵来援,方得有济。不然,便是你与自家两军,亦是难以保守。"

完颜迪古乃大怒,说:"郎主阿翁初起兵时,只有甲士二千五百,便屡败辽兵。辽人曾言道,女真兵满万,则不可敌。如今大兵十余万,其中女真甲士亦有四、五万,岳飞岂是三头六臂底神人?此回顺昌失利,全是你们怯战,又沮坏军心斗志。"颜盏邪也发怒说:"老郎主初起兵时,我只十七岁,便追随军中,如今已有二十六年,其时你尚未出生,岂得言我怯战!"两人用女真话争吵起来,韩常也不愿从中调解。完颜迪古乃起身,一拳把颜盏邪也连交椅打翻在地,就愤愤然离开筵席,临行前只说一句话:"且看我用兵!"

韩常起身把颜盏邪也扶起,颜盏邪也说:"韩将军,你待怎生底?"韩常恼恨地说:"我虽是防拓颖昌府底主将,然而我是汉儿,他是完颜宗族,我做不得主。"

颜盏邪也问:"若是迪古乃郎君败了归来,便当如何?"韩常说:"我教他自去见四太子,你可与我为证。然而今日便须将迪古乃郎君底行藏告报四太子。"

颜盏邪也又问:"如是岳飞举兵前来,便当怎生底?"韩常说:"我唯有你一支人马,如何取胜?然而不战便走,四太子亦须怪罪,如今唯有战而退兵,方是上策。你是女真人,且与我为证。"颜盏邪也说:"便依韩将军底意思。"韩常当即准备一份公文,其上由他和颜盏邪也两人画押,发往开封城。

完颜迪古乃率领本部近七千人马,其中有三千女真骑兵,来到郾城县。他察看了附近的地形,对十名千夫长说:"此处平野一望无际,并无阻险,最利于大金马军驰突。如今又是闰六月,炎气颇退,又得天时。县城南傍沙河,我可驻军于县城北五里店处,若是南虏渡沙河,我便纵铁骑,将他们一举掩拥入河。"完颜迪古乃就驻军五里店,而腾出了郾城县城。

张宪所率的东路军对金军在颖昌府的部署已经探听得十分清楚。张宪在出兵前召集众将会商,张宪首先说:"虏人虽是兵少,自家们亦不得掉以轻心,须是谨慎用兵。"徐庆说:"虏人自恃铁骑纵横冲突,我愿率本军步兵为坚阵,教虏骑知得王师底步军亦是坚不可摧。"寇成说:"与虏人相抗,既须以步制骑,亦须以骑制骑。追奔歼敌,须用马兵。下官底意思,不如将各军底马兵并力,方得其用。"张宪见众将没有新议,就说:"便依徐、寇二太尉底计议。官军渡沙河,不须全军迎敌,前军、踏白军、游奕军与胜捷军且入城休整待敌。徐太尉可与傅太尉率右军步兵列阵,寇太尉可与李太尉统率各军马兵,待机出战。"徐庆、寇成与右军副统制傅选、后军副统制李山齐声说:"下官遵命!"大家对各种具体的军务又商议一阵。

十五日三更,张宪的东路军将士饱餐之后,北向疾进,乘着月光,渡过沙河,进驻并无防卫的郾城县城。天亮时,徐庆和傅选就率右军步兵五千在城北列阵待敌。张宪和众将则登上北城楼橹，观察形势。

大约不到半个时辰，只见远处黄尘滚滚，这正是完颜迪古乃统兵前来。他命令步兵列阵，而自己亲率三千重甲精骑从阵后突出，向岳家军的右翼发起冲锋。徐庆熟悉金军惯于以左、右翼骑兵侧击。他对傅选说："傅太尉，你与自家须各自占守左、右翼，以防虏人用拐子马冲突。"他亲自持铁鞭，在右翼阵中指挥。等敌人到了神臂弓的射程之内，就下令放箭。一阵骤雨般的密集箭矢，穿透重甲，射倒了冲锋在前的敌骑。但后面的金军却仍是不顾死伤，向前冲锋。岳家军以轮番发射的箭雨，打退了敌军的第一次冲锋。金军在阵前留下了二百几十具尸体，还有大批马尸。

完颜迪古乃被迫指挥金骑退出战斗，稍停片刻，他又指挥骑兵向岳家军的左翼发动攻击。傅选率领将士再次击退金军，杀敌一百多人。

完颜迪古乃两次冲锋失败，就改变战术，指挥骑兵向岳家军军阵的中部发起第三次冲击。他下严令说："此回冲锋。务须成功，后退者尽底斩馘！"金军前仆后继，向岳家军军阵冲锋，由于军阵中部的弓弩较少，金军终于冲到阵前，负责指挥的右军第三将正将王兰眼看已无法施放弓弩，就第一个驰马出阵，大喊道："众将士随我厮杀！"他抡动浑铁枪，把一个冲在最前面的金军骑兵刺于马下，王兰在激战中接连刺杀金军八人。众将士在他的带领下，人人奋勇争先，开始了一场以步击骑的白刃战。

徐庆见到此种战情，也跃马冲出阵前，率领右翼将士向金军骑兵侧击。接着傅选也率左翼将士向敌人攻击。张宪在城头上见到此种形势，就下令在城东和城西蓄锐待发的寇成和李山的两支骑兵出战。两支骑兵各二千五百人，迅速迂回，赶到战场，首先击溃列阵的金军步兵，接着又进击完颜迪古乃的骑兵。

完颜迪古乃的女真骑兵虽也是精锐之师，却已难以抵挡徐庆右军步兵的猛击。在一批又一批的金军伤亡之余，完颜迪古乃只能下令退兵。他企图利用骑兵机动性强的优点，暂时退出第三回合的战斗，再设法重整旗鼓。不料寇成和李山两支骑兵竟从后方杀来，就形成了腹背夹攻之势，而根本不容完颜迪古乃有任何喘息之机。金军很快就溃不成军，纷纷被岳家军分割、包围和歼灭。

完颜迪古乃最后只率领四百余骑逃回了颍昌府城。他带着四处轻伤,袍甲上留着血污,神情狼狈而疲惫,垂头丧气地进入府衙。韩常对此种意料中的事倒不想再说什么。颜盏邪也却心怀挨打的怨恨,用讥诮的口吻说:"迪古乃郎君,此回必是得胜归来!"完颜迪古乃叹息说:"大金马兵虽是天下无双,然而以排山倒海之势,亦是冲不动岳家军步兵底坚阵。岳家军底马兵亦甚是精锐,足以与大金底马兵相抗。自家今日方是知得,撼山易,撼岳家军难!岳爷爷端的是南房第一名将!你们且在此坚守,我须回汴京告报四叔叔,教他发援兵。"完颜迪古乃开始在金军中首先避用岳飞的名讳,而称呼"爷爷"。他感到没有脸面留在颍昌府,就把败兵交付给韩常,自己只率五十骑驰往开封。二十二年后,完颜迪古乃已经当上金朝皇帝,他在发兵攻宋前,还是对臣僚们坦白承认:"岳爷爷不死,大金灭矣!"此是后话。

张宪乘得胜的兵威,命令徐庆的右军和寇成的后军暂留郾城县休整,清扫战场,自己统军北上临颍县,于十九日进入府治长社县界。在完颜迪古乃失败后,韩常和颜盏邪也更没有斗志,韩常对颜盏邪也说:"我统步兵在此守城,你统马兵前去,若是不胜,自家们便弃城而去。步兵如是同去,唯是枉遭杀戮,无助于战事。"韩常有很深的厌战情绪,他感到还是应当顾全汉人居多数的步兵的性命。颜盏邪也虽是女真人,现在也同样对战事持悲观态度,他说:"便依韩将军底意思。"他集合了三千女真骑兵,出颍昌府城南门。韩常骑马送行,轻声嘱咐说:"岳爷爷极善用兵,不得恋战,须防他底诡计。"

在府城南约四十宋里,两军遭遇。张宪以亲统的前军列阵,阵中飘扬着"前军张"的字帜。颜盏邪也也以三千骑兵列阵,他观察敌方的阵势,准备出击。不料张宪指挥前军步兵以严整的阵形向金军进逼。与此同时,董先率领三千骑兵,也开始迂回金军的后背。颜盏邪也不敢恋战,只是命令:"挪回!"金军不战而遁,董先率骑兵追击,赵秉渊又指挥胜捷军埋伏,拦阻截杀。金军被杀八百多人,但颜盏邪也总算是带领了大部分兵力逃回颍昌府城。

韩常马上与颜盏邪也合兵,连夜退出府城,他们取道颍昌府最北端的长葛县,遁入开封府界,暂时在尉氏县屯驻,并且派人到开封城飞报完颜兀术。

张宪统各军在二十日清晨收复颖昌府。当天正午,他与众将在府衙会餐,同时商量军事。张宪说:"颖昌府逼近东京地界,虽是收复,须防虏人以重兵反攻,不知哪个太尉愿守此城?"董先应声说:"下官愿统本军守城。"张宪又环视众将,说:"踏白一军,兵力稍薄,姚太尉可统游奕一军,与董太尉同共镇守。颖昌府所系甚重,不得有失。"他的最后一句话,语气是相当严厉的。姚政说:"下官遵命!"董先慷慨地说:"有踏白、游奕二军镇守,决不致有失。张太尉自可安心出征。"

张宪留下了两军八将的兵力,在稍事休整后,即于二十二日率领前军、右军、后军和胜捷军杀奔淮宁府。

再说韩常与颜盏邪也退到尉氏县后,完颜兀术果然发来一支援兵,由金朝宗室完颜厮里忽率领,他汉名宗秀,与完颜兀术同辈,官封镇国上将军,人称镇国大王。双方在尉氏县衙相见后,完颜厮里忽首先就责怪韩常和颜盏邪也说:"我奉兀术底将令,统军到颖昌府,不期竟与你们在此相见。你们何以不坚守府城,待我援兵?"韩常明白自己的汉儿身份,所以不愿意辩解,颜盏邪也说:"岳家军兵力厚重,难以抵敌。大金军马唯是长于在平野驰突,从无守城待援之理。"完颜厮里忽说:"既是恁地,你们可统兵随我前去收复颖昌府,将功折罪。"

他们探听到张宪率大军东行,更认为可以乘虚攻袭颖昌府城。完颜厮里忽从来不相信步兵,只看重骑兵,他与韩常等军合并后,总计有骑兵六千五百人,步兵六千人。完颜厮里忽对韩常和颜盏邪也说:"自家们率马兵前行,可教步兵在后随行。"韩常说:"马兵并无攻城器械,便是破袭得守城底岳家军,亦是难以攻城。须知南军擅长守城。"完颜厮里忽说:"待步兵前来,再造攻具不迟。若是岳飞亲统大兵前来,自家们亦教四太子统大兵前来,便在颖昌城下大厮杀。"于是韩常和颜盏邪也就不再说什么。完颜厮里忽只派两名汉人千夫长统率步兵,自己与韩常、颜盏邪也统率骑兵,直扑颖昌府。

金军途经长葛县,直奔颖昌府城。二十五日辰时,董先得到探报,就与姚政、踏白军统领李建商量,决定留踏白军第五将步兵守城,他们仨人统兵出北门,西傍溴水北上,以步兵在前,由姚政统一指挥,董先和李建则率三千骑兵在后随行,作为机动兵力。

岳家军来到城北七里店，完颜厮里忽等统金军先赶到战场，正在那里布阵。董先和李建立马高阜，见到此种情势，就派一名使臣通知姚政说："姚太尉可傍溴水鼓行直前，先与虏军搏战。务须留意虏军攻官军右翼，将官军拥入溴水，我当以马军在后相机策应。"姚政当即下令紧擂战鼓，在"游奕军姚"的字帜居中引导下，将士们列成严阵，大步北行。

完颜厮里忽望着岳家军的北行队列，对韩常和颜盏邪也说："人称岳飞善于用兵，我以为不然。以步兵傍水北行，我正宜驰铁骑，将他们蹂践入水中，杀得他们片甲不存。你们可率四千精骑，自东而西侧击，岂有不胜之理！"于是韩常和颜盏邪也拥重甲骑兵四千开始对岳家军实行迂回侧击，四千铁马，荡起了滚滚征尘。

姚政接受董先的叮嘱，特别在右翼部署了神臂弓等强弓劲弩，本人也置身右翼指挥。当金骑突入弓弩的射程之内，岳家军将士就轮流射箭，金军的第一波攻势很快被击退。董先看准时机，不待金军重整队形，就与李建亲率骑兵出战。整个战场黄尘腾起，岳家军的骑兵远则用箭，近则用短兵，很快把金军的骑兵打得溃不成军。金军的败兵退遁，首先就冲动了完颜厮里忽军阵，使二千五百金骑也根本无法驰突抵抗。

只在一个时辰之间，金军就完全溃败，在战场上留下了一千多具尸体和大量器甲，六百多匹活马。董先等统兵追赶了三十多宋里，方才收兵。完颜厮里忽等带领败兵逃回尉氏县，他们不敢再轻易出兵，只是向完颜兀术发出了败报。

[柒]
攻占淮宁

　　淮宁府五县,其中商水、南顿、项城三县在南,而西华与府治宛丘县在北。张宪在出兵前,对金军的部署早已探听清楚,他统前军、右军、后军与胜捷军从颍昌府城南下临颍县,进入淮宁府界,取道西华县,径逼淮宁府治宛丘县。因为南方的三县并无金军屯驻。

　　再说金军方面,自从颍昌府失守,完颜迪古乃又逃到开封报告敌情。他对叔父说了一通岳家军的厉害,完颜兀术见到向来目空一切的侄子,转眼之间,简直如同斗鸡场中败逃的公鸡,深知事势严重,就在龙德宫召见元帅左监军完颜阿离补、完颜突合速和元帅右都监大挞不野,商议军事。

　　完颜突合速说:"如今是闰六月下旬,暑热已退,不比顺昌用兵时。四太子不如亲提大兵前去淮宁府,与来犯底岳家军决战。"完颜兀术说:"不然,目即有赛里与三个忒母孛堇,统生兵二万南下,不久便到汴京,此时再与岳飞决战不迟。然而淮宁府亦不可不保守。阿离补与挞不野可统四个忒母孛堇,率兵三万,前去淮宁府,务须杀败来犯底南虏。待七月初秋,我当亲统大兵南下,乘天时利便,大破岳飞。"他所说的赛里,当然是指盖天大王完颜赛里。其他三人知道完颜兀术的脾性,就不再异议。完颜兀术说:"既是恁地,阿离补与挞不野明日便出兵,支援翟七。"

　　二十三日傍晚,完颜阿离补和大挞不野就带兵抵达淮宁府城,守将翟平到城北迎接,把援军接到城里。翟平属下有一名万夫长,统兵八千。完颜阿离补和大挞不野到府衙下马,翟平引领他们进厅堂议事,完颜阿离补居中而坐,大挞不野和翟平分坐左右,五名万夫长也依次就座。翟平向两名长官报告军情,说:"体探得岳家军占夺颍昌以来,又进入淮宁府界,如今已占西华县,料得必是径来府城。下官正愁兵少,难以抵御,既是二元帅携重兵来援,便无忧虞。"

完颜阿离补说:"今夜便教儿郎们休息饱餐,明日可在城西摆布大阵,以备厮杀。我唯恐岳家军闻得大兵前来,不敢厮杀,阿胡迭郎君,你明日可统本部马军前往西华县,如能诱敌前来,便是大功。"完颜阿胡迭说:"谨遵阿离补郎君底将令!"

大挞不野说:"岳家军用兵自来狙诈,若是他们不来,便当怎生底?"完颜阿离补说:"若是不来,大金军马便去西华县,先截住岳家军底退路,再与他们交锋。"

翟平说:"淮宁府东北是蔡河,城西一片平旷,正宜用兵。南房步兵多于马兵,若是岳家军前来,大金军马可分布东、西、南、北,四面围掩剿杀。"完颜阿离补说:"明日摆布大阵后再相机用兵,今晚且摆宴欢乐。"

于是翟平就准备了一顿丰盛的晚宴,席上有女真人爱吃的肉盘子、茶食等,也有更可口的汉食。三名主将和五名万夫长就在厅堂大吃大嚼起来。但为了明天的战斗,他们饮酒却颇有节制,以免酒醉,有误军事。

张宪统岳家军的四军暂驻西华县。二十四日天色微熹,张宪就接到了金军大部队增援的探报,他召集众将,一面吃干粮,饮井水,一面会商。胜捷军统领陈照说:"上回颍昌之战,官军以众胜寡,此回便是以寡敌众。如今有前军六将,右军五将,后军六将,胜捷军三将,计二万三千余人,须是迎战金虏三万八千人马。"

徐庆说:"金虏用兵,专恃女真重甲马军。步军大抵签差汉人,用于搬运薪水粮草,开掘壕堑,制造攻具等事。他们被强行签军,剃头辫髪,怀有怨心,而无斗志。料得此回女真马军不过一万八千人,王师专攻虏骑,便是以众敌寡。"寇成说:"此处皆是平旷之地,难于设险埋伏,然而亦须用计。"

张宪正想问计,李廷珪带着背嵬军第一正将杨再兴、副将姚侑,第二正将王刚、副将罗彦、书写机宜文字岳雲前来,参见张宪。原来张宪收复颍昌府后,就派随军的干办公事李廷珪回宣抚司报告。双方相见礼毕,张宪命李廷珪等六人坐下,李廷珪说:"如今岳相公已统军亲驻郾城县,特命背嵬军两将与岳机宜前来助战,悉听张太尉底军令。"背嵬军是岳飞自兼统制的亲军,所以郭青只任同统制。背嵬军七将,第一到第四将是骑兵,第五到第七将是步兵。

张宪高兴地说:"背嵬军前来助战,煞好!"杨再兴急不可耐地说:"下官到此,唯求厮杀,有兵势重难去处,下官愿统本将官兵前往。"王刚是岳飞新近提拔的一员骁将,年龄只比岳雲大三岁,是岳家军中最年轻的正将。他说:"下官底意思亦与杨正将同,唯求最重难处破敌。"

张宪的眼光转向寇成,问道:"寇太尉有甚妙计?"寇成说:"下官以为,可以轻骑挑战诱敌,步兵设伏,马兵歼击。"杨再兴和王刚都喜欢打硬仗,听后不作声,只有岳雲说:"下官愿率五十骑挑战诱敌。"大家商量了一阵,就在将士们早饭后出师。

双方都设下了诱敌之计,但岳家军方面却只用五十骑,而金军方面则是一个万夫长的所部。岳雲率领的五十背嵬使臣是在背嵬骑士中精选的,他们都有承信郎到敦武郎的官衔,类似于后世的军官队,马也都是挑选骏马。这支精骑向淮宁府治宛丘县方向缓缓行进,时近正午,在离府城约十五宋里处,方才遭遇到完颜阿胡迭所率的三千五百骑兵。岳雲见到敌军是大队骑兵,就吩咐五十名使臣说:"你们且持弓矢,待我单骑诱敌前来,你们射箭后,便与我同共退兵。"两名使臣说:"岳机宜不得单骑前往,自家们愿与岳机宜同行。"岳雲只是摇一下手,说:"听自家底号令!"就跨下白马,直驰金骑。

完颜阿胡迭见到敌方只有单骑前来,就派遣十名骑兵迎战。岳雲先弯弓一发,射倒了一名敌骑。接着就持双铁锥枪直驰敌骑,两名金军持长枪向岳雲同时刺来,岳雲用双枪格开敌人双枪,举枪把两个敌人同时刺死。在一场混战中,岳雲又很快刺倒三名敌骑,另外四名敌人不敢再战,只得拨马而逃。岳雲又敏捷地张弓一箭,利箭贯穿重甲,正中一个敌人的后背,伴随着一声惨叫,那个敌人也落马身亡。完颜阿胡迭见到自己的精锐骑士竟在顷刻间阵亡多半,不由大怒,他举起手里的提刀,大喊道:"全军出战,速与我斩馘这厮南虏!"于是金军骑兵就像怒潮般奔腾直前。

岳雲拨转马头,再背射一箭,将为首的敌骑射倒马下,然后驰骑奔逃。五十名背嵬使臣接应岳雲,再向敌骑发射一批弓箭,又有八名敌骑落马。

岳家军骑士在前急驰,而近三千五百金军在后紧追不舍。

岳云一行逃奔不过约二宋里,就见到在前面的开阔地,岳家军步兵已经摆开军阵。李廷珪率二十骑上前迎接,他只是大喊道:"岳机宜等随我!"就带着他们绕道到阵后。

完颜阿胡迭见到前面的军阵,就下令暂停追击,他纵马登上一个小土坡,稍稍观察一下,只见岳家军是一个圆阵,阵中是清一色的步兵,只有一面红罗白字帜,位于阵前中部,上有"前军张"三字,旗下又只有一将跨马而立,这在众多的步兵中就显得十分突出。

完颜阿胡迭当即发令说:"众儿郎可往红旗处冲锋,只消擒杀得旗下底南虏将,便是大功!我以劲骑猛攻,必是将南虏底步兵践踏如泥。"于是金骑不用以拐子马左、右侧击的传统战术,而以五十骑为一行,向岳家军的阵心发动猛烈的冲击。人喊马嘶,夹杂着铁蹄声,战马奔驰,征尘飞扬,组成了当时特有的战争奏鸣曲。

相形之下,岳家军步兵阵内,简直是一片寂静,将士们个个屏声敛息,只是注视着那面"前军张"的字帜。金军第一行五十骑到弓箭射程之内,就向敌方射出第一批箭,却都被岳家军将士用盾牌挡落。与此同时,金军的第一行骑兵都跌落在阵前的陷马坑内,后面第二、三、四等行骑兵却都难以控制急驰的战马,与前行的骑兵自相践踏,乱成一团。张宪及时地下令挥舞自己的字帜,于是岳家军将士就以神臂弓等强弓劲弩向金军发射出飞蝗般的箭雨。

等完颜阿胡迭好不容易遏制住金军骑兵的奔冲,岳家军的阵前已堆积了三百余敌尸。张宪适时下令击鼓,鼓声大作,赵秉渊指挥胜捷军步兵立即践踏阵前的敌尸,向金军冲锋。与此同时,傅选率右军步兵,李山率后军步兵也自左、右翼包抄侧击,岳家军步兵远则用弓箭,近则用短兵,攻击敌骑。混乱的金军已经不可能组织有效的抵抗,在岳家军的猛攻下,死伤近半数。完颜阿胡迭只能利用骑兵机动性强的优点,退出战斗,向东方逃窜。张宪与赵秉渊、傅选、李山指挥岳家军步兵整队追击。

完颜阿胡迭逃到离淮宁府城约五宋里处,完颜阿离补和大挞不野、翟平已在那里摆列大战阵。中间是一万五千步兵,另有完颜阿离补的合扎亲骑八百人,左、右两翼各有七千五百骑兵,分别由大挞不野和翟平指挥,自南到北,列成纵队,约长四宋里。完颜阿胡迭率败兵来到阵前,只能单骑前去拜见居中指挥的完颜阿离补,向主将老实报告战败经过。完颜阿离补皱了皱眉头,他不愿马上斥责完颜阿胡迭,只是带着几分怒意说:"你且率败兵到阵后休息,听候号令。"

张宪率领步兵赶到战场,迅速列阵。岳家军还是按刚才的部署,赵秉渊率胜捷军居中,傅选率右军居左,李山率后军居右,而张宪的前军则居后,作为后备机动兵力。

完颜阿离补不等岳家军列阵完毕,就下令抢先发起进攻。金军这次又是使用传统战术,中间的步兵按兵不动,专以左、右翼骑兵进行突击。在古代战场上,以一万五千骑兵冲锋,当然是壮观的、惊心动魄的场面,万骑奔腾的冲击形成了排山倒海之势。刚赶到战场,还未列阵完毕的岳家军步兵,经受了一次严重的考验。但右军和后军的将士们,还是发射骤雨般的箭矢,连续打退了敌人的三次冲锋,使金军在岳家军阵前遗留了一千多具战尸。

完颜阿离补眼看三次攻击失败,就传令大挞不野和翟平,命令他们率骑兵绕到岳家军阵后,再发动攻击,并且命令完颜阿胡迭的残部并入大挞不野军。金军于是又进行第四次冲锋,其攻击部位正好是作为预备队的张宪前军。金军虽然战死和伤重退出战斗者已超过两千人,但增加了完颜阿胡迭所率的骑兵,仍大约保持了一万四千余骑的兵力。对前军形成了更大的压力。他们冒着箭雨,不顾死伤,冲到了阵前。

张宪下令说:"全军死战,后退者斩!"说完,就第一个驰马突出后阵,抡动手里的铁锏,接连打死三名敌骑。将士们在他的带领下,齐声呐喊,持短兵直前,与敌骑展开搏战。李山率领右翼步兵也及时向敌人发起侧击,接着,傅选也率左翼步兵投入战斗。与此同时,完颜阿离补也以自己的八百合扎亲骑为前锋,率领全体步兵,向岳家军的前阵压来。尽管兵力众多,但以汉人为主的步兵决不出力死战,见到对方射箭,就向后退却,而阿离补的合扎亲骑第一次冲锋,就死伤了二百余人。

当两军展开混战之际,徐庆和寇成指挥约八千精骑,以杨再兴和王刚的背嵬军第一、第二将为前锋,从背后向金军猛攻。骑兵们蓄锐既久,所向披靡,杨再兴、岳雲等更是冲锋在前,一个持虎头紫缨浑铁枪,一个持双铁锥枪,各自杀敌十余人。岳家军这次猛攻,顿时把金军引以为骄傲的骑兵冲个七零八落,溃不成军。大挞不野和翟平各不相顾,只能率所统的合扎亲骑,夺路而逃。完颜阿离补在混战中,接连中了三枝流矢,也率合扎亲骑逃窜。金军到此已完全丧失重整旗鼓,进行反扑的能力。

时近傍晚,张宪眼看胜局已定,就吩咐李廷珪说:"李干办可传令徐太尉,教他率得胜之师挺进淮宁府城,我当亲率前军将士收拾战场,第一便是救助伤残官军。"李廷珪传令之后,徐庆就统右军、后军、胜捷军和背嵬军将士进逼淮宁府城,守城的少量金军弃城而遁。徐庆当即率各军入城休息。

张宪率前军将士却不顾疲劳,点起火把,收拾战尸,特别是救助受伤将士,直到次日黎明。休整两天之后,杨再兴、姚侑、王刚、罗彦、岳雲等人就告别张宪,率背嵬军第一、第二将返回郾城。

攻占淮宁府城,是岳家军此次北伐以来,与金军的第一次大规模激战。金军遗弃的尸体达四千八百多具,大多数是髡头辫发,耳戴金银环的女真兵,而岳家军战死的将士也近五百人。除了缴获大量军械、战马之外,岳家军还俘降敌军近两千人,主要是汉人签军,也有八十多名女真人,其中有千夫长一人,百夫长和五十夫长十六人。那名千夫长是完颜宗姓,所以他按照对应的汉姓,对岳家军自称"王太保"。这十七名女真军官就由背嵬军押回郾城县。张宪还是依照一贯的政策,对各民族的俘虏作了甄别和处理。

此后,张宪就统率四军暂驻淮宁府,等待岳飞的军令。张宪心里明白,指望张俊出兵攻取南京应天府,大致是没有可能的,他只指望刘锜能够出兵,与自己会师,共同收复应天府。

[捌]
连克郑洛

　　王贵的西路军在得到粮食供应后,就留下牛皋左军第一将守卫汝州,而大军北上,首先占领了毗邻的河南府登封县和颍阳县。王贵将大军集合在登封县,与众将在县衙商讨下一步军事行动。

　　在一张书案上摊着地图,王贵与众将围坐,他指着地图说:"体探得郑州有虏军万夫长漫独化郎君占守,而西京则有叛将李成据守,又郑州密迩东京开封府,四太子大军便驻于此地。官军攻打之时,亦须防四太子以大兵救援。"

　　牛皋说:"下官愿统本军,直取郑州。"破敌军统制王万说:"牛太尉破得汝州,两败虏军,此回破郑州,须教下官所部出战。"牛皋听后,就不想再与王万争功了。

　　中军副统制郝晸说:"王太尉须在此主持军务,下官愿统中军五将前往西京。"新任左军同统制李兴说:"下官原是戍守西京,此回亦不可不去。"王贵想了一下,说:"既是恁地,李太尉可前去伊阳、福昌等县,集合本部左军第八将,自西出兵,两部并力,共攻洛阳。"由于李兴出任左军同统制,他的所部改编为左军第八将,由他兼任正将。

　　王贵又对牛皋和胡清说:"下官知得牛、胡二太尉破敌心切,唯敌是求。然而用兵亦须多留兵力,以备缓急。四太子大军近在咫尺,岂得不防。下官当自统中军第六将,与牛、胡二太尉所统九将,共计十将。体探得虏人在郑州新郑县并无驻兵,自家们可自登封移军出屯新郑县,静以观变。"胡清说:"下官理会得。"牛皋知道王贵用兵的习惯,向来注重稳扎稳打,说:"王太尉如此措置,甚是得宜。"

王贵分拨已定,于是王万、郝晸和李兴各自率本部出击,而王贵、牛皋和胡清则统军径往新郑县。

王万统破敌军北上,准备进攻郑州州治管城县。金军在郑州的驻军是由完颜兀术所派,统兵官、万夫长完颜漫独化也是完颜宗室,但他所部只有五千五百人,其中女真骑兵一千二百人,其他都是契丹、奚、渤海兵,唯独没有汉兵。骑兵计有二千二百人,而其余又都是步兵。

王万统兵急行军,来到荥阳县所属的贾谷镇暂驻,就在镇上的一所小庙里,召集统领马準和众将官商量。王万说:"今日已是闰六月二十四日,明日便可至郑州城。本军兵力约略与漫独化郎君所统虏军相当,众太尉以为,当如何破敌?"

马準说:"敌我兵力虽是相当,然而官军是蓄锐之师,虏人唯有一千二百女真马兵劲勇敢战,其余契丹等部皆是驱逼而来,并无斗志,难以抵挡官军。莫须下官统兵到郑州城南阜民门外,诱敌出战,而王太尉另统奇兵,突入城西西成门,然后夹攻虏军,可保必胜。"

众人七嘴八舌,对马準的方案议论一番。王万最后下令说:"我是统制,明日当统第一至第四将,鼓行而前,教漫独化郎君出战。马太尉可统第五将为奇兵,相机而动,袭破郑州城,便是大功。众将士可及早安歇,明早三鼓饱餐后出兵。"

二十五日天色未明,王万就和马準分兵出发。王万在此次出战的本军五将中,最器重第二将正将杨成。杨成也是岳飞新近提拔的年轻正将。王万命令杨成带领本军步兵,另加全部骑兵一千五百人,作为预备队,在后缓行,自己亲率第一将、第三将和第四将步兵大摇大摆,鼓行而前,以吸引敌人的注意。

破敌军来到郑州城南约五宋里的开阔地,就摆开阵形,以第一将为左翼,第三将居中,第四将为右翼。完颜漫独化闻讯,也亲统五千人马出阜民门,与岳家军相持,他下令以步兵为前阵,而骑兵为后阵。

完颜漫独化在阵前观察敌情之后,就首先派契丹人等组成的一千骑兵出战,在两名千夫长的指挥下,攻击岳家军的右阵。契丹人等组成的骑兵当然不肯出死力,只是虚张声势,他们奔驰到岳家军弓弩射程之际,就急忙退遁。接连三次冲锋,他们在岳家军军阵前只留下九具尸体。

完颜漫独化十分气恼,就把契丹人等军官召来,大家在马上说话。完颜漫独化责问说:"你们今日便是贪生怕死!"一名奚人千夫长辩解说:"非是贪生怕死,南虏底弓弩足以洞贯坚铁重甲,而自家们唯有皮掩心、皮笠子,又如何冲锋陷阵?"金军中好的装备当然是供应女真军,而契丹人等的骑兵就根本无法相比。完颜漫独化大怒,他当即拔刀劈下那个千夫长的脑袋,尸体落马,流血满地。

完颜漫独化正打算杀一儆百,强迫契丹等骑兵作第四次冲锋,负责守卫郑州城的一名渤海千夫长逃来报告:"南虏自西成门突入,将士们难以抵御,郑州城失守。"这个消息对完颜漫独化而言,当然是个晴天霹雳。他迟疑了一会儿,最后咬一下牙,说:"待我亲自破得阵前底南虏军,然后回战,夺回城池。"

完颜漫独化到此只得孤注一掷,他亲自率一千二百女真重甲骑兵出战,其攻击方向还是岳家军的右翼。王万发现敌人的意图,就亲自到右阵指挥,并且从第三将紧急调集了三百名弓弩手,加强右阵。在岳家军密集的攒射下,女真骑兵的冲锋失败,战死了二百多人。

正当女真骑兵败退时,杨成指挥的一千五百骑兵适时投入战斗,向敌人发起反冲锋。女真骑兵还来不及重整队伍,就被破敌军的骑兵完全击溃。王万也马上指挥全体步兵进击,而马準指挥的第五将步兵又在占领郑州城后,从城南阜民门杀来。契丹人、奚人、渤海人组成的金军步、骑兵本无斗志,他们未经接战,就大部溃散,少数投降。完颜漫独化所率的女真骑兵则大多战死,只有近五百骑随完颜漫独化逃生。

午时稍过,这场战斗就取得全胜,王万统破敌军凯歌进入郑州城,并且向王贵和岳飞宣抚司发出捷报。

王万在郑州城休兵两天,二十七日,他正在州衙与马準商议军务,有第四将准备将刘政进入唱喏,王万和马準连忙请他坐下。马準问道:"刘太尉有甚计议?"刘政说:"体探得漫独化郎君自郑州兵败后,不敢回东京见四太子,如今在中牟县城西三里扎寨,另命一百骑驻白沙镇,以为前哨。下官以为,可设计劫寨。唯有破得漫独化郎君底营寨,郑州方得奠枕无忧。"

马準说:"此议甚是,然而中牟城距此七十里,路途稍远。若是以步兵夜间潜行,到得中牟敌寨,便是天明。"刘政说:"郑州界内,最东便是圃田镇,距中牟县城四十五里。我愿请兵一千,先驻圃田镇,然后取间道潜行,不经白沙镇绕行,必可收奇袭之效。"王万高兴地说:"刘太尉此计煞好!我当与第二正将杨太尉统马军破白沙镇,犄角应援。马太尉便在此坐镇。"

刘政就在本军五将中挑选了一千名锐士,先进驻圃田镇。王万也与杨成统骑兵一千四百,屯驻在圃田镇以西约八宋里的一个村落。

二十九日傍晚,全体出战官兵饱餐,刘政以井水代酒,对将士们进行简单的约束说:"此回出奇夜袭,务在必胜!间道潜行,不得言语,违令者斩!当职不骑马,与众将士同共步行。"饭后,大家都换穿缴获而得的金军黑衣,只是从右肩到左腰,捆一条红绢,作为有别于金军的标记。将士们准备了各种兵器和火把,刘政手持双剑,带头急行军。

岳家军将士只是凭借星光,摸黑来到完颜漫独化营寨,正值三更稍过。刘政发现金军营寨只有几百步兵执火把和兵器,在距离营寨约二、三十步疏散地站立,就低声命令将士先发射弓箭。一批箭矢疾飞,十名守备的金军应声倒地,有的发出惨叫声。刘政就舞动双剑,率将士们突入敌营,逢人便杀。

金军将士大都是在睡梦中,猝不及防,根本无法进行有组织的抵抗,很多人惊醒之后,只能四散逃窜。完颜漫独化被惊醒后,仍然持手刀抵抗,在混战中被砍断一条右臂,幸亏有部兵抢救,脱险骑马逃命。天色未明,岳家军将士就结束战斗,总计杀敌八百多人,夺到战马三百五十多匹,驴和骡一百多头。刘政下令,放火烧掉金军营寨。

正当刘政准备撤兵时,王万和杨成也率骑兵赶来,原来他们率骑兵包围和夜袭白沙镇,歼灭了守镇的一百金军骑兵,前来接应。王万下马,对夜袭的官兵表示简单的慰问:"众将士劫寨,立得奇功,当受上赏。"然后命令刘政统步兵携带战利品在前,自己亲率骑兵断后,退回郑州圃田镇。

李成自从汝州战败,逃回洛阳城养伤。他所统的金军汉兵已只剩三千多人，就派飞骑前往开封，向完颜兀术请求援军。完颜兀术迟迟不派援军，到闰六月下旬，又得到岳家军攻克郑州的消息，切断了洛阳与开封的联系，这使李成更加惶恐。这个昔日企图称孤道寡的"李天王"，最讲究的还是脸面，他在表情上、口头上决不对部属有丝毫流露，但他的内心只准备三十六计，走为上计。为着逃跑，李成增派了探子，自己夜间都穿衣而卧，把兵器放在床头，卧室外准备了马匹。

二十七日，突然有部属向李成报告："启禀李将军，今有万夫长、奉国上将军徒单定哥统军自河北来，将到洛阳城下。"李成的情绪为之一振，连忙说："我当出迎！"李成出门骑马，到城北偏东的安喜门外，迎候援军。

原来完颜兀术自顺昌战败后，下令再次签军，然而自燕京以南，汉民纷纷反抗，已不可能签发壮丁，唯有在女真、契丹、奚、渤海和其他北方少数游牧民族中，勉强征集到二万七千人，其中包括许多年仅十六、七岁的青年和老人，编组成四个忒母，任命了四个忒母孛堇，即万夫长。这次由盖天大王完颜赛里率三个忒母的人马支援开封，而徒单定哥则率本部支援洛阳的李成。

徒单定哥的军队终于来到。李成早已下马，站在城外恭候。他虽然在金朝做官时间不长，却早已懂得金朝官场的一条最基本的规矩，尽管自己仍是守洛阳的主将，而在女真将领面前，必须低人一头，更何况来将的武散官与自己相同。李成多少学了一些女真话，他见到先头部队的为首一将，马后跟随一面三角白日黑旗，就误以为是徒单定哥，他在马前右方跪下行女真礼，用生硬的女真话说："下官李成拜见定哥孛堇！"不料那个将领只是在马上把手往后一指，说："自家是猛安孛堇，定哥孛堇尚在后军。"说完，就径自入城。

李成满面羞惭，从地上爬起，只是呆呆地望着金骑蜂拥入城。他得到这次教训，就派部属不断打听，终于等到徒单定哥本人，然后在马前行跪礼，把他迎入城中。徒单定哥还是从遥远的东北初次来到中原，尽管洛阳城相当残破，但还是使徒单定哥惊奇不已。他与李成并马入城，说："偌大底城市，煞是前所未见，城中又有多少金银财宝？"

李成毕竟在金朝官场厮混了一阵，也多少知道内情。女真人初入中原时，尽管知道抢掠财宝和女子，还不太懂得如何骄奢。现在已与当初大不相同了，金朝委派到中原的女真官员大抵都是贪官，但他们与汉官有所不同。在南宋、伪齐和金朝的汉官一般都喜欢迂回曲折地索取财贿，最常用的办法是派吏胥或亲信索贿，而本人避免直接出面。女真人毕竟粗鲁而直率，他们就是当面索贿，没有什么"脸面"问题。李成听到徒单定哥的话，已经明白，这次自己必须破费钱财，他回答说："城里底坊郭户往往逃散，然而他们或是私下窖藏金银财宝，亦未可知。"

徒单定哥说："既是如此，须是派儿郎们四处搜索。"李成说："下官无多少钱财，然而既是定哥孛堇到此，亦愿在军前奉献金一百两，银一千两。"

徒单定哥高兴地说："煞好！闻得洛阳旧宫甚是宏丽，非上京底皇极殿等可比，我今夜便当歇泊洛阳旧宫，相烦寻觅三、四个美女伏侍。"李成虽曾有称孤道寡的野心，但自从投降伪齐之后，已经完全收敛。他这次占据洛阳，也只是住在府衙，根本没有想到，一个从三品的女真人奉国上将军、万夫长，竟用这种口气说话，使他无法应承，却又不敢反驳。徒单定哥见到李成面有难色，倒明白了李成的心思，就说："女真人不比汉儿、南人，无许多礼数。更说与你，自家是兀术底大姐夫，兀术住得汴京底宫殿，我如何住不得洛阳底宫殿？"李成听后，才恍然大悟，说："住得！住得！"

洛阳城经历了可怕的战祸，民居在焚毁之余，到处仍是颓垣断壁，重建者十分寥落，城里居民稀少，不少空地竟改为耕田，但位于城西北的皇城和宫城的建筑还是幸运地保存下来。皇城、宫城和其中的宫殿大致还是五代后唐的遗物，北宋时曾几经翻修，如今却又是年久失修。徒单定哥进入宫城，尽管亲睹旧宫的荒凉冷落，还是选中了天福殿，决定当夜在天福殿住宿，并且与李成在殿上宴饮。李成临时抓来四个汉人妓女陪宴。李成虽然曾是心高气傲的"天王"，此时却只能曲意逢迎，希望讨得这个女真权贵的欢喜，但他还是想保留某种体面，不愿意过分低三下四。

席上有女真食，但更多是汉食，酒是西京有名的酴醾香。徒单定哥与妓女们戏谑调笑，被她们连灌了几盏，不断称赞说："好酒！好酒！岂得与上京底酒相比。"李成说："下官尚未得去上京，闻得上京大兴土木，日渐繁盛。"徒单定哥说："此是以南人驱口修建，然而又岂得与汴京、洛阳为比。"

妓女们的劝盏,使徒单定哥很快醉酒,他醉意愈浓,言语愈多,向李成坦白说:"大金国人原不知中原有如此繁华。灭辽之后,方得探知中原底虚实,斡离不首议对宋用兵,国人个个踊跃。唯有我底浑家兀鲁,她煞是拘管得紧,不教我纳妾,不教我带兵到中原,掳掠女驱口,然而她又不为我生子。"李成听后,方知这个大金开国皇帝的大驸马不好当。

徒单定哥又饮了一盏酒,嚼了一大块肥肉,继续说:"此回煞是万不得已,兀术兵败,火急求援,斡本再三劝谕兀鲁,必是教我做忒母孛堇,统兵到中原,兀鲁方是俞允。"

李成说:"洛阳城大,难守易攻,此回有定哥孛堇以大驸马之尊,亲自统兵到此,必是无虞,下官便得安心。"不料徒单定哥却长吁一声,说:"如今大金用兵,比不得老郎主初起兵时。此回不问老幼,尽底强行签军,委是再无可签发底本族男子。我所统来洛阳一个忒母兵力,其中重甲马军,可胜任驰突底,仅有二猛安,其余八猛安唯是可任摇旗呐喊,难以上战阵。"

李成到此才恍然大悟,原来自己亲自迎接的先头部队,就是可胜任战阵的二猛安人马,看来军容尚是可观,而显然没有见到金军的后续部队。他问道:"若是岳家军前来进犯,定哥孛堇当如何应战?"

徒单定哥说:"兀术既已下令,将中原底珍宝尽底转搬上京,便是有退意。如是岳家军来,当命本部人马出城抵敌,我与李将军同共坐守。如是不胜,便与李将军退往河北。我此回来中原,唯是得欢乐处且欢乐,有钱财便求钱财,早日返回上京,方得安便。"李成听后,更加心灰意冷,心里哀叹说:"原来定哥已是怯战,不敢亲上战阵。定哥犹可归回东北底上京,我是中原人,煞是有家难投,有乡难奔!追随去苦寒不毛之地,有甚欢娱?然而我既无称孤道寡,做天王底福气,亦只得嫁鸡随鸡,嫁狗随狗。唯愿上苍护佑得大金军马。"

当夜酒阑席散,次日徒单定哥应李成的要求,检阅本忒母人马。城里到处是空地,七千余金军,五千余匹马,就排列在皇城以东的空地上。李成此次方才见到了这支金军的全貌,除了两猛安一千四百重甲骑兵,器甲比较精良,战马也可胜任披挂上阵外,其他八猛安大多是老幼弱兵,马匹往往瘦弱,只装备皮笠子和皮掩心,将士们神情萎靡,士气不振,行伍凌乱。李成心中不免倒抽一口寒气,心想:"定哥所言非虚,此等军马,如何迎战岳家军?"

再说中军副统制郝晸和统领苏坚率五将人马进军,在闰六月的最后一天,即二十九日,行进到距离洛阳城东南约六十宋里处扎寨。他们已经得知敌人有援军,准备进一步打探敌情,然后再规划如何用兵。七月初一上午,郝晸正与众将商议,有探报说:"虏军约数千骑前来。"苏坚说:"郝太尉且率第四、第五将守寨,待下官先统第一、二、三将迎敌。"众人都无异议。

苏坚率三将军马午时出寨列阵。中军第一将和第二将都是骑兵,其正将是张应和韩清。苏坚分别命令张应和韩清率本部骑兵为左、右翼,自己亲统第三正将焦元率步兵居中,等待金军的到来。

在金军方面,李成得知岳家军前来,正好把军事指挥推诿给徒单定哥。徒单定哥的决策十分简单:"步兵如何上阵,不如教马兵前去搏战。"他吩咐步兵全部留守,两名最得力的千夫长乌古论合喜和女奚烈蒲阿统精骑一千五百为前锋,其他轻骑助威后随,向岳家军驻营地进发。

洛阳一带多丘陵,不利于骑兵的展开,但岳家军所选择的营地却开阔平整。当两军逼近时,苏坚下令张应和韩清说:"虏骑奔波数十里而来,已是疲乏,如今正宜出击,必是锐不可当!可听击鼓为号。"当敌军距离大约不足半宋里时,岳家军第三将步兵就紧擂战鼓,于是第一、第二将骑兵在一片喊杀声中,驰骑出击。岳家军首先是发射比金军劲利的弓箭,抢先射倒一批最前列的敌人,接着又突骑驰击,与敌短兵相搏。

只有一个回合的接战,金军的重甲骑兵立即溃败,乌古论合喜和女奚烈蒲阿都在混战中阵亡。金军的重甲败兵冲动了后面的老少轻骑,自相践踏。张应和韩清两军不让金军再有喘息之机,乘胜追击,他们一直追到离洛阳城约三宋里处。韩清对张应说:"如今已是酉时,天黑在即,马军利于搏战,不利于攻城,自家们不如且在此歇泊休整,催发步军前来,乘胜攻城。"张应说:"此议甚是。"天色断黑之后,郝晸和苏坚率三将步兵也赶来会合。

李成和徒单定哥得知败报,就不等败兵回来,先率步兵逃出城北的安喜门和徽安门。败兵到来后,群龙无首,也纷纷逃出城北。郝晸等探知敌情,就在二日黎明时整军,由东城偏南的建春门和南城偏东的长夏门,两路进入西京城。当天时近中午,李兴也率左军第八将来到南城偏西的厚载门下,郝晸、苏坚等出城迎接。

到此为止,王贵的西路军也完成了预定的任务。按照原先的决定,苏坚率中军第五将留下,协助李兴守卫西京城,而郝晸则率其他四将人马返回新郑县,向王贵交差。

[玖]
深入两河

梁兴、董荣、赵雲和李进、牛显、张峪率领忠义军潜行北上,他们作为忠义军的统制和统领,各自兼任本军第一至第六将的正将。忠义军在一段时期内暂驻河南府的西部丘陵地带,广泛派遣人员潜入河北与河东,了解两河的抗金义军状况,并且进行联络。

闰六月下旬,他们才开始商量自己的具体行动方案。在一个村落的小土地庙里,梁兴等六人围坐在一张桌旁,桌上摊着一张两河、燕雲地图,上面许多地名已用红笔勾画,表明北方抗金义军的活动情况。董荣说:"体探得虏人自王师进兵以来,自燕京以南,号令日益难以通行。各地义军纷纷待王师渡河北上,或是已经聚集扎寨,公然袭击虏人所派官吏军兵,或是暗藏兵器,备旗帜,以待起兵。"

李进说:"今已探明,虏军在大河以北,分布两处,一是沿河上下,与开封底四太子军互相呼应,二是以燕京为巢穴。其余州县,或是全无兵马。故河东底王忠植义军,兴兵以来,便一举克复得岚州、石州等十一个州军。他既与自家们联络,亦与四川宣抚胡相公联络,两处接受官军底旗榜。"

梁兴说:"目即虏军聚集东京等处,后方两河一带空虚,忠义军出战,莫须先攻袭沿河上下,堵截粮草等纲运,教四太子大军腹背受敌。"其他五将对梁兴的建议都无异议,赵雲说:"自家们尤是熟识河东地理,忠义军可渡河先去河东,然后再杀到河北。"

于是,忠义军就开始出发北上。七月一日夜,将士们来到渑池县地界的黄河南岸。闰六月以后的初秋,已颇有凉意,好在将士们此次出征,不但准备了夹衣,还准备了绵衣。大家就暂时在黄河岸边露宿。

由于事前的联络,河边的居民早已为忠义军准备了二十艘渡船和二十只筏。梁兴等六将由向导带领,先去察看河岸的形势,他们见到暂时搁置岸上的四十个船筏,都已修补一新,分外高兴。赵雲用手加额,振奋地说:"今日方得重返故土,了得夙愿!"梁兴问向导:"四十船筏并用,可载多少将士?"向导回答:"每只渡船可载二十人,每只筏可载十人。"

董荣说:"一次可渡得六百人,便已足用。对岸可有房军?"向导说:"并无房军。"梁兴说:"便是无房人,亦须小心戒备。"赵雲说:"明日我当统军率先渡河。"张峪说:"我与赵太尉同行。"

二日天光微熹,忠义军将士开始早饭。接着,赵雲和张峪就率第一批六百人渡河。船筏划到河中心,突然,对岸出现了三十多骑,身穿黑衣,还举着一面三角形白日黑旗,这无疑是一蒲辇不满员的金兵。对此突然情况,忠义军早有准备,赵雲看准敌人与船队之间的距离,下令说:"放箭!"于是,一批箭矢射向对岸,三名敌人当即落马身亡。

双方互相以弓箭对射,忠义军将士用盾牌保护自己和划船的船工,将敌人的箭矢挡落。忠义军的箭矢又接连射倒了七名敌军,渡船很快泊岸,赵雲持一杆鸦项枪第一个跳上河岸。一名敌骑持长枪向赵雲冲锋,赵雲躲开冲刺,向敌人的腰部狠命一枪,那个敌人惨叫一声,跌下马来,赵雲敏捷地跳上战马,冲向敌人。赵雲刺死的那个敌人正是五十夫长,敌骑顿时群龙无首,纷纷逃窜。陆续上岸的忠义军将士也不追赶,只是收缴战利品,掩护后续部队依次登岸。

梁兴等全军济渡之后,就整队进逼绛州垣曲县城。由于垣曲县地处黄河岸边,所以金朝特别派一猛安驻守,兵力约有七百多人。千夫长名叫刘来孙,还在金太祖起兵攻辽之初,就投奔金朝,如今兼任本县县令。他的部伍之中,辽东汉儿和渤海人大致各居半数。自从开战以来,金朝尤其不敢使用河北人和河东人驻守当地,以免军心不稳,发生哗变。

刘来孙原是派遣一个蒲辇的兵力到黄河沿岸巡逻,他接到败兵报告后,得知事态严重,就吩咐紧闭城门坚守,同时又派人到绛州和邻近的孟州求援。

梁兴等人率忠义军,在中午时兵临垣曲县南城下,他们早已准备了劝降书,捆在箭头上,由一名军士骑马上前,一面大喊,一面将劝降书射到城上。城上金军接过书信,刘来孙吩咐说:"不须看,当即焚了!"城上也不对进攻者作何回答。

梁兴等率军兵一面等待回音,一面临时绞缚云梯。董荣见城上毫无动静,就对梁兴说:"不如攻城!"牛显说:"攻城亦须出奇,众太尉可在此佯攻,我当统兵自城西攻入。"李进说:"此说甚是,我当与你同行。"于是两将带领二百锐士潜行而去。

梁兴等人指挥军兵持盾牌、云梯等逼近城墙,刘来孙则在城上命令金军射箭。由于金军人数不多,箭矢不密,但军兵们还是按照命令,两次佯攻,两次退却。等第三次进攻时,牛显和李进率锐士已乘虚突入西门,守城的金军顿时发生混乱。于是赵雲和张峪亲自率军兵第三次攻城,一举登上城头。刘来孙眼看大势已去,就率领败兵打开东门,企图逃跑,不料梁兴及时率忠义军迎头拦击,刘来孙在战斗中被俘。

忠义军在此次战斗中杀敌一百七十多人,俘虏了十四人,夺到战马一百多匹。梁兴等人坐在县衙正堂上,亲自审问俘虏。由于刘来孙腰间的银牌,已被验明身份。其余的十三人正好是六名汉儿,七名渤海人。梁兴喝道:"刘来孙,你负隅顽抗,今已被擒,尚有甚说?"刘来孙只能用汉礼下跪说:"男女冒犯虎威,乞太尉贳贷得一命!"说完,就接连叩头不止。

梁兴说:"自家们是岳相公麾下底忠义军,今奉相公军令,过大河剿杀番人,占夺州县。然而官军不比虏军,乃是仁义之师。岳相公再三训谕,用兵须以不妄杀人为要旨。何况你与中原汉人本是同文同种,岂得妄杀。今将你们放还,你们可广布官军好生之意,岂但是汉儿与渤海人等,便是女真人,虽是曾在中原掳掠杀戮,如今洗心革面,降附大宋,官军便须厚待。今将你们释放归去!"赵雲指着梁兴说:"他便是当年威震太行,斩耶律马五底梁小哥。"刘来孙等俘虏听后,只是跪着不断叩头,说:"男女有眼不识泰山。"梁兴等人走上前去,将俘虏们扶起,亲手解缚。于是众俘虏谢恩而去。

梁兴等在垣曲县城驻兵两天,组织当地民众守城,用宋朝的旗和榜招徕百姓。等稍稍安排就绪,就在四日引兵东向,进入孟州王屋县地界。

这一带是山区,利于忠义军的步兵作战。岳家军当天就在西阳和邵源两地扎营。梁兴、赵云和李进统三将驻西阳,而董荣、牛显和张峪统三将驻邵源,两处相距仅四宋里。

当天下午,刘来孙引领孟州驻扎六十四名汉儿军到西阳,向岳家军主动投诚,这支降军为首的是一名百夫长,名叫张须。梁兴等人亲自热情接待,说了一番激励的话。张须说:"自家们原住辽东,被虏人强签至此,已是万不得已。自此回交兵以来,大河之南,连战连败,人心惶恐。久闻太行'梁小哥'底威名,幸得有刘千户引领,只恨投拜已迟。自今愿在梁太尉底麾下,同共剿杀虏人,天下方得太平。自家们到此,第一须是改换大汉衣冠。"

梁兴当即让他们疏散辫髮,脱去金军的黑军衣,改换宋军的红军衣。赵云开始向张须盘问敌方军情,张须作了介绍。原来金军在孟州驻军有一个忒母,万夫长是渤海人,姓高,取了一个女真名阿徒罕。但派遣驻守王屋县的,仅有两个谋克,如今张须率一谋克金军投诚之后,就仅剩下一谋克军队,驻扎在离西阳十五宋里的东阳。王屋县城并无驻兵。

梁兴等根据张须等提供的情报,就在五日进军东阳。东阳的一谋克金军当然不敢应战,只是弃寨逃跑。梁兴等率军追击,杀敌三十余人,夺到战马八匹和一批军器,并且乘胜收复王屋县城。他们又在县城号召和组织当地的民众,让他们守城。

六日,梁兴等率忠义军又向王屋县以东的济源县挺进。此时,金军万夫长高阿徒罕已经得到报告,他一面派人,飞骑向邻近的卫州和怀州驻兵求援,一面指挥本部人马,在济源县城西二十宋里的曲阳一带设防,准备抵挡岳家军。

这是太行山区中一片小开阔地。高阿徒罕所部的五千多人,基本上是步兵,就在一个小村西面布阵,阵前有一条小溪。高阿徒罕将弓弩集中在前阵,专门等待岳家军。

梁兴等六将闻讯后,首先登山侦察敌情。赵云说:"虏人既是有备,自家底兵马又与虏人大致相当,不得全以正兵交锋。"梁兴说:"我亦是此意。待我与李太尉统二将在前佯攻。你们各率一将兵马,绕出敌后,必是破敌!"大家再无异议。

梁兴就和李进统兵东向,由于山路狭窄,一时在小溪以西还展不开兵力。高阿徒罕见到此种形势,就下令金军突过小溪,向岳家军抢先进攻。弓弩手们冲锋在前,向岳家军放箭。在前阵的李进指挥忠义军第四将用盾牌挡箭,又射箭还击,接着,双方就很快短兵接战。梁兴率第一将迅速支援,投入战斗。

金军仰仗人多势众,而岳家军则士气饱满,奋勇迎敌。双方接战不久,董荣所率的第二将绕道敌阵右侧,首先进行夹击。接着,赵云、张峪和牛显也率三将兵力攻击敌人侧后。金军到此再也无力支持,乱成一团,纷纷溃败。

战斗从辰时持续到午时,岳家军追击十余里,抓到八十多名俘虏,然后收兵。梁兴等人当即就部署队伍,在曲阳休息和饮食。午后,梁兴等六将正在商议日后的行动,有探事人骑马回来,下马后,向梁兴等人唱喏,报告说:"体探得金虏高太尉战败回济源城后,又得卫州与怀州发来虏人援兵,如今虏军约有一万余人,又卷土重来。"

梁兴想了一会儿,说:"此处平地,官军数少,不利冲突。不如移军占据曲阳以西山路,把隘截杀。"董荣说:"便依此议!"其他人也无异议。于是梁兴等部署忠义军,退到曲阳以西,占据山险,迎候金军。

再说高阿徒罕率领一万多人马,再次杀奔曲阳,企图报复。这支金军在下午未时,再次来到曲阳。上午的战场还未全部清理,岳家军只是把完好的兵器、战马和俘虏带走,至于金军的八百多具尸骸、黑旗之类仍然遗弃满地。不仅是高阿徒罕所率的孟州败兵,就是卫州和怀州的援兵,亲睹这种战败的惨状,都不免垂头丧气。

高阿徒罕见到西部山峦,都插着宋军的红旗,就率骑兵策马上前观察。在这些红旗中,有"岳"字旗,又有"忠义军梁"、"忠义军董"等六面字帜。高阿徒罕看了一阵,就下令金军登山攻击。岳家军虽然是仓促占领山峦,没有准备足够的檑石之类,却足以依托山险,居高临下,远则使用弓弩,近则使用短兵,接连打退金军的四次强攻,又有八百多具金军战尸留在山峦之间。

时间已是傍晚酉时,高阿徒罕焦躁地望着天光,由于地处群山环抱之间,已见不到太阳。他眼看无法取胜,就下令说:"今日已晚,儿郎们可占据东山扎寨,以备明日再战。"一名千夫长说:"若是南虏今夜劫寨,大金军马难与交锋。"高阿徒罕说:"我亦知儿郎们不善夜战,然而无功而返,明日又当如何剿杀?目即大金人马人多势众,南虏唯是孤军深入,便有可胜之机。"在他的命令下,金军开始攀登曲阳东部的山峦。

梁兴等人在山上发现敌情,董荣说:"与其教虏人占据东山,与官军成对峙之势,不如乘胜下山剿杀。"梁兴说:"此说有理!然而将士们可先吃干粮,然后下山。"大家吃了干粮后,梁兴等六人就各统一将兵力,杀下山来。

忠义军虽然打了整整一天的仗,但在占据曲阳西部山峦时,其实已是轮流休息,干粮又助长了他们的精神和气力。将士们在激烈的鼓声和喊杀声中,冲下山峦。金军猝不及防,既饥饿疲劳,在这片小的开阔地上又展不开兵力。忠义军的六将人马,犹如六把尖刀,楔入敌群,锐不可当。金兵在最后一个回合的交锋中,全军溃败。高阿徒罕只能率领败军,逃回济源县城。梁兴等率忠义军追击到济源县城西门,高阿徒罕仓皇弃城而逃。

此战除缴获金军各种器甲外,还夺到马一百多匹,骡和驴一百多头,捉到俘虏一百余人。梁兴等统兵入城,休息一夜,就开始处置各种战后事务,首先是组织民众守城,还对俘虏做了教育和甄别工作,然后释放,让他们回去扬言,说岳飞行将亲统五万大军渡河,忠义军不过是渡河的先头部队。

梁兴等人处理完善后事务,就开始商量下一步的军事行动。董荣说:"体探得虏将高太尉自曲阳战败之后,便飞报东京四太子,乞援军,又聚兵孟州州治河阳县与怀州州治河内县,图谋抵拒官兵。料得四太子困于抵御岳相公底正兵,必是难以勾抽援军。自家们不如乘胜先攻河阳,再攻河内。"

梁兴说:"四太子虽是难以勾抽援兵,然而虏人在河北与河东底各路兵马,必是聚集,与忠义军相抗。本军官兵昨来亦是战死一百余人,伤兵近五百。县北十余里,地名燕川,占得山势,便于歇泊。自家们不如移军,到燕川下寨,休息数日,且看虏人如何?料得虏人必不甘休,若是前来厮杀,可以逸待劳,或各个击破。"

李进附议说:"当年自家们在太行山与房军周旋,便是虚虚实实,攻其不备。目即大河沿岸,唯是忠义军六千余人马,亦须用当年底方略。"

赵云说:"如今大河以北,虽是义师蜂起,然而亦是千百为群,唯岳家军马首是瞻。忠义军相机在大河上下剿灭房军,两河、燕云底豪杰,便更无劲敌抵拒,大河以北,皆是岳家军底天下。"

大家计议已定,就一面向岳飞宣抚司发捷报,一面移军燕川,隐蔽休整。五日,梁兴等人得到探报,金军分兵两路,再次向济源县城扑来。东路还是高阿徒罕,他这次集中了孟州、怀州、卫州,另加开德府的兵力,还是一万多人。西路是金朝河东南路都总管府发来的绛州、泽州等地兵马,由女真千夫长女奚烈阿波那率领,有五千二百人。

梁兴等人商议,命令守卫济源县城的民兵,立即退出县城,疏散到一些山区乡村。此外,又将忠义军的三百多不能战斗的伤员,也分散到一些乡村,隐蔽养伤。梁兴等则率领忠义军北上,经泽州阳城县,直取沁水县,并且在沁水县地界安排战场,等待敌人。

金军东、西两路兵马来到济源县城,却只是夺取了一个空城,而不知岳家军的去向。女奚烈阿波那和高阿徒罕各带一支军队,两人互不相下,讨论往后的军事部署,也没有定论。延挨到八日,北方传来了岳家军占领阳城县的消息。女奚烈阿波那尤其感觉惊慌,他对高阿徒罕说:"岳家军极是狡诈,如今占据河东地界,自家们不可不统军前去。"高阿徒罕经历上次的败仗,其实颇为怯战,他说:"阿波那孛堇,此是河东底地分,当由平阳府派兵剿杀。"

女奚烈阿波那说:"平阳府如今唯有些少兵力守城,总管府底大部兵力便由我统率,难以另外勾抽兵马。河北与河东休戚一体,高孛堇当与我同共用兵,方是有济。"高阿徒罕再无理由反对,就说:"你且统本部前行,我当率本军以为继援。"

于是女奚烈阿波那军在前,高阿徒罕军在后,向阳城方向移动。他们到达阳城县,又向西北的沁水县继续行军。

女奚烈阿波那所属另有七名千夫长,他们所率本部猛安全是契丹、奚、渤海人和辽东汉儿。女奚烈阿波那亲统的本部猛安,只有六百女真重甲骑兵,当然是全军的精锐,但阳城和沁水一带多山,女真骑兵不得地利。

女奚烈阿波那非常珍惜本部猛安,视为看家本钱,不愿轻易使用。军队在狭窄的山路行进,他有意命令四个猛安在本部之前,另外三个猛安在本部之后。

十一日,这支金军行进在蜿蜒曲折的山间,时近傍晚,当女奚烈和他所统的女真骑兵到达一小块较平坦的谷地时,突然鼓声大作,周围山上树立起一面"岳"字大红旗,另外还有六面"忠义军梁"等字帜。梁兴等所统的忠义军出击,李进和牛显率两将兵力封锁南、北两个谷口,同时截断其他金军的应援,梁兴、董荣、赵雲和张峪则率四将兵力,从四面八方合围,向女真骑兵发起猛攻。

在密集箭雨的攒射下,二百多名女真骑兵当即阵亡。接着,两军又展开白刃战,女真骑兵们根本无法发挥驰突的长技,战不多时,一猛安女兵全员战死。在混战中,女奚烈阿波那持手刀抵抗,被岳家军将士一拥而上,将其乱刀劈死。梁兴等人在速战速决之后,当即撤兵,乘着天色断黑,消失在山间。

其他七个猛安的金军不敢追击,他们只能留下来,收拾战场,并且派人报告高阿徒罕。高阿徒罕得知败报,马上命令说:"全军急速挪回!"这支金军不顾天黑,连夜往济源县方向撤退。

女奚烈阿波那的余部忙乱了一整夜,次日天明,他们在战场的乱尸中找到了女奚烈阿波那的尸体。群龙无首,七名千夫长商议一阵,临时推举渤海人大胡鲁剌为主将,决定把所有的尸体焚化,然后撤往平阳府。

在精锐的一猛安女真兵被全歼后,剩下的七猛安金军士气沮丧,他们急于逃回平阳府。十三日,他们退入绛州翼城县界。时已过午,大胡鲁剌和其他六名千夫长商议,决定就在一片谷地上休息和吃饭。

不料四围山上突然树立起宋方的红旗,梁兴、董荣、赵雲、李进、牛显和张峪各率一将兵力,分进合击,向猝不及防的金军发动攻击。这支金军根本不可能组织有效的抵抗,只是纷纷夺路逃命。金军战死五百余人,而俘降者竟达二千八百余人,但大胡鲁剌等七名千夫长都侥倖逃脱性命,奔回平阳府。梁兴等除了收编一百名辽东、燕雲汉儿军人以外,将其他俘虏全体教育释放。

在击溃了河东南路的金军以后,梁兴等决定移军东向,深入河北路,与高阿徒罕等军周旋。

[壹零]
违约卖阵

　　近三年间,张俊的日子过得相当舒心,一是因为他赞助和议,特别是护送张通古出境有功,愈来愈得到皇帝的宠信,二是他近年来聚敛的财产愈来愈多。但金人败盟的消息传来,张俊又多少有几分忧心,他所忧的,无非是又须打仗,一时还不明白朝廷的意图。等到接收了宋高宗的几份手诏后,张俊又感觉定心。

　　张俊今年已有五十五岁,在诸大将中,年龄最大。他的正妻魏氏,而最宠爱的妾是章秾。章秾本姓张,原是杭州的名妓,不但貌美,而且有一些文才。张俊把她弄到手以后,嫌与自己同姓,就命她改姓章。章秾六年前因皇帝特恩,破例封孺人,如今升为淑人,年龄已三十出头。张俊家里也有一个书房,购置了不少书画,但他本人与众妻妾从无兴趣光顾读书,书房其实是为章秾一人所专用。

　　五月底一个夜晚,天气稍觉凉快,张俊只穿凉纱背子,下面一条短裈,与众妻妾在位于建康东城的府第花园里,坐着纳凉,吃消夏瓜果。有仆役前来唱喏,说:"启禀张相公,今有金字牌递发到官家圣旨。"张俊马上起身,由女使帮着更换衣冠,然后到厅堂行遥拜跪领礼。启封之后,张俊在明亮的烛光下看了一遍,原来是命令他发兵救援顺昌城的刘锜孤军。

　　张俊吩咐仆役,马上召来了书写机宜文字官,对他出示手诏,吩咐说:"官家命我援救顺昌,你可夤夜草奏,言道我恭奉圣旨,即便发兵。"仆役带书写机宜文字官到一个房间草奏。张俊却重新来到花园,照旧坐下纳凉。

魏氏忍不住问道："相公,官家有甚圣旨?"张俊用略带不耐烦的口吻说:"圣上命我提兵前往,救援顺昌。我已命人草奏。"乖觉的章秾却马上起身,往张俊口边送上一个官窑粉青瓷碗,碗里是鹿梨浆,说:"相公必是口渴,恭请吃凉水。"张俊高兴地望了章秾一眼,握住她的玉手,把鹿梨浆喝完。

大家继续说闲话。一名仆夫拿着刚起草的奏稿,来到花园,向张俊唱喏进呈,说:"恭请张相公阅视奏草。"张俊并不回答,只是对章秾望了一眼,章秾立即起身上前,从仆夫手里接过草稿,借着灯笼的光,看了一遍,然后回覆张俊:"相公,便依此上奏。"张俊笑着说:"淑人便为我署名!"章秾说:"奴家恭依相公底旨意!"有女使递来毛笔,章秾就在奏稿的一个空白处填补了"张俊"两字。按照当时的制度和惯例,张俊作为大将上奏,完全可由别人代写,但最后写到题衔"淮南西路宣抚使臣张俊","张俊"两字就必须由本人署名。章秾已经代张俊画过无数次押,署过无数次名,他人决难分辨张俊与章秾署名和画押的真假。当然,章秾代笔的事,虽然张府上下无人不知,却又是不得外传,不能让皇帝和大臣知晓的绝密。

次日,张俊又单独召来行营中护军前军统制田师中,田师中首先恭敬唱喏说:"孩儿拜见阿爹。"张俊说:"田十七且坐下叙谈。"等对方坐下,张俊屏退左右,首先问道:"军中可知得圣旨要我发兵救援刘锜?"田师中说:"孩儿不知,王夜叉亦不知。"张俊说:"然而此事终不得瞒昧王德,须是与他说破。"

田师中对张俊的肝肠了如指掌,他说:"便是与他说破,用兵底迟速进退,亦须禀命于阿爹。"张俊说:"为用兵底事,我思忖多时。圣上与秦相公虽是教我做河南、北诸路招讨使,其实唯求自守,不求与虏人四太子大战,收复河南之地,教我'重兵持守,轻兵择利',便是易于应对。须是看事势如何,缓于用轻兵择利,方是得宜。"

田师中说:"圣上教阿爹出兵救顺昌,又当怎生底?"张俊说:"我已上奏,当即日急速发兵前去。"田师中说:"阿爹底意思,莫须教王夜叉带兵前去。"

张俊说:"如今虏军初来,兵锋正锐,如与他们厮杀,稍有不利,岂非挫伤士气。你可传命,教王德排办出兵事宜,待我下将令,方得行动。我当多遣探事人,体探军情的实,然后相机行事。"张俊的盘算和做法,其实无非是对圣旨阳奉阴违,也不出田师中的所料。田师中又与张俊说了些闲话,然后告退。他离开张俊府第后,就专门找着都统制王德,向他传达张俊的命令。

不管宋高宗几次发御前金字牌,传递亲笔手诏,催促张俊出兵,张俊只是一面上奏报告起发,一面还是按兵不动。延挨到六月十六日,张俊得到顺昌大捷的确切消息,就立即吩咐坐衙升堂。

在宣抚司大堂,张俊头戴铁兜鍪,身穿紫袍,腰系金束带,悬挂佩剑,神色威严,正中面南而坐,以王德为首的二十四名统制和统领,还有十一名幕僚站立两旁。另有高大的武士二百人,他们手执刀枪,从大堂一直排到大门,执行护卫。上述排场,确实显示了张俊作为大将的十足威风。至于全军的二百九十七名正将、副将和准备将,大堂里显然容纳不下,他们只能在宣抚司大门外的空地上恭敬肃立,听候命令。

张俊严肃而慷慨地说:"金贼叛盟,人神共愤,当职奉累降御笔指挥,恭行天讨,如今正得其时,都统制王太尉、前军统制田十七听令。"王德和田师中走出队列,站到张俊面前,说:"下官在。"张俊说:"你们可亲统中军、前军人马,当即渡江,不得顷刻住滞,径趋顺昌府,会合刘太尉军,剿杀虏人。得胜归来,当职必与你们将士报功!"两人同时用响亮的声音回答:"下官恭听张相公号令!"张俊又说:"众太尉可厉兵秣马,枕戈待旦,日后当职引领你们渡江,为国立功!"其他的统制和统领又齐声说:"下官等恭听张相公驱策!"张俊部署完军事,当即退堂,回府第与众妻妾宴饮。

王德和田师中一行迟至顺昌大胜后十一天,即六月二十三日,方才来到顺昌城下。王德和田师中入城,慰劳刘锜一番,就在翌日收兵。他们不回建康府,而是屯兵庐州,等待张俊的下一步命令。

于鹏带着两名军兵,身负重要使命,冒着暑热天气,昼夜兼行,策马急奔,他们来到行营中护军的大本营建康府时,已是闰六月上旬。

于鹏深知肩负极其困难的使命,所以他进入建康府城后,只是先找馆舍暂住,不急于马上求见张俊。他与两名随从军士在城里打听了两天消息。于鹏得知,行营中护军除了王德和田师中两军渡江之外,其他各军仍然留在建康府,按兵不动,更增加了他的忧心。于鹏几乎一夜未睡,在床上反复盘算,最后还是决定明天去求见张俊。

于鹏与两名军士骑马来到宣抚司衙门,于鹏下马,由两名军士看守坐骑,自己单身上前,向宣抚司的军吏作揖,说:"下官是鄂州岳相公属下干办公事于鹏,今奉岳相公底钧旨,携带他底咨目,有紧切军务,特来拜谒张相公。"那名军吏听说是岳飞派人来,马上笑脸相迎,说:"请于干办在此稍候,男女自当通禀张相公。"军吏去了不多时,就带着笑脸回来,说:"张相公言道,既是岳相公处人来,不得怠慢,教于干办进入叙话。"于鹏心里感到某种宽慰,他所担心的第一道难关,正是张俊推托不见,而只命幕僚与自己敷衍。

于鹏没有想到,军吏竟引领他来到书房。张俊知道岳飞礼贤下士,喜欢在书房与人叙谈,所以有意假装斯文,特别让于鹏到书房进见。于鹏只见张俊头戴软巾,身穿薄纱紫衫,从容地坐着,脸上一团和气。于鹏上前唱喏,先进呈岳飞的亲笔咨目,张俊把岳飞的咨目放在书案上,客气地说:"于干办少礼,且坐下叙话。"于鹏说:"张相公在上,下官贱微,岂敢陪坐。"张俊说:"于干办千里奔波,冲冒暑气,不坐,又怎生叙谈。"于鹏谦避再三,张俊还是坚持命于鹏坐下,有军吏为于鹏端茶。于鹏感到,会面的气氛还是相当不错。

张俊取来岳飞的咨目,看了一遍,对于鹏说:"我常欲与韩五、岳五等同心协力,张大军势,击破虏人,以报国恩,目即正拟亲统大兵过江。岳五底意思甚好,然而圣上教我以重兵持守,以轻兵措置宿州与亳州,于闰六月终,一切了毕,便行班师。"

于鹏说:"下官体探得,虏人目即在宿、亳二州,并无重兵。张相公兵临二城,岂不如探囊取物。四太子盘踞东京,而颍昌、淮宁与应天三府系虏人重兵把截。切望张相公以国事为重,大破虏人三路都统之军,克复南京,然后与岳相公军合势进逼东京,此委是千载难逢底军机,似不容稍纵即逝。"

张俊说:"当职以大兵前往南京应天府,势若泰山压卵。然而圣上既有御笔,当职身为大将,岂有不遵禀底道理。"

于鹏慷慨地说:"圣上御笔,只为慎于用兵。圣上不得已而驻跸东南,岂不欲车驾重返旧都,席卷两河、燕云,雪国耻,拯民于水火,迎还天族,以成中兴底大业。圣上曾赐岳相公御笔,言道恢复之事,未尝一日敢忘于圣心。自家们做臣子底,岂能不仰体上意。况且张相公底祖茔沦落胡尘,难道不思统率唱凯歌之师,展拜祖茔,以尽大孝。为国为家,在此一举,切望张相公三思。常言道,胡马依北风,越鸟巢南枝。下官卑微,敬陪末座,然而亲历靖康围城底奇耻大辱,每念及山河破碎,故都沦落,变大宋衣冠而辫发左衽,直是痛不欲生。张相公官居极品,身为国之柱石,四海瞩目仰望。岳相公底咨目言道,他心悦诚服,唯是寄厚望于旧帅,若得扫灭金虏,论功行封,张相公自当居第一。"

张俊听后,脸上的神色显得有所感动,他想了一下,说:"你可回覆岳五,当职便依你们底计议,统大军径取南京,然后与你们会师东京。"于鹏不由喜出望外,他站立起来,向张俊下跪,行叩头九次的大礼,用以表示自己的最大敬意。

张俊面带微笑,把于鹏扶起,说:"自家们同是为国家宣力,于干办不须如此。"两人又随便说了几句,张俊就开始打发于鹏,说:"于干办可返回岳五军前覆命。"于鹏说:"依岳相公底钧旨,下官愿暂留张相公军前,以便两军联络。"张俊说:"不须,两军联络,自有咨目往返。"于鹏不敢勉强,说:"既是恁地,唯求张相公回一咨目,教下官得以覆命。"张俊笑着说:"于干办须知,既是圣旨未教我去南京,我举兵前去,岂可写在咨目上。"于鹏再无话说,当即告退。

于鹏还是多少留了点心眼,他带着两名军士离开建康府城以后,并不急于返回,而是暂住江宁镇,打听张俊一军的动静。等得到张俊确实率领大军渡江的消息,然后再赶回鄂城覆命。

张俊得知于鹏离开建康府城,就下令举行盛大的出师仪式,发兵渡过大江,直趋庐州城,与王德、田师中军会合。田师中最善于揣摩和迎合张俊的意图和嗜好,他当夜举办盛宴,为张俊洗尘。在觥筹交错之中,张俊和众将只是大吃大嚼,闭口不谈军事。田师中更是殷勤地为"阿爹"劝盏敬酒。张俊饮得大醉,又由田师中将他扶入卧室酣睡。

次日时近正午,张俊方才酒醒,他起身吃了午饭,然后把王德、田师中等六统制召来。等大家坐定,张俊首先发问:"奉圣旨,本军须是在闰六月夺取宿、亳二州,众太尉以为,当怎生用兵?"王德说:"据探事人告报,金虏命马秦与叛将郦琼分守二州,各有二猛安人马,约一千四五百人,以张相公八万大军兵临城下,势如滚汤泼雪,可保必胜。"

张俊笑着说:"王六只知其一,不知其二。如是四太子以大军与我军对阵,又当如何?"他多年以来的习惯,称呼平辈和下级,喜用排行,王德排行第六,故称"王六"。王德说:"刘节使在顺昌以二万孤军,尚自杀退四太子大兵。张相公有八万大兵,又何惧四太子。"

田师中说:"刘节使在顺昌,自是置身死地,不战,便不得求生。王太尉须知阿爹底用兵方略,岂得浪战。"王德对田师中其实是相当鄙视的,但又深知他是张俊的心腹,王德虽是粗豪,因在官场厮混多时,平日也注意与田师中假意修好。他听了田师中的话,心里骂道:"这厮田十七,唯知奉承假阿爹,又有甚真武艺。"但在表面上,王德并没有面露忤色。

张俊说:"田十七煞是知得我底用兵行师。岳五外示忠直,内藏狡诈。他与我相约,教我出兵取南京,他出兵取颍昌、淮宁。然而据关报,他以粮乏为由,近日方出兵颍昌。他底意思,无非是教我先与四太子交锋,他便可坐收渔利。"田师中马上接口说:"岳家人最是不可信,须防岳五底诡计。"

王德心想:"张俊视行营中护军如自家底私产,他平时最是吝啬私财,战时亦是吝啬用兵。且看他怎生号令。"他说:"依张相公底意思,当如何用兵,下官虽是都统制,须是听张相公底号令。"

张俊说:"我思忖再三,你们统兵三万前去,见机行事,先占宿州,再占亳州,若无虏人大兵前来迎战,可遣兵入南京应天府界,扫荡一番,然后全师而返。此亦见得,我依允岳五,并非虚言。我当为你们上奏,力请全军重赏,保举王六、田十七做承宣使。"众将都明白了"扫荡"两字的含意。承宣使距离节度使只差一阶,这对王德和田师中,当然又是重大的许愿。田师中高兴地说:"阿爹神机妙算,无人可及。"

张俊补充说:"王六,你是都统制,此回用兵,众将须听你号令。然而迟速进退,须是禀命于我,不得专擅。用兵须是慎之又慎,必保万全。"王德说:"下官遵命!"

张俊让众将退出,又单独找田师中谈话。他问道:"你看王德服我不服?"田师中说:"自郦琼叛亡之后,王夜叉便成孤军,若非阿爹一力扶持,他岂有今日。我不见他有异心。"张俊摇摇头,说:"王德不比你,你早年便追随我,胜似亲父子。此回出兵,厮杀由他做主,进退便须由你做主。王德悍勇而无知,喜于厮杀,或是轻率胡做,你须及时制止。"田师中说:"孩儿理会得!"

张俊又叮咛说:"若是厮杀,你亦不须上阵。然而须为我力保全师而归。"田师中明白,张俊把军队看成是自己最重要的私产和资本,就说:"孩儿理会得,此回出兵,切忌与虏人见大阵厮杀。"张俊笑着说:"便是此意,你须好自为之。归来之后,我当上奏官家,岂吝厚赏!"

王德率三万人的队伍出发,而张俊则率大军驻在庐州,等候前方消息。十四日,王德打听到金军只是在宿州城南设寨,就率军夜袭敌寨。少量金军很快战败溃散,王德率领宋军连夜乘胜占领宿州城。金朝守将、宿州防御使马秦原是伪齐将,他率领了五百多金军中的汉人,向王德投降。

王德又移军转攻亳州。金朝守应天府,即归德府的三路都统完颜阿鲁补得知宿州失守,就率四猛安金军,救援亳州。守将、亳州防御使郦琼把完颜阿鲁补迎入城中。完颜阿鲁补刚在州衙坐定,就有探事人报告:"今有南虏王都统率大兵自宿州前来,离城约一百里。"完颜阿鲁补问道:"王都统是甚人?"探事人回答:"都统名叫王德。"

完颜阿鲁补又转过头来问郦琼:"郦太尉,你可知王德底情实?"郦琼说:"下官体探得,此回是南虏宣抚使张俊底大兵,王德是他底属下都统制,诨名夜叉。张俊此人甚是怯战,不足忧虞,然而王夜叉却是顺昌刘锜之流,颇为悍勇敢战,不得轻视。"

完颜阿鲁补听说王德与刘锜相仿,就面露忧色,郦琼乘机说:"阿鲁补郎君,用兵须相度敌我军势。如今王夜叉以数万大兵前来,自家们唯有六猛安儿郎,难以抵挡。不如且弃城回归德。待四太子发大兵,然后收复亳、宿二州不迟。"完颜阿鲁补简直不假思索,就立即说:"便依郦太尉底计议,全军挪回归德府。"于是完颜阿鲁补和郦琼马上放弃了亳州城,率六猛安金军逃往应天府。

王德一军在二十六日兵不血刃,进入亳州城。城里的坊郭户居民父老听说宋军来到,就自发设香花鼓乐迎劳。王德等将骑在马上,得意洋洋进入州衙。

等处置占城的军务完毕,王德就召集田师中等五名统制,商议下一步的军事行动。王德说:"郦琼那厮直是兔心鼠胆,闻得我统军前来,便与虏人三路都统望风而逃。体探得虏人在南京,兼有郦琼一头项,都计亦不过七、八千人马。此回用兵,厮杀未得快意,正宜去南京,与三路都统交阵,方见得自家们底威风。"

田师中心想:"王夜叉底所作所为,果是不出阿爹所料,我须制止。"就说:"王太尉,阿爹唯是命你攻取二州,如今大功告成,不得轻进。"其他四人当然都明白田师中在军中的身份和地位,也先后发言附和。

王德听到其他五人都表示反对意见,只能叹一口气,说:"只是可惜了!然而张相公亦曾言道,官军或可入应天府界,扫荡一番。目即三路都统底人马尽聚南京城,官军前去扫荡,正得其时。"

田师中说:"应天府界最南有下邑、榖熟二县,与亳州毗邻。自家们可发兵前去抄掠,然而不得入二县城,以免引惹三路都统底虏军。扫荡一日,便依阿爹号令,于闰六月底之前班师。"其他四人又立即附和田师中的意见。

于是这支军队又乘胜进入下邑和榖熟两县地界,所谓"扫荡",其实是向当地的汉人百姓肆暴。按照这支"自在军"的惯例,在宿州、亳州和应天府的属县,奸淫掳掠,无所不为。

二十八日,亳州一带下起了大雨,按张俊的命令,王德率领四出掳掠而归的军队,开始撤离亳州城。这支军队已与北上时不同,军队中夹带着抢来的几千妇女,还有载着财物的牛车之类,乱哄哄地出城,无复部伍行列。

王德和田师中头戴雨笠,身披蓑衣,策马缓行。突然,有前面的一名正将回马报告:"今有城中底父老在南门拦阻,言道欲求见王都统,军伍不得前行。"王德说:"岂得如此!"他只好带着四名亲兵,策马前去看个究竟。田师中想了一下,也跟着前去。

有近一百个老人,浑身已被大雨淋湿,他们堵截在南门。王德吩咐军兵让开,单身骑马上前,粗声粗气地责问:"我便是王德,你们意欲何为?"一名为首的老人,只戴着一顶雨笠,看来是个读书人,他在马前作揖说:

"闻得王都统亦是一个好汉,岂有占一座空城,不发一矢,不施一枪,不与近在南京底虏人交战,便欲退遁。自家们是大宋百姓,朝夕盼望王师前来,救民于水火,可叹王师不像王师,竟如盗贼。强抢民女,强占民财,甚至屠杀无辜,酷暴无异金贼。如此作为,岂不教百姓寒心,又有甚希冀?"说着,竟潸然泪下。

王德听了这一番话,倒也面露羞惭之色。田师中大怒,命令军兵说:"速与我将他们逐退!"于是军兵们上前,持兵刃驱赶这群老人。那名为首的老人气愤地说:"自家们曾设香花鼓乐,迎接官军入城,不意官军如此倒行逆施!眼见得太平无日,金虏卷土重来,百姓又如何存活,不如就死!"说完,竟向城门口的砖墙上撞去,顿时头破血流,倒在地上。王德望见此种情形,也不免心中惨然,而田师中竟命令军士:"速将此老汉底尸身抬走!"南门口终于被军队用暴力重新打通,田师中扬鞭策马,率先出城,王德也低头不语,跟着出城。他不免面带惭色,回头无奈地望了望亳州城。

再说在庐州城里的张俊,闲着无事,只是成天享受好酒好菜,等待着前方的消息。闰六月二十八日晚,张俊正在州衙的一个小厅里独酌自饮,有主管机宜文字官和书写机宜文字官进入,他们手持捷报,站着向张俊唱喏,然后报告说:"虏人不敢交阵,弃城遁去,王太尉军已占得亳州。"

张俊听后,面露喜色,他用箸夹了一块鱼肉,放进嘴里,慢慢地品味。他等咽下鱼肉,然后说:"你们写捷奏,不得说虏人遁去,须是说官军大破自东京前来底虏人援军,然后入城。"两名幕僚说:"下官理会得。"

张俊想了一下,又说:"你们在捷奏中须说,当职亲自统兵前往,与王德会师,大破虏人。"两名幕僚仍然说:"下官理会得。"

张俊又饮了一杯酒,再夹起一块猪肉,细嚼慢咽之后,又吩咐说:"宿州与亳州大捷,你们须拟四万将士立功,与我保奏王德、田师中升官承宣使,其余统制进官有差。待你们草奏了毕,便进呈与当职。"两名幕僚尽管也是经常依张俊的命令,谎报战功军情,现在听说要上报四万人立功,除了不上战阵的火头兵、辎重兵外,竟占本军全体出战将士的三分之二,心中仍不免大吃一惊,但嘴上却只能说:"下官遵命!"

张俊认为自己吩咐已毕,就说:"你们且去,衮夜草拟,草拟成就,便是你们底功劳。"两名幕僚诺诺连声而退。

　　七月初，王德大军撤回庐州，他在宿、亳二城只留下少量军队。王德与田师中等进城，参见张俊，向他报告了一通，张俊高兴地说："此回宿、亳大战，王六、田十七等立得巨功，当职已上奏保明。"王德等人当即谢恩。

　　待王德等人退出，田师中又单独向张俊报告，张俊说："王德底所作所为，果是不出我底所料，若非田十七制止他胡做，便是兵祸连结，无有休止，只是教岳五从中渔利。日后用兵，田十七又须注意。"田师中说："阿爹底旨意，孩儿自当悉心秉承，不得教王夜叉得逞。"

　　张俊嫌前方的军事生活清淡无味，他命令王德、田师中等统大军缓行，自己先带轻骑返回建康府。

　　他带亲骑回府时，以魏氏为首的妻妾们，早已在府第外迎候，把张俊接入厅堂。张俊脱下戎装，更换便服，少不得在家里热闹一番。当夜，张俊自然在章秾的房里安歇。在明莹的烛光之下，章秾向张俊出示了所写的一首怀念小诗。诗当然是一件曲意逢迎的文字游戏，把张俊吹嘘为一个徇国忘家、智勇双全的名将。张俊看后，不免感慨说："我在庐州时，唯是思念你们，恨不能肋生双翅，飞回府第，与你们共享团圆之乐。在军中多日，尤觉满堂底娇娃与金玉，何等惬意。然而我若是不统兵，又何以有满堂底娇娃与金玉。"

[壹壹]
决 战 郾 城

完颜兀术住在开封龙德宫,近日来,他不断接到各处的败报。完颜厮里忽和韩常的败兵退到尉氏县后,完颜厮里忽亲自赶回开封城,但韩常宁愿留守尉氏县,也不肯前来见主将,以免再挨柳条抽挞。完颜阿离补、大挞不野和翟平也逃回开封城,完颜阿离补受伤不轻,被合扎亲兵们抬进龙德宫。他见到都元帅,只是不断地呻吟,完颜兀术只得皱着眉头说:"且将阿离补送往河北祁州将养。"最惨的还是万夫长完颜漫独化,他被部兵们抬进龙德宫时,一条砍断的右臂仍然连着一片肉,悬空挂着,不断晃动,因失血过多,面色蜡黄,气息奄奄。他只是用女真话,有气无力地与完颜兀术说了几句,就在两天后身亡。

转眼已到七月四日,完颜兀术在龙德宫召集出兵前的最后一次会议。其实,不少用兵细节已在此前商量过多次。完颜兀术居中面南,坐一把盘龙交椅,完颜突合速、大挞不野、完颜厮里忽、完颜赛里、翟平、张通古等人分坐左右。

完颜兀术首先说:"自六月顺昌失利以来,大金军马暂停进攻,只为暑月不利交兵。如今已是秋高气爽、弓劲马肥时节,大金马军在平原旷野驰突,可保必胜。"众人明白,在出兵前,都元帅虽然没有十足的胜算,也必须说些鼓舞士气的吉利话。实际上,在此以前,完颜兀术已经下令,把开封城中的随军家眷老小,全部撤往河北,做了打败就逃的准备。

完颜兀术停顿一下,正想继续说下去,有合扎亲兵进入禀报:"启禀四太子,今有归德府三路都统自军前命郦太尉前来。"完颜兀术说:"便教他进入。"郦琼进入,向完颜兀术行女真跪礼,说:"下官奉三路都统之命前来,有紧切军情告报。"

完颜兀术害怕听到坏消息,却又不得不听,就说:"你且坐下,关白情实。"有女真兵取来一把交椅,让郦琼坐在末位。郦琼说:"告报四太子,南房张俊侥倖取宿、亳二州之后,畏惧大金军威,不敢径攻归德府,即行退兵南归。"

这个消息使完颜兀术受到鼓舞,他兴奋地说:"张俊那厮,兔胆鼠心,岂敢与我争锋。待我立即出兵追击,将他全军剿灭。"大挞不野说:"使不得,自家们已是计议,若是偏攻张俊,岳飞必是救援,或是乘虚进逼汴京,使大金军马腹背受敌。"张通古说:"如今唯有依原议,正宜乘张俊退军之势,急攻岳飞一军。破得岳家军,江南其余诸将,皆不足忧。"

完颜兀术把眼光注视郦琼,说:"你最知南房底军情,以为当怎生措置?"郦琼想了一下,他内心对未来的决战也毫无把握,但既然是面对完颜兀术,还是不能不说奉承话:"岳飞在南房诸将中,虽是最号敢战,下官观其用兵行师,亦非四太子底敌手,正可乘他孤军深入之势,迎头痛击。"众人都没有异议。

议题很快转入如何攻击。完颜突合速说:"岳家军虽是占城得地,如今已成分兵之势,郑州距汴京最近,体探得守军不多,所宜先取。"大挞不野说:"若是郑州坚守,急切难以攻破,岳飞须是统大兵乘虚袭汴京。擒贼先擒王,岳飞以轻兵驻郾城,依仗颖昌与淮宁为两翼。大金军马疾驰郾城,正可攻其不备。一举擒杀得岳飞,便大功告成。"

完颜兀术说:"挞不野所言,正合我意。"既然主将表态,大家也就不再议论。郦琼却说:"军中可扬言,欲攻郑州,如是岳飞信以为真,正可攻其不备。"

完颜兀术拍手说:"此计煞好!我定于七日亲率全军出战。挞不野便以四猛安守汴京。"张通古说:"挞不野孛堇可于七日辰时,命二猛安马兵先去中牟县城,至次日回军,佯示攻郑州,迷惑南房。四太子于七日傍晚,全军南下疾驰,八日便可至郾城。"

金军将领的策划虽然如此周密,但郦琼的内心仍然十分怯战,不敢去郾城,他想了一下,就说:"下官以为,七日去中牟县城太晚,下官愿统军于六日启程,佯示攻郑州之势。相度事机,然后回军。"完颜兀术当然不会猜透郦琼的心机,说:"便依此议!"

会议之后,金军就积极做南下出击的准备。郦琼率轻兵在六日辰时出开封城西开远门,前往中牟县。开封的金军本来就大部分屯驻在城南,到七日傍晚,金军饱餐之后,完颜兀术等率领合扎亲骑拥出开封城的南三门,集合城南的大部兵力,取道本府的尉氏和鄢陵县南下。完颜兀术到尉氏县,还会合了韩常军,直奔郾城县而来。为取得奇袭的效果,完颜兀术与完颜突合速、完颜赛里、韩常等亲率一万五千女真精骑为前锋,而完颜厮里忽与翟平则统约十一万五千多大军为后继,另外还命令李成和徒单定哥出兵渡河,佯攻洛阳。

岳飞率背嵬军和部分游奕军驻守郾城县。宣抚司就临时设在县衙,他每天与朱芾、张节夫、郭青、沈德、岳雲等人分析前方的形势,向各地的各军及时发出指令。于鹏和孙革先后回到郾城覆命。孙革的报告说:"顺昌底刘节使本拟退兵,回归镇江府,将顺昌城防交付本宣抚司。下官力劝之后,他已是停止退军,为进兵南京上奏,言道须是听候朝廷底指挥。"岳飞听后,只能发出轻微叹息,说:"不知朝廷指挥俞允他进兵南京否?"

于鹏的报告却与孙革不同,似乎又给岳飞带来希望。但等到七月六日,李廷珪从淮宁府赶到郾城,带来张宪的公文,报告张俊全军已经撤退的消息。大家为此都十分愤怒,纷纷责骂张俊背信弃义。岳飞只是皱着宽阔的眉宇,一言不发,他对张俊的违约卖阵其实并不感到意外,尽管内心相当愠怒,却不想再说无用的话。岳飞当机立断,命令李廷珪说:"既是恁地,可依原议,教张太尉立即进军南京,然而淮宁府底防拓,亦不可稍有疏失。"李廷珪当即驰马赶回淮宁府城。

李廷珪走后不过片刻,王敏求又带着王贵的公文赶到郾城宣抚司。原来王贵得到金军打算大举进攻郑州的探报,马上命令牛皋率左军前往,增援守郑州的王万破敌军。王贵本人仍率中军和选锋军驻新郑县,作为机动兵力。岳飞看了公文,寻思片刻,对王敏求说:"用兵是诡道,常是虚虚实实,声东击西。官军北上,四太子所以在东京驻大兵不动,必是待秋后天气凉爽,然后与官军决战。体探得四太子已将军中老小发遣过河,此非是欲退兵河北,而是欲寻机厮杀,孤注一掷。本宣抚司军深入京西,占地甚广,而兵力散漫,此便是授敌以可乘之隙。郑州地处东、西两京之中,而西京又已归我掌握,若是四太子以大兵猛攻郑州底偏师,岂得不虞我以大军直捣东京,教他腹背受敌。我料得四太子如欲先发制人,与我决战,当在颍昌与淮宁之间。你可速归,教王太尉统中军与选锋军,速去颍昌府,与董太尉会合。若有缓急,则他与张太尉东、西两军可互为应援。"王敏求说:"下官理会得!"他匆忙离开郾城,一面在马上吃干粮,一面返回新郑县。

王敏求走后,岳飞不说话,他时而踱步,时而弯腰凝视着地图,时而站立,苦心思索。朱芾说:"岳相公既是以为,虏人四太子大兵当在颍昌、淮宁之间,寻求与王师决战,莫须教张太尉所统各军暂驻淮宁,缓攻南京,以备缓急。"

岳飞说:"我思忖再三,四太子兵锋所向,无非是郑州、颍昌、郾城、淮宁四地,此四地底官军,皆足以抵御。此回王师大举北伐,原拟先戕其枝叶,而后会师东京,斫其根本。如今虏人底颍昌、淮宁、南京三个重镇,已是三破其二,南京一镇便不当轻弃。且稍待时日,观虏人用兵底意思,再行措画。"

岳雲问道:"若是四太子亲提重兵到南京,与张太尉军决战,便当怎生底?"岳飞说:"我当亲提郾城背嵬、游奕军,急速前去应援,另命王太尉与牛太尉统军直捣东京。"

一名军士进入,向张节夫递交一份公文。张节夫看后,就交付岳飞,说:"此是梁、董二太尉申状,言道河北与河东往往不攻自乱,虏人号令不得行,民心皆愿归顺朝廷,而忠义民兵首领赵俊与乔握坚已收复庆源府。"当时梁兴等率忠义军破垣曲县、王屋县等的捷报还没有到达郾城宣抚司。

岳飞看后,说:"如今已至中兴底紧切事机,有劳张干办日上一、二奏,催促朝廷速降指挥,令诸路兵火急并进,必保成功。"张节夫说:"下官遵命!"尽管大家对朝廷无法抱多少希望,但也只能不断上奏。

自从出师以来,岳飞虽然没有亲自上阵,但近来却显得消瘦。每天夜晚,由岳雲陪伴,总是深更半夜,方才就寝。古代的信息传递迟缓,在一个相当广阔的地域进行战场指挥,就十分不易。岳飞身为一军统帅,要紧和吃力的工作,正是统揽全局,负责协调各地各军的行动。

当天夜里,岳飞父子仍然守候在卧室,房内小桌上只有一盏不亮的油灯。岳飞规定,凡是有各处军中的申状,不论何时,都要在夜间直接送入卧室,不得滞留。岳飞在房中来回踱步,岳雲则坐着,时而观察地图。突然,岳飞停下脚步,问道:"祥祥,若是你做四太子,兵锋当指向甚处?"岳雲说:"若是儿子做四太子,必是引兵径来郾城。此地兵少,而阿爹又在此地。依儿子底意思,可将本司诸军集结郾城,以备大战。"

岳飞说:"此说有理,然而四太子号称乏谋而粗勇,他底用兵,反而难于预断。我思忖再三,郾城有我亲统背嵬一军,皆是一以当十底锐士,足以迎敌四太子大兵。且静以观变,不须教王、张二太尉另作措置。"岳飞又走了一圈,停下脚步,对岳雲说:"若果是在郾城麀兵,祥祥是主将之子,自当在头阵厮杀。"岳雲说:"儿子听命!"

八日清晨辰时,岳飞与众将、幕僚们正在吃早饭,有探事人进入报告:"体探得四太子引大兵已过鄢陵县南下。"岳雲说:"颍昌地处鄢陵之西,虏兵南下,必是前来郾城。"

杨再兴马上站起身来,说:"岳相公,下官愿统背嵬军第一将为头阵。"岳飞笑着起立,来到杨再兴背后,把他按下座位,说:"我岂不知,杨太尉久欲厮杀,生擒兀术,受节度使上赏,故上回便教你统兵前往淮宁府助战。如今四太子亲统大军前来,杨太尉岂愁无英雄用武之地。"

朱芾说:"目即郾城有背嵬军六将,游奕军二将,合计九千余人。不如先占守城池,以逸待劳,教四太子屯兵于城下,待王、张二太尉统兵会合,然后同共剿杀。"杨再兴立即表示反对:"朱参谋亦是过虑,我觑得四太子便如俎上底猪肉。"

岳飞说:"四太子蛰居东京已久,此回出战,自恃虏骑全占天时地利,王师不宜示怯。须是教他知得本宣抚司军底勇锐敢战。众官人且饱餐后休息,以逸待劳,依鄢陵到郾城底道路里程,我料得出城厮杀,尚须在午时之后,不必心急。"于是众人不再说话,个个低头吃早饭。

宣抚司不断接到敌军愈来愈近的探报。岳飞却反而显得从容和闲雅,他每听到一次探报,只是把手一挥,说:"退下!"然后品味着散茶。众人讨论很多,他只是静心倾听,却很少说话。到了巳时,岳飞简单地吩咐说:"今日午饭,须是用好酒食,教众将士多吃,以便午后厮杀。晚饭须排办庆功酒饭。"

大家吃过午饭,到了未时,岳飞方才在县衙的大堂坐衙。他穿戴五十宋斤的铁兜鍪和铁甲,端坐堂上,神情威严。将领和幕僚们排列两旁,都敛声屏息,听候命令。岳飞首先说:"王师出战,不得无城守,朱参谋、孙干办、张干办与游奕军第五正将樊太尉听令,你们可统第五将步兵守城,不得疏虞,并率火头军排办晚食。"

朱芾、孙革和张节夫明白,岳飞特别照顾,不让他们上战阵,却感到很不是滋味。游奕军第五正将樊贵听说部署自己守城,也有几分不快。张节夫还是站出来,他用激昂慷慨的音调说:"大战在即,下官虽是一介书生,亦须与众将同生死,共患难,上阵一搏,方得快意!"经他出面一说,朱芾、孙革和樊贵也都想说话,岳飞急忙把手一挥,制止了他们,说:"既是大战在即,当职出令,岂容反汗!"于是四人就无法再说。

岳飞接着说:"此回出城列阵,可先马后步,郭太尉统背嵬军第一将至第四将,另加游奕马军为前阵,沈太尉统背嵬军第五、第六将与游奕军第四将步兵为后阵。"郭青和沈德当即在队列中应声而答:"下官得令!"按照战斗的需要,游奕军第四将、第五将的骑兵四百人已经临时分编到背嵬军的四将骑兵之中。岳飞的部署颇出众人意外,因为按岳家军的列阵惯例,一般是步兵居前阵,作为正兵,骑兵居后阵,作为奇兵,用于机动。

岳飞望着众人或带疑惑的目光,就进一步解释和命令说:"当职亲统背嵬、游奕二军在此,原是备缓急应援,以马兵居多。虏人所恃,唯是女真重甲马军,虽是大军十数万,而精锐敢战之士料得不过四万,其余皆是契丹、奚、渤海人等,至于大宋与大辽属下汉人壮丁,尤是驱逼而来,难以同心协力。如今本军马、步兵皆披挂重甲上阵,弓弩斗力胜于虏军,足以洞贯重甲,正宜以马兵居前,与虏骑角逐,方得见本军底威风。然而虏军多,而王师少,故我军须依托城垣,以免被虏军包围。虏军擅长更进迭退,胜不遽追,败不至乱,重整旗鼓,往返厮杀,他们常言道:'不能打一百余个回合,何以为马军!'我军兵少,一个回合得胜,亦不得追击。背嵬马军与游奕马军合编为四将马兵,共五千锐士,可番休迭战,轮流上阵,与他们杀一百个回合,再决胜负。沈太尉率三千余步兵则在后阵休息,以备缓急上阵。"

对于主帅精辟而透彻的分析,高明的部署,众将和朱芾等文官都无不敬服,大家齐声喊道:"恭听岳相公号令!"岳飞站起身来,激动地高呼:"哀兵必胜!"众人也跟着齐声大喊:"哀兵必胜!"

众人退堂,岳飞却单独留住了郭青和背嵬军第一正将杨再兴、第二正将王刚、第三正将胡闳休、第四正将周彦,还有岳雲,与他们站着谈话。他对杨再兴解释说:"我知得杨太尉立功心切。然而杨太尉既已先去淮宁府厮杀,此回须教第三正将胡太尉杀头阵,第四正将周太尉杀第二阵,你统兵杀第三阵,而王太尉统军杀第四阵。四将军马依次轮番上阵,轮番休息。"杨再兴虽然有些不快,也只能说:"下官听令!"

岳飞又当众用严厉的口吻对岳雲说:"你可随胡太尉军杀第一阵,须是得胜而归,如是不用命,军法无情,我当先斩你示众,以戒众人!"岳雲说:"下官遵命!"

岳家军开始从郾城东、北、西三门同时出城。岳飞骑一匹白骢马,手持三十六宋斤丈八钢枪,背插十八宋斤镔铁四楞锏,身上还悬挂弓箭,在四十名骑士的簇拥下出城,其中一名骑士则为他牵一匹黄骠马,作为备用。于鹏执一柄开山大斧,都训练霍坚持狼牙棒,也骑马跟随。另有十名步兵,高擎皇帝亲笔的"精忠岳飞"大纛,作为帅旗,随从在后。

岳飞一行出城后,选定在军阵中心树立帅旗,其方位正好在骑兵之后,步兵之前。岳飞又带着郭青、于鹏和霍坚骑马到阵前视察。郭青在此前已和胡闳休等人商议,把各将骑兵排列成二百骑一横列,六骑一纵行,在整个平坦的开阔地上,从东到西,横亘约二宋里。为便于战阵指挥,第三正将胡闳休位居横列后偏东,而第三副将李迪位居偏西,但准备将刘辅之和岳雲则立马阵前中央第一横列,一个使掩月刀,一个使双铁锥枪,准备带头冲锋。

岳飞带着满意的目光看着整个布阵,他见到正前方的刘辅之和岳雲,只是颔首示意。胡闳休原是太学生,他弃文就武,著有兵书二卷。他前来投奔岳飞后,岳飞本来任命他为主管机宜文字,但胡闳休坚持要求在军中任职。岳飞策马来到胡闵休面前,说:"虏人常以左、右拐子马包抄围掩,胡太尉与李太尉位居左、右翼,煞好!然而虏人未到,须是爱惜马力,可教将士们下马,待虏人接近,然后上马。"胡闵休说:"下官听命!"于是郭青当即下令,让骑兵们全部下马,作战前的放松。

岳飞来到第二阵,吩咐郭青和背嵬军第四正将周彦、副将杨浩、准备将蒋世雄说:"虏骑素来擅长以左、右拐子马奔冲,第一阵与敌交锋时,第二阵须掩护与应援第一阵底左、右侧翼。数十百合交战,皆须如此。"郭青等人说:"下官理会得!"

岳飞来到第三阵,只见杨再兴牵马站立阵前中央,而第一副将姚侑与准备将韩元则分立阵后,他不免用劝谕的口吻说:"杨太尉底心意,我岂不知,然而做正将底,以在阵后指麾本将官兵为宜。"杨再兴笑着说:"我只欲厮杀,阵后只教姚贤弟与韩太尉指麾。"岳飞无可奈何地摇了摇头,他不想强迫杨再兴调换位置,只说:"杨太尉虽是勇猛无敌,然而上阵须藉众将士之力,不当单恃匹夫之勇。"

这是一个明朗的秋天,阳光和暖,而不炙人。到了申时,远处征尘飞扬,金军距离岳家军军阵约只有二宋里。于是军阵中擂起了震天般的战鼓声,背嵬军第三、第四将骑兵当即迅速上马,第三将骑兵则准备弓箭。鼓声暂停,将士们开始张弓搭箭。郭青立马第三将的阵后,他目测敌人的距离和分布,下令再次击鼓。在更加响亮而稠密的鼓声中,第三将的一千二百几十枝箭,同时射向金军。金军冲锋在最前列的七十多名骑兵立即中箭倒地。岳雲和刘辅之纵双骑奔驰在前,带动全将骑兵出击。宋金战争中一场不论就规模,还是就激烈程度而言,都是空前的骑兵大会战就此开始。

金军长途奔袭之后,其实也相当疲劳。作为前锋的一万五千余精锐女真骑兵,有三个忒母的编制单位,由三名万夫长率领。完颜兀术赶到战场,得知岳家军已经列阵,他求胜心切,就马上命令万夫长完颜阿胡迭率本部立即投入战斗。完颜阿胡迭以本部骑兵排成一百骑一横列,向岳家军的前阵中央发起冲锋。金军不顾前列骑兵的死伤,冲锋不止。

两军当即展开白刃战,岳雲和刘辅之身先士卒,如虎入羊群,一个持双枪猛刺,一个挥掩月刀狠劈,所向披靡,各自杀敌七、八人。胡闵休和李迪则指挥两翼骑兵,向敌人进行侧击。金军无力抵挡岳家军的猛攻,顷刻之间,就阵亡六百多人,完颜阿胡迭也在短兵相接中被岳家军骑兵砍死。混乱的金军只能向后溃退。岳家军只追击了约一宋里多,就在急促的锣声中收兵。得胜的背嵬军第三将骑兵退到后阵休息,而背嵬军第四将骑兵则改为前阵。岳雲又纵马到第四将的行列中,按照父亲的命令,准备继续参加第二回合的战斗。

完颜兀术眼看第一回合交锋失败,特别传来了完颜阿胡迭的死讯,不由在马上怒骂说:"阿胡迭不当挫动大金人马底锐气,亦是死得其罪!韩十八,你与我督一忒母,务必取胜。"韩常到此也不能不上阵,他与万夫长颜盏邪也督率一忒母兵力,约五千骑,再次发动冲锋。韩常临行前对完颜兀术说:"我此回偏攻岳家人底左翼,若是得利,四太子须亲引大兵支援。"完颜兀术不耐烦地把手一挥,说:"你若是得利,我自当引军夹攻。"

韩常和颜盏邪也其实对战争都无信心,他们不愿率先冲锋,只是命令骑兵大致以五十骑为一行,向岳家军的左阵发起第二次冲锋,而两人却置身于这支骑兵部队的后部。周彦等人及时改变阵形,指挥第四将骑兵迎战,又一次击退金军的冲击。

完颜兀术见到韩常和颜盏邪也败退回来,就气得把只露双目的铁兜鍪往地上一掷,厉声对完颜突合速和完颜赛里说:"你们在此守大阵,且看我用兵!"他亲督女婿夏窝谋罕的一忒母兵力,向岳家军的右翼突击。

杨再兴早已急不可耐,他依金军的攻击方向,率背嵬军第一将骑兵迎战。他第一个直插敌群,不断高喊:"甚人是四太子,速来就死!我今日便是要擒杀四太子!"同时抡动虎头紫缨浑铁枪,接二连三地把敌人刺于马下。由于他单身匹马深入,金军骑兵从四面围掩,这正中杨再兴的下怀,他奋力搏杀,居然一人刺杀敌军七十多人。

金军在经历激战之后,仍然难以抵挡岳家军的猛击,开始溃退。岳家军军阵中也传来了收兵的密锣声,而杨再兴却奋不顾身,追杀不止。韩元见到杨再兴不肯退却,只能率二十多骑奔驰上前,大喊道:"杨太尉!须听收兵号令!"杨再兴还是不肯退却,他一面杀敌,一面高喊:"韩太尉来得煞好,正宜与我同共捉杀四太子!"韩元也挺枪接连刺死两个敌人,不料一枝流矢射来,正中韩元前胸。韩元当即落马,杨再兴急忙拍马上前营救,又刺死一名敌人。他总算率二十多骑,救护韩元归阵。

岳飞听说情况,马上与于鹏策马前来,只见杨再兴的甲胄上满是鲜血,他其实也被金军枪刺,有二十多处轻伤,此时此刻,他身上的血也难以分辨是自己的,还是他人的。韩元原是被杨再兴扶在自己的马上,归阵后,被军士们抬着下地,却已是气息奄奄。岳飞实在不愿责备杨再兴的恃勇好斗,他下马后,上前慰问韩元说:"韩太尉英勇杀敌立功,下官极是感动!"韩元已说不出话,但他的眼光仍然流露出对主将的敬意和感谢,很快就咽气了。

岳飞滴下了几粒泪珠,又用手把眼睛一抹,用低沉的语调说:"将韩太尉底战骨抬回城中,待战后祭奠。"杨再兴却控制不住自己,俯伏在韩元身上恸哭。岳飞准备将杨再兴扶起,不意正抓着他的伤口,杨再兴虽然没有喊叫,但凭他的眼神和身躯下意识的躲闪,岳飞又不得不立即缩手。

因为杨再兴曾杀死岳翻,所以岳飞对他特别小心,说话从来注意用温和的语气。岳飞只是用亲切的语调说:"杨太尉勇冠三军,然而自后上阵,亦不得单独厮杀。你必是伤重,可去城中敷药。"杨再兴站立起来,眼睛里喷射出怒火,说:"丈夫汉临阵,不死带伤。我须再次上阵,为韩太尉报仇!"岳飞说:"战斗不止,杨太尉岂无上阵复仇之时,然而目即须听我底号令!于干办,你可暂代杨太尉指麾第一将。"于鹏说:"下官得令!杨太尉不须牵挂战事,须是回城养伤,以利日后再战!"姚侑和几名军士上前,把杨再兴强行扶回城里,由军医为杨再兴敷伤药。

再说金军方面,完颜兀术战败归阵,他喘着粗气,命令完颜突合速和完颜赛里说:"你们各统一忒母军,分左、右突击南虏。"于是完颜突合速和完颜赛里就各率原完颜阿胡迭与颜盏邪也的部属,第四次发起冲锋,分两路向岳家军左、右翼攻击。郭青当即命令王刚等率背嵬军第二将,胡闳休等率背嵬军第三将分头迎战,又一次击破敌军。岳云经过第三回合的休息,又参加到胡闳休的队伍中,带头冲杀。

经过四个回合的交战,金军的锐气已堕。此时,完颜厮里忽和翟平统大军赶到战场。完颜兀术到此地步,只能与几名将领,还有剩下的十七名万夫长一同下马商议。完颜赛里叹息说:"其他南虏军唯是步兵,岳家人马却是敢于以马兵挑战,我今日方知,大金底马兵亦非无敌于天下。"

完颜兀术发怒说:"赛里,你何须长岳家人底志气,灭大金军底威风!"完颜突合速说:"如今不是计较言语底时节,须是共议对策。岳飞亲统底人马少,而大金军马人多势众。不如以众忒母底马兵轮番上阵。"大家也想不出更好的计策,就依完颜突合速的建议,每次以二忒母的兵力,轮流冲锋,专攻岳家军的左、右翼。由于岳家军背靠郾城县城列阵,十多万金军就只能在大约二宋里左右的阵前展开兵力,无法发挥兵力多的优势。

两军又接连激战了十四个回合,岳家军愈战愈勇,阵前遍地是金军的人尸和马尸,鲜血染红了一片片的原野,在秋日的照耀下,格外惨目。时辰已进入傍晚的酉时,完颜兀术愈发焦躁。前伪齐将孔彦舟只是单骑随军,不让他带兵。他见到完颜兀术的怒容,不敢直接献策,只好先与张通古说,由张通古带他到完颜兀术的马前。张通古说:"孔将军献计,大金军马唯是以马军上阵,步军闲着无事,不如教他们前去攻城。"完颜兀术高兴地说:"何不早说!"

完颜兀术立即命令孔彦舟统步兵攻郾城的东门,翟平统步兵攻西门。于是,大批金军步兵拥向了郾城县城的东、西两壁。但仓促之间,以汉人为主的步兵并无云梯、石炮等攻具,他们也没有斗志,只是向空中或城墙上射箭。尽管如此,游奕军第五正将樊贵和副将梁吉还是各自率领步兵,在郾城的东、西城墙严密守卫。他们命令军士,矢石不得随便发射,只等敌人逼近,然后发射。但金军步兵只是虚声呐喊,他们虽然列队冲锋,不等到达矢石的射程之内,就立即溃退,实际上没有对城防构成威胁。

金军利用兵力的优势,以忒母为单位,加强反复冲锋的频率,尽量缩短两个回合的间隙。一忒母的骑兵战败退走,另一忒母骑兵又接替再战。背嵬军的四将骑兵却陷入连续作战,无法休整的状态。随着时间的推移,两军的鏖战进入了严峻而艰苦的阶段。双方的铁蹄来回践踏着人尸和马尸,忍受着反复冲杀和战斗的疲劳,持续进行惨烈的鏖战。

太阳已接近落山,突然,金军右翼约有近千名重甲骑兵,利用岳家军兵力不足形成的空隙,即将冲到阵中心。岳飞见到这种紧急情况,将白马一拍,准备奔驰出阵。霍坚当时正好站在岳飞旁边,他急忙抢步上前,用手挽住岳飞的马缰,大喊道:"岳相公身为重臣,全军安危所系,不当轻敌!"岳飞用马鞭轻抽一下霍坚的手,说:"非你所知!"霍坚的手下意识地松开,岳飞就急驰敌群。霍坚和四十名护卫骑兵也纵马紧跟在后。

岳飞弯弓一发,最前面的敌骑就应声倒地。两名敌骑持枪向岳飞冲来,岳飞右手执枪,左手持锏,也飞马直前。他举起右手的丈八钢枪,向稍前的敌人当胸刺去,敌军惨叫一声,立即落马毙命。另一个敌人几乎同时执枪向岳飞猛刺,岳飞用铁锏格开枪尖,又挥锏猛击。铁锏打碎敌人的坚厚铁兜鍪,脑浆迸流。霍坚与四十名骑士也及时赶到,他们又冲在前面,护卫着主帅,与源源拥来的敌骑搏战。

沈德和背嵬军第五将正将李仪等骑马率步兵上前,步兵们蓄锐已久,在喊杀声中抡动大斧、提刀、麻扎刀等以步击骑的利器,迎战敌骑。沈德拍马上前,迎着岳飞说:"岳相公身为大将,须指麾全军,不当轻上战阵。"岳飞并不答话,他纵马上前,左右开弓,又接连射倒四名敌骑。在岳家军步兵的猛攻下,这支敌骑又很快败走。

时已黄昏,郾城平原的西端出现了灿烂的晚霞,岳家军已经打胜第三十三个回合的战斗。突然,战场上似乎出现了短暂的平静,金军不再进行冲锋了。郭青和沈德骑马参见岳飞,郭青说:"虏人不耐夜战,似将退军。"岳飞说:"四太子狠勇,自当在天色暗黑之前,倾竭全力,以求一逞。自家们可到阵前,观察虏人如何动作。"岳飞与一批将领就骑马突出阵前。

不一会儿,金军果然发动了规模最大的冲击。原来张通古眼看苦战不止,而胜利的希望却十分渺茫,突然想到了自己读史书的所见,向完颜兀术建议说:"下官观史书,古时鲜卑有以铁锁连马,为方阵而战。如今马军旋战旋退,不如以三骑为一小队,以皮索相连,教儿郎们径前奔冲,不得后退。"完颜突合速说:"马军使马,唯是驰骋便捷,若是以三骑相连,切恐难以进退自如。"完颜兀术却赞成张通古的提议,他说:"大金军攻城,亦曾以三人为伍,用皮索连结,以示有进无退。岳家马军精悍,用此战法,便可取胜。"

金军不再用左、右翼侧击的战术,他们编组为三骑一小队,用皮索串联,列成严整的方阵,以排山倒海之势,向岳家军军阵实施正面冲击。岳飞远远望去,只见敌军的来势与前不同,马上命令岳雲说:"你可率十骑前往,不须交战,但觇得敌情,便回马告报。"岳云带着十骑冲出阵前不到一宋里,他们在远处当然见不到敌骑并联的皮索,但发现了三骑并联的情况,就立即飞驰而归,向岳飞报告。

岳飞当机立断,对沈德说:"你可率步兵突出阵前,与虏人搏战!"沈德回马,立即与背嵬军第五将正将李仪、第六将正将刘深、游奕军第四将正将王恪等,指挥步兵们迅速穿插骑兵队列的间隙,冲出阵前。步兵们不用盾牌,只是头戴露双目的铁兜鍪,身披坚甲,手持大斧、提刀、麻扎刀,不顾敌人射来的乱箭,冲上前去,与敌短兵相接。

金军三人为联的骑兵队动转不灵,遭遇岳家军养精蓄锐的生力步兵,正逢克星。岳飞平时训练步兵,就规定不顾马上之敌,先劈马腿。如今只要一条马腿被劈断,另外两匹马就无法奔跑。岳家军步兵先攻马,后杀敌,甚至把敌人从马上拽下来砍杀。金军的三人相连骑兵队,则是前面的已经无法动弹,而后面的又源源拥来,互相碰撞,乱成一团。不少金兵只能砍断皮索,方得各自逃生。

岳飞乘步兵正面迎击之机,对郭青说:"如今正是大败虏军底战机,我统背嵬军第一、第二将为左翼,郭太尉统第三、第四将为右翼,迂回侧击,必获大胜。"于是岳家军的骑兵又立即从步兵两侧驰突而出,痛击敌军。

从两军接战以来,朱芾、孙革和张节夫一直站立郾城的北城楼,紧张观战。由于樊贵和梁吉分兵把守东、西城,南城和北城只能临时抽调火头军等守卫。游奕军第五将准备将李遇负责守南城,而朱芾等人就负责守北城。

朱芾等三人的位置,大致可以把整个战斗场面一览无余。他们面对着如此宏大的、惊心动魄的战争,长时间目瞪口呆,紧张得全身流汗不止。一名年已四十八岁的老兵,也陪伴着他们观战。孙革下意识地向他发问:"闻得你追随岳相公积年,可曾亲临如此大战?"老兵回答:"屈指算来,男女追随岳相公已是十五年,却是从未见得如此大战。"

杨再兴也走上北城楼,尽管已是暮色,朱芾等人仍然依稀可见,因流血过多,他显得面色苍白。张节夫说:"杨太尉受伤,何不下去歇息。"杨再兴说:"强敌在前,尚未剿灭,我岂得安卧!"他往城下一看,说:"如今天色昏暗,步军上阵,已是最后一战,我岂得在此安养!"说着,就往城楼下急奔。杨再兴的话也激励了朱芾等人,朱芾说:"自家们亦当统火头军出城,与虏人最后一搏!"从战斗开始时,北城的城门一直洞开着,杨再兴第一个纵马抡枪,急驰出城,朱芾等人也率火头军紧随其后,上阵参战。

金军无法承受岳家军最后的猛击,最终奔溃。完颜兀术最初还想用严令制止溃逃,他出马高喊:"不得后退!后退底斩!"并且亲手挥刀杀了两名逃兵,却已根本不能遏制兵败如山倒的局面。张通古和完颜突合速只能上前劝说:"四太子,如今兵势,已不容不退。"他们挽住完颜兀术的马缰,强行拨转他的坐骑,一同逃跑。

岳飞在得胜之后,也及时下令敲锣收兵。岳飞命令郭青率骑兵先回城休息吃饭,自己却与沈德率步兵初步打扫战场,特别要紧的是救护本军的伤员。直到夜半更深,岳飞和沈德方才统兵回城。

在这场以少击众的硬仗和恶战中,金军光在战场上遗弃的尸体就多达八千多具,其中多数是耳戴金银环的女真人,此外还有大量马尸,但岳家军缴获的尚能骑乘上阵的战马只有二百多匹。金军除完颜阿胡迭外,另有一名万夫长,一百五十多名千夫长、百夫长和五十夫长阵亡,他们身上所佩的金牌、银牌和木牌都在后来打扫战场时,被岳家军所搜捡。至于遍地的旗帜、器甲等战利品更是不可胜数。金军的俘降者也接近两千人,岳飞仍然下令进行甄别,将愿意投军的汉人收编,其他各族人一律释放。

岳家军牺牲的将士也达七百十四人,其中包括两名准备将。除韩元外,刘辅之是在最后一个回合中,连劈九个敌人,却被敌人用长枪刺中腰部,成了致命伤。

[壹贰]
血战小商桥

完颜兀术所率的败军不敢稍停,他们害怕逃跑的距离过近,岳家军在夜间还可能前来劫营,一直逃奔到开封府界内的鄢陵县城,方才休息吃晚饭。金军将领聚集在县衙厅堂里,点了几枝蜡烛,完颜突合速等人都十分饥饿,大家狼吞虎咽,嚼食烤肉,唯有完颜兀术难过得无法下咽,他啃咬了几口,就扔掉烤肉,伤心恸哭,说:"自我阿爹起兵灭辽以来,全仗我女真马兵,在秋冬底旷野平地,驰突无前,号称长胜军。顺昌失利,尚可说失于天时。如今既败于岳家底马兵,又败于岳家底步兵!"

韩常实在不敢再战,他乘机说:"莫须退兵开封?"张通古亲历这场恶战,对战争前途也深感失望,他正想附议,不料孔彦舟却说:"下官以为,此回唯是与岳家人午后交战,时间不久。四太子大军十余万,而岳飞兵少,若是大金军马不舍日夜,死战不休,岳飞必是不能支持。"孔彦舟当过盗匪,长期在宋境乘乱作乱,投奔刘豫之后,又归金朝。此人养成一种赌徒的心理,不到最后一文钱输光,就要赌到底。他作为宋朝的叛臣,当然是死心塌地,为金朝竭智尽力。

完颜兀术原来对孔彦舟并不看重,经他两次献议后,转而青睐有加,他说:"孔大底言语有理!"他既表示了明显的倾向,其他人就不敢再进异议。

完颜兀术休息了一夜,次日,他下令重新整编军队,统计人数。最后,完颜突合速报告完颜兀术说:"目即全军尚余十二万人,战死两个忒母孛堇,正可改编为十六个忒母。然而恶战之后,大金底女真儿郎伤亡不小。"

完颜兀术说："我思忖一夜，大兵虽是在郾城受挫，并未失天时地利。孔大是南人，尚是力主再战，自家们若是因此便退兵开封，岂不教他暗中嗤笑。"完颜突合速说："难道兀术要再去郾城交锋？我以为去不得。"

完颜兀术说："体探得岳家人聚兵颍昌、郾城与淮宁三处，而临颍无兵，我不如以大兵占据临颍，教他们兵断不得合。"完颜突合速不赞成，说："若是他们自颍昌与郾城出兵，南北夹攻，便当怎生底？"

完颜兀术说："孔大夜半再与我献计，言道大金兵多，岳家人少。我占据临颍，便是反客为主，以逸待劳。"完颜突合速还是不赞成，他摇摇头，却也说不出多少理由，完颜兀术说："我意已决，便当如此用兵。"完颜突合速说："不如教众人议论。"

完颜兀术马上召集军事会议，他首先说了自己的想法，众人就不敢反对。翟平想了一下，说："莫须声东击西，先命一忒母军，再去郾城，又不与岳家人交战，以掩蔽大军占领临颍。"完颜兀术高兴地说："便依翟七所议！"他转向颜盏邪也说："你便统本忒母军前往郾城，稍战即退。"颜盏邪也只能从命。

十日，金军又再次出动南下，走了约一半路程，两支金军才分道扬镳，完颜兀术统大军直奔临颍县，而颜盏邪也率本忒母军前往郾城县，作为佯攻兵力。

颜盏邪也内心已十分怯战，他命令千夫长奥屯阿李朵统一千多骑兵为前锋，本人则率其他骑兵和步兵、阿里喜等，共六千余人，在后行进。他嘱咐奥屯阿李朵说："阿李朵孛堇此回前去，不须宣力死战，与南虏稍稍接战，或延挨到酉时，即可退兵。"在重新整编之后，即使奥屯阿李朵的队伍也不是清一色的女真重甲骑兵，其中还包括契丹人等组成的轻骑兵四百多人。这支金军也不纵马急奔，只是以普通的行军速度南下，迟至下午申时后，到达郾城县北的五里店，就在那里列阵，不再前进。

再说岳家军方面，九日忙碌了一整天，主要是清理战场。岳飞亲自为阵亡将士举行简单的祭奠仪式，由于战场缺乏棺材等条件，只能将七百十四具尸体全部焚化。接着，岳家军又焚化敌军的人尸，至于金军的马尸则主要用作肉食。当天的敌尸等未能清理完毕，又在十日继续清理。

十日当天上午,岳飞又不断接到探事人的报告,说有金军再次从鄢陵县方向前来。岳飞对金军的此次行动,不免感觉意外,因为按他的估计,金军经受八日的重创,在两三天之内,是不大可能用兵的。岳飞想了一下,吩咐说:"可探明虏军的实人数,前来关报。本军暂停收拾战场,回城休息。"

午饭过后,才有探事人飞骑回城报告:"虏军实分二路,一路已进逼临颖县城,一路距离本县城约六十里,有一千余骑在前,而在后尘头不绝,不知数目。"众人听说金军直趋临颖,都不免感到惊奇,朱芾说:"虏人前去临颖,是甚道理?"大家七嘴八舌,议论一通,却没有结果。

岳飞说:"虏人据临颖,此乃是无计可施底下策。然而亦可推知,前来郾城底必是偏师。虽是偏师,官军兵少,仍不宜轻敌,出城远攻。此回沈太尉可率步军守城,我与郭太尉统马军出城布阵待敌。"

于是背嵬军的四将骑兵还是从东、北、西三个城门同时出城,布阵与八日大致相同,只是由王刚所率的第二将骑兵为头阵,于鹏所率的第一将骑兵为第四阵,而杨再兴则被岳飞强令在城里养伤。

岳家军稍候片刻,有探事人报告,金军就在五里店一带摆开一字阵,却不再南下挑战。王刚对岳飞说:"小将愿引领五十骑前去硬探,或是引诱虏人前来。"岳飞说:"经前日交锋,官军马兵唯余四千五百余骑,不当远离城池。便依你底计议,到五里店相机行事,如若虏人败退,亦不得远追,以免中计。"王刚说:"小将遵命!"

王刚命令第二副将罗彦代统本将骑兵,自己挑选了五十名使臣,都是有低等武官头衔的锐士,驰马北上。这支精悍的队伍很快就赶到五里店。

奥屯阿李朵按照颜盏邪也的命令,只是在五里店列阵而不战。他准备等后队人马赶来之后,再一起退兵。金军发现一支岳家军的小部队自远而近,一名百夫长对奥屯阿李朵说:"既有岳家人前来,莫须出阵厮杀?"奥屯阿李朵说:"不须,料得他们是一支硬探军马,且不理会他们。"

王刚一面缓骑前行,观察敌阵,一面命令五十名背嵬使臣说:"虏人底弓矢未尝妄发,你们随我,驰骑到弓箭射程之外,即便奔回,且看他们怎生底。"五十一骑驰向敌阵,又随即拨马驰回,金军方面却毫无动静和反应。王刚见敌人安然不动,又带领背嵬使臣们急驰第二圈,金军方面还是不动。

王刚一面回驰,一面对五十名勇士说:"我观虏阵中有一重甲外披紫袍底,必是头领。自家们第三回前驰,便一拥而上,将他斫杀,再相机厮杀或退走。"王刚带领背嵬使臣队又重新北驰,等接近弓箭射程时,就用最快速度扑向敌人。

奥屯阿李朵万没有想到,一支岳家军的小部队,居然敢于向五十倍的金军主动挑战。金军在仓促之间,根本来不及张弓搭箭,王刚的小部队已经驰突到面前。王刚一马当先,高举一杆眉尖刀,向奥屯阿李朵劈来,奥屯阿李朵连忙持长枪架格,不料另有两名背嵬勇士又双刀齐下,把奥屯阿李朵砍于马下。

群龙无首的金军顿时乱成一团,契丹人等组成的轻骑兵首先一哄而散,女真人的重甲骑兵也接踵溃逃。王刚所率的小部队用刀箭杀敌十七人,也并不远追。他们下马收拾敌尸,检索到了奥屯阿李朵身上的银牌,还有在身上和马鬃上的两块木牌,其上用汉字写了"阿李朵孛堇"五字。他们带着战利品和敌人首级,返回岳家军军阵,向岳飞报功。岳飞立即下令,收兵回城。

晚饭过后,岳飞召集会议,与众将、幕僚讨论今后的作战方案。朱芾首先说:"四太子占临颍,正便于王师南北合击,可成大功。"众人也纷纷附议。岳飞说:"南北二军,合击临颍,一是须将各军调集颍昌、郾城二处,二是须约定时日,南北并进。"

岳雲说:"莫须教张太尉军缓攻南京,先归郾城。"岳飞说:"我所以愿在郾城以寡敌众,便是以舍弃南京为可惜。今晚且计议到此,只候张太尉破南京回归。"

散会之后,岳飞父子还是在卧室的灯下,不断思考,并且等候消息。半夜三更,岳飞盼到了张宪发来的急报。

张宪率军攻应天府前,预作部署,他对徐庆说:"徐太尉,淮宁府密迩东京,须防四太子狼奔豕突。如今自家们唯有四军人马……"徐庆不等他说完,就抢先说:"我已理会得张太尉底意思,我愿率右军在此驻守,张太尉且安心统三军前去,决成大功。"张宪与寇成、赵秉渊等率前军、后军和胜捷军,共计十五将人马,向应天府进军。

张宪与众将预先研究了行军路线,认为取近道,正好穿插在南京与东京之间,可能陷入两地金军的夹攻,所以往东北到柘城县后,就迂回到榖熟县,渡过汴河,兵临应天府的东城。

张宪得到探事人的报告,说金军已经关闭应天府的全部六个城门,据城守卫。九日上午,他率大军距离城东偏南的延和门约五宋里,就开始列阵,而金军并不出城应战。前军第三正将高林对张宪说:"虏军自来无城守,唯是出城迎战。下官愿率百骑,前往城下挑战。"张宪说:"高太尉可前去叫骂挑战,若引诱得虏人出城,即便回军。"

于是高林率一百骑兵直驰延和门下。但不管他们如何叫骂,金军就是不开城门,出城迎战。自从金军楔入中原以来,守城而不出战,确实还是第一次。高林试着率骑兵佯装冲锋,他们到达适当距离,城上的金军就自上而下,发射矢石。高林与骑兵们只能回马退走。

张宪留寇成统率各军,本人与赵秉渊等人也带着骑兵,驰马而来。高林与他们在马上相见,介绍情况。张宪亲自骑马到延和门下侦察后,当即回军。时值午时,张宪与众将一面吃干粮,一面站着,围成一圈,进行商议。张宪说:"三路都统以颍昌、淮宁失守为前鉴,唯是闭门不战。然而南京城高池深,若是强攻,须是旷日持久,且官军伤亡必众。众太尉有甚计议,可以巧取南京城?"寇成说:"我建炎初曾在南京,既是国家底都城,若是虏人坚守不出,便难以有巧取之策。"

大家正感到没有多少妙策,张宪又接到郾城宣抚司的公文,这是在八日郾城大战前,由张节夫起草的。公文中介绍金朝大军行将进攻郾城,但强调城中军队虽然不多,足以抵挡,希望张宪尽速收复南京城,然后统兵返回郾城,以便集中兵力,与金军决战。

张宪把公文给大家传阅,寇成首先说:"既是南京城急切破不得,不如先回师并力,同共杀败四太子大军,然后再徐议复南京之策。"众人纷纷附议。张宪最后说:"既是恁地,我底意思亦与众太尉同。自家们可当即撤军,然后亦须防三路都统出兵尾袭。"寇成说:"下官愿统军断后,必保无疏失。"

张宪率领这支攻城军连夜撤退,而完颜阿鲁补也不敢统军出城追击。

张宪统军返回淮宁府城，与徐庆的右军重新会合。张宪在府衙暂憩，他召集众将，问道："我当统诸军前往郾城，徐太尉底右军亦须同往，而淮宁府须有一将人马把截，哪个太尉愿统本将人马留驻本城？"当即有后军第四将正将史贵应声说："我愿统军防托本城。"于是张宪就命令史贵率领本将人马接管城防，此外，原伪齐投降的蔡州知州刘永寿本来随徐庆留守，处理日常行政事务，张宪也命令他与史贵一起守城。张宪统率四军人马当即离开淮宁府城，直奔郾城而来。

岳飞看了张宪的公文，不免说："张太尉引兵前来，正得时机，然而南京城只得暂弃而不顾，亦是可惜。"岳雲说："既是恁地，须是与颖昌王太尉大军约定时日，以便南北同时出兵，共破四太子大兵。"

岳飞想了一下，说："如今四太子军阻断南北交通，命人乔装改扮，前往送信，切恐难以成功。祥祥，你可愿率些少马军前去颖昌？"岳雲毫不犹豫地说："儿子愿往。"

岳飞说："你目即于背嵬四将马军中，勾抽八百精兵，携带干粮，连夜出城前去，须是迂道。到得颖昌府，便与王太尉约定，于十四日晨出兵到临颖，同共破敌。"岳雲说："儿子理会得。"

岳飞又问："你以为当如何迂道？"岳雲借着灯光，用手指着案上的地图说："儿子以为，四太子大兵既是自鄢陵到临颖，在鄢陵与临颖之间，迂道不便。不如迂道先去汝州襄城地界，然后折往颖昌。"

岳飞叮咛说："虽是如此，路上亦须小心，若是遭遇虏骑，只须突破阻拦，不得恋战，以误大事。"岳雲说："儿子理会得。"岳雲当即离开卧室，安排紧急出兵。

岳飞又命令亲兵召唤孙革到卧室，请他坐下，说明情况。孙革已经明白岳飞的用意，说："岳相公底意思，当是命下官再次前往顺昌求援。"岳飞说："便是此意。如今四太子聚兵临颖，正是军机。刘节使尚有功名之念，正可乘机提兵，或是前来临颖，同共破敌，而上策莫过于乘虚直捣东京，则河南形势，全归王师掌握之中，南京底三路都统，便似网中之兽。然而依目即军情，我当命五十马军护送孙干办前去。"

孙革说："下官当为岳相公起草咨目。"岳飞说："待你草就，我当亲自誊录。"孙革立即在书案上动笔。岳云全身甲胄,进屋向岳飞告辞。岳飞只是对孙革说:"我当为八百铁骑送行,然后归来誊录咨目。"孙革起身,紧握岳云的手,深情地说:"岳机宜此回出兵,使命甚重,切须小心。"岳云也深情地望着孙革,说:"会得!感荷孙干办。"

郾城的西门打开,岳飞与岳云率八百骑士鱼贯而出,岳飞立马在城门外,不断地向后面的军队表示感谢和亲切慰问,他目送着这支骑兵消失在暗夜,然后回城,城门重新关闭。

岳飞回到卧室,把孙革的草稿看了一遍,感到完全满意,就援笔誊写。孙革和抽调的五十名骑兵出发,岳飞又亲自把孙革送出南门。此时已是天光微熹。

张宪的大军在十一日晚间,抵达郾城。岳飞亲自出城,他在马上慰问张宪、徐庆、寇成、赵秉渊等众将说:"你们往返行军辛苦,今夜且排办众将士入城休憩,明日计议军事。"四军将士当即入城吃饭休息。

岳飞因为连日辛苦忙碌,已相当疲乏,认为既然张宪大军已到,大局已定,所以当夜竟破例及早上床歇息。不料他刚入梦,竟被亲兵叫醒。原来背嵬军第一正将杨再兴、副将姚侑、第二副将罗彦、前军第三正将高林、右军第三正将王兰、后军第五副将李德六人一起前来,求见主将。

岳飞急忙起床,穿戴整齐,出门迎接。杨再兴等六人见岳飞唱喏,岳飞还揖礼,他上前执着杨再兴的手,把六将请到屋里坐下。岳飞问道:"六太尉夜间前来,不知为甚事?"杨再兴把眼光朝向高林,示意由他说话。高林说:"自家们蒙岳相公不计亲仇,转加恩遇,在军中已是九年。自家们是义兄弟,然而分散于诸军诸将,未得同共上阵厮杀。此回伏望岳相公恩准,教自家们同共上头阵,为国立功。"

岳飞已经明白,这肯定是杨再兴牵头,就望着杨再兴说:"杨太尉英勇,全军罕有匹俦,然而上阵亦宜切戒恃匹夫之勇,须以韩太尉阵亡为训。我知得你们欲取四太子首级,立大功,受上赏,为国除害。然而你们如今已是主张五将底兵马,分属四军,亦不宜以五将兵马,临时自成一军。"

王兰说:"实不相瞒,自家们亦曾与义兄弟、前军第二正将李太尉同共计议,李太尉以为不当与岳相公建此议。然而自家们并无独自成军底意思,唯求厮杀上阵之际,岳相公格外开恩,教自家们一处上阵,同生死,共患难。"

岳飞听后,感叹说:"我亦知得,你们当时有十兄弟。赵、岳二太尉为国壮烈捐躯,而墓木已拱,大仇未报。中军第一正将张太尉又在王太尉属下。我当相度事势,若是合宜,便成全你们。唯愿你们得以深入敌阵,取四太子底首级。然而为将之道,不患无勇,而患无谋,相度事势,进退合宜,非是贪生怕死,而是智勇兼备。"岳飞特别深情地用眼神向高林示意,因为高林在六人之中唯一粗通文墨,而且又是自己弟妇的后夫。高林用眼神表示会意。岳飞与杨再兴等人谈了一会儿,高林就起身,与其他五人一起告退。

十二日,岳飞召集将领和幕僚们会商。对于发兵的日期,已无可议,就定在十四日清晨。古代战争的时间,不可能像现代战争那样,甚至精确到以秒计。依道路里程估计,郾城和颍昌两路军队,大致可以同时到达临颍,进行南北合击的会战。在兵力的配置上,岳飞根据郾城八日交战的经验,决定把各军的骑兵集中起来,作为第一梯队,由徐庆和寇成指挥。各军的步兵作为第二梯队,由张宪和郭青指挥。岳飞则与赵秉渊亲统背嵬军和胜捷军的步兵,作为第三梯队。此外,郾城的守卫,则由王恪率游奕军第四将步兵负责。朱芾和张节夫坚决要求随军,被岳飞安排在第三梯队。

岳飞最后用高昂的语调说:"虏军虽尚有十二万众,然而在八日郾城之战,其精锐底女真马兵损折甚众,所剩约三万余人,而士气已坠。王师此回自颍昌、郾城南北合军,约有六万余人,便足以大破虏众。如是此战成功,擒杀得四太子,日后复东京,取两河,定燕雲,便成破竹之势。众将士务须力战,以求全胜!"于是众人又高呼:"哀兵必胜!"不用一个上午,军事会议结束,于是六军将士做战前的充分休息,养精蓄锐,准备两天后的大决战。

十三日下午,岳飞正在县衙与张宪、朱芾等人交谈,探事人进入报告:"今有虏骑约三百,自临颍县而来,离城约二十里。"岳飞问:"虏骑可有后援?"探事人回答:"不见有后队。"岳飞说:"此是硬探,明日便行决战,今日不须理会。"

大家因为在房间里呆得久,一同到县衙的庭院散步,只见天上浓云低垂,欲雨而未下。又有探事人前来报告:"虏骑已到城北五里店列阵。"岳飞望着朱芾,朱芾命令探事人退下。

杨再兴、王兰、高林、姚侑、罗彦和李德六将来到庭院,向岳飞唱喏,杨再兴说:"闻得虏骑在五里店列阵,王师岂可示怯。自家们愿率马军三百,扫灭虏骑。"朱芾说:"明日便将大举,今日尚得休兵,况且杨太尉日前大战受伤。"杨再兴说:"些少轻伤,又何足挂齿!"高林说:"明日大举,亦不妨今日小举。自家们闲居无事,不胜技痒,正可前往厮杀,亦且快国仇家恨于万一。"

经六人再三央求,岳飞说:"既是你们求战心切,可选背嵬军第一将精骑三百前往。然而不得追击,天阴欲雨,及时休兵,以便明日大战。"六人齐声说:"感荷岳相公!"大家兴高采烈,离开庭院,急速抽调了三百精兵,打开北城门出击。

等六人走后,张宪对岳飞说:"杨太尉等此去,必胜无疑。然而下官唯恐杨太尉勇于厮杀,不知及时回军。"岳飞说:"我命他们不得追击,有高太尉在,自当约束众将,遵禀号令。"

天色晦暗,慢慢下起零星小雨,不久就变为中雨、大雨,以至暴雨如注。岳飞见到中雨,就已感到不安,说:"杨太尉等未见回归,待我统军前去接应。"张宪拦阻说:"岳相公身为主将,须是统筹全局,提挈全军,待下官统马兵前往。"朱芾和张节夫也一起劝阻,岳飞说:"既是如此,张太尉与寇太尉须统全军马兵前往,并不住回报。"

郾城的东门、北门和西门在大雨中同时打开,张宪和寇成统率全军近一万二千骑兵,冒雨出城,向北奔驰。前军第二正将李璋因为是义兄弟的关系,统军在最前列急奔。暴雨倾泻,天色很快提前昏黑,地面上的积水由寸盈尺,岳家军骑兵仍然艰难地前进。

雨夜变得漆黑,伸手不辨五指。李璋统前部来到暴涨的颍水附近,根本无法测量水的深浅,难以继续行进。他只能通过骑兵们自前往后喊叫,向张宪报告情况。张宪和寇成一直并马而行,寇成说:"到此地步,官军委是既不得进,又不得退。"张宪以斩钉截铁的口吻说:"且传令全军,便在此原地屯驻,以待天明。将士们尽底下马,以歇马力。自家们岂可不知杨太尉等三百精骑底下落,便行回军。"他话音刚落,就和寇成首先下马,站立在冰凉的泥水里。

岳家军只能在烈风暴雨中延捱艰难的时刻,时光还是正常流逝,而一万二千将士却倍感时间的漫长,似乎是永远盼望不到天明。仓促出师,将士们没有吃晚饭,而大多数人又未带干粮,寒冷的秋风却愈吹愈劲,大家浑身湿透,饥寒交迫,不断发抖。三更以后,暴雨转小,四更雨止,但秋风更烈,将士们饥寒更甚。

五更时,天光微熹,稍露晴色,西边天空的片片浮云衬托着不太圆的月亮。无比焦虑的李璋急不可耐,他利用微亮的天色,终于第一个提枪牵马,涉着没过膝盖的积水,踏上了横跨颍水的小商桥,发现桥上还有两具金军尸体,军兵们也相继跟着过桥。

这是一座石桥,形制古朴,一说是隋朝开皇四年(584年)所建,距离当时已达五百五十多年,而距今更长达一千四百多年。它仍然坚强而无言地屹立在颍水之上,是八百六十多年前一场惨烈的恶战的唯一见证者。

李璋和部兵开始发现积水中的人尸和马尸,他马上命部兵向后传话。随着曙光逐渐明亮,颍水在暴雨过后也逐渐落洪,而前一天傍晚激战的惨相,也愈来愈明晰地映入岳家军将士的眼帘。从小商桥附近的沟洼泥潭,到颍水之中,无不注满血红。杨再兴、王兰、高林、姚侑、罗彦、李德和三百背嵬军勇士固然全部战殁,而在他们的战尸旁边,又有二千三百多金军将士的尸体,还有一千七百多具马尸相伴。

李璋带部兵在乱尸中收拾己方将士的遗骨,他首先在泥水中找到了一杆虎头紫缨浑铁枪,接着又发现了杨再兴的尸身,只见死者怒目依然圆睁,而全身的箭矢犹如刺猬一般。李璋顿时跪倒在泥水中大哭。接着,张宪、寇成等也闻讯而来,跪倒在杨再兴的尸身边,张宪仰天大恸:"我不能阻止杨太尉以轻骑出战,便是我底大罪,万诛何赎!"

原来杨再兴等六将率领三百骑兵一路奔驰,很快到达五里店一带。金军骑兵发现岳家军前来,就回马逃奔,并且向追兵背射放箭。杨再兴等人当然不肯空手而归,就驰骑追赶。姚侑的战马跑得最快,他手持浑铁枪追赶在前。不料一枝流矢飞来,贯穿铁甲,正中姚侑当胸,他当即落马咽气。

杨再兴等其他五将见到义兄弟落马，纷纷下马看护，他们眼看姚侑已经阵亡，不由抱住尸身，泪流满面，悲愤填膺。姚侑平时对待兵士极好，三百名背嵬军骑兵都不肯甘休，他们也纷纷要求："自家们当追杀仇敌，为姚太尉报仇！"于是杨再兴就把眼泪一抹，翻身上马，下令说："追杀虏贼！"

三百多骑冒着刚开始下的小雨，一直追到小商桥边。三百金军骑兵正在依次过桥，由于桥面不宽，还有不到一百金军骑兵尚在桥南。杨再兴首先驰马上前，刺中一个敌人的前胸，他大喝一声，举起虎头紫缨浑铁枪将敌尸挑出一丈多远，溅落颍水中。在混战中，金军有五十多人被杀，其余的金军则逃往桥北。

但杨再兴等人此时只有仇恨，没有理智，纷纷纵马过桥追击。其实，这三百骑金军确是敌人的饵兵，完颜兀术亲率二万精骑，只等杨再兴等三百多骑过小商桥，就从两侧包抄，实施围歼战。

双方在愈来愈大的雨中激战。杨再兴等三百多勇士面对源源拥来的金骑，毫不示弱，杨再兴大喊道："如今正是复仇时机，须是有进无退！"三百余骑士进行一场众寡悬殊的恶战，实际上只能以更多的敌人换取自己的生命。

在交锋中，高林、李德等都杀敌十多人，然后战死。王兰连杀十八人，却被一个敌人用枪刺中前胸，王兰忍着剧痛，大喊一声，又举枪反刺敌人前胸，与他同归于尽。这个敌人是金军万夫长孛术鲁撒八。杨再兴接连杀敌四十多人，剩下他和罗彦，还有十五名骑兵，因战马倒地，他们踩踏泥浆，以步敌骑，又杀敌四十多人。罗彦也中刀牺牲，杨再兴最后与五名军兵依然与敌人死战不休。金军不敢再进行短兵搏战，他们只能依仗马力，远远避开杨再兴等六人，然后向他们发射乱箭。六名勇士终于乱箭穿身，倒在泥浆之中。

金军围歼的结果，是支付了近八倍的阵亡代价，其中包括万夫长孛术鲁撒八和千夫长、百夫长、五十夫长等百余名军官。完颜兀术冒着大雨，连夜奔回临颍县城，完颜突合速等人把他迎进县衙大堂，在烛光下，他们发现主将只是紧皱着愁眉苦脸，无一丝胜利的笑容，一言不发。完颜兀术卸脱湿淋淋的甲胄，让合扎亲兵擦拭身上的泥水，换上干衣服，然后像饿狼般啃咬烧肉。过了好一回,完颜突合速还是忍不住发问:"怎生底?"完颜兀术长吁一声,说:"我自随阿爹破辽,已是二十七年,从未见得如此恶战!岳爷爷军煞是悍勇!"这是他第一次沿用侄子完颜迪古乃的称呼,叫岳飞为"岳爷爷"。

完颜兀术吃饱以后,就倒在床上,浅寐不久,又被噩梦惊醒。他跳下床来,发现室外雨停,就马上下令在大堂上点起火把,召集众将。完颜兀术又重新换上甲胄,坐在正中交椅上说:"如今雨歇,天明之后,岳爷爷必是统兵前来。依目前事势,我当亲统大兵转攻颍昌,或可取胜。"他命令颜盏邪也说:"邪也孛堇,你可并统本部与撒八两忒母,在此守城。"颜盏邪也尽管不情愿,也只能说:"遵四太子号令!"

完颜兀术既已决定,当然不容他人另有异议。于是临颍的北门和西门同时打开,金军大队人马一面吃干粮,一面踏着泥浆,蜂拥出城,北上颍昌府城。

岳飞与幕僚、部将们当夜根本不能睡觉,大家只是在县衙大堂等待消息,坐立不安。张宪几次派五十骑兵为一队,冒雨摸黑,回城报告,报告其实只是重复着没有杨再兴等人的消息。到了二更过后,徐庆再也无法忍耐了,他说:"岳相公,下官愿统本军步兵出城,襄助张太尉。"岳飞说:"事势到此,我岂得不与你同行。"

众人劝阻无效,岳飞下令,把原来决定的第二、第三梯队步兵合并,由他与徐庆、郭青、赵秉渊等统率,带足干粮和马料,北上接应。朱芾和张节夫也坚决要求随行。一万六千多岳家军步兵同时从郾城东、北、西三门出发,冒着暴雨,摸黑北上。

步兵的搜索毕竟较为细致。大军来到五里店一带,终于发现了姚侑中箭的战尸。岳飞接到报告后,亲自下马检验,他抚摸着姚侑披戴甲胄的尸身,一面落泪,一面沉痛地说:"此必是姚太尉不幸中箭后,杨太尉等难以抑制狂怒,北向追击。我悔不该教他们出战,皆是我底罪愆!"他已经明白杨再兴等人必定是凶多吉少,却不愿再说什么,只是催促军队继续前进。

天亮后,张宪所统的骑兵终于和岳飞所统的步兵在小商桥一带会合,饥寒交迫的骑兵得到了干粮和马料的供应。岳飞和众将会聚,大家都怀着十分沉痛的心情,一时简直很难摆脱感情,立即转向理智。张宪发红的眼睛里似乎喷射出火光,他咬牙切齿地说:"待马军们吃了干粮,战马吃了马料,便向临颍进兵,扫灭虏军!"岳飞沉默不语,大家看到,他的脸部饱蕴着无比的悲愤,只是用上颚牙齿紧咬着下嘴唇。

张宪又忍不住第二次进言,岳飞用沉重的语调说:"马军众将士一夜饥寒,不得休息,不宜立即进兵,教虏人以逸待劳。又颍昌底王太尉大军,亦非即刻便至临颍。"徐庆说:"遍地泥泞,将士们亦不得坐地歇泊,不如前进。"寇成说:"众将士恨不能插翅飞往临颍,为杨太尉等报仇,岂顾得疲劳!"

岳飞转而用沉静的语调说:"我与众太尉皆是悲痛欲绝,然而用兵底事,如孙子所言,切忌'忿速'。昨夜暴雨,虏人底军情不明,莫须教探事人打探,军前以硬探踏白,大军可缓缓行进。"李璋说:"下官愿率百骑为硬探。"岳飞摇摇头,说:"你如今急怒攻心,须是随大军缓行。"他转向背嵬军第四准备将蒋世雄说:"蒋太尉久在兵间,敢战而持重,可率二百骑为硬探,若是遇敌大军,便行折回。"蒋世雄说:"下官得令!"他马上率二百背嵬军第四将骑兵,出发北上。

张宪和寇成仍然统率大队骑兵,随后缓行北进。岳飞与徐庆等又统步兵继进,他命令后军第一将正将边俊、副将李喜和准备将贾彦统本将步兵收拾杨再兴等三百多烈士的战骨,暂且安放在高坡干燥处,然后尾追大军。

从小商桥到临颍县城有二十五宋里,蒋世雄率领骑兵踩踏泥泞地,到达离城十宋里处,就遭遇到一队金军轻骑兵,这是编制不满员的一蒲辇,只有三十骑。蒋世雄当即挥兵向敌人驰击。那队金军不战而遁,蒋世雄率军追击,向金军放箭,射死了三名金军,一匹战马中箭悲嘶,又把一名金军掀翻在地,被岳家军将士活捉。那名金军正是契丹人五十夫长,名叫耶律撒懒,能说汉话。蒋世雄审问之后,立即回军,向张宪报告。

张宪马上命令李廷珪向后队的岳飞报告:"我统军前去,若是虏人守城不出,我便舍城北向,直驰颍昌,会合王太尉军,与四太子大兵会战。攻城底事,便委付步兵。"

张宪到此才指挥骑兵急行军,直逼临颍县城。大军到达城南约三宋里,只见金军仍然在那里列阵,他们还是按照惯例,中间是步兵,两翼是骑兵。张宪对寇成说:"我与寇太尉急攻虏人左、右拐子马,必获全胜。"寇成说:"会得!"

岳家军骑兵积怒已久,向敌发起猛攻,先是发射弓箭,后是进行白刃战,很快就击溃金军八千人。颜盏邪也早已料到是个败局,命令全军出战,自己却留下一百亲骑,登上临颍南城观望,见到举军奔溃,就急忙逃下城头,率百骑打开北门,往开封府鄢陵、尉氏县方向逃跑。

张宪和寇成指挥岳家军骑兵,以摧枯拉朽之势,扫荡金军,突入临颍县城。岳飞统率步兵也接踵而至。岳飞在临颍南门外见到迎接的张宪和寇成,马上命令说:"既是四太子前往颍昌,战机间不容髪,大军即刻起发北上。后军第一将便留驻临颍。"于是岳家军的马、步军当即从临颍县城出发北上,将士们一面吃干粮,喂马料,一面进军。全军满怀敌忾,不顾疲劳,决心与敌人决一死战。

[壹叁]
决 战 颍 昌

王敏求到新郑县传达岳飞的命令后,王贵和胡清率所部的中军和选锋军,迟至七月九日,方才抵达颍昌府城。与此同时,因李成方面虚张声势的进攻,牛皋的左军和王万的破敌军又前往增援洛阳。

董先和姚政把王贵等迎入府衙,首先向王贵出示宣抚司发来的公文,公文简述了八日的郾城大捷。王贵说:"如今颍昌集结得四军,中军五将,选锋军四将,踏白军五将,游奕军三将,兵力约一万九千余。岳相公既在郾城战退四太子大军,依目即事势,须待张太尉自南京回军,然后遵依宣抚司底军令,同共与四太子大军厮杀。"众人都没有异议。

不料次日就传来了金军占据临颍县城的探报。金军此举颇出大家的意料之外,王贵召集众将商议,大家议论纷纷,有各种猜测和意见,王贵说:"依我所料,四太子用兵自来号称鲁莽,此举亦非深思熟虑。颍昌底驻军,自守有余,欲攻临颍,尚有不足。不如且待牛、王二太尉统左军、破敌军前来,料得岳相公必有号令,然后破敌,方是稳当。"

董先说:"若是我率轻骑,乘虚直捣东京,此亦是一说。"王贵说:"董太尉此说有理。然而目即当以会战四太子大兵,一举消灭为重,而以取东京为轻。若得歼敌,东京何愁不唾手而得。"于是大家再无异议。

十一日傍晚,有探骑飞驰,回城报告王贵,说:"今有岳机宜率背嵬马军前来,已是离城十里。"王贵大喜,说:"岳机宜此来,必有岳相公底紧切军令。"他亲自率领五百骑兵出城西门,穿越横跨溟水的舞阳石桥,把岳云所统的八百背嵬精骑迎入城里。

在府衙里,众将都向岳雲表示慰劳,岳雲向王贵等传达岳飞的命令。董先问道:"岳机宜此来,沿途可遭遇虏军否?"岳雲说:"曾遭遇两回虏人游骑,被官军击散,幸得并无虏人大兵追击。今有杀敌立功底使臣、效用与军兵三百二十七人,下官当开具,与王太尉报功。"王贵高兴地对众将说:"既有岳相公军令,自家们当厉兵秣马二日,以待十四日大战。"

董先说:"牛太尉底左军,王太尉底破敌军,亦当及时勾抽前来。"王贵说:"我已与牛、王二太尉相约,若是洛阳无事,便当回军。"王敏求说:"下官愿再往催促。"王贵说:"有劳王干办辛苦。"王敏求又连夜率五十骑,出颖昌府城北门。

王贵与众将讨论了用兵的方案,根据岳雲介绍的郾城的作战经验,决定把各军的骑兵七千人集中编组,由董先和岳雲统一指挥,作为前锋,其他各军的步兵作为后队,另外还留踏白军第五将步兵守颖昌城。依岳飞的命令,全军定于十四日卯时出城南下。

十三日,颖昌府城也与郾城、临颖一样,下起了暴雨。王贵与众将为此感到忧心,郝晸说:"如明日尚是暴雨,又当怎生行军用兵?"岳雲说:"便是下箭雨,亦须及时奔赴临颖。然而雨中难以使用弓弩,尤须以短兵取胜。"董先说:"我所忧底,是沿途或有水深之处。行军时,须是步军在前,以便修路筑桥,厮杀时再以马军为前锋。"王贵说:"董太尉此议甚是!明日行师,便以步军在前,马军在后。"大家为着明天的战事讨论许久,最后传令军中及早安睡,以备明天的鏖战。

王贵睡到近五更,已经听不到户外的雨声,他起身下床,推开房门,只见西面的天空已出现一轮不太圆的月亮,月光照映着其下的朵朵浮云,不由高兴得以手加额,说:"此是上苍垂顾王师!"五更时分,将士们准时起身吃早饭,作出击准备。

王贵与众将正在府衙里一起吃早饭,有探事人进入报告:"告报王太尉,体探得虏人大兵起离临颖北上,距府城约二十里。"王贵命令说:"再探!"探事人退出,王贵说:"敌情有变,众太尉以为,当怎生措置?"

姚政说:"依下官底意思,不如且在城中按兵不动,料得岳相公、张太尉必当统大军前来,然后夹攻虏人。"岳雲说:"依下官之见,官军须是出城牵制,以防四太子底大兵逃窜。"董先说:"岳机宜之说,甚得事理。"

王贵沉思片刻,说:"且听探事人再报,然后理会。"岳雲说:"下官以为,自家们不如去南门,以便相机决策。"王贵说:"会得。"于是众将匆忙吃过早饭,纷纷上马,驰到南城门,下马登城后,大家观察地形,自然而然地来到府城的西南角楼。

大家从城头远望,骤雨过后,潩水如同一条银色的粗带,贴近颖昌府城西,自北而南,约四宋里,又折向东流。潩水两岸,则遍地是发亮的水洼。岳雲进一步申述己见:"若是四太子欲退军,当统军自临颖径往东北,前去鄢陵、尉氏一路,无须绕道颖昌。既是北上,进逼颖昌,便是欲与颖昌底官军会战。"他用手指着城西门下的舞阳桥说:"骤雨初歇,潩水暴涨,虏人若是渡潩水,进攻城南,既成背水之势,又难以摆布大阵,不利马军驰突。料得四太子当攻城西,官军不如先过舞阳桥,在潩水之西列东西横阵,迎头痛击虏军。"

王贵深思了一会儿,说:"岳机宜所言极是。此举只为牵制虏军,我当与姚太尉、岳机宜率马军五千与中军三将、游奕军三将、踏白军第一将步军出城迎敌。董太尉与胡太尉统踏白军四将、选锋军四将步军与马军两千暂留城中,以备缓急。董太尉与胡太尉在城听我号令,亦可随机应变,待机而动。"

大家都领会王贵保留较多后备兵力的部署,并无异议,于是就急速下城,骑马赶赴西门。军兵刚打开西门,就有探骑进入回报说:"启禀王太尉,今有虏人游骑约五、六百,自南而北,离西门约五里。"王贵称赞岳雲说:"岳机宜明断,料敌如神!"岳雲说:"下官愿统八百背嵬骑士出战,先破敌硬探。"王贵说:"便依此计议。然而官军兵少,岳机宜得胜即归,不得追击。"岳雲说:"下官遵命!"

岳雲当即跨下白马,持双铁锥枪,率八百铁骑驰出城外。壮士们纵马践踏泥泞水洼,突过舞阳桥,就南向控骑缓行,在泥沼地里,战马行走也并不方便。金军的一猛安充硬探的骑兵,终于远远望见了岳家军的骑兵队。千夫长马上下令说:"速与我挪回!"于是金军骑兵纷纷拨转马头,南向撤退。岳雲也下令说:"虏人相距颇远,难以追击,挪回!"

再说王贵统军出城,命令步兵在前,骑兵在后。他毕竟是员能征惯战的宿将,当他纵马踏着城外深一脚、浅一脚的泥洼地,就马上改变命令,说:"马军可再留两千在城中,另勾抽董太尉下踏白军第二、第三将步兵随我出城。留驻城中底马军皆听董太尉底号令。"姚政问道:"此是甚底意思?"王贵说:"今日会战,虏骑在泥洼之中,必是难以施展驰突底长技。自家们底马军不如在城中养精蓄锐,待机而发。"

王贵统兵在舞阳桥西,面南列阵,他命令中军副统制郝晸统中军步兵为头阵,姚政统游奕军、踏白军第一将步兵为第二阵,自己统中军第一、第二将二千二百骑兵,踏白军第二、第三将步兵为第三阵。军阵的正面约横亘两宋里多。他特别嘱咐众将说:"虏人军马众多,官军此回既是左临溵水,尤须提防虏军底右拐子马。"岳云带兵退回后,王贵又骑马来到前阵,问明情况,他对中军诸将说:"虏军若来,岳机宜可统本军挺前厮杀,然而依郾城战法,不得追击。第三将焦太尉统步军屏蔽左翼,郝太尉督第四、第五将步军屏蔽右翼。官军只是杀敌,不须牵马执俘。我当教官军番休迭战,与虏人相持,厮杀数十百合,只待岳相公、张太尉底大军前来,然后一举歼敌。"众将齐声说:"下官理会得!"

完颜兀术此次与完颜厮里忽、韩常统四个忒母,三万余骑为前锋,命令完颜突合速、完颜赛里、翟平等统大军为后队,向颍昌府城进发。对于完颜兀术的仓促决定,众将其实都不赞成,却又无法反对,其中最感到厌苦的当然是韩常。粗豪的完颜兀术对韩常的内心想法不可能有任何觉察,他还是像以前一样,把韩常当作得力的部将。

离颍昌城不到二十宋里,完颜兀术才想到,需要勘察战场,他命令韩常说:"韩十八,你可率粘汗所统忒母,先去颍昌城南,察看地势,探伺敌情,以便用兵。"韩常只能应命,他与河南副统军、兼万夫长阿里侃粘汗率领一忒母骑兵先行。前述岳雲所遭遇的一猛安骑兵,就是由他们派遣。韩常和阿里侃粘汗得到一猛安硬探的回报,就驻兵不动,只等完颜兀术率其他三忒母军队前来。

双方会合后,韩常报告说:"启禀四太子,下官体探得,颍昌城南有溵水,地势不利,难以摆布大阵厮杀。欲攻颍昌,唯有在城西会战。如今岳家人已在城西列阵。"完颜兀术听后,有几分高兴,说:"我所忧底,是岳家人守城不出。我便难于攻城,只得退回汴京。既是他们出城布阵,我便将他们一举扫灭。"韩常心里反驳说:"且看你怎生扫灭。"

道途泥泞,金军半夜奔波,其实已相当疲劳。但完颜兀术还是怀着一种赌徒的心理,渴求一逞,他对完颜厮里忽说:"你可统二忒母马军上阵。"完颜厮里忽其实没有信心,但只能禀命而行。

　　完颜厮里忽上前观察和了解了岳家军的阵势,就下令一忒母骑兵作正面冲锋,另一忒母骑兵则稍晚出击,攻击岳家军的后方右侧,他对两名万夫长下令说:"你们若是分进合击,将岳家人掩拥入溴水,便是一战成功,大功非细。"但完颜厮里忽不敢亲自上阵,他只是统率合扎亲兵一猛安,缓缓尾随在后。两路金骑先后出击,约一万五千匹战马的铁蹄之下,泥泞翻腾,泥浆飞溅,兵势颇为壮观,但疲劳的战马在泥洼中的奔驰速度却无法快捷,因而减杀了骑兵的集群冲击威力。

　　时值早晨辰时,在岳家军的军阵内,将士们屏声敛息,静候命令。敌骑愈来愈近,大家终于等来了一阵清亮激越的梆子响,这代表了主将王贵发令,于是岳霎就首先统八百锐士,驰骑出战,中军的三将步兵,也紧随其后,翼蔽左右,开始了继郾城战后,又一次大规模的硬仗和恶战。

　　岳霎统骑兵奋击无前,远则弓箭,近则白刃,不等步兵跟上,就很快击溃了一忒母正面冲锋的金军。岳霎接着又挥军侧击西路的金军,在岳家军步、骑兵的夹攻下,另一忒母金军也败阵而逃。岳霎和郝晸等在锣声中及时收兵,退回原来的阵地。一个回合交锋,金军就在阵前留下了二百多具尸体。

　　完颜厮里忽兵败之后,就骑马见完颜兀术,说:"兀术,我无力取胜。"完颜兀术生气地向完颜厮里忽身上抽一马鞭,命令韩常说:"你统二忒母军继上,务须取胜!"话音刚落,他的女婿、河南统军使、金吾卫上将军、万夫长夏窝谋罕说:"我观岳家底马军虽是精锐,兵力不多。不如教粘汗孛堇统本忒母攻岳家人底右阵。待岳家马军驰援,我便挥兵截杀,两路夹攻,先将岳家底马军尽底聚歼,然后再将其步军掩拥入河。"

　　韩常比完颜厮里忽更无信心,他对夏窝谋罕在顺昌战后的超擢,心里更有十分的怨恨,就干脆来个顺水推舟,说:"夏金吾用兵有方略,不如教他统二忒母兵上阵,必可成功。"完颜兀术却说:"韩十八,你亦不可不上阵督战。"韩常不敢再推托,说:"我别无计议,只依夏金吾底方略用兵。"完颜兀术说:"会得!"韩常只能与夏窝谋罕、阿里侃粘汗一起出战。

阿里侃粘汗首先率本忒母骑兵向岳家军的右翼进击。同第一回合一样,金军的重甲骑兵在泥泞地里奔驰,仍然马速不快,集群冲击威力不大。郝晸指挥中军两将兵力,用强弓劲弩攒射,使敌骑一批又一批倒下,难以逼近军阵。但金军在阿里侃粘汗的驱逼下,还是发起了一波又一波的冲锋。

双方激战正酣,岳云率背嵬骑士突出阵前,向阿里侃粘汗所部侧击。夏窝谋罕眼看战机已到,就身先士卒,带领本忒母骑兵向着背嵬骑兵的侧后运动,企图包围这支不多的岳家军骑兵。韩常不愿冲锋在前,他只是骑马追随在这支金军骑兵的末尾。

岳家军左翼是中军第三将,正将焦元统步兵负责掩护岳云的背嵬骑兵,就与来犯的夏窝谋罕所部进行搏战。由于岳家军将强弓劲弩尽量集中部署在右翼,第三将的弓弩较少,步兵们就手执提刀、麻扎刀、大斧之类,与敌人短兵相接。

夏窝谋罕抡动一杆铁锥枪,驰马直前,却正好冲进一个水洼,马陷淤泥。在混战中,其他金军已不可能上前救护。他只能下马,挣扎着爬出淤泥,刚准备站立,一名岳家军步兵上前,挥动麻扎刀,砍断他的左臂,夏窝谋罕惨叫一声,还是忍痛用右手举起铁锥枪,打算还击,又有两名步兵左右夹攻,抡动大斧,将他砍翻在地。夏窝谋罕痛得在地上打滚,惨叫不绝,却未咽气,当即被第一名步兵用麻扎刀劈下头颅。

金军在第二回合的交锋中,依然被岳家军打败而退兵。韩常收拾败兵,只见到了阿里侃粘汗,却见不到夏窝谋罕,询问了一些冲在前面的败兵,都说"自家不知夏金吾底所在"。韩常到此明白夏窝谋罕必定是凶多吉少,他真不想禀报完颜兀术,却又只能硬着头皮,与阿里侃粘汗一同骑马去见完颜兀术。

完颜兀术得知再败的消息,正满腹气恼,见两人策马前来,而不见自己的女婿,就问:"夏窝谋罕何以不来见我?"韩常只得嗫嚅着说:"自家们不见他回归,寻访儿郎们,亦不知下落。"完颜兀术马上落下了几滴伤心泪,又转而暴怒,抡起马鞭,向韩常身上乱抽。幸好韩常全身有重甲防护,并无多少疼痛感。

完颜兀术收起马鞭,向韩常厉声说:"你须与粘汗再次上阵,若是见不得活底,亦须将死底夏窝谋罕取回。不然,便不须再来见我!"韩常真想叹息一声,苦笑一下,眼前却没有这种自由,他明知没有胜利的希望,也只得与阿里侃粘汗分别指挥一忒母骑兵,发起第三次冲锋。

完颜兀术虽然急怒攻心,但他思考片刻,又决定亲自上阵。他和完颜厮里忽率领另外的两忒母骑兵,采取大迂回的战术,绕到岳家军的后方,实施腹背夹攻。

岳家军方面,依然是岳雲所统的背嵬骑兵和中军步兵,迎战来犯的金军。王贵发现金军的另一支大部队,又向自己的后方运动,就立即命令第三阵的军队改为前阵,中军第一、第二将骑兵牵转马头,继续站立待命,而踏白军第二、三将步兵也向后转,严阵以待。

王贵目测敌骑的距离,下令紧擂第一阵战鼓,张应和韩清当即率两将骑兵迅速上马,准备兵器。经过很短的间隙,又响起了第二阵战鼓。于是中军两将骑兵出战,迎敌完颜兀术亲统的金军骑兵。

岳家军的中军骑兵虽然数量远不如敌人,却是一支生力军,以锐不可当之势,向金军骑兵驰击。他们身披重甲,先施放弓箭,后使用短兵。疲劳的金军数量虽多,在不宽阔的战场难以展开兵力。两军接战不久,前面的金军很快败退,与后面跟随的金军互相拥挤,甚至碰撞,乱成一团。张应和韩清指挥骑兵停止近战,只是向密集的敌人射箭。到此地步,完颜兀术无法再驱逼军队向前,制止败退之势。

完颜兀术的前锋四忒母,全军上阵,前后夹攻,而第三回合战斗却仍以败退告终。完颜突合速等也统后续大军赶到了战场。气急败坏的完颜兀术下令,将全部金军骑兵轮流投入战斗,猛烈围攻岳家军的前、后阵。王贵也及时下令改变阵形,岳家军背靠溟水,列成圆阵,步兵在前阵抗击,而骑兵则部署在后阵,轮番出战。两军继续血战了十二个回合,依然相持不下。

完颜赛里眼看屡战不胜,忍不住规劝完颜兀术说:"兀术,我所忧底,是郾城底岳家军前来,大金军马便难以支撑。不如收兵且休。"完颜兀术气得往完颜赛里身上狠抽一马鞭,说:"岳家人杀了自家底爱婿,此仇不可不报。岳飞亲统军来,我亦当与他死战不休。"众人就不敢再说什么,只能让众万夫长一次又一次驱迫所部的忒母上阵。为了休息骑兵和战马,完颜兀术命令十万多金军全体参战,改为以马、步兵轮流冲锋。两军再接续激战了十五个回合。

反复的鏖斗,难以休整,使王贵所统的马、步军也愈来愈疲劳。岳云、张应和韩清三将所统的骑兵,总是在最困难、最危急的时刻和部位,出阵反击,转危为安。岳云所率的八百壮士前后牺牲了八十四人,其他七百十七人几乎个个杀得人为血人,马为血马,既有敌人的血,也有自己的血。惨烈的战斗,使岳家军军阵前遍布人和马的尸体,到处是鲜血染红的泥洼和泥浆。

当岳云和张应、韩清又一次统率骑兵出阵反击,胜利归阵时,岳云身上已有一百多处轻伤,感觉全身疼痛发麻。他们缓骑来到王贵的马前,王贵正在与姚政、郝晸商议。王贵说:"依目前事势,官军恶战半日,人马俱乏。不如且将军马退到舞阳桥东,略事休整。"岳云说:"王太尉,恶战到此,官军唯有进尺,不可退寸。若是退兵,虏骑乘势掩拥,官军势必将挤入溵水。"

王贵说:"我当部署步兵断后,必保无虞。"岳云忍不住高声反驳说:"王太尉,你亦是身经百战,今日岂得怯战,若是下此号令,全军败势便不可收拾。须知岳相公军法无情,他时必有噬脐之悔!"王贵想不到,平时对自己恭敬执小辈之礼的岳云,竟变得声色俱厉,他的脸不由一阵泛红,面露丧失主将尊严的尴尬,张应和韩清也规劝说:"王太尉,万万使不得!"

王贵一时无话可说,姚政却说:"依目即战势,切恐唯有退兵,方得保全将士。"正在此时,金军又一次以骑兵发动全面冲锋。岳云说:"下官当统背嵬马军出阵,如是王太尉执意退军,下官愿在舞阳桥西死战,誓不退军!"张应和韩清也慷慨地说:"自家们亦愿与岳机宜同共死战,誓不退兵!"他们一面说,一面就拨转马头,又一次率骑兵投入战斗。

姚政说:"王太尉是一军主将,进退须由王太尉做主。"王贵此时已经改变主意,说:"既是他们愿死战,自家们岂得卖阵。"他望着天上的太阳,说:"已到午时,唯愿岳相公与牛太尉两路军马到得战场,成此大功。"有一名使臣小军官骑马出城西门,过舞阳桥,来到王贵马前,报告董先和胡清已经出兵参战。

原来董先、李建、胡清与一些将官站在城西南的角楼一带,作为最近观察点,看城下发生的激战。观战多时,李建第一个按捺不住,说:"如此恶战,惊心动魄,自家们岂得袖手,作壁上观。"一些正将、副将和准备将也纷纷向董先请战。董先毕竟是宿将,说:"众太尉且忍耐,自家们在紧切时岂得不上阵厮杀。"胡清问道:"若是自家们出战,董太尉以为又当怎生用兵?"

董先已经胸有成竹,他不慌不忙地说:"我在颖昌驻兵多日,已是勘察得地势。"他用手指着城西南一段溧水说:"体探得离城西南约二里之处,溧水最浅,便是昨日暴雨水涨,人与马亦是足可跋涉到对岸。我与李太尉统马军在前,胡太尉统步军在后,不出西门,而出南门,正可横向自东而西,击虏人底后阵,破敌必是成功。"董先命令说:"若是到得午时,便来禀报。"胡清说:"既是全军出击,南城门狭隘,不如教步军缒城而出。"董先说:"此说甚是。"

不久,军兵前来报告:"启禀众太尉,午时已到。"董先当即下城,跃上战马,南城开处,岳家军的四千精骑就在董先和李建的率领下,蜂拥而出,与此同时,踏白、选锋两军的步兵也纷纷缒城而下,在城外列队,然后由胡清指挥,尾随骑兵出击。

王贵听说董先和胡清已经发兵,就对姚政和郝晸说:"既是如此,自家们亦当与董太尉等共破敌。"王贵等人当即也率领全体步兵,投入反击。

董先指挥岳家军骑兵出城以后,就折向城西,四千匹战马劈波斩浪,跋涉溧水,向金军后阵发起猛烈冲锋。胡清也率领步兵继进,投入战斗。这支生力军参战后,立即扭转了战局。金军后阵的步兵,当即被董先的骑兵冲杀个落花流水,溃不成军。

董先在战斗中,发现远处高矗一面三角形的绣白日大黑旗,异常醒目,就对李建说:"自家们当急攻虏人植立大黑旗处,或可擒斩四太子,便受上赏!"他说完,就身先士卒,率骑兵向这面大黑旗方向猛冲,李建则在后代他指挥军队。几乎与此同时,岳雲、张应和韩清所率骑兵,不顾久战的疲惫,也如一把尖刀,向这面大黑旗的方位直插,岳雲手执双铁锥枪,冲锋在前。他们的目标当然也是擒杀完颜兀术。

在插立大黑旗一带,约有近三百女真重甲骑兵被这两支岳家军围歼。董先一马冲到大黑旗下,挥剑猛砍旗杆,大黑旗哗啦一声倒下,又正好把一名女真骑兵砸下马来。

金军战到最后,只剩下一员披白袍的将领,董先听说,完颜兀术在战阵上有时喜披白袍,他为了抢功,高喊道:"待我亲自擒杀那厮。"董先骑马上前,大喊道:"你可是四太子,还不下马受缚?"那人不答,只是持枪向董先刺来,董先就挥舞利剑,与金将单独交锋,不一会儿,他用剑脊把那名金将打下马来。军兵们一拥而上,将他活捉。

军兵搜索此人的腰部,却搜出一块银牌。原来此人正是完颜兀术的合扎亲兵千夫长抹颜阿黎不。为掩护完颜兀术逃跑,而拒战岳家军。与他同时被俘者,还有作为完颜兀术坐骑之一的白骏马,称为雪护阑马。董先见到银牌,又感觉扫兴。

十万多金军的大奔溃,声如山崩。完颜兀术眼看已势穷力竭,也不敢继续顽抗,他只得率领残余的合扎亲兵,追随着溃逃的大潮流。金军四散逃窜,但主要是沿着溵水,东向狂逃,往开封府地界撤退。韩常不愿与完颜兀术一起逃命,他单独率领一支主要由汉儿组成的军队,径自逃往颍昌府城以北的长葛县。

王贵在大获全胜之后,就适时下令鸣金收兵。午时未过,牛皋、王万与张宪两支援军就同时赶到战场,却已无仗可打。十三日的暴雨造成的道途泥泞,阻滞了这两支岳家军的行军速度,实际上帮了金军的忙,使之免于更大的惨败。

岳家军此战杀敌五千余人,除夏窝谋罕以外,金军将领另有五名千夫长、五十余名百夫长和五十夫长阵亡。金军被俘者达两千多人,军官除了抹颜阿黎不外,另有渤海、汉儿都提点、千夫长王松寿,女真、汉儿都提点、千夫长张来孙等七十七人。金军战马除死伤外,被缴获的完好战马达三千余匹。至于被岳家军缴获的各种器甲、旗帜等,更是不计其数。

[壹肆] 进军朱仙镇

主将岳飞统步兵赶到颍昌城外,已是未时。战胜的岳家军正在清理战场,特别是救护伤员。王贵、张宪、牛皋、董先等将骑马参见岳飞,就在马上简单报告战况。岳飞开阔的眉宇微皱,说:"若非众将士奋死血战,又如何以少击众,大破四太子军!然而牛、张二太尉军未得及时参战,煞是憾事!"

岳飞不能不注意到立马在后的岳雲,见他不仅人成血人,连那匹白马也几乎成了血马,不由立即联想起杨再兴在郾城大战时的情状。岳飞虽然以最大的努力克制自己的感情,但眼泪还是充满了眼眶。他张开口,想对儿子说点安慰的话,但当着众人,又不便单独安慰儿子。徐庆已经看透了岳飞的心思,他对岳雲说:"岳机宜必是有伤,面色苍白,可先去城中敷药。"

岳雲面有难色,他尽管浑身伤痛,但认为自己是主将的儿子,更不能比受伤的众将士受特别关照。张宪用命令的口吻说:"岳机宜可与中伤底将士们同回城里,敷药养伤。"岳雲还是望了望严父,岳飞投以同意的目光,说:"你们可先回城中。"岳雲至此才拨转马头,离开了岳飞与众将。

岳飞与王贵等众将一起,当即就在战场上处理各种善后事务,特别是甄别和释放俘虏。到酉时,才由王贵等陪同入城。岳飞入府衙后,就与幕僚、武将一起审问重要战俘,特别是完颜兀术的近卫千夫长抹颜阿黎不。

抹颜阿黎不被押上堂来,立即对岳飞和众人行女真跪礼,哀求说:"男女乞岳爷爷恕命!"岳飞厉声说:"你自入中原以来,害了多少无辜生灵？家中掳得多少驱口？"抹颜阿黎不哭泣求饶："若得岳爷爷赦免，男女当归去，将南人驱口十六人，悉皆放归，从此不敢作恶。"

岳飞详细盘问金军的军情，最后向张节夫示意，张节夫说："岳相公好生之德，不忍多杀俘降，今决意放你归去。"抹颜阿黎不听后，频频行女真跪礼，表示谢恩。张节夫又取出一封信，说："此是岳相公底信，教你归去，付与四太子。自四太子出兵侵犯河南以来，屡经败衄，当知穷兵黩武，如玩火自焚。如退出中原、燕云，归还大宋天眷、驱口，岳相公自当既往不咎。若是怙恶不悛，岳相公不日亲提重兵，前来东京，与四太子再决雌雄。"

抹颜阿黎不接信后起立，岳飞又说："闻得你煞是好身手，骁悍非凡，你可识得今日将你降服底董太尉？"当双方交锋时，都头戴只露双目的铁兜鍪，所以抹颜阿黎不对众人环视一下，还是认不出来。岳飞向董先示意，董先当即站起身来，笑着说："我便是踏白军统制董先，你敢再与我厮杀否？"抹颜阿黎不又接着对董先行女真跪礼，连声说："男女极是畏服董太尉底虎威，岂敢再与你交斗。"说得岳飞和众人都哈哈大笑。

抹颜阿黎不被押下后，岳飞对于鹏和张节夫说："王师是仁义之师，大胜之后，尤宜宽大为怀，除阿黎不孛堇外，二官人可劝谕其余一百七十五名女真战俘，然后尽底放回。"牛皋说："若是将阿黎不孛堇一人释放，尚有可说。将其余女真人皆与放归，岂不是助四太子侵犯作过？"朱芾笑着说："官军数回大胜，如今当恩威兼济，以攻心为上，便于瓦解四太子底军心。"牛皋就不再说话。

晚饭过后，岳飞父子就在同一卧室休息。在灯光下，岳飞让岳雲解开衣服，方才见到儿子的遍体伤痕，有的是出血的，有的是不出血的，有的发青，有的变紫。岳雲见到，父亲此时忍不住垂下两行玉箸般的泪水，就劝慰说："儿子止是轻伤，未损筋骨，数日之后，必是无事。所可念者，此回有五百八十七名将士为国捐躯。"

岳飞到此难以克制自己的悲痛，就一面流泪，一面向岳雲叙述杨再兴等三百多勇士壮烈牺牲的情况。岳雲不声不响，只是陪着父亲落泪。岳飞激动地起立，用手把眼睛一抹，感奋地说："大丈夫临阵，不死带伤！祥祥此回得以凯旋，便是造化。唯愿在天神佛，护佑战殁将士之灵，我两日之后,当躬亲扶持战骨,前往临颍,与杨太尉等一并焚化祭奠。只待大功告成,我当为他们大做道场,追荐英灵。"古时十分讲究土葬,但在战时,将士的尸骨又难以立坟,往往只能临时焚化。

两人正说话时,门外传来了轻轻的叩门声,岳雲上前开门,原来是张应和韩清两人。岳飞立即客气地将他们请入屋里就座。岳飞见两人神情严肃,而张应脸上又有更多的沉痛表情,就说:"杨太尉等六将、三百背嵬壮士以身许国,我知得张太尉必是极为感恸。"张应流泪说:"下官岂得不恸,然而人固有一死,他们亦是死得其所,又有何憾!"

韩清解释说:"自家们非是为杨太尉等英勇战殁而来。下官料得,岳机宜未必为岳相公详述今日战事,而下官等不得不说。"韩清作为李娃表弟,当然事实上另有特殊身份。岳飞惊奇地问:"怎生底?"于是张应和韩清就向岳飞介绍了王贵临阵一度怯战的事,韩清说:"若非岳机宜严辞面折,切恐败局便难以挽回。"

岳飞听后,顿时露出震怒和痛心的表情,却长久不语,又时而对岳雲、张应和韩清三人投以赞许和感激的目光。岳飞突然激动地站立起来,对张应和韩清说:"极是感荷二太尉!血战艰难,且请归去歇息。"他又对岳雲说:"祥祥,你亦须歇息,可另择屋安卧。"岳雲、张应和韩清三人多少明白主将的用意,就退出卧室。

岳飞马上命令亲兵召唤张宪、徐庆和朱芾三人到自己卧室。三人就座后,岳飞就向他们介绍王贵在白天战斗中的表现,他痛心地说:"我与王太尉自平定军参军相识,已是十七年,义同兄弟,不料他今日竟如此怯战,煞是辜负朝廷底重托!"张宪和徐庆听后,都深感难过,低头不语。

朱芾却谏劝说:"岳相公,常言道,千军易得,一将难求。王太尉谋略过人,能征惯战,素来为全军所服。今日大战,他指麾官军,以寡敌众,措置堪称得宜。虽是一度怯战,终能改过,一眚不掩大德。依下官底意思,可以略事告诫,而不宜重责。"

岳飞望着张宪和徐庆,希望他们表态,而张宪和徐庆还是不说,岳飞理解他们俩在感情和理智上的矛盾,就说:"提挈全军,唯是赏罚分明。我与王太尉既是故旧,与姚太尉又是同县,若是不加责罚,便是赏罚不公,何以教众将士用命?"

朱芾说:"闻得岳相公当年在宗留守麾下,亦曾论以军法,而宗留守教你戴罪立功。岳相公身为大将,须知恩威兼济,不可偏废。"张宪到此也忍不住为王贵和姚政说话:"王太尉是偶犯。今日苦战,得胜极是不易,况且王太尉虽建议退军,旋即改图,又与姚太尉督率全军反击,亲自上阵厮杀,立得大功,足以抵过。"徐庆说:"若是记功抵过,便是赏罚公正,将士们必是心服口服。"

经三人反复劝说,岳飞最后长吁一声,说:"亦只得如此行遣!然而今日方知,我失于知人,王太尉便是难以委寄重任!"朱芾、张宪和徐庆三人告退,他们临行前又劝慰一番。但岳飞上床后,却长吁短叹,难以入梦。王贵怯战的事,对岳飞的心理打击不小。

张宪和徐庆连夜找王贵和姚政谈话,劝他们主动请罪。次日是七月十五日,岳飞吃完早饭,就在府衙的大堂坐衙,众将和幕僚站立两边。岳飞正想开口,王贵和姚政走出队列,向岳飞下跪叩头,说:"下官王贵、姚政于昨日鏖斗之际怯战,处置不当,战局险遭不测,乞岳相公明正典刑!"

岳飞还没有应答,朱芾就站在队列中说:"下官以为,既是王、姚二太尉请罪,恭请岳相公将功折罪,惩前毖后,教他们戴罪立功,以观后效。"接着众将纷纷下跪,为王贵和姚政求情。岳飞尽管满心不悦,也只能带着十分严厉的声色说:"自家们以哀师抗强虏,以寡敌众,唯有勇往直前,义无反顾,方得决胜于艰难之际。今日念众官人诚意,姑且记功抵罪,自今而后,若是临阵再有回顾底,必斩无赦!"众将齐声说:"下官等当遵禀号令,临阵之际,不得再有回顾之心!"

岳飞退堂后,又马上召集朱芾等幕僚,王贵、张宪、徐庆、牛皋、董先等重要将领,共同商讨今后的作战方案。大家争议的中心是集中兵力,从颍昌府城进击,还是分兵两路,另一路从临颍县进击。

岳飞最后决断说:"郾城、临颍、颍昌三处决战之后,王师亦须休兵数日,定于十八日出师北上。开封府界地面阔远,以两路分兵为宜,张太尉可统军自临颍北上,收复扶沟、咸平两县,我当与王太尉统军自颍昌城北上,夺据鄢陵、尉氏两县,两军在东京城西南底朱仙镇会师。背嵬一军依然随我,而姚太尉底游奕一军归张太尉节制。其余各军仍依原来所属。我明日当随张太尉同去临颍,将颍昌将士战骨五百八十七具运回,与杨太尉等三百六具战骨同共焚化,行吊唁尽哀之礼,然后再返回颍昌。"众将已经听出岳飞的用意,他不放心王贵单独掌军,同时又将姚政与王贵拆散,不再一起作战。大家别无异议,就纷纷散去。

岳飞却又命王贵单独留下谈话。王贵当然怀着诚惶诚恐的心理,满面羞惭,等待着主帅的责备。岳飞尽量克制自己的感情,用尽可能委婉的语气说:"王太尉当知得,自绍兴四年以来,我屡欲辞职,将鄂州大军底兵柄交付你与张太尉执掌。"王贵只能说:"岳相公委下官以腹心之任,下官岂得不知,人非草木,岂不知感恩底意思。下官自知,此回决战怯阵,深负岳相公底厚望。自今而后,当深自惕励,不得再犯。"

岳飞恳切地说:"自家们虽是同县乡亲,却在平定军相识,十七年间,经历多少变故患难,委是生死之交,我亦岂是忍心责罚。"王贵说:"下官万分感荷岳相公宽贷之恩。"

岳飞说:"十五年前,自家们在平定军与虏人厮杀,你与张、徐二太尉底妻儿皆遭杀戮,当时自家们唯愿报复得大仇大恨,岂欲顾惜死生。不期今日,自家们已身居高官,为国干城,又岂得不念念于国仇家恨,以拯救中原百姓为己任。"王贵辩解说:"下官亦非不以国仇家恨为念。"

岳飞感叹说:"饱暖思淫欲,人生在世,亦是难过酒、色、财三关。不见川陕吴相公,当和尚原、仙人关大破四太子,何等英雄。然而他渐多嗜欲,命属官到成都府选取女色,又喜服食丹石,以至去年咯血逝世,而不得施展才略于今年大战之际,我极是为他可惜。又如淮东韩宣抚,只因好色,招致勇将呼延太尉自尽,呼延太尉已不得在今年大战时,为国宣力。此二事足以为戒。我思忖再三,切恐王太尉近年不如张、徐二太尉,平时既滋生怠惰逸豫之心,故临阵便难以有一往无前之勇。大丈夫既是生于乱世,欲建功立业,便不当有所嗜好!"

岳飞没有完全说穿,但王贵已经完全明白。原来王贵在去年纳了一妾,宠爱异常,结果招致家庭的争吵。王贵妻马氏和徐庆妻马氏是叔伯姐妹,又都是马皋的表妹。王贵妻就找到徐庆妻哭诉,说王贵爱妾在家恃宠骄恣云云。徐庆妻当然为表姐不平,两人就一起找到岳飞告状。岳飞感到,自己虽是主将,却很难区处王贵的家务事,最后还是由李娃出面,召王贵的爱妾训斥一番,暂时压平了王贵家的风波。但实际上,王贵和马氏的夫妻裂痕依然颇深。

于是出现了一阵沉默,岳飞当然不想再进一步深说,而王贵面皮发红,内心其实还是有所不悦。王贵最后勉强说:"下官感荷岳相公底告诫,自当铭记在心。"岳飞再次恳切地说:"切望王太尉常思当年底艰危苦难,与我同心协力,了得此大功。他时自家们当同去平定军,祭告你底妻儿,祭告平定军为国捐躯底军民。"王贵说:"下官从此之后,敢不宣力效命!"

十六日,王贵、牛皋、董先、王万、胡清等率中军、左军、踏白军、破敌军和选锋军留守颖昌府城,而岳飞与张宪等则统率背嵬军、前军、右军、后军、游奕军和胜捷军返回临颖县城。

祭奠和焚尸仪式在小商桥附近举行。岳飞和张宪等将不骑马,临时戴上首绖和腰绖,亲自把颖昌的五百八十七具战尸抬到现场,而杨再兴等三百零六具战尸早已堆放整齐。在众尸体前的一个小浮土堆上,点着一把香。岳飞与众将、幕僚们都伏地哀恸,四围的军兵则执持兵刃,静穆肃立。朱芾开始含泪念祭文:

> 维大宋绍兴十年七月,王师北讨,临颖与颖昌恶战,天撼地摇,鬼泣神惊,杨再兴等八百九十三壮士义无反顾,慷慨许国。誓死奋击,驰突于矢刃急攻之际;扶伤苦斗,振臂于血泥交融之间。雄姿如生,家人梦里,依稀凯歌之归还;美名长存,汗青册中,彪炳远征之功烈。神魄何依,犹傍燕山之皓月;精气不散,凝聚哀师之军魂。悲哉痛哉,泪尽泣血,英灵安息,伏惟尚飨!

朱芾读完祭文,也长跪在地,与岳飞等人一面悲泣,一面行叩头九次的大礼。正值他们跪拜时,刚从顺昌府刘锜军前回归的孙革,也不声不响地加入跪拜者的行列。岳飞等人起立后,军兵们开始点火焚化烈士们的战尸。岳飞仍然泣不成声,他悲咽地低声说:"杨太尉等众烈士,军中简陋,不得将你们底尸骨运归鄂州,教家眷安葬,皆是我底罪咎!"

杨再兴与五名中乱箭的军兵另行焚化之后,军兵们收拾每人身上所余的箭镞,都足有两升。岳飞悲痛地说:"此便是坚忍不畏死,不死则战斗不止!可将此十二升箭镞留下,日后交付他们底老小。"孙革感恸地说:"下官读史,自古以来,忠臣义士,代不乏人。然而如杨太尉等如此英勇血战,身上遗镞竟有二升,委是史无前例,何其壮烈!"

岳飞、郭青和众幕僚当天就统率背嵬军,返回颖昌府城。岳飞与朱芾、孙革并马而行,孙革开始汇报到顺昌的情况:"刘节使言道,他兵力不足,然而亦不可不出兵相助,已命别将雷仲、柳倪统兵五千,径趋开封府界太康县,以为声援。"岳飞不说话,只是面露不悦之色。朱芾叹息说:"刘节使顺昌一战成功,威名扬天下,可惜功名之念少衰,以偏师到太康,又何补大局。"岳飞还是一语不发,朱芾和孙革观察他的神色,明白岳飞的心境还是浸沉在过度的悲痛之中。

岳飞缓骑前行,而心潮一直无法平静,他的脑海里不断复映四年前高林和芮红奴坚决请求上战场的情景。高林说:"自家们身为壮士,何须儿女情长!大丈夫临阵,不死带伤。"芮红奴说:"岳相公若是为奴家,不允高太尉上阵,便是治军执法不公。"岳飞反复咀嚼着这两段话,不由又落下几滴英雄泪珠。

孙革毕竟跟随岳飞颇久,他还是猜到了主将的心事,就在马上说:"可怜无定河边骨,犹是春闺梦里人。下官知得,芮安人极是识道理,深明大义。"岳飞说:"唯是她深明大义,教我尤感哀恸。芮安人何其命薄!"他又联想到九年前不幸逝世的弟弟岳翻,再次落下几滴泪珠。

朱芾说:"大敌当前,四太子兵败之后,料得尚有十万余人马。岳相公须是忍痛节哀!"岳飞立即感悟,说:"感荷朱参谋底忠告,下官敢不以军事为重。"

岳飞等统背嵬军在当晚返回了颖昌,由王贵等迎接进城休息。按照预定的军事部署,十七日还是全军的休息日。岳飞与幕僚们刚吃完早饭,王贵前来,向岳飞唱喏后报告说:"今有汉儿韩将军命人前来,欲见岳相公,面议投拜底事节。"孙革说:"须防其中有诈。"

岳飞说:"韩常勇悍,四太子倚为腹心。然而闻得此回交兵,韩常受四太子鞭扑。如今王师屡战屡胜,正当乘敌之隙,以广好生之德。我当亲自引见。"孙革说:"虽是恁地,受降如受敌,王太尉亦须预防刺客。"王贵说:"会得!"

韩常的密使剃头辫发,身穿金军的黑衣。他被领进颖昌府衙的大堂后,向岳飞行汉人跪拜礼,说:"男女韩绂是昭武韩将军底侄子,今奉他底密令,愿投拜岳相公。"岳飞说:"你可起立叙话。"韩绂站立以后,望着岳飞,用略带惊奇的口吻说:"久闻岳爷爷底大名,疑是天神下凡,统神兵神将与大金国人马厮杀,而今日方得拜谒,煞是万幸!"

岳飞说:"我不过是肉眼凡胎,本军以少击众,全仗哀兵必胜。金国自宣和七年用兵,已十六年,如今已是否极泰来,天道好还。韩将军能识得逆顺,便是俊杰,不知可有信约?"

韩绂说:"此是绝密底事,十八叔不敢用笔墨,只是教我前来计议归正底事。三日前颍昌大战,四太子底爱婿夏金吾阵亡。十八叔在顺昌战后,曾被四太子以柳条痛挞,此回唯恐再受笞挞。他眼见得岳家军神威,大金兵败如山倒,深知交锋决无胜理。自家们亦是汉儿,唯有乘机归正,方是正理。"

岳飞认为韩绂的说话属实,就盘问一下完颜兀术爱婿夏窝谋罕的情况,接着问道:"韩将军不敢归东京,留驻长葛,有多少军马?"韩绂说:"约有五万。"

岳飞笑着说:"四太子大兵不过十万余,岂能容得韩将军统一半军马?"韩绂到此不敢不更正说:"十八叔所统号称五万,实有一万三千余人马。他教我来,愿密受岳相公底旗、榜。"

岳飞马上命令取来"岳"字旗和招降榜文,交付韩绂,说:"长葛县在本府地界,正当前往东京底要道,我明日便统军前来,受韩将军底投拜,然后与韩将军同共进军东京,韩将军一军便为前锋。"他发现韩绂面有难色,就问道:"韩将军欲如何投拜?"

韩绂说:"十八叔侍奉四太子多年,不忍立即反戈相向,他唯愿屯兵长葛,不上战阵。"岳飞笑着说:"既是韩将军三心二意,当职亦不欲强人所难。然而我明日便要进军长葛,你可归去,教韩将军一决去留。做大将底,当存仁心,何况韩将军所统皆是汉儿,与中原汉人皆是自家底骨肉同胞,被四太子驱迫,而上战阵,我岂忍剿杀,可听他们自便。"

韩绂听后,颇受感动,说:"男女今日方知,岳相公端的是大将底气度,大帅底胸襟,非四太子可比。大宋有岳相公掌军,自当无敌于天下。"岳飞命令于鹏送韩绂出颍昌北城门。

等韩绂走后,岳飞对众人说:"观韩绂底来意,韩常确有携贰之心,又未定归正之志。料得他当弃长葛而去。若是他不离长葛，而自家们进军东京，便成侧后相逼之势。"朱芾说："岳相公正宜乘机发兵，包围长葛，迫使韩常就范。"

岳飞说："自古定天下，第一便是收拾人心。韩常本是大辽遗民，又曾得四太子重用，如今他不愿助四太子，与官军为敌，便须容忍。王师收复燕雲之时，难道他愿追随四太子逃奔御寨？"

当天下午，有探事人报告，说韩常全军已起离长葛县城，退往开封府界，前去中牟县。岳飞听后，只说四个字："如此甚好！"王贵说："明日大举，便无后顾之忧。"

临颍和颍昌的两支岳家军将士，经历了几次大战的胜利，士气更加高昂，个个摩拳擦掌，急于夺取更大的胜利，不料却发生了意想不到的阻难。

七月十八日五更，有亲兵到卧室喊醒岳飞父子，报告有御前金字牌传递到皇帝御札。岳飞立刻起床，整齐衣冠，到府衙大堂，在灯光下行遥拜跪领礼，然后启封。古代交通不便，当时从军中到临安行朝的通讯，其实约需十天，一个来回，就约需二十天。宋高宗的手诏发于七月初八，他根据岳飞宣抚司所发闰六月二十五日收复郑州的捷报，重申岳飞必须在闰六月终，停止一切军事行动，大军班师回鄂州，而岳飞本人则前往临安朝见。

岳飞借着灯光，把皇帝的手诏反复看了几遍，不由长吁一声。他把手诏递给了朱芾等幕僚。张节夫第一个表态说："下官愿为岳相公草奏，乞止班师诏，依旧进军。"岳飞说："感荷张干办！"他又对大堂上的众将说："各军依原议，进兵东京，不得顷刻住滞！郭太尉统背嵬军随我。"众将齐声喊道："下官遵命！"

各军将士匆忙吃完早饭，开始陆续出城，进兵开封府鄢陵县。岳飞却只能稍留颍昌府城，在张节夫起草后，亲自誊录奏疏。岳飞在奏中写道：

> 契勘金房重兵尽聚东京，屡经败衄，锐气沮丧，内外震骇。闻之谍者，虏欲弃其辎重，疾走渡河。况今豪杰向风，士卒用命，天时人事，强弱已见，功及垂成，时不再来，机难轻失。臣日夜料之熟矣，惟陛下图之。

岳飞写完奏疏,就立即用急递发往临安。然后就与郭青、众幕僚率背嵬军出城,这是西路军的最后一支部队。由于给宋高宗上奏,稍为延误出发的时间。西路军的前锋部队是牛皋的左军和王万的破敌军,王贵的中军、董先的踏白军和胡清的选锋军作为后续部队,而岳飞与郭青统背嵬军则在最后。

再说完颜兀术狼狈逃回开封城,已是十四日晚。他刚到龙德宫坐下,喘息未定,有四名女真兵就把河南副统军、兼万夫长阿里侃粘汗抬进殿内。阿里侃粘汗是在岳家军反击时,受了重伤,挣扎到开封,已是气息仅存。他要求把自己抬进龙德宫,是想对完颜兀术说些遗嘱,然而他只张口叫了声"四太子",就停止呼吸。完颜兀术紧皱眉头,瓮声瓮气地说:"速将粘汗孛堇抬出焚化!"

完颜兀术的心境本来已相当坏,而阿里侃粘汗的去世,又使他联想到自己爱婿夏窝谋罕的阵亡,心里更加难受。他吩咐合扎亲兵:"取酒来!"合扎亲兵为他取来了东京名酒天醇,完颜兀术就一人自酌自饮。自完颜突合速以下,都知道都元帅的脾性和心情,不敢进龙德宫。完颜兀术喝得酩酊大醉,就和衣倒在床上。

次日中午,完颜兀术方才酒醒,只觉得头疼。他稍稍吃点食物,又继续昏睡,直到当晚,才召集会议,商讨对策。众人自完颜突合速以下,都面面相觑,感到一筹莫展。有合扎亲兵进入,行女真跪礼,报告说:"今有被岳家人俘获底合扎猛安阿黎不孛堇,携岳爷爷底书信归来。"完颜兀术说:"教他进入!"抹颜阿黎不进入,行女真跪礼,向完颜兀术进呈岳飞的书信。但抹颜阿黎不了解完颜兀术的脾性,尽管自己内心已是厌战,完颜兀术不问,他就不敢说话。

完颜兀术就是连女真文也识字不多,更何况是汉文,他顺手就递给张通古,张通古看后,说:"岳爷爷底来信中言道,自古穷兵黩武,必是玩火自焚,教四太子退出中原、燕云,归还重昏侯赵桓等赵氏血属,然后可议两国休兵。"完颜兀术感叹说:"岳爷爷用兵煞是勇锐,然而岳家人杀了自家底爱婿,我岂得甘心!"

张通古却由岳飞的来信发生联想,说:"自四太子用兵以来,秦桧以康王底右相为名,三回致书于四太子,哀求休兵议和,与岳爷爷底来信全异。久闻康王底将相不和,四太子莫须亦以回信,行离间之计。秦桧或可阴助四太子。"完颜兀术说:"你便可为我致书于秦桧,言道他屡次求和,然而岳爷爷用兵不已,与我战于河南,又图谋河北,且杀我爱婿,若是他意欲和议,便须杀得岳飞,方得和议成就。"

张通古的献策,其实也不过是在绝望之中偶生侥幸之念,心想:"兵败如此,唯愿此信竟有回天之力。"他又问道:"赵氏称'江南',抑或称'宋国'?"完颜兀术还是不愿放下上国的架子,说:"依旧称'江南'。"

天色渐暗,龙德宫中开始点亮蜡烛,张通古就在烛光下,使用文房四宝,按完颜兀术的口述,以"大金太保、都元帅、越国王、领行台尚书省致书于江南右相秦"作为开头,草就信件。他给完颜兀术念了一遍,完颜兀术说:"便依此发信。"

龙德宫中开始摆设女真宴,众人神情黯然,只是不声不响地宴饮,完颜兀术吃得心烦,就忍不住发问:"哪个孛堇有战胜底计议,可与我开陈,如是得利,必有重赏。"孔彦舟说:"下官以为,岳家人虽是屡胜,然而目即郑州底把截兵力不多,如以奇兵偷袭,可望成功。"

完颜兀术问道:"如是命你统军,须用多少兵马?"孔彦舟说:"四太子须是亲统大兵,下官不敢多统兵马,愿以二忒母人马前去。"完颜兀术说:"便依你底计议,可勾抽二忒母兵马,悉听你底号令。"

尽管孔彦舟算是自告奋勇,而其他金军将领还是不言不语,完颜兀术想了一下,又命令大挞不野说:"挞不野,你可统五忒母兵前去鄢陵县屯扎,如是抵挡岳家人,便是大功,我当重赏。"大挞不野其实已根本没有上阵的胆气,却只得应声说:"下官遵命!"完颜兀术接着吩咐说:"除孔大与挞不野外,其余众孛堇可随我守汴京。"

大挞不野在十六日就带着五忒母的兵力南下鄢陵县。由于不断的损兵折将,五忒母的兵力其实也不过二万六、七千人。大挞不野到达鄢陵县后,经过一夜冥思苦想,还是想不出什么挽回战局的妙策,只是在床上辗转反侧,不断唉声叹气。

十七日,大挞不野召集五名万夫长再次商议,五名万夫长都一语不发。大挞不野多次提问,颜盏邪也忍不住回答:"如今败势已成,四太子以大兵战于郾城、颍昌,尚不得取胜,挞不野都监以五弅母人马,又如何抵御得岳家人?"

大挞不野虽然是渤海人,毕竟官居元帅右都监,他在表面上只能对这个女真万夫长发怒,说:"全军须听四太子底号令,四太子教自家们在此抵御,邪也孛堇岂得沮丧士气!你明日可统本弅母军马,前去临颍县硬探,逐便趋利,相机行事。"颜盏邪也只能应声说:"下官遵命!"但心里却另有打算。

大挞不野又吩咐其他四名万夫长说:"众孛堇可分守东、西、南、北四门,排办硬弓石炮,如是岳家人前来,便据城抵御。"金军自从入中原以来,只有进行野战和攻城战的传统,简直就不知守城战为何物。完颜阿鲁补虽然在应天府开了据城防守的先例,但四名万夫长却仍对守城战懵无所知。大挞不野出身于辽朝世代官宦之家,又曾在辽军中服役,他不得不亲自上城,给四名万夫长传授城防知识,部署防务。

十八日,左军统制牛皋、副统制庞荣、破敌军统制王万、统领马準等向鄢陵疾速进兵。在半路上,牛皋得到探事人的报告,说金军在鄢陵县城部署城防,就笑着对王万等人说:"此便是虏人黔驴技穷。自家们且不攻城,而绕出城北与城东,教王太尉等统军前来,成合围之势,挞不野都监便成瓮中之鳖。"于是左军在前,破敌军在后,不去鄢陵县的西城,而径向鄢陵县城北挺进。

再说大挞不野听到岳家军前来的消息,就亲自登上鄢陵西门城楼。他眼看岳家军不攻西门,而直趋北门,就马上明白对方的意图,心想:"观岳家人底意思,是欲包围鄢陵城,若是合围势成,自家们便难以逃脱,而四太子亦是无力救援。此时不走,更待甚时。"他一面急速下城,一面下令:"速开东门,我当亲自与岳家人厮杀!"

鄢陵县城的东门打开后,守卫东门的一弅母金军首先蜂拥出城。牛皋得知金军出城,就立即挥兵拦截掩杀。王万等又统破敌军上前支援。大挞不野却趁两军交锋之际,先率一猛安合扎亲骑离开战场,东向逃遁,折回开封城。

尽管金军的总兵力还是多于岳家军的两军,但先出城的一弅母金军,立即受到左军和破敌军的钳击。在主将大挞不野卖阵的形势下,很快溃不成军,纷纷逃命。万夫长徒单婆卢火在混战中,中流矢阵亡。

其他三名万夫长得知大挞不野出城,也各率本忒母军打开鄢陵县的另外三个城门,夺路而逃。王贵、董先、胡清等得到牛皋的报告,率中军、踏白军和选锋军很快赶到战场,向敌人发起猛攻,进行截杀。

四散逃窜的金军根本没有进行有组织的抵抗,而岳家军也来不及进行合围战。战斗很快结束,岳家军乘胜突入鄢陵县城。此战打得并不激烈,岳家军共杀敌近一千五百人,俘虏四百多人,其中包括自千夫长以下的军官二十多人,夺到战马四百多匹,缴获各种器甲、旗帜之类几千件。

牛皋和王万让王贵等后续部队收拾战场,他们统左军和破敌军马不停蹄,直趋尉氏县。金军留守县城的只有一猛安人马,他们根本不敢迎战,弃城逃跑。左军和破敌军又在当天酉时收复了尉氏县城。

接着,岳飞和郭青亲统背嵬军,抢在王贵等部的前面,在黄昏时也赶到尉氏县,牛皋、王万等出南门迎接。岳飞和牛皋、王万并马入城,他在马上赞扬说:"牛、王二太尉用兵神速,一日之内,连夺二城,堪称奇功。"牛皋说:"下官所恨,是鄢陵一战,不得将虏人围歼。"骑马在后的郭青说:"自郾城、临颍、颍昌三战之后,虏人已难得有招架之功。"岳飞说:"虽是恁地,王师亦不当轻敌。"当夜,王贵等率中军、踏白军、选锋军也进抵尉氏县。

岳飞察看尉氏县城,下令说:"此地距朱仙镇仅四十五里,须是扎立硬寨,以为制胜底基本,可于城外扎营,城西扎大营,城东与南、北各扎小营,互为犄角。"他命牛皋率左军,王万率破敌军,胡清率选锋军,分别在城北、城东和城南扎营,而本人与王贵等在城西扎大营。

再说临颍县张宪一路军马的战况。十八日早晨,张宪按时挥军出城,由右军统制徐庆、副统制傅选、后军统制寇成、副统制李山等统本军为前锋。右军和后军出城东门不过两宋里,就有探事人到徐庆马前报告:"金虏有马军六千余,自鄢陵县前来,离临颍县东北约八里。"

徐庆对寇成说:"体探得虏将挞不野都监统军驻守鄢陵县,此回前来,当是其中一忒母军力。官军正宜迎头痛击。虏人自来用兵,常以左、右拐子马侧击围掩取胜。自家们亦当以左、右拐子马破敌。"寇成说:"徐太尉所言极是,我与徐太尉各统本军马兵,为左、右拐子马,而傅、李二太尉便各统本军步兵为正阵。"大家商议已定,当即分兵出战。

颜盏邪也所率一忒母金军自东北而西南,形成一个纵队,而他本人却率一猛安精骑在纵队的最后,其实是随时准备逃跑。金军前进途中,首先遭遇到傅选和李山率右军、后军的步兵,列阵迎敌。颜盏邪也得到前面的报告,就下令以三猛安骑兵,向岳家军的军阵作正面冲击。岳家军使用劲弓强弩,很快打退了金军第一个回合的进攻。颜盏邪也又下令以四猛安金军,再次发动冲锋。

当四猛安金军进行第二回合进攻时,徐庆和寇成各率骑兵,开始向金军侧后袭击。颜盏邪也见势不妙,就首先率一猛安精骑逃遁,于是金军立即奔溃。徐庆、寇成、傅选、李山等率步兵和骑兵从三面合击,尽可能地将金军分割、包围和歼灭,追击敌人十五余宋里,然后收兵。

张宪与姚政、赵秉渊统前军、游奕军和胜捷军赶到战场。他对徐庆、寇成、傅选和李山说:"四太尉今日迎战虏军,已获胜捷。你们可暂留此收拾战场,待我统军前行。"于是张宪率三军由后续改为前锋,继续行进。

徐庆、寇成和傅选、李山率右、后两军清点战场,统计战果,临颍东北一战共杀敌二千余人,俘敌二百余人,夺到战马一百余匹,其他器甲、旗帜等几千件。

张宪统前军、姚政的游奕军和赵秉渊的胜捷军在一天之内,接连收复开封府扶沟县和咸平县,驻守两县的少量金军都望风而逃。

十九日,岳飞与六军将士吃完早饭,正准备向朱仙镇进军,却传来了孔彦舟偷袭郑州的急报。

原来孔彦舟在金军屡战屡败之际,主动向完颜兀术请兵。他率领的两忒母兵力,其实也只有一万多人,并且都是汉儿、契丹人、奚人等组成的杂牌军。孔彦舟的军队前往郑州,当然必须途经中牟县。

首鼠两端的韩常尽管已经与岳家军暗中联络,表面上还是维持与金朝的关系。他把孔彦舟接进县衙。两人坐定之后,孔彦舟请求屏退左右,然后才向韩常叙述自己的军事计划。韩常说:"体探得岳家人南下颍昌,郑州唯是留驻些少兵力。孔将军此举便是避实击虚。"孔彦舟说:"韩将军何不与我同去立功？"韩常当然不愿得罪岳家军，说："我岂得与孔将军分功，唯愿孔将军成功。"孔彦舟派人进一步打听郑州的防卫，然后决定了军事部署。

由于王万急于调兵救援洛阳，又回师参加南方的决战，所以在郑州城里，就只留下第四准备将刘政，率步兵五百人驻守。在南方临颖、颖昌等地决战时，郑州却是平安无事。但刘政还是不敢懈怠，由于城东是金军麋集的开封府，所以刘政日夜吃住在城东寅宾门的楼上，寅宾门和城南的阜民门、城北的拱辰门实行日夜关闭。唯有城西的西成门白天开门，以方便城中坊郭户的生活。

十八日上午，西成门突然起火，并且出现了喊杀声。原来孔彦舟正是利用白天开门的机会，派五百金军化装入城，发动突然袭击，并且里应外合，攻入郑州城。刘政连忙率部兵抵抗，同时派五名军士骑马出寅宾门，向岳飞宣抚司告急。尽管岳家军顽强搏战，却因寡不敌众，在金军大批蜂拥入城的情势下，城南阜民门和城北拱辰门先后被占。

孔彦舟指挥金军的优势兵力，拥向城东。刘政眼看形势危急，就命令部下的军士说："你们可开寅宾门，突出城外，我当率死士断后！"部兵们纷纷说："自家们愿追随刘太尉死战！"刘政厉声说："事势至此，你们务须听我底号令！"在刘政的严令之下，寅宾门再次打开，三百多军士冲出城外，而刘政又下令关闭城门，亲率六十三名军士，据东门死战。

孔彦舟下死命令，驱逼金军，不顾死伤，源源拥上。刘政等六十四名勇士在城上和城下，与敌人血战，杀敌四百多人。六十三名军士都先后战死。刘政挥舞双剑，接连杀敌二十多人，最后力屈被擒。

孔彦舟登上寅宾门的城楼，吩咐把刘政押来。刘政已经受伤十多处，由于失血颇多，脸色显得苍白，面对坐着的敌将，依然挺胸不屈。孔彦舟脸上露出奸笑，问道："被俘底可是第四准备将刘政？"刘政不作回答，只是向孔彦舟横眉冷对，怒目而视。孔彦舟连问三次，都无结果，就咆哮起来，上前给刘政脸部击一猛掌，刘政嘴角流血，却依然保持愤怒的沉默。孔彦舟拔出佩刀，却又重新收刀入鞘，命令说："且将那厮押下，候四太子处置，此是自交战以来，第一回俘获岳家人底将领。"于是金军就把刘政押下城楼。

当岳飞与众将得到郑州传来的败报,王万第一个悲愤地高喊:"刘太尉是自家底部曲,我当统兵前去,将叛将孔彦舟那厮碎尸万段,方雪我恨!"岳飞想了一下,说:"王太尉,我亦甚是悲愤,然而如孙子言道,用兵切忌'忿速'。目即四太子大军尚是麋集朱仙镇,料得本军与张太尉军犄角,便足以破敌。牛太尉可统左军与王太尉前往郑州。孔彦舟亦是狡狯,须防奸计,不得轻率用兵,切忌'忿速'。"牛皋应声说:"下官听令!"岳飞又对牛皋和王万再三作了告诫,然后让两人统左军和破敌军出发。

牛皋和王万率左军、破敌军在当天直奔郑州。然而孔彦舟却已率领金军,押解刘政,逃奔到黄河北岸。岳家军重新进入郑州城后,破敌军战死的一百九十三名战士的尸骨,和一千一百多名金军的尸骨,还暴露在街巷和城上。王万噙着泪水,率领本军官兵,收拾战场,将本军的烈士们祭奠和焚化。

再说岳飞发付牛皋和王万出兵后,就与王贵等从尉氏县提兵北上。十九日上午,岳家军进逼朱仙镇。朱仙镇是北宋后期兴起的市镇,属祥符县地界,位于开封府城西南,距府城四十五宋里。如今镇上的居民已经全部被金军赶走,完颜兀术在此设立了防卫开封城的最后一个据点和营寨。

当大挞不野的败兵逃归后,完颜兀术最终也只能集结八万多兵力,号称十万人,仍然打算在朱仙镇负隅顽抗。完颜兀术吸取以往的战斗经验,改变战法,他命令金军在开阔的平地上列成约四宋里的横阵,以步兵居前,而骑兵居后。专等岳家军先发动进攻,然后相机迎战。

岳飞亲自率王贵等,以背嵬军、中军、踏白军、选锋军四军兵力,先期抵达战场。岳飞亲率岳雲等三百背嵬军精骑向前,稍稍观察了金军的阵势,下令说:"可先于虏军底右翼列阵,待张太尉军前来,布阵于虏军底左翼。官军不须攻击虏人前阵底步军,只须径攻后阵底左、右拐子马,必可大胜。虏人以步兵居前,马兵居后,如今王师便以马兵为前阵,步兵为后阵。"岳家军布阵后,因为等待张宪一路兵马,也没有主动发起攻击。

双方相持了一会儿,随张宪军的干办公事李廷珪率一百骑飞驰而来,他在马上一面喘气,一面向岳飞报告说:"张太尉军目即离朱仙镇约有四里。"岳飞说:"你可归报张太尉,教他以马军居前,到得朱仙镇,便进击虏人底左拐子马。"李廷珪又受令回马急驰而去。

于鹏此时接替杨再兴,暂兼背嵬军第一将正将。他对岳飞说:"既是张太尉军将至,下官莫须统五百骑,前去掠阵,以探虏军底虚实。"岳飞稍作考虑,就对岳雲说:"你可随于干办同往。"于是背嵬军第一将的五百锐士,都披戴着铁兜鍪和重甲,在于鹏和岳雲的率领下,开始缓骑突出阵前。于鹏手持开山大斧,岳雲手执双铁锥枪,在这支骑兵的最前列。

于鹏和岳雲率五百锐士缓骑在金军弓箭射程外转了一圈,金军并不放箭,也不出阵迎战。岳雲在回马时对于鹏说:"下官见得虏军阵中,大纛之下,有一披白袍底虏将,疑即是四太子。擒贼先擒王,不如在第二回掠阵时,乘机急攻。"于鹏说:"使得!"就自前往后,向五百骑士传达这条命令。

这支背嵬骑兵再次缓骑向前,等接近金军的弓箭射程时,突然向金军阵前急驰。排列阵前的金军步兵却一箭未发,立即惊溃,主要是向两边逃跑。这无异于给岳家军让开一个大缺口,于鹏和岳雲乘机麾兵,直取金军军阵的核心。

完颜兀术确是身披白袍,立马在这面三角形的白日大黑纛下,他根本没有想到,一支岳家军的小部队,竟会发起如此奇袭,急忙命令合扎亲骑上前抵挡,而自己只能拨马后退。

于鹏和岳雲冲锋在前,所向披靡,他们率领的小部队犹如一把尖刀,直插敌阵的胸膛。拥上来的敌骑被他们冲个七零八落,前面溃退的敌骑又与后面的敌骑自相拥挤和碰撞,乱成一团。于鹏和岳雲冲到金军的大纛下,于鹏抡斧砍断旗杆,大纛哗啦倒地。几乎与此同时,金军中传出了大呼小叫:"四太子已是逃遁!"于是八万多人马就举军奔溃。

岳飞也未曾设想,一支小部队的掠阵,居然使金兵全军奔溃,他立即挥军向敌人进击。等张宪率军赶到战场时,朱仙镇之战已经相当顺利地结束了。此战杀敌一千余人,而岳家军仅战死了十六人。金军的俘虏,包括自动投降者,竟达九千多人。

岳飞下令清点各种战利品,并且将金军的兵士教育一番,全部释放。另有七十六名自千夫长以下的金军军官,则被押到岳飞的马前,其中包括女真人,也都一律向岳飞行汉人跪礼。为首的一人,是完颜突合速的合扎千夫长,名叫纥石烈保活里,保活里的女真词意是侏儒。他是主动向岳家军投降者,并且按习惯改用了汉姓名高勇。

纥石烈保活里说:"男女是龙虎大王下合扎千户高勇,畏服岳爷爷底神威,情愿投拜降附。"岳飞说:"你们或是战阵被俘,或是自愿投拜,当职仰体主上好生之意,岂忍多杀性命,教你们底父母妻子啼泣血泪。此回四太子连战连负,朱仙镇王师唯是五百骑上阵,便教四太子十万人马大溃,可谓不堪一击。我明日便挥师直取东京,你们可归去传语四太子,若是他洗心革面,痛改前非,犹有可恕。不然,我当统军追击,直到黄龙府。"

岳飞的大军当夜屯驻朱仙镇。晚饭过后,岳飞在原金军的营寨内召开军事会议。因朱仙镇一战的胜捷,使大家面露喜色。朱芾向众人出示了刚才到达的梁兴和李宝两军的捷报,他说:"据梁、李等太尉底申状,忠义军又在河北、京东获捷。如今自燕山以南,虏人底号令不得行。河北团结得忠义四十余万,皆以'岳'字为旗帜,唯是盼望岳相公统兵早日渡河。磁州、相州、开德府、泽州、潞州、晋州、绛州、汾州、隰州等地豪杰皆是闻风响应,约日兴兵。"

徐庆兴奋地说:"四太子虽是凶顽,然而依今日之战,虏人士气尽坠,明日必取开封城。"张宪说:"然而偌大底东京城,亦不当诸门并攻。下官以为,南薰门是正门,所当先取。既是金虏在琼林苑、金明池一带设寨,下官愿统军先取敌寨,然后径攻开远门。"王贵说:"凡事须是详议利弊,下官所虑有二,一是虏人据城死守,东京城垣高大,急切难攻,二是虏人溃逃时,纵火于大内,此尤是九朝官家所居,须是竭力保全,方得尽臣子之道。"

岳飞一言不发,静听众人的议论,他最后说:"众官人所议皆是。依当职所见,虏人自来有攻无守,东京城池广阔,四太子难以死守。如若虏人尚是盘踞,明日可兵分三路,当职统背嵬军、右军、胜捷军入南薰门,王太尉统中军、踏白军、选锋军入安上门,而张太尉统前军、后军、游奕军入开远门。诚如王太尉所言,须防四太子撤军时纵火。可多遣探事人,密切侦伺,若见得城中火起,王师便须赍夜疾进,入城救火。然而用兵须是备谋,详虑,竭智,不知众官人另有甚计议?"

大家再也无话，岳飞又感慨而激动地说："追忆建炎元年至三年间，自家们曾在宗留守麾下，艰难百战，奋击虏人，守护东京。宗留守临终之际，在病榻上一跃而起，三呼'过河'。自家们继承宗留守底遗风余烈，即时冲冒暴风骤雨，进兵西京。时隔十三年，言犹在耳，事犹在目。不意杜充那厮轻弃东京，教自家们撤离都城，伤心惨目，直是无泪可挥，无肠可断。"他追忆十多年前的往事，哀思涌动，心潮澎湃，眼眶里噙着泪水，一时竟无法再说。一些当年在东京随宗泽参战的旧将和幕僚，如张宪、徐庆、寇成、郭青、于鹏、孙革等人，也都落下了英雄泪。

隔了一会儿，岳飞用手把眼睛一抹，继续激昂地说："当时自家底夫人以词劝谕，言道'哀兵自古终须胜，铁骑踏破燕山缺'。'光辉重照，汉家陵阙'。今日便正当其时。然而众将士亦是迭经苦战，又全军有三千烈士捐生，方得重返东京！"

岳飞最后拔出宝剑，向空中一挥，大声高喊："唯愿大宋列祖列宗底神灵，宗留守、张招抚、李相公底英灵，护佑东京城，护佑全军将士，明日得以直取东京，成此大功！"

寇成说："明日收复，必是成功。入城后，众将士当痛饮一番。"岳飞又转而微笑着说："我须遵主上与亡母底戒谕，不得与众官人痛饮。此回追击虏人，直到黄龙府，然后当与众官人痛饮！"

再说完颜兀术逃回开封城里的龙德宫。他喘息未定，就立即召集众将。自完颜突合速以下，都怀着战栗恐惧的心态，来到都元帅的面前，大家知道完颜兀术的脾性，战败之后，往往迁怒于众将，轻则詈骂，重则用柳条抽挞。

不料完颜兀术等众人到齐，却一反以往败后暴怒的常态，开始用从未有过的低沉语调说话："我当年随斡离不初入中原，常笑南人怯战，大金人马所至，或是不战而溃，或是一触即溃。岂料得今日朱仙镇对阵，岳家人唯是以数百骑冲坚，便教大金人马全军奔溃。我在郾城、颍昌等战，虽是失利，尚是不甘心。今日兵势如此，又如何再战？"大家到此明白，朱仙镇一战，虽然不如郾城、颍昌等战激烈，而对主将心理打击的沉重，却莫过于此战。

郦琼作为宋朝的降将,自然更加恐慌,他怀着侥倖的心理说:"既不得战,然而大金尚有数万大兵,亦足以守城。"张通古说:"东京城大难守,何况大金军马自来善攻而不善守。便是欲守,亦须守黄河以北。"

完颜突合速说:"莫须在城里纵火,然后退兵到河北。"完颜兀术叹息说:"大金人马自入中原以来,奸淫烧杀,积怨入骨,故如今河北、河东底南人,往往不愿服属大金。纵火焚宫室,唯是益增仇怨,使不得。可下令,人马不得在城里纵火。"

纥石烈保活里等回到开封城,转达了岳飞的口信,于是完颜兀术下令,全军在今夜四更撤离开封城。天色未明,金军打开了开封所有外城、里城和宫城的城门,从北方和东北、西北各门蜂拥出城。完颜兀术神情颓丧,他出龙德宫上马,在合扎亲骑的簇拥下,驰出正北的通天门,只是低头骑马北行,再也不想回盼一下开封城。

[壹伍]
十二道金字牌

自从宋金再战以来，宋高宗还是怀着忐忑不安的心态，他最担心的，就是顺昌的刘锜军被敌人歼灭。尽管刘锜的捷报不断传来，宋高宗惶恐的心情并未稍减。秦桧看准皇帝的忧心，就在面对时乘机劝说："臣愚以为，虏人自来一面用兵，一面遣使，陛下亦可反其道而行之。"

宋高宗说："朕料得，四太子虽是出兵河南，猖獗一时，然而自古以来，终是以和为贵。既是虏人拘押国朝使节，朕不得再行遣使。卿可作书，晓谕四太子，教他改恶从善，此亦是一计。"于是秦桧就以右相的名义，给完颜兀术连发三封书信，婉转求和，但他的三封书信，都是进呈皇帝，由宋高宗亲自审阅，然后派人秘密递发。完颜兀术对秦桧三封信的反映，已如前述。

转眼已是六月中旬，顺昌解围，完颜兀术退兵的捷报终于传到行在。宋高宗喜形于色，当秦桧等宰执大臣面对贺喜时，皇帝摆出了运筹行宫，决胜千里的得意姿态，他早已准备一套圣谕："诸将以为，虏人以铁骑驰突，若是在平原，便势不可挡，须是扼守险要。朕常谓不然。孟子言道：'天时不如地利，地利不如人和。'用兵底胜负，唯是观测人心如何。人心协和，便是虏人在平原，亦可取胜。或以为不然，如今果有顺昌之捷，不出朕底所料。"

秦桧连忙说："陛下天资神武，以人心论胜负，此岂是武将粗人之辈，所得管窥蠡测。此回顺昌大胜，虽是刘锜所统将士宣力，亦唯是上仰陛下圣算，方得成决胜之功。"

君臣说了一阵,宋高宗让秦桧等人下殿,自己也返回后宫。不料冯益竟已在走廊等候,见到皇帝,就急忙跪地叩头,说:"小底已归行宫,恭祝圣躬万福!"宋高宗见到冯益,益发喜不自胜,心想:"常言道,福无双至,此回却是双喜临门。"但表面上却显露平静的神色,说:"冯十五少礼,可随朕回后宫。"

冯益马上起立,稍为凑近皇帝,轻声说:"官家莫须去张娘子阁。"宋高宗已经听懂冯益的话,他恨不能飞回张婕妤阁,但还只能保持皇帝的尊严,高视阔步,只是稍稍紧了点脚步。

张婕妤对刚入宫的刘缨缨,其实是忌妒加之害怕,但她还是费了一番心机,争取把刘缨缨首先迎入自己的阁中,以求讨好皇帝。她对刘缨缨显得特别亲热,亲自为她浓妆艳抹,而吴才人虽然落后一着棋,也立即赶来凑热闹。三人正在轻声柔语地说话,听到官家前来的消息,就一齐下跪,张婕妤和吴才人有意把刘缨缨夹在中间,三人用娇滴滴声音喊道:"官家万福!"

宋高宗眼看自己朝思暮想的美女已到身边,就再也不顾皇帝的尊严,抢步上前,伸出双手,简直是把刘缨缨抱起。刘缨缨一路上经过冯益的不断调教,她微露少女特有的羞怯,又用嗲声叫了"官家",顿时让宋高宗心荡神迷。他把刘缨缨从头脸看到脚,又从脚看到头脸,刘缨缨用夏日白色薄纱衣裳裹着的玉体,若隐若现,更显示了特殊的朦胧美,皇帝贪婪而锐利的目光,恨不能立即透视她的整个裸体。宋高宗心想:"今日得见,可知刘娘子之美更胜于丹青上底。"

他把刘缨缨看得如痴似醉欲狂,而根本没有顾及张婕妤和吴才人仍然长跪在地,没有官家"少礼"的玉音,她们就无法起立。吴才人毕竟更有急智,她跪在地上说:"官家,刘妹妹一路辛苦,夏日多汗,何不赐浴?"宋高宗到此才从恍惚中稍稍清醒,说:"二娘子少礼。"张婕妤和吴才人终于喊出"臣妾谢恩",然后起立。

宋高宗急不可耐地吩咐:"可为朕赐刘娘子兰汤沐浴!"他搂着刘缨缨的细腰,急忙离开张婕妤阁。原来按照宋高宗的旨意,在刘缨缨未到行宫前,早已为她准备了新阁。张婕妤和吴才人连忙送皇帝出阁,口称:"臣妾恭送官家!"但宋高宗却不理不睬,他的脸已经贴着刘缨缨的脸,手已经在刘缨缨身上乱摸。皇帝和刘缨缨的背影很快消失,却又传来了刘缨缨的嗲笑声。

吴才人转脸向张婕妤投以略带揶揄的一笑,说:"张娘子亦是辛苦,且在阁中歇息,奴家告辞。"张婕妤已经完全领会吴才人的揶揄,她只能客气地说:"吴娘子亦宜去自家底阁中歇息,恕不远送。"吴才人与张婕妤明争暗斗积年,最使吴才人感到酸痛的,莫过于建炎三年,宋高宗剿杀卫士时,带着张婕妤随行,而把吴才人撇在行宫。她明知此事完全不是张婕妤的主动,却把张婕妤恨得咬牙切齿。她认为自己与张婕妤斗法,张婕妤的唯一优势就是"色"字,如今刘缨缨入宫,正好剥夺了张婕妤的优势。

张婕妤一人回到阁中,把宫女打发出卧室,才开始独自流泪。她和刘缨缨仅仅接触约一个时辰,就已了解到刘缨缨的个性,知道这个女子日后必定恃宠而骄。吴才人仅仅是揶揄的一笑,却已深深地刺痛她的心。

张婕妤下意识地拿起铜镜,照着自己的泪容,轻声叹息道:"待到人老珠黄之际,又不知是甚底下场?难道奴家要做第二个潘贤妃?"张婕妤又下意识取来了《老子》一书,近来她颇好研读这本书,有时简直是手不释卷。她翻书念道:"知其雄,守其雌,知其荣,守其辱。富贵而骄,自遗其咎。"读到这里,她的心情似乎又有所解脱,自言自语说:"奴家唯有依老子所言,宠辱不惊,方得善报。"

十四岁的赵瑗进入阁中,向张婕妤作揖,张婕妤已经来不及擦拭脸上的啼痕。赵瑗已至似懂非懂的年龄,他连忙亲昵地问道:"妈妈,可是新入宫底刘娘子欺负妈妈?"张婕妤急忙回答:"不是,刘娘子新入宫,与妈妈相得甚欢。"赵瑗又问:"既是恁地,妈妈为甚事不乐?"张婕妤不好隐瞒,又不便把自己内心的酸痛向养子倾诉,就说:"妈妈底苦衷,五八郎成人后便知,不须多问。"

赵瑗在张婕妤面前,是超等的乖孩子,随着年龄的长大,赵瑗在皇宫的特殊环境中,学会了与宫中的一切人虚与委蛇,唯独对张婕妤是百分之百的真诚、孝顺、亲热和体贴。他说:"妈妈,多愁善感,易于伤身,妈妈须知保重。昊天上帝、列祖列宗必当护佑妈妈平安。"寥寥数语,顿时使张婕妤感觉无比温暖,她搂抱着赵瑗,又落下几滴感激的眼泪。赵瑗取来手帕,为张婕妤擦泪。

母子俩接着就说些闲话,赵瑗因为对金战争重新爆发,情绪激昂,向张婕妤介绍了顺昌大捷,说:"闻得岳相公欲大举进兵,朝廷命李少卿前往鄂州制止。又秦桧献议,作书与四太子求和,此是甚底道理?"

张婕妤连忙叮咛说:"五八郎,朝廷底军国大计,唯是官家做主,五八郎切不可胡乱言语!"赵瑗说:"儿子理会得,只是与妈妈倾诉。"张婕妤叹息说:"奴家初入宫,唯知伏侍官家,不知有他。如今渐明事理,秦桧得君,非是社稷之福。然而自家们须是安分守己,万万不得与他人议政。"赵瑗说:"唯愿昊天上帝、列祖列宗护佑岳相公成就大功!"张婕妤说:"便是!"

刘缨缨入宫后,立即享受专房之宠。但宋高宗十分忌讳好色和抢族婶的恶名外传,还是按自己的旧例行事,迟迟不给刘缨缨内命妇的封号,拖到七月下旬,才恩赐了一份低等的红霞帔的宣。刘缨缨事先有冯益的调教,内心虽有一百个不满意,还是在皇帝面前表演出感恩涕零的模样,也就更受宠爱。当然,这份低等的宣,对张婕妤和吴才人,也多少是一种安慰。

闰六月初,宋高宗正在刘缨缨阁中调笑取乐,黄彦节在阁外高喊:"小底奏禀官家,今有岳飞与李若虚底急奏。"当时李若虚尚在回归临安的路上,他的奏疏也是用急递传来。宋高宗稍整衣冠,走出卧室,黄彦节也进入阁内,跪地叩头,然后用双手捧上。

宋高宗浏览了一下,又仔细看了一遍,不由起了怒意,说:"岳飞拥兵自重,全不知循分守节,而李若虚又竟敢违诏放行,极是可恨!"他马上吩咐黄彦节:"速召秦桧入行宫面对。"

黄彦节带秦桧上殿,行臣礼毕,秦桧先说:"臣已知得李若虚愿当矫诏之罪,而岳飞不遵朝廷指挥,擅自举兵。今草拟得手诏,恭请陛下圣览。"他说完,就从笏后取出草稿,交付黄彦节,黄彦节把草稿摊在御案上。

宋高宗此时火气已消,他看了一遍,说:"如今岳飞握有重兵,又值与虏人对垒,不宜用责词,须是以抚慰褒嘉为上。"宋高宗否定了秦桧的草稿,又另用黄纸,提笔写了一份手诏。诏中对岳飞"忠义许国之心,嘉叹不已",但仍命令岳飞"乘机进取陈、蔡,就闰六月终,一切了毕。候措置就绪,卿可轻骑一来相见也"。

宋高宗写完,就命黄彦节把手诏递给秦桧,说:"卿以为如何?"秦桧装模作样认真阅读,然后恭敬地说:"陛下圣意高远,圣度恢弘,臣愚唯是仰承圣旨之不暇!然而岳飞底处心积虑,亦不可不防。新任荆湖南路转运判官万俟卨前任提点荆湖北路刑狱公事,备知岳飞在鄂州底情伪,陛下可于他陛辞时,略加询访。"宋高宗听后,就吩咐黄彦节说:"便召万俟卨上殿。"

秦桧告辞退殿,正遇黄彦节引领万俟卨入宫。万俟卨见到秦桧,连忙上前打躬作揖,面露谄媚的微笑,低声下气地说:"下官拜见恩相!"秦桧面露嘉许和会意的微笑,只说:"少礼!"黄彦节对两人的言语神态,看在眼里,听在耳里,叹在心里。但他还是依照规矩,不声不响地带着万俟卨上殿。

万俟卨拜见皇帝后,宋高宗先说:"朕委寄卿任官荆湖,已是积年,如今又自湖北移官湖南。荆湖一带底官员情实、民间疾苦,可悉心与朕开陈,无有所隐。"

万俟卨早有准备,他说:"臣愚误蒙使令,深知陛下委寄之重,日夜唯是思念报效于万一。方今非唯荆湖之忧,亦是天下之忧,全在于岳家军。天下底军伍,当是叫'赵家军',只是'岳家军'三字,便足以教臣愚寒心。非唯军中只知有主将,而不知有陛下;荆湖底百姓亦是从风而靡,浸渐只知有岳相公,而不知有陛下。"宋高宗听后,为之一震,但嘴上不说什么。

万俟卨却十分留意察颜观色,他从皇帝的细微神色表情中,明白自己的谮诉已经深深打动皇帝的心,又继续说:"方今诸大将起自行伍,知利而不知义,畏死而不畏法,陛下不吝赐以高官大职,子女玉帛、良田大宅,已是穷极所欲。唯独岳飞,外示忠朴廉洁,并无金珠之藏、侍姬之美,能与军中底下士同甘共苦,力求收揽军心民心。他出身微末,少知礼义,却又礼贤下士,尤喜招揽失意文人,最是包藏野心。武夫与文士相亲,必成厉阶。"

万俟卨的刁毒,是把士大夫们平时议论岳飞的优点全部归结为"野心"两字。他稍作停顿,等待皇帝的反应,宋高宗仍一言不发,但内心却说:"朕近年方是悟得,武臣若无贪心,必有野心,若无野心,必有贪心,万俟卨底言语深契朕心。"万俟卨窥测到皇帝的眼神,继续说道:"虏人为祸十六年,陛下为之日夜忧心,宵衣旰食。然而此回顺昌一战,刘锜只以二万人破四太子大军,便足以知得虏人无能为,不足以动摇大宋基业。臣切恐天下之忧,不在金虏,而在萧墙之内。陛下须是效法祖宗,制服骄兵悍将,天下方得奠安。"

宋高宗故意不露声色,只是用平静的口吻说:"卿所言虽忠,然而如今正值用兵之际,不得在外传播。"万俟卨说:"臣理会得圣旨。"宋高宗又说:"卿不须去荆湖赴任,便供职于行朝御史台,做朕底耳目官,不得辜负朕底倚信。"万俟卨表现出极度激动和感恩的模样,说:"陛下圣恩无涯,臣唯有尽忠竭智,以图报效于万一。"几天之后,宋廷就正式发表万俟卨出任监察御史。

由于古代的交通条件,前方各战区的奏报传递到临安行朝的时间各不相同,大体以淮东韩世忠和淮西张俊的奏报为时较短,约五、六天,京西的岳飞其次,约需十天,而川陕的胡世将为时最长,约需二十天以上。秦桧身为右相兼枢密使,当然需要每天阅读各处的战报,及时掌握军事动态,并且经常与宋高宗商讨,也不时分别在私宅召见党羽。

七月初的一个夜晚,郑亿年来到秦桧第宅,秦桧和王笑笑就在书房陪客。郑亿年自从宋金再次开战后,他只能听从秦桧夫妇的劝告,向宋高宗申请在外宫观官。宋高宗本来是把他当作对金交往的重要顾问,不时召见,而在金军败盟之后,就不再召见,并且在郑亿年上辞职奏的翌日,就马上发表郑亿年改任提举亳州明道宫。当时亳州已被金军重占,按照惯例,郑亿年也不须去亳州赴任,他仍旧呆在临安,只是不再赴朝会礼仪。郑亿年明白自己处境的微妙,所以也听从秦桧夫妇韬光养晦的劝告,平时尽量深居简出,但今晚却不得不找秦桧夫妇。

双方坐定后,郑亿年就首先说话:"自四太子违背和约,出兵河南以来,已是四月。下官闲居无事,亦不得不关心战事。闻得岳飞与李若虚互为奥援,违诏出师,兵锋甚锐,屡败虏军,如今已是连克颖昌、淮宁府,郑州亦是旦夕可下。如是岳飞得志,深入河北,切恐秦相公底相业便不得安。"他有些话不必深说,只能点到为止,并且用目光向秦桧夫妻示意。

秦桧完全理解郑亿年急不可耐的心态,实际上,他对岳家军的不断进取,也同样是忧心忡忡,但在表面上仍然不露声色,他从容地说:"依郑资政底计议,便当怎生措置?"郑亿年说:"依下官所料,此回岳飞出师,四太子必是难以支捂。若是听任岳飞直到河北,决是势不可收,与虏人亦难以再和。须是千方百计,教岳飞退兵。"

秦桧问道:"岳飞此回进兵之志甚坚,已是公然违抗圣旨,又如何教他退兵?"郑亿年说:"下官不在其位,难谋其政,料得秦相公多谋善断,必有妙策。下官亦不便在此久留,就此告辞。"他说完,就站起身来,秦桧夫妇到此也不再留郑亿年闲话。

秦桧夫妇送客之后,回到书房,王氏癸癸说:"郑十八底言语,颇有道理,老汉不知作甚处置?"秦桧感叹说:"如岳飞、韩世忠等将,位高权重,非是下官用三省、枢密院札所得号令,此事全仗圣断坚定,或可有济。"他马上吩咐,召殿中侍御史罗汝楫和监察御史万俟卨前来。

按照惯例,御史作为天子的耳目官,对右相秦桧拥有某种监督的职能,夜入秦桧私第,是不适宜的。但是,随着秦桧权势的扩大,已无须顾及此种忌讳。罗汝楫和万俟卨两人几乎同时坐轿来到秦桧私第。秦桧亲自出迎,以示优礼。罗汝楫和万俟卨急忙向秦桧打躬作揖,并且口称"下官拜见恩相"。在此之前,即使是秦桧的党羽,也不过按当时的惯例,称秦桧为"相公"。自从万俟卨首先使用了"恩相"一词,就立即在临安的官场风靡起来。特别是作为负有对宰相监察职能的御史,居然不顾形迹,而使用"恩相"一词,当然又与赵宋皇权体制相凿枘,表明御史们自愿从天子的耳目降为宰相的鹰犬。

秦桧客气地还礼,亲自引领罗汝楫和万俟卨到书房就座,僮仆们送过茶水,就退出书房,剩下三人在屋里密谈。秦桧首先发问:"罗殿院与万俟察院近日关心战事否?"罗汝楫说:"方今底第一大事便是战事,虽是诸将尽力,亦是全仗秦恩相运筹帷幄。"万俟卨更能体会到秦桧请他们的用意,说:"然而佳兵不祥,兵家底事,须是虑败不虑胜。岳飞违抗诏旨,进兵京西,虽然连战连捷,却是可忧而不可贺。"

秦桧说:"兵者,危事,不得已而用兵。圣上好生之德,以仁义治天下,故不惮与虏人讲好,全是为天下苍生。我看各处战报,淮东底韩世忠军、川陕底胡世将军尚是与虏人相持不下,淮西底张俊深体圣意,已是班师,唯有岳飞执意抗旨,以图侥倖。尔们须是仰体圣心,以直道事主,秉公议论。"

罗汝楫和万俟卨已领略到秦桧的旨意,罗汝楫说:"待下官明日便上奏。"万俟卨却说:"下官愚蠢,难以理会恩相底深谋远虑,不如相烦在此就草。"秦桧不说话,只是略为颔首,就把僮仆叫入,在一张书案上同时为两人笔墨侍候。三人在暗室的做法,当然完全破坏了赵宋的祖宗家法,但他们认为可以瞒昧皇帝而无所顾忌。

罗汝楫和万俟卨两人简直是在给考官写答卷,罗汝楫先起草完毕,就起身恭敬上前,说:"恭请恩相审阅!"在明莹的烛光下,只见秦桧的眉头微皱,说:"罗殿院用心虽苦,然而如今不是纠劾岳飞底时机。罗殿院只须议论如今兵微将少,民困国乏,岳飞若深入,岂不危殆。"罗汝楫诺诺连声,又回到案前,重新写作。

万俟卨比罗汝楫狡猾,他装着凝思的模样,听了秦桧的示意,再行修改,然后起身,也是恭敬交卷,秦桧看后,赞赏说:"万俟察院论奏不得教岳飞立不赏之功,含而不露,甚佳!"经过这一次考试,秦桧当然就更赏识万俟卨,所以万俟卨的官位,不久就蹿升在罗汝楫之上。

尽管如此,秦桧还是亲自动笔,对两人的奏稿都作了一些修改,然后礼貌地将两人送出私第。

七月初五下午,李若虚方才从岳飞军前回到临安行朝。他在一路上反复思考,已经拿定主意,回行朝后,不去都堂见秦桧,而是请求面对,直接口奏皇帝。不料他刚回家与亲人相见,坐未暖席,就有三省吏胥进入唱喏,说:"男女奉秦相公钧旨,叫李少卿到都堂叙话复命。"李若虚只能辞别家人,随吏胥来到都堂。

李若虚一路盘算,准备迎受秦桧的斥骂,然后据理力争。不料进入都堂拜见后,秦桧却是笑脸相迎,并且立即让李若虚就座,他说:"李少卿为国宣力,路途辛苦,此回去岳宣抚军中,圣上已得岳宣抚与李少卿底上奏。我与李少卿皆是为国效力,只是仁者见仁,智者见智。"他接着详细询问岳飞的军情,对前方战事的判断,李若虚逐一作了答复。秦桧只是仔细倾听,不作任何表态,他最后说:"圣上朝夕盼望李少卿回朝,以便审察军中情实。李少卿可归家歇息,明日面对圣上。"

李若虚告辞而出,心中却结成一个谜团:"秦桧此人素称狡诈,必以破坏岳相公底北伐大业为快,然而今日底所作所为,却是为何?"他回家反复思考,还是感到难以猜透。最后,李若虚决定:"我终须以直道事主,明日面对,便是据实奏陈,为岳相公与自家剖白心迹,如此而已,岂有他哉!"

其实,秦桧所以仔细盘问和倾听李若虚的言谈,主要是为分析明天面对时,在李若虚的口奏中,可能有多少有利于岳飞,不利于自己的议论,以便早作准备。他最后判断,李若虚不可能有什么使皇帝中听,而改变皇帝主意的议论,也就放心了。

次日,秦桧坐轿前往行宫正南的丽正门,一路上他紧闭双目,嚼齿动腮,冥思苦想:"若是四太子胜得岳飞,又何须我劳心费力,然而依郑十八所料,四太子必是难以支撑,如今岳飞便是屡战屡胜。如是岳飞成功,我底下场,又岂止罢相而已。然而他既是违抗圣旨而进兵,迫令他退师,极是难做。所幸主上猜忌岳飞已甚,又媾和底意志牢不可破,然而岳飞执掌重兵,他亦可以'君命有所不受'为由。"他想来想去,还是想不出最有把握的办法,而大轿却已停在丽正门前。

六日不是朝会的日子,宋高宗首先召见秦桧。殿上有包括冯益、黄彦节在内的六名宦官。秦桧上殿行臣礼毕,宋高宗命黄彦节把御案上罗汝楫和万俟卨两人的奏疏递给秦桧,说:"此是罗汝楫与万俟卨二人底上奏,卿可留心一阅。"秦桧装模作样地把自己一手炮制的两篇奏文仔细看了一遍,然后抬头,留神观察皇帝的眼色。

宋高宗并没有对两篇奏疏表态,而是问秦桧:"卿以为如何?"秦桧早就准备了一通答辞:"臣愚以为,虏人四太子穷凶极恶,虽然气焰嚣张,却是难逃陛下底圣鉴。顺昌一战之后,岳飞又出兵京西,连破虏军,占城夺地,在淮宁府击破虏军大阵。然而诚如古人所言,佳兵不祥,乘虏人兵老气衰,王师薄伐严惩之后,乘胜收兵,方为上策,亦足以制骄将跋扈之态。"秦桧十分注意用词的分寸,对岳飞只用了"骄将跋扈"四字。

秦桧看到宋高宗面露深思的模样,又说:"常言道,兼听则明。李若虚虽是与岳飞沆瀣一气,互为奥援,然而他既已回到行朝,陛下亦不可不召见。"宋高宗听到李若虚,心中就有几分怒气,但他早已决定,这次不能给李若虚处分,相反,还须适当加官,因为李若虚背后是拥有大军的岳飞,只能将来看准时机,再行下手,就吩咐说:"叫李若虚上殿面对。"

黄彦节引领李若虚上殿。李若虚认识黄彦节,但彼此当然没有交往。他只见黄彦节面露欲言而嗫嚅的模样,就问道:"黄阁长有甚底事?"黄彦节略为犹豫,见附近无人,还是走近李若虚,用很轻的声音说:"李少卿须是委婉开陈,庶几感悟官家,挽回天听。"按赵宋家法,宦官不能干政,黄彦节的言语无疑是违背制度的,但此时此刻,李若虚却能体会到对方的一片苦心,他也用低声回答:"谨受教!"两人就此拉开距离,不再说话。

李若虚上殿后,下跪叩头,说:"罪臣李若虚叩见陛下,臣有矫诏之罪,愿受陛下处分!"宋高宗用平静的口吻说:"李卿不须如此,岳飞大举北伐,连得重镇,李卿亦是有功,何罪之有。李卿可起立面对,悉心奏闻,无有所隐,朕急欲知得,岳飞如何用兵。"李若虚忙说:"臣谢罪!"然后站立起来。

宋高宗不再说话,而秦桧则在旁边站立,两人都显示虚心听纳的姿态。李若虚也为口奏准备颇久,为了取得最好的效果,他用缓慢而恳切的语调说:"虏人入中原已是十六年,陛下与臣皆是亲受其害,便是万语千言,亦说不尽国祸家难,巨创深痛。幸得天道好还,正逢其时。臣到德安府,与岳相公相会。岳相公以为,此回出师,端的是机不可失,全军将士敌忾同仇,料得逆贼四太子授他底首级,自是指日可待。陛下巡狩东南,本非得已,如今复故土,迎天眷,正得其时。"

宋高宗问:"兵家之事,变幻莫测,难道岳飞便有百胜而无一败底庙算?"李若虚说:"臣亦虑及此事,岳相公以为,他当慎于用兵,必是成功。臣在归朝途中,亦是留心打探军情战况。四太子在顺昌败后,蛰居东京,以颍昌、淮宁、应天三府作前卫。岳相公进军,已是连破蔡州、汝州、颍昌府、淮宁府、郑州,西京是陵寝所在,亦可旦夕便下。"

宋高宗说:"据探报,四太子与龙虎大王等议定,欲诱致王师,相近东京,然后并力一战。朕已下御笔,教岳飞切须占稳自固,勿贪小利,而堕其诡计。"

李若虚说:"岳相公言道,他所忧底,是他将不进兵,不应援。京西战场,理应有岳相公、刘节使与张相公三军,同共迎战四太子大军。如今朝廷正宜乘此胜势,督令张相公与刘节使军北上,然而闻得张相公已自淮西退军,而刘节使亦欲将顺昌守土之责,交付岳相公,致使岳相公成孤军独进之势。切望朝廷督责张相公与刘节使进军,共成此大功。"

宋高宗问:"若是岳飞孤军独进,胜负如何?"李若虚用斩钉截铁的语气回答:"岳相公教臣回奏,哀兵必胜!"

宋高宗想了一下,说:"李卿尽忠朝廷,朕心不忘,卿可退殿休息。"李若虚还不肯退殿,他说:"臣愚陋,误蒙陛下擢用,唯知图报于万一。如今胜势已明,雪奇耻,复深仇,取中原,全在陛下圣断坚定不移。陛下成大宋中兴大功,必是光耀史册,万古传诵。"李若虚的竭力进谏,也只能到此为止。

秦桧望着李若虚退殿的背影,心里恨得咬牙切齿,他的内心承认自己对李若虚估计不足,李若虚的面对不仅无懈可击,并且确有可以感动皇帝的成分。依秦桧的狡猾,当然是首先观察宋高宗对李若虚的反应,而自己不敢先发表评论。宋高宗面露深思的表情,接着对秦桧说:"卿且退殿,岳飞用兵底事,待明日另议。"秦桧只能说:"臣领旨!"

宋高宗迟疑不决的态度,当然给秦桧带来极大的苦恼。回家路上,他在轿中苦心而紧张地思索,嚼齿动腮。大轿回到宅门前停靠,秦桧下轿,还等不及回屋,就马上吩咐吏胥说:"速请范给事到府中议事。"他急步入宅,问道:"国夫人今在甚处?"仆人报告:"启禀相公,国夫人正在卧室与衙内叙话。"于是秦桧又急步入卧室。

王癸癸果然与秦熺在卧室说话。原来秦熺今天又与曹氏发生口角,而他的威势又完全无法压制曹氏,就到家中的绝对权威面前哀诉。王癸癸听后发怒,已命女使兴儿召曹氏前来,不意秦桧进入。

秦熺见养父有几分害怕,连忙上前行礼,口称"儿子拜见阿爹"。秦桧有燃眉的急事,他略带不耐烦地说:"少礼,儿子且去读书,我与你妈妈有事计议。"秦熺说:"既是恁地,儿子告退。"不料王癸癸却怒气冲冲地说:"你底大事,岂得与新妇欺负儿子相比。儿子不须走,听老身训斥新妇!"秦熺向养父投以无奈的眼光,重新坐下。秦桧不愿听王癸癸斥骂,说:"国夫人且教训新妇,老夫另有要事。"说完,就转身准备退走,不料王癸癸说:"老汉不须走,你且与老身同共训斥,以立家规。"

秦桧尽管心急如焚,也只能陪坐。兴儿带着曹氏进入卧室。曹氏对王癸癸的雌威早已领教,她只能面带委屈的泪容,刚进屋,就朝着王癸癸下跪,说:"新妇拜见阿姑、阿舅。"曹氏熟悉秦府的家规,"阿姑"必须置于"阿舅"之前,不容颠倒。她不再起立,只是跪在地上,不断哀泣,也不说话。这当然是减杀王癸癸逞威的唯一战术。

王癸癸开始毒骂:"你这厮本是低微贱人,竟敢欺负宰相底儿子,难道竟有三头六臂?便是有三头六臂,老身亦须逐一斫断,岂得教你逞凶!"王癸癸的詈骂言语并不丰富,却能够不厌其烦,来回重复,今天火气大,所以声调愈来愈尖利。秦桧简直听得震耳欲聋,只觉得坐着活受罪,却又不敢擅自离开。他眼看王癸癸毒骂的劲头愈来愈大,一时难以收煞,更是心急火燎,心乱如麻。

秦桧只见砚童蹑手蹑脚进屋,凑到王癸癸面前,打躬作揖,低声说话。王癸癸微微颔首,面露许可的神态。砚童在秦府也算是一个受王癸癸青睐的特殊人物,他又蹑手蹑脚来到秦桧面前,说:"范给事已到,小底引领他到书房,恭请相公前去叙话。"秦桧到此才如逢大赦一般,但他还是起身弯腰,对王癸癸说:"老夫前去会见范给事。"王癸癸善变的脸色又略露微笑,说:"你且去见那厮官场底饿狗。"

秦桧离开卧室,才恢复了宰相的威风,他虽然急于向范同问计,却仍然显示从容不迫的姿态,由砚童前面引领,缓步来到书房。范同坐在屋里,见秦桧进入,连忙起身作揖,他的身体弯成虾米状,说:"下官拜见恩相。"自从万俟卨首先使用"恩相"一词后,立即风靡于秦党,原先叫"相公"者,都纷纷改变称呼。秦桧笑着上前,握住范同的手,说:"择善,你与老夫是同窗,何须如此。"

两人坐定后,秦桧命砚童在门外侍候,他别的事不谈,只是把李若虚面对的情况,向范同作客观的叙述。聪明的范同得知罗汝楫和万俟卨的上奏,就已对秦桧的意图洞若观火。他说:"恩相岂不闻,众口铄金,积毁销骨,若是众俊彦在面对时,众口一词,李若虚一张利口,又有甚能为?"

秦桧说:"然而事势已迫,须是迫令诸军立即班师,方得免于祸国败事。"范同说:"下官亦曾思忖,并详阅邸报,方今诸军底进退,除张俊外,实系于岳飞一军。唯有岳飞一军与四太子大军对垒,若是岳飞不住进军,则诸军不进亦进,若是岳飞退兵,则诸军不退亦退。然而岳飞既是敢于违诏进兵,不至形格势禁,万不得已,岂得退军。此事全仗圣意坚确。然而恩相亦可急下札子,截拨岳飞军粮,转输与张俊、杨沂中两军。常言道,粮草是军中之宝,此便是釜底抽薪之计。"

秦桧听后,就立即伏在书案上提笔,用三省的名义写了给荆湖北路和江南西路转运司的两份札子,下达了转拨军粮五万石给张俊和杨沂中两军的急令。他画押后,召砚童进入,把这两份札子交付给他,说:"你速去都堂,交付堂后官,以急递发往湖北与江西两路转运司。"

范同认为,自己的智囊已和盘托出,所以略为闲说几句,就起身告辞。秦桧说:"择善智计过人,老夫唯是感荷,请择善将此意转告众官人,日后自当与众官人共享太平之福。"范同说:"恩相放心。"秦桧亲自把他送出府门。

秦桧送走范同,又急于返回卧室。此时王癸癸毒骂已毕,并打发秦熺和曹氏离开。秦桧赶紧上前,向王癸癸作揖,说:"国夫人辛苦,老夫有紧切底事与国夫人计议。"他命令女使们退出,然后向王癸癸详细介绍情况,说:"此回老夫与岳飞势不两立,若是岳飞进兵不已,自家们便无富贵可言,务须恭请国夫人力挽危局。"王癸癸也明白事态的严重,说:"待老身前往。"她当即出门,坐轿前去找干兄弟王继先。

秦桧在家等候王癸癸,不料她竟迟迟不归。到吃晚饭时,砚童进入书房唱喏,只见秦桧还是坐在书案前,进行嚼齿动腮的紧张思考。砚童说:"启禀相公,已到晚膳时分。"秦桧无心用膳,说:"且稍候国夫人归来,同共用膳。"

王癸癸平时去王继先家,也有吃午宴或晚宴的情况,但今晚秦桧开始焦急不安,他在书房里来回踱步,等了许久,还是没有动静。砚童再次进入唱喏,说:"国夫人未归,相公不如先吃晚膳。"秦桧把手一挥,说:"你且速去王观察宅拜见国夫人,然后回报。"砚童说:"小底遵命!"原来因为宋高宗的特恩,王继先的官位已超升为右武大夫、华州观察使,故称"王观察"。

不久,砚童回书房禀报,说:"国夫人言道,她有要事,且在王观察家吃晚宴,教相公及时晚膳。"秦桧无奈,只能稍稍进食,由于心事颇重,晚饭也吃得不香。直到初更,王癸癸方才回府,她给秦桧带来了意外的消息。

原来在秦桧退殿之后,宋高宗想了一下,就扭头喊道:"黄四!"黄彦节连忙走到皇帝御案前下跪,说:"小底听旨!"宋高宗说:"黄四,朕已命你去岳飞军中传宣抚问,赐金合茶、药,支降金带、金碗一千两,银五万两,给赐立功将士。如今岳飞一军连捷,又收复得颍昌、淮宁府与郑州,可另追加见钱关子十万贯。"黄彦节说:"小底遵旨,不知官家教小底甚时启程?"

宋高宗说:"只候榷货务印造见钱关子毕,便可启程。候黄四出行,朕当另赐岳飞手诏,你须密切收掌。只候到岳飞军中,便宣读于全军将领,教他们手诏到日,务须班师,不得顷刻住滞。"他见黄彦节面露尴尬的神色,又问道:"怎生底?"

黄彦节在宦官中的地位属于中等,平日处事谨畏小心,尽量避免得罪人,所以虽然没有同流合污,做什么坏事,倒也与众宦官相安无事,不发生摩擦。宋高宗对他虽然说不上恩宠,也有所信用。

此时黄彦节显得神情紧张,满头流汗,他面带畏怯之色,开始结结巴巴地说话:"小底亲历靖康之难,奇耻深痛,犹在目前。建炎元年时,小底在太庙,岳相公当时为小校,奉命前来奉迎太庙神主南下,偶尔相识。小底亲见岳相公在太祖官家神主前流涕设誓,一腔忠义之言,流出肺腑。如今岳相公为天下公认底贤大将,挥兵长驱直入,官家教他班师,切恐痛失复仇报国底良机。小底唯是忠心伏侍官家,岂敢有二,官家欲做中兴之主,若是官家他日得以亲奉神主,还归东京太庙,小底便是死而无憾!奸佞辈谮诉岳相公,乞官家明察,小底愿以自家底首级决保岳相公无异志。"

黄彦节的说话,很快改变最初的结巴状态,变得愈来愈激动,愈来愈恳切。宋高宗和所有在场的宦官,都根本没有料想到黄彦节居然敢不顾宦官的身份,出面谏劝皇帝,一时都惊呆了。黄彦节又继续说:"秦桧来历不明,形迹可疑,人道是虏人细作。官家圣鉴,已是识破他两面三刀,结党营私,故于九年前,将他罢相,明谕朝廷,终不复用。自他独相以来,窃弄官家底威权，专以和议误国。虏人败盟，秦桧底误国败事，已是昭彰于天下，他却是觍颜无耻，唯是恋栈，悍然不愿引咎辞职。"这是自从金军南侵以来，宋高宗初次听到对秦桧的指斥。

冯益虽然回宫不久，对内庭和外廷的情况已有相当了解，心想："自虏人出兵以来，满朝底秦党，唯是为秦桧缓颊说情。不意黄四只是一个宦官，不能承顺官家底旨意，却要效法文士，面折廷争，且看他怎生收场？"这也是秦桧善做人情，当冯益蛰居福州时，朝中唯有秦桧，居然仍不时派人通问送礼，因而使冯益颇有好感。

宋高宗对黄彦节为岳飞所作的辩护，可说是完全无动于衷，相反，他还因此对黄彦节产生怀疑，认为黄彦节曾几次到岳飞军中，可能与岳飞有勾结。但是，他对黄彦节指斥秦桧，却又不能完全无动于衷。宋高宗用平稳的语调说："黄四，你身为宦官，败坏祖宗家法，议论朝政，可知罪否？"黄彦节说："小底岂得不知罪，然而事关国家大计，小底情愿受重罚，亦不敢不效忠于官家。"

宋高宗又问："你言道，秦桧窃弄威权，有何实据？"黄彦节说："小底引领万俟卨上殿面对，正遇秦桧下殿，万俟卨竟叫秦桧'恩相'。小底虽是愚蠢无知，亦是知得，台谏官乃是天子底耳目。然而如王次翁、罗汝楫、万俟卨等辈，往往为秦桧效劳，甘当秦桧鹰犬。"

宋高宗听说居然出现"恩相"的称呼，也为之震惊。他想了一会儿，就说："黄四，你既是败坏祖宗之法，宫中断然不可留，你可出宫，到吏部听候差遣。岳飞军中，朕当另命内侍前去。"黄彦节噙泪说："小底谢罪，感戴官家圣恩宽大！"他接连叩头九次，就下殿去了。宋高宗接着吩咐说："冯十五，你速召张十六上殿。"冯益连忙说："小底领旨！"

不一会儿，冯益引领着张去为上殿，向皇帝叩头。宋高宗对张去为还是十分信任的，问道："张十六，朕曾屡命黄四到岳飞军中，你可知黄四与岳飞有甚干系？"张去为已经得到冯益的通风报信，早有思想准备，当即回覆说："小底曾闻得，岳飞颇怜黄四家贫，赠钱三千贯。小底亦曾为此根问黄四，黄四言道，无此事节。"虽然是似有若无的诬告，也足以使宋高宗震怒，他说："不意岳飞竟敢勾结朕底宫闱内侍！"

过了一会儿，宋高宗又问："张十六，你平时可曾听得朝官叫秦桧'恩相'？"张去为说："小底不曾闻得，唯是闻得叫'相公'。若是闻得叫'恩相'，便早已奏禀官家。"宋高宗又问在场的众宦官："你们可曾闻得？"回答是一片"小底不曾闻得"。宋高宗还是不肯罢休，说："你们可为朕用心察访，若是闻得朝官，闻得万俟卨叫秦桧'恩相'，速来奏朕。"回答是一片"小底领旨"。

宋高宗一人独坐御榻，陷入深思，刚才黄彦节的说话，使他沉淀的记忆重新浮泛起来，心想："朕当年将秦桧罢相，曾以为他是两面三刀底人，在朝中结党营私。黄四所言不差。"宋高宗反复思考，不免在心里感叹说："朕自即位以来，已十四年，前后更用十相，然而唯有秦桧一意媾和，最称朕旨。如今既有北虏底忧患，又有诸大将跋扈之萌，朝士之中，多有沽名钓誉，不恤国事底人，唯有秦桧，尚得主政。待朕留心察访臣僚，日后将他罢相，再更用他人不迟。两害相权取其轻，制服骄将，极是难事，而罢免宰相，易如反掌。"

宋高宗把问题想通之后，就感到独坐无味，起身回后宫。如今当然是直奔刘婴婴阁中，刘婴婴早已打扮得花枝招展，出阁迎接官家。不料宋高宗暂时无心于玩弄美人，他刚坐定，就吩咐说："取镜来！"刘婴婴不解皇帝的心意，还是急忙用双手捧着铜镜，走到宋高宗面前。

宋高宗捏着刘婴婴的玉手，仔细地看着镜中的面容，看着自己的不少白髮，不免感叹说："朕追忆往事，唯是做康王时，无忧无虑，最是快活。自身登大宝以来，唯愿端冕凝旒，垂衣拱手，不费心力，做快活天子，然而十四年间，又是多少忧心事，教朕食不甘味，卧不安席。朕今三十四岁，而鬓髪已半白，可发一叹！"的确，近半年间，宋高宗头上的白髮突然出现了猛增之势。

刘婴婴忙说："官家休说是鬓髪半白，便是全白，亦是鹤髪童颜底少年天子。臣妾便是在民间时，亦是听得百姓广为传闻，言道官家是天下第一底勤政恤民天子，万姓景仰，有口皆碑。"宋高宗听后，又回嗔作喜，把刘婴婴搂抱在怀里。

再说张去为下殿不久，就有小宦官传话："王观察请张大官到府中便宴。"就是王继先不请，张去为也正打算前去。张去为处理完宫中杂事，才来到王继先宅，王继先的晚宴已经安排就绪，张去为当即入席，他在筵席上只是与王癸癸吃喝谈笑,丝毫不涉及政事。等到宴会过后,王继先安排自己与张去为、王癸癸密谈,张去为才把情况和盘托出。

王癸癸听后,不免有些紧张,她急忙取来一个精致的檀木盒,打开盒盖,里面的软红罗衬托着一只打造得细巧非凡的小金鼎,正好有一宋斤重,连木盒的底座一起奉献给张去为,说:"老身感戴张大官,些少礼意,恭请笑纳。"张去为接过,用右手捧着木盒底座,左手不断抚摸着金鼎上的各种微小而美丽的花纹,观赏得颇为入神。

王癸癸知道此时不能性急,她耐心地等待着。张去为观赏多时,才抬起头来,对王癸癸说:"下官感荷国夫人底盛情。"王癸癸问:"张大官以为,此事当如何理会?"张去为说:"下官观官家底圣意,虽有黄彦节愿以首级相保,官家疑忌岳飞依旧,然而秦相公日后行事亦须小心谨慎,如'恩相'之类不得胡乱称呼。"王癸癸又与张去为、王继先敷衍几句,就动身回府。

等王癸癸走后,王继先问张去为:"你观主上可有罢相底意思?"张去为说:"天意难测,官家肚里便是有罢相底意思,亦无须与自家们说破。然而便是秦桧不做宰相,自家们仍是伏侍官家。"王继先说:"便是,然而官家换新宰相,恐不得有秦桧底礼数。"

王癸癸回府后,就与丈夫在书房密谈,说明一切。秦桧听完消息,也不免紧张,他站起身来,急走几步,坐在书案前,提笔在纸上写了一行字,又随即取纸在烛火上焚化。王癸癸不解其意,问道:"老汉怎生底?"秦桧说:"老夫原拟作书与万俟卨,转念留得字迹,或生祸害。不如召他前来宣谕,便是口说无凭。国夫人前去歇息,老夫教砚童召他前来。"王癸癸说:"如今夜深,砚童是自家们底心腹,可教他前去宣谕,老汉亦宜歇息。"秦桧说:"此事干系重大,须是老夫亲自宣谕。不当面宣谕,老夫亦是睡不着。"

万俟卨在深更半夜被召到秦府,直入书房。他见到秦桧,还是强睁睡眼,恭敬作揖,说:"下官拜见恩相。"秦桧现在听到"恩相"两字,不免生气,但他还是压下火气,说:"老夫召万俟察院到此,便只为'恩相'二字。自今以后,众官人只须叫'相公',不得叫'恩相'。老夫自明日便不容再听得'恩相'二字,请万俟察院务须急速宣谕百官!"秦桧最后一句,有意提高了声调,显示了含有怒意的命令。

万俟卨到此已明白事态的严重,急忙诺诺连声:"下官恭奉钧旨!下官恭奉钧旨!"秦桧把手一挥,万俟卨就准备退出书房。不料秦桧又把他喊住,说:"万俟察院!"万俟卨说:"下官听命!"秦桧说:"你须是与百官以口宣谕,不得留下片纸!"万俟卨又说:"下官恭奉钧旨!"他退出书房,才开始用袍袖拭去额头的汗水。

秦桧回到卧室,上床之后,仍是整夜无法安睡。最后,他决定以有风寒为名,暂时告假一天,不理政务,不去面对,暂时避风,以便让万俟卨有充分的时间,去告诉党羽们改变称呼。他同时仍然教王癸癸去王继先家,打听宫中动静。王癸癸回家,只是简单告诉秦桧:"宫中别无动静。"

八日,秦桧怀着忐忑不安的心情,带着草拟的手诏稿,再次面对。宋高宗为秦桧得寒疾的事,略作问候,然后转入正题,他说:"朕思忖再三,计较利害得失,如今务须教岳飞班师,以免宗社之忧。"

秦桧的心情稍觉松弛,他完全猜透宋高宗的心理,所以作此决定,一是为免于岳飞获得全胜,二是为免于大败,两者都是皇帝的大忧。他说:"陛下圣算远虑,非臣愚可及。天下共苦战斗不休,悍将骄蹇难制,俱是宗社大患,上轸宸襟。然而岳飞违抗圣旨,轻率冒进,若非是严旨,切恐难以教他班师。"

宋高宗说:"既是恁地,卿可为朕草拟手诏。"秦桧从笏后取出草稿,说:"臣昨偶得微疾,然而不敢忘陛下委付之重,便勉竭驽钝,妄进狂瞽,为陛下起草,恭请陛下圣览。"他把草稿递给冯益,冯益又摊在御案上。宋高宗看后,说:"卿所草拟,深得朕旨!"他马上提笔,照抄了一遍,然后吩咐冯益说:"手诏便即刻以御前金字牌发往岳飞军中。"冯益说:"小底领旨!"这是宋高宗所发的第一份班师诏,经过金字牌的十天传递,在七月十八日到达岳飞军中,已如前述。

秦桧又口奏说:"目即张俊、杨沂中两军粮食不足,可否截拨应副岳飞底军粮,暂济二军之缺?"秦桧早已私自下了拦截岳飞军粮的命令,但仍心怀鬼胎,希望得到皇帝的认可,以免败露。宋高宗说:"此亦可迫令岳飞班师,然而须以省札急报岳飞,亦不得教岳飞军中断炊。"秦桧心中大喜,但表面仍然保持平静,说:"臣领旨!"

秦桧在整个奏对中，非常仔细地观察宋高宗的神色，而宋高宗却一如既往，只当没有称呼"恩相"这回事。宋高宗突然感叹说："便是教岳飞班师，亦不知天下何时得以太平。"秦桧乘机试探说："依臣愚所见，若是外与虏和，内收诸大将兵柄，天下便得太平。臣愚误蒙陛下圣眷，敢不尽心竭力，以图报称于万一。若得天下太平，臣亦当陈乞致仕，退养田里，做一个歌咏太平底老人，便是臣底至愿。"

宋高宗心想："秦桧恋栈之心颇重，亦岂愿自行致仕，然而到时朕须是教尔致仕。"但嘴上却说："卿所言太平事目，颇契朕旨。若是卿辅朕不逮，燮理得天下太平，到时朕尤须倚重于卿。便是卿欲退闲，而朕岂得允卿所请。"秦桧到此才吃了一颗定心丸，断定至少在目前，自己的相位还是稳当的。

秦桧回府后，王癸癸见到丈夫的脸色，就知道暂时平安无事。两人在卧室密谈，秦桧把面对的经过向王癸癸详细叙述。王癸癸感叹说："常言道，伴君如伴虎。且不说老汉初相，便是再相以来，又经历得几回风波。若是做一个官家罢不得底宰相，煞好！"秦桧说："此事谈何容易！"按宋朝的制度，王癸癸无异于痴人说梦，天下哪能有皇帝罢免不得的宰相。但秦桧从此却多了一份心思、一种设想，极强的权势欲促使他苦心思考，如何才能实现似乎是毫无希望的梦想，而当一个皇帝无法罢免的宰相。

十日，秦桧在面对之前，正好收到岳飞的一份申状，通报已经收复西京。秦桧接到申状，最初是眉头紧皱，突然又计上心来。他赶紧上轿，来到丽正门前，请求面对。宋高宗召他上殿后，秦桧口奏："陛下可曾读得岳飞上奏？"按照当时的规制，岳飞的前方战报，必定是一份两式，一是作为申状报告三省、枢密院，其实就是报告秦桧，二是作为奏疏上报皇帝。

宋高宗说："朕亦知得，岳飞一军已收复西京。"秦桧说："岳飞全然不遵圣旨约束，于闰六月末，一切了毕，而于七月初依然进兵不已，臣愚极为忧心。"

宋高宗说："朕意与卿同，二日前，朕已下诏班师，而目即金字牌尚未到岳飞军中。"秦桧说："臣所忧底，是班师诏到军前，岳飞仍是违抗圣旨。"

宋高宗说："依卿底意思，又当怎生处置？"秦桧说："臣愚思忖，不如在一日之间，接连下圣旨十二道，教他不得违悖。"

宋高宗感到，秦桧的设想颇为新奇，说："国朝从无一日之间，下手诏十二底前例。"秦桧说："绍兴九年，为制止岳飞以祗谒陵寝为名，北上寻衅，三省、枢密院曾连下三个札子，以免在路途遗滞。臣愚思忖，行非常之事，须有非常之圣旨。"

宋高宗说："既是恁地，卿便为朕起草。"宦官为秦桧准备了几案和文房四宝，秦桧已有腹稿，很快在当场起草完毕。宋高宗当即提笔誊录，只改了两个字，一气连写十二份手诏，当然，每份手诏的文字也稍有差别。他吩咐在殿上侍候的张去为说："目即是辰时，自辰至酉，每隔半个时辰，便以金字牌依次递发一道御笔，前往岳飞军前。"张去为说："小底领旨！"

[壹陆]
十年之力　废于一旦

　　七月二十日清晨,岳飞刚醒,就有探事人前来报告,说:"启禀岳相公,金虏四太子全军已放弃东京城,往黄河南岸退兵。"岳飞高兴地下令:"待全军将士饱餐之后,便以得胜之师鼓行,凯歌入东京城。依原议兵分三路,当职统背嵬军、右军、胜捷军自南薰门入,张太尉统前军、后军、游奕军可自宣化门入,而王太尉统中军、踏白军、选锋军可自安上门入。"

　　早饭开始,岳飞端起一碗粟米饭,才吃了一口,就有亲兵急报:"启禀岳相公,今有御前金字牌递到御笔。"岳飞连忙整齐一下衣冠,就临时在朱仙镇找一间大屋,行遥拜跪领礼,然后开拆邮件,取出黄纸,只见宋高宗的御笔语言相当严峻,责备岳飞不遵闰六月前,终止军事行动的圣旨,命令他收到此份手诏后,立即班师,不得另行藉口拖延。说岳飞是自己亲自简拔,忠义有素,料想接旨之后,必定遵旨行事。命令大军回鄂州,而岳飞本人速到临安朝觐。这份手诏无异于晴天霹雳,岳飞读后,一时说不出话来,捧着圣旨的双手气得不断发抖。

　　众将和幕僚们闻讯之后,就纷纷前来看圣旨,孙革第一个抢着阅读,他对岳飞说:"岳相公且去吃早膳。此乃是秦桧底奸谋,世人久疑他是细作,不须理会。孙子言道,'用兵之法','君命有所不受'。"

　　众人也纷纷作类似的劝说,岳飞心绪稍安,就准备继续吃早饭。不料第二道金字牌递发的相似御笔又接踵而至,岳飞不得不再行遥拜跪领礼,迎接圣旨,启封之后,方知大致是第一道手诏的复本,宋高宗只是强调担心岳飞不遵圣旨,所以再发此诏,教岳飞务必奉旨行事。

从早晨到午时,岳飞只能不停地迎接金字牌邮递的手诏,行遥拜跪领礼,前后正好十二份。此外,关于扣押军粮的省札和荆湖北路、江南西路转运司牒也于当天上午先后到达。一时之间,众将和幕僚们吵吵嚷嚷,大抵都表示极大的气愤,而岳飞受到政治和断粮的双重极大压力,也乱了方寸。他中午根本无法进食,最后决定召集众统制、部分正将和幕僚们在接旨的大屋里会商。

徐庆说:"下官以为,自家们万不可中秦桧那厮底奸计,须是乘胜进军。"王贵说:"徐太尉底意思甚是,然而目即军粮约仅供十余日,日后军中无粮,当如何筹措?"张宪说:"若要进军,便须因敌之粮,或是沿途买粮。"

朱芾说:"张太尉所言非是万全之策。体探得虏军粮草亦是不丰,而京西、河北、河东等处底百姓久苦虏人虐政,粮食鲜有盖藏,而王师有六、七万人,又有战马二、三万匹,供应浩大。"谈到后勤供应的实际问题,众人一时都感到无计可施,无话可说。

岳飞等候了一段时间,就说:"众官人且退。如今第一紧切底事,便是催粮。请孙、张二干办起草奏札。"众人散去,而孙革与张节夫留下,为岳飞起草了四份公文,一份是给皇帝的奏疏,一份是给三省、枢密院的申状,另外两份是给荆湖北路和江南西路转运司的公文,四份公文都不提其他事务,只是紧急催粮。岳飞亲自誊录奏疏,然后由孙革和张节夫以急递发出。

孙革和张节夫走后,岳飞一人就在屋里来回踱步,苦心思索,但想来想去,还是没有任何眉目。岳雲进屋,端来一碗粟米饭,说:"事势虽是艰难,阿爹尤须进食。"岳飞把手一摇,说:"我如今忧心如焚,便是粒食亦难以下咽。"他突然又想起粮食,吩咐说:"你可传令军中,自今晚始,军中须节减粮食,改为一日两餐,晚餐吃稀粥。另可宰杀死伤马、驴、骡等作食,以济艰难。这碗粟米饭,便教伤兵食用。"岳雲只能说:"儿子听命!"

岳雲出屋,就找着张宪等人商议,不一会儿,张宪、徐庆、于鹏、孙革和张节夫进入屋里,张宪手里端着一碗粟米粥,说:"请岳相公一面吃粥,一面听自家们计议。"岳飞说:"我端的吃不得。"徐庆说:"自家们情同手足,岳相公掌大兵,岂有忍饥受饿而议事之理。"岳飞经不住众人苦劝,只能一面吃粥,一面听大家说话。

但众人只是随便说话,只等岳飞吃完,才进入正题,孙革说:"自家们计议,莫如再上奏苦劝主上,明日便进军,占据东京城,另行听候圣旨处分。"岳飞悲慨地说:"便是主上俞允,亦须在二十日之后,方得另有圣旨。何况十二道手诏严切,料得难以挽回天听。主上底圣旨,便是宁愿弃东京与敌,若是进城而无粮可守,徒然教众将士伤心,亦是铤而走险。"

徐庆气愤地说:"难道竟教秦桧底奸计得逞!"岳飞说:"我亦是无计可施,若是设计得进军得胜之策,我便是一身受违诏底重罚,亦何足惜!众官人须知,当出师时,李少卿前来宣谕,我亦不忍他独当矫诏之罪。"大家反复商量,还是想不出妥善的计谋。

在岳飞等人商议的同时,姚政和傅选也找到王贵,傅选说:"出师已是三月,官军迭经苦战,屡破虏军,大展威风。然而依目今事势,切恐唯是退师休兵,方保得万全。"姚政说:"自家们计议,须是王太尉力劝岳相公班师。"

王贵明白,两人不敢找岳飞陈述己见,只想策动自己出面,他说:"我因颍昌一战受责,亦是难以进言。"傅选说:"自家们是武人,岂得如文士能言善辩。岳相公喜与文人相亲,王太尉莫须进言于朱参谋。"

两人怂恿王贵找朱芾,王贵也心怀疑虑,就找着朱芾单独谈话。他说:"君父既有严旨,自家们做臣子底,切恐难以违悖。本军已是苦战三月,莫如暂且收兵歇泊,候岳相公到临安朝觐,得主上俞允,然后再行进军,方是名正言顺。"朱芾只是静听王贵的议论,不作表态。他想了一下,说:"下官备知王太尉底意思,王太尉何不进言于岳相公?"王贵还是直说:"下官不敢。"朱芾长吁一声,说:"事势到此,委是进退两难,且容下官思忖。"王贵不再说话,只能与朱芾告别。

此时此刻,朱芾的感情也是十分痛苦的,他不由联想到自己近两年间,到岳家军当参谋的全部经历,长吁短叹,他低声自语:"悠悠苍天,难道天意便不愿教大宋中兴?"他反复思考,最后决定与岳飞单独谈话。

黄昏时,朱芾找到岳飞,在一小盏油灯下,彼此都见到对方的眼眶里噙着没有落下的泪水。朱芾沉痛地说:"岳相公可记得,下官初到鄂州军前,唯是传达李参政底言语?"岳飞说:"下官记得。"朱芾说:"然而当时下官只是说其一,而未说其二。"他开始把秦桧在政事堂召见时的谈话,和盘托出。岳飞倒并不吃惊,他对朱芾到本军的背景多少有一些推测。

朱芾转而激昂地说:"下官亦是噙齿戴髪底男儿,岂得做变乱黑白,破坏大宋中兴底事。自到宣抚司,下官便一意辅助岳相公,以成中兴之功。岳相公于下官亦是开诚布公,以直解疑,又进而推心置腹。"岳飞微微点头,说:"便是!"

朱芾感慨说:"孙子早曾言道,用兵'知胜','将能而君不御者胜'。然而国朝与前朝大不同,自太宗皇帝以来,便以将从中御为快,虽是迭遭覆军败将,而终不愿改弦易辙。其故非他,不容大将权重而功高……"朱芾说到此处,显出欲言而止的模样,他还是把后面的"黄袍加身"四字咽了下去。

他想了一下,又继续说:"此回主上以十二道圣旨,严令岳相公退军,便是国朝一百八十年间,史无前例。此虽是秦桧底奸谋,然而圣意宁不要中兴,不要雪复仇耻,亦不容岳相公立盖世之功,竟不顾六、七万将士底生死,至以断绝军粮相胁!"朱芾本来只想在古代臣规的范围内说话,但到悲愤的感情难以克制时,竟还是说了相当露骨的实话。他说完之后,却不免后怕,又叮咛说:"下官悲慨之情,不能自已。此言入岳相公之耳,切望万万不得外泄!"

岳飞只是用眼神表示接受,两人沉默片刻,岳飞激动地说:"下官在十五年前,受教于亡母,教我'尽忠报国',下官当时便已置自家底生死祸福于度外。依朱参谋底意思,又当怎生措置,方得尽忠报国。"

朱芾一面落泪,一面说:"王太尉献言,不如暂且收兵歇泊。岳相公到临安朝觐,泣血祈请,若是得以感动圣听,再行进军,便是名正言顺。下官思前想后,亦只得行此万不得已之策。"

岳飞又长久沉默不语,两人相互用伤心的眼神望着。岳飞突然站立起来,面向东方行揖礼,感恸地说:"臣十年之力,废于一旦!非是臣不称职,奸臣秦桧实误陛下!"

朱芾明白,岳飞终于下了最痛心的决定,他想了一下,说:"然而进军难,退兵尤难。官军已是广占河南州县,而河北有梁太尉底忠义军,京东又有李太尉军。"岳飞说:"恭请朱参谋召众官人前来。"

众统制、幕僚和部分正将都来到这间大屋,虽然屋中有几把交椅,谁都不愿坐下。屋中心的小桌上只放一盏黯淡的油灯,岳飞站在小桌旁边,他用近乎绝望的、呆滞的目光望着大家,众人已经得知主将的决定,都显得垂头丧气。就是姚政和傅选两人主张退兵,也不能表露高兴的脸色。

岳飞见众人到齐,就用十分低沉的语调说:"当职恭奉累降御笔处分,只得于明日班师。然而牛、王二太尉军在郑州,须是命他们同时退军。所得州县,若是以些少兵力把截,粮草鲜薄,无异于教他们就死,我于心何忍!须是关白,教他们及时退军。"他说到这里,又马上联想到郑州刘政一军的遭遇,泪水夺眶而出。

岳飞停顿一下,又继续下令:"依奉御笔,教本军取蔡州与淮宁府,此二地略有贮粮,便仍须把截。四太子大军虽是逃离东京城,然而他得知班师,未必不追击。可在军中扬言,明日便进军渡河。班师时,我当与郭太尉率背嵬军断后。"张宪说:"下官愿统前军断后!"徐庆又说:"下官愿统右军断后!"其他人也想争着说。

岳飞截住众人的话,说:"众太尉不必再议,我当亲自断后,张太尉可率前军在背嵬军之前,而王太尉统中军,与朱参谋、张干办等先行。另命人关白河北梁太尉忠义军与京东李太尉,料得他们此后便难于支撑,可退归鄂州。"

岳飞伤心地望着众人,用哽噎的语调说:"众官人另有甚计议?"徐庆突然激愤地大喊:"就此班师,下官终不甘心!"于是众人也纷纷呐喊。等众人喊声渐停,岳飞只是沉痛地说:"此殆是昊天上帝不教大宋中兴,祖宗底神灵不教收复旧山河!尚有何言!"

七月二十一日早晨,岳家军在朱仙镇的九军开始撤退,其路线是取道尉氏县、扶沟县,穿插淮宁府的地界,直抵蔡州,然后到信阳军。岳飞决定这条路线,一是因为比较径直,二是为免于经过如郾城、临颍、颍昌等血战之地,伤心惨目,感情上更加难受。

岳飞立马望着各军撤退,他眼见行伍不整,旗帜低垂,士气沮丧,不由心如刀绞,他想:"我读古书,书上有'旗靡辙乱'之说,不意本军素称严整,今日竟是如此!回想本军北伐誓师之际,何等雄勇气概,此后迭经恶战苦斗,将士们不屈不挠,虽是扶伤裹创,犹是死战,不愿回顾,自谓遭逢强敌,而毫无愧色于天地之间。不料今日竟败于官家与奸相之手!"他张口结舌,想说些什么,却又半天说不出一句话,最后,岳飞不免长叹一声:"岂非天乎!"

当天下午,岳飞和郭青所率的背嵬军已经抵达尉氏县和扶沟县的交界。在饱经战乱的地区,人口本来稀少,此时却有约上千的百姓拥来,男女老少都穿着褴褛的衣衫,大家拦截官军的去路,一位鬓发全白的老人带头高喊:"自家们愿见岳相公!"于是岳飞只能下马,迎上前去,首先作揖,说:"我便是岳飞。"

那个老人见到岳飞,就泣不成声,向他下跪,岳飞连忙把他扶起,感伤地说:"阿公,你有甚事?"其实,他也多少明白这群百姓的来意,只能明知故问。老人说:"自家们顶香盆,运粮草,迎接官军。虏人岂得不知,必欲屠戮,以为报复。如今岳相公率官军南归,又教自家们如何安生?"岳飞说:"朝廷既有诏命,我不得擅留!"

于是百姓们牵衣顿足,哭声一片。岳飞只能说:"若是你们不愿随虏,只得离乡背井,随本军南下,我自当护送,教你们免于劫难,襄汉一带另有闲田,足以耕垦度日。"这群穷百姓的家产鲜薄,临时收拾一些细软,就纷纷随岳家军南撤。

在岳家军撤退的沿途,不断有大群百姓前来投奔,随军而行。此外,在岳家军所占京西地区,很多百姓也径自南向逃亡。两者合计,共有约十万户,五十万人,这在当时自然是很大的户口数。

二十二日,岳飞统背嵬军进入淮宁府西,发现东方来了一支队伍,打着绯红旗,穿着绯红军衣,原来是刘永寿和后军第四将正将史贵听说大军班师,也放弃了淮宁府城,打算前来与大军会合。

岳飞的心境本来极坏,听说两人擅自弃城,不由大怒,说:"教刘永寿与史贵前来见我!"于是军兵们把刘永寿和史贵带到马前。岳飞在马上厉声责问:"大军虽是奉诏班师,当职未曾教尔们退兵,如何竟敢擅行弃城?"刘永寿和史贵吓得不敢辩解,只是跪在地上,不断叩头,说:"下官未曾理会得岳相公底意思,乞岳相公宽贷。"

随岳飞断后的,有于鹏、孙革、郭青、岳云等人,他们连忙下马,也跪在马前,为两人求情。岳飞长叹之后,说:"且贳得二人性命,教二人随军,依军法行遣,将刘永寿削除官职,史贵降七官,以为临敌不用命之戒。今夜郭太尉与于干办、祥祥可统背嵬军在后休息,虽是虏人不惯夜战,未有虏人追赶底探报,亦不得掉以轻心。我与孙干办前行,召众官人计议。"

岳飞的命令传到前面八军,当晚,岳飞带一百骑兵,连同刘永寿、史贵所部后军第四将一起前行,在张宪安排的一所小村寺里,又召集一次军事会议。

小村寺有个小庭院,十名军士执火把照明,众人或是站着,或是坐地。岳飞站立在庭院中心,他首先对寇成说:"寇太尉,今将史贵所统人马依旧并入后军。史贵已削七官,仍听寇太尉号令。"寇成说:"下官遵命!"

岳飞接着说:"大军明日可到蔡州,淮宁府与蔡州,须有措置。哪个太尉愿统军守二郡?"到此地步,众将还是争先恐后,出现了一片"下官愿守"的声音。岳飞噙泪望着众将,心里略觉宽慰。他想了一下,就对赵秉渊喊道:"赵太尉听令!"赵秉渊用昂扬而坚定的语气,大声喊道:"下官听候将令,誓效死力!"

岳飞格外感动,他说:"当职与赵太尉相识已是十年。赵太尉不念我底酒后过失,仍愿前来本宣抚司宣力。如今正当班师之际,军心思归,而赵太尉仍愿统军捍卫淮宁府,尤是难能可贵。赵太尉可统本军前往淮宁府驻守,我亦必当部署兵力,及时援助,不得教赵太尉孤军苦战。"

赵秉渊感慨地说:"下官自从大辽归明,备见得各军情伪,自家亦曾在淮西不战而退。如岳相公忠勇廉洁,便足以教怯者勇,教贪者廉。下官受岳相公知遇之深,今日正当报效。"他说完,就向众人长揖,然后走出庭院。由于副统制武赳仍然统率胜捷军第五、第六将驻守陕西虢州,他当即率领胜捷军的第一、第二、第三将连夜出发,前往淮宁府城。

岳飞接着命令胡清说:"胡太尉可率选锋军四将前去邓州,与李太尉合兵,防拓邓州、襄阳府一带。"胡清说:"下官受命!"

岳飞又命令寇成和张宪、徐庆三将说:"寇太尉可率后军部署蔡州城防,而守城右军第二将马太尉所部仍归徐太尉属下。张、徐二太尉可统本军驻信阳军,信阳军有藏粮,尚可应副军食。料得朝廷得知班师之后,亦不得坐视本军无粮。如有缓急,张、徐二太尉当及时应援淮宁府与蔡州。"三人也立即应命。按照惯例,自然是由张宪主持信阳军、蔡州和淮宁府的军务。

岳飞又对王贵和朱芾说:"王太尉与朱参谋可统其余各军暂驻德安府,相机进退。"两人也当即应命。大家明白岳飞的心意,其实还是没有死心,打算伺机再次大举。

众人纷纷退出,岳飞突然又有所思,他命令军士把张宪、徐庆、寇成、王贵、董先和朱芾追回,请到村寺的小殿中叙话。六人回来,小殿里有军士执着两个火把,只见岳飞僵立在那里,又露出欲言而难言的模样。朱芾毕竟容易体会主将此时的心境,他拉着寇成上前,从军士手里接过火把,吩咐军士们全部退出。

王贵问道:"岳相公又有甚言语?"岳飞带着恍惚的神态说:"我亦不知日后底天下事,竟是如何?"大家都沉默不语,长久地僵立着,张宪深思多时,他明白,此时此刻,岳飞的心情过于绝望、沉痛和脆弱,其实是需要激励和鼓舞,他字斟句酌地说:"岳相公不可灰心丧气,天下尚须岳相公处置。岳相公须记得国夫人'尽忠报国'底家教,一息尚存,亦须为国为民宣力!"众人齐声说:"便是此语!"岳飞当即向众人作揖,说:"感荷!感荷!当职回朝,亦须力争。"

除胡清率选锋军去邓州外,各军都暂时集中蔡州。二十三日晚,岳飞率背嵬军退到了蔡州城,暂住州衙。次日黎明,有几百名文士、僧道、老人等聚集在州衙前,请求拜见岳飞。岳飞只能面带愧色,出门与众人相见,并且抢先向众人作揖,说:"当职委是羞于拜见你们!"为首的一位文士说:"我受众人之托,愿与岳相公进献忠言。"

岳飞说:"恭请众秀才、父老等进入叙话。"他把大家领进州衙的庭院,然后请那位文士说话。文士说:"自建炎三年、四年间,自家们沦陷腥膻,将逾十二年。久闻岳相公有恢复底宏誓大志,自家们延颈跂望王师底车马大举北上,直是以日为岁。如今兵威远扬,故疆渐复,虏人奔窜逃命之不暇。百姓们千家万户庆贺,以为自此之后,便得以免于辫髪左衽。不料岳相公竟在进击得利之际,遽然引军班师,此委是自家们所未谕。岳相公纵然不以中原赤子为意,难道便忍于轻弃垂成之功?"

岳飞悲慨地说:"今日班师,岂是当职所愿!"他命令取出宋高宗的十二道御笔,放在大堂的书案上,让那位文士观看,于是识字的人就纷纷进屋,大家都大哭一场,与其他百姓互相传达。有一位老人说:"然而岳相公便须弃自家们而去。"岳飞说:"如是众秀才、父老等不愿随从虏人,可移居襄汉间,此地自有闲田。"于是蔡州的百姓也纷纷移民南下。

牛皋、王万的两军和汝州等地的退兵也抵达蔡州。大家拜见岳飞,得知班师的原委,无不嗟叹。牛皋报告岳飞说:"左军同统制李太尉与中军统领苏太尉不愿退兵,他们依旧守卫洛阳。"岳飞说:"他们所统,只有二将兵力,切恐难以支捂。须发令教他们相机退兵。"

岳飞等安排停当,就在二十四日,带着于鹏的背嵬军第一将、王刚的背嵬军第二将,约两千骑兵,随行的幕僚另有孙革和张节夫,取道顺昌府,前往临安。

[壹柒]
卷土重来

　　完颜兀术带领败兵,逃到黄河南岸的开封府所属延津县,休息一夜,就在翌日济渡。完颜兀术眼看已有半数人马渡河,他就与完颜突合速、张通古等人登上了一艘渡船,有军兵报告:"有一旧日赵氏底太学生自称有奇计,愿求见四太子。"完颜兀术颇感奇怪,瞧了张通古一眼,张通古吩咐说:"便叫他前来。"完颜兀术与完颜突合速、张通古又临时上岸站立。

　　那名北宋时的太学生来到河岸,他辫髪左衽,见到完颜兀术,就行女真跪礼,说:"贱子邢具瞻拜见四太子与众孛堇。"完颜兀术突然联想到十一年前,自己与韩世忠军相持于黄天荡,险遭不测,而有书生王知全为自己出谋划策,就说:"邢秀才,你若是果有妙计,我当不吝重赏。"

　　邢具瞻说:"贱子以为,四太子不须渡河,汴京可守,岳飞必且退军。"完颜兀术也不想隐瞒,说:"此回朱仙镇一战,岳爷爷竟以数百骑破我大军,汴京百姓日夜望他前来,又怎生抵御?"

　　邢具瞻说:"贱子闻得,十一年前,秦桧自大金军前回归江南,日后拜相,力主和议,与岳飞势不两立,而赵构无道,猜忌岳飞,日甚一日。自古未有无道之主与奸臣在内,而大将得以立功于外。依贱子所料,岳飞日后且不得免祸,岂能成功。"

　　邢具瞻喜读《战国策》之类纵横家的书籍,以苏秦、张仪自许,然而在宋朝又颇感怀才不遇。当伪齐时,他也曾千方百计钻营,希望得到一官半职,结果却事与愿违。他这次求见完颜兀术,无非是期望着自己能有一个出头之日。然而他的议论却歪打正着,特别是打动了走投无路的完颜兀术。完颜兀术对张通古说："邢秀才底意思,你以为如何?"张通古却将信将疑,说:"康王猜忌,秦桧阻难,自属意料之中,然而依岳爷爷兵势汹汹,眼见得康王与秦桧亦是无能为力。"

完颜兀术对张通古说："如今既到黄河,不如暂且歇泊,打探消息,然后再议行止。你可为自家再作书与秦桧。"张通古问："作书道甚底事?"完颜兀术说："须是重申教岳爷爷退兵,然后杀他,方得议和。"张通古临时伏在马鞍上草就,为完颜兀术念了一遍,完颜兀术感到满意,就把信秘密发出。

完颜兀术临时封邢具瞻一个孛堇,把他留在军中。但完颜兀术仍不敢懈怠,他当夜与完颜突合速、张通古等还是到黄河北岸住宿,在南岸的军队则点燃无数火把,彻夜巡逻,以防岳家军夜袭。

完颜兀术很快得到两种互相矛盾的情报,一是说岳家军行将渡河,二是说岳家军已经南撤。他当即在黄河沿岸的一间茅屋里召集军事会议,完颜突合速说："岳爷爷用兵,自来莫测,若是他佯示退军,诱大金军马南下,亦未可知。自家们不如在此稍停,打探的实,然后再决进退。"众人纷纷附议。

完颜兀术如今已对邢具瞻相当信任,他问道："邢孛堇以为如何?"邢具瞻本无军事知识,却受宠若惊,他总觉得,只有力排众议,方能显出自己的高明,他说："岳飞退军,果不出下官所料,依下官底计议,四太子可发兵重返汴京。"

正在此时,孔彦舟带兵前来会合,他进入茅屋,对完颜兀术行女真跪礼,完颜兀术命张通古说明情况,然后问道："孔大,你有甚计议?"孔彦舟说："下官破郑州,俘虏得岳飞属下准备将刘政,四太子不如根问,亦可知岳家人底情实。"孔彦舟显然是有意向众人炫耀,在大家屡战屡败之余,自己还能第一次俘获岳飞的部曲。

于是刘政被押进茅屋,经过几天痛苦的俘虏生活,他显得面容消瘦,却是怒目圆睁,昂然站立。孔彦舟大喊道："刘政,你底生死祸福,在我掌握之中,可从速拜见四太子!"刘政只是朝完颜兀术瞪了一眼。完颜兀术开始审讯,提出各种问题,刘政依然一言不发。完颜兀术无计可施,吩咐说："刘政亦是一个丈夫汉,可将他押下,好生看觑。"虽然敌人对刘政有所怜惜，而刘政却在绝望的环境中，不食而死。

当孔彦舟准备再次发言时，有驻兵中牟县的韩常向完颜兀术发来公文。原来韩常得知岳家军班师的确讯，又立即反悔。他将唯一知情的亲侄韩绂秘密处死，并且私下焚烧由韩绂带回的"岳"字旗和招降文榜，然后带兵进入郑州空城，向主将报功。

孔彦舟到此已急不可耐，说："下官不才，愿统本部人马重归汴京，迎候四太子大兵。"完颜兀术也情绪稍振，说："孔大，你可统军前去，若得重占汴京，便是大功！"他接着又下令赏邢具瞻黄金二百两，命邢具瞻随孔彦舟一同进兵开封城。

完颜兀术虽然喜出望外，仍不免心有余悸，他的大军依旧暂驻黄河两岸，几天之内，不敢贸然进兵。到七月底，完颜兀术才趾高气扬地重新南下开封城。在通天门外，他用马鞭指着高大的城楼，对张通古得意地说："十日前，我离得此门，以为从今之后，决无再归之理。今日又自此门入城，岂非是天意？"张通古说："江南唯有不肖主与佞臣，区区一个岳飞，又何得有回天之力。"

完颜兀术回龙德宫，大摆筵席。他特别把邢具瞻的座位安排在自己的酒桌旁边，对众人说："我此回南征，备极艰难，委是前所未有。当兵气不扬，以为不得再战时，唯有邢孛堇教我留兵河南，以观形势，岂得无赏。"他问张通古："如今可有官可授？"张通古说："邢孛堇通文墨，授翰林待制、同知制诰，可备顾问。"完颜兀术说："便授此官。"

完颜兀术抓了一块大肥肉，嚼得津津有味，又满饮三盏酒，然后宣布说："此回南征，委是劳疲心力，如今大局已定，我亦可暂归燕京歇息。三日之后便启程，突合速可在汴京主张，众孛堇须听他底号令。洛阳、淮宁府、蔡州三处亦须发兵占据。"

完颜兀术临行前，仍按各将原先的屯驻地，命令李成重新进攻洛阳，翟平夺回淮宁府，而韩常在重占颍昌府后，进攻蔡州。

翟平率领四个忒母的兵力，沿着蔡河南下。八月五日，一名金军千夫长率五百游骑沿途侦察，到达离淮宁府城北约十五宋里的杜村，正好与一队岳家军遭遇。这是胜捷军第二十二队，由保义郎杨兴任押队，他单独有一匹马，统率着全队另外四十九名步兵。

杜村正当南北的大路,村北横着一条小河沟,上有一座土桥,河沟南岸有一棵大树。一名军兵爬在树上瞭望,首先发现敌情,报告说:"启禀杨队将,远处尘氛飞扬,自北而南,疑有虏骑前来。"杨兴当即命令一名军兵骑上自己的马,回城飞报,又对其他四十八人说:"此回是自家们立功底时机,若是退却,虏骑追来,逃无可逃,唯有坚力向前,与虏人死战!"众军兵纷纷表态:"自家们愿追随杨队将死战,誓杀虏人!"杨兴就依托小河沟,埋伏兵力。

金军骑兵很快抵达北岸,杨兴看准目标,用神臂弓向最前的敌人先发一箭,这枝利箭穿透重甲,直贯当胸,那名金军立即落马毙命。于是金军纷纷拨转马头逃跑,杨兴也不追赶,乘胜收兵回城。

这队岳家军才走了约三、四宋里,一猛安金军又追赶而来,并且利用骑兵的速度,四面围掩。杨兴高喊:"自家们是岳家军,如今唯有誓死抗击,岂得教虏骑轻易踩践!料得城中必有救援。"他指挥四十八名军士列成圆阵,以盾牌掩蔽,并且下令:"弓弩不得虚发!"

金军虽然以绝对优势兵力包围了这队岳家军,在狭窄的空间反而无法完全展开兵力,他们只能反复以一、二十骑,单方向冲锋,并且弯弓放箭。金军接连几次进攻,都被杨兴率本队军兵击退,先后射杀了四个敌人。

恼怒的金军千夫长又命令三十个骑兵,从东面向岳家军驰突,一面冲锋,一面射箭。尽管又有四个骑兵被射杀,他们还是继续向前奔冲。杨兴见到来势汹汹的敌军已经接近,就命令南、西、北三面的军兵仍旧列阵,自己率二十名军兵突出阵前,持麻扎刀、大斧、提刀与敌军短兵相接。

杨兴一人当前,而左臂连中六箭,他仍然忍痛抡动右手的麻扎刀,劈断最前面的敌人的马腿,又将落马的敌人砍死。杨兴接着又杀死另一个敌人。在众军兵的奋击下,金军伤亡十二人,再次败退。

此时,胜捷军统领陈照也指挥第一将和第二将赶到战场,一猛安金军不敢迎战,立即逃遁。陈照的军马并不追击,只是把杨兴的一队军士护送回城。这队军士都得以生还,只有三人受伤,而伤势以杨兴为最重,他左臂所中的六箭都触着骨头。后来,岳飞特别为杨兴上奏,保举他超升为武翼郎、阁门宣赞舍人。

六日，翟平所率的金军南下，他命令四名万夫长，各统一忒母兵力分别屯驻淮宁府的东、南、西、北四门之外，形成包围的态势。赵秉渊所统的胜捷军只有三将兵力，三千余人，他与陈照、众将官商议，由第一将分兵守东门和北门，第二将分兵守南门和西门，以第三将作为机动兵力。

到中午时，十五名金军骑兵驰马来到南城门下，大喊道："如今翟将军统大兵前来，投拜底生，抵拒底死！"说完，就用箭把劝降书射到城头。军兵拣来，交付赵秉渊，赵秉渊说："便焚了！我当率全军将士与虏人死战，料得岳相公必有措置。"

下午，金军开始忙于打造攻具。到申时，城南出现了一支岳家军，打着"岳"字旗和"后军李"的旗号，原来正是后军副统制李山统本军第一、第二、第三、第四将前来支援。第四正将史贵自愿担任先锋，以戴罪立功。这支岳家军怀着被迫班师的愤恨，重振雄风，向金军发动猛击。

赵秉渊得知援军前来，吩咐陈照说："陈太尉统本军二将仍旧守城，不得疏失。"他亲自率第三将打开南门，攻击敌人。城南的一忒母金军在两路岳家军的腹背夹击下，很快溃败，分别向城东和城西逃遁。

赵秉渊和李山会师后，就乘胜联合向城西的一忒母金军发动进攻。城西的金军也接着溃败。岳家军又杀奔城北，再次击破翟平亲统的金军。在城北交战的同时，东方也赶来一支援军，原来是刘锜命令选锋军统制韩直率本军前来，与城东的金军交战。陈照也适时率胜捷军第一将突出东门，夹攻金军。傍晚时，这次战斗就胜利结束。

赵秉渊把援军请入城内，在府衙设宴庆功。赵秉渊特别为众将斟酒，高兴地说："下官所统兵少，若非众太尉前来助战，难成此功。虏人只是乘岳相公班师，得以猖獗，今日之战，便见得兵势如昔。"

李山却用沉重的语调说："目即缺粮，王太尉与朱参谋、张太尉计议，大军只得归鄂州就粮，而淮宁府与蔡州亦不得不放弃。下官此回奉王、张二太尉命，前来接引赵太尉一军南归。"赵秉渊听后，不由神情黯然。

韩直也说："刘节使亦是奉朝旨，引兵南归太平州。他体探得敌情，教下官统军前来助战，亦足以表明王师非是不能战，而是不得战。"两人的说话使喜庆的气氛为之一扫，众将都不想再说，只是默默地吃食。

次日，韩直就率领本军辞别赵秉渊和李山，退回顺昌府，然后随刘锜全军一同南撤。赵秉渊、陈照和李山等也做了一天商量和准备，于八日开始撤离淮宁府。赵秉渊率胜捷军在前，护送百姓南下，而李山则率后军的四将兵力，在淮宁府城留驻两天，以为掩护，然后再整军而归。

李山统军进入蔡州城，州城已成空城，百姓全部南迁，只剩寇成统后军第五、第六将接应。寇成的情绪十分消沉，他简直就懒得多说一句，只是通知李山说："体探得韩常已是统军占据颍昌府，然而到郾城县南，便驻兵观望。李太尉此回前去淮宁府，多有辛劳，明日可统军先行，我当亲统本军第五、第六将断后。"

十一日，后军终于撤离蔡州城。寇成亲率二百骑走在最后，他忍不住再三回眸，望着愈来愈远的蔡州城，泪流满面。张宪和徐庆各自率领前军和右军的一将，前来蔡州确山县，把后军接回信阳军。

到此，岳家军最终被迫退出了广阔的京西路东部平原地区。韩常慑于岳家军的兵威，不敢贸然进军，等后军退走了六天，韩常才于十七日率金军重占蔡州城。

李兴指挥的左军第八将有乡兵近三千人，这是他在西京河南府所组织的，苏坚所率的中军第五将则有一千余人。他们接到岳飞下达的命令后，李兴说："我唯是在西京一带抗击，不愿舍弃他去，苏太尉可引领本部随岳相公大军南还。"苏坚说："既是恁地，我岂有引军独还之理，愿与李太尉同心协力，在西京抗拒。"所以两人仍然统兵据守洛阳城。

自洛阳失守后，李成逃往黄河北岸的孟州。他尽管表面上还是照旧显示矜持之态，而内心对战争的前途十分悲观，他成天和徒单定哥饮酒，有一种醉生梦死，活一天算一天的心态。当得知岳家军班师的消息，他简直不敢相信自己的耳朵。他与徒单定哥接到完颜兀术重占洛阳的命令后，仍是不断派人侦察，不敢轻易出兵。迟至八月九日，他与徒单定哥才率所部再次渡过黄河，驻军孟津县，这还是伪齐时新设的县。

李成继续派人打探，探事人不断报告，说洛阳城的四周九个城门完全洞开，没有一点防御的迹象。徒单定哥就催促李成说："李将军，兀术屡次催督，教自家们进兵洛阳，既是城中无备，你须是亲自统兵前往。"徒单定哥以金太祖大驸马之尊，自己只想贪图安逸，而让李成出兵。

李成屡次战败，已成惊弓之鸟，光是从面子上说，他也实在不愿轻率冒险，说："岳飞用兵素称狙诈，既是河南之地，已重归大金所有，不如且缓缓底，便做得尤稳。"徒单定哥说："李将军，你莫非是怯战？"李成当然尤其不愿被讥刺为怯战，就只能率领五千人马，到北邙山设寨。十一日，李成引军前来洛阳北城偏东的安喜门外列阵，面对洞开的偃旗息鼓的城门，仍不敢随便进入。

延宕到中午，苏坚率中军第五将的将士由城东偏北的上东门出城，李兴率本部从城北偏西的徽安门出城，向李成发起夹攻。李成的五千金军还是一触即溃，他们放弃北邙山的营寨，一直逃回孟津县。李兴和苏坚因为兵力少，也无法追击，只能收兵回城。

李成虽然十分讲究体面，到此也只能与徒单定哥飞报完颜突合速，请求援兵。完颜突合速正在宿州一带用兵，与杨沂中军交锋。直到该地的战事结束，完颜突合速方才特命完颜赛里统四驸母兵力前往孟津，这已是九月初了。

得知金军大部队前来增援的消息，李兴与苏坚商量说："虏人以数万大军，切恐自家们数千将士，便难以抵御。我曾转战于河南府诸县，备知各处地形险易，相度得永宁县白马山，以为西京寄治所在。如今亦只得重返故地。"苏坚表示同意，于是两军就撤离空荡荡的洛阳城，于九月七日到达白马山。

完颜赛里、徒单定哥和李成遂率金军重占了洛阳城。由于战局的好转，徒单定哥不久就返回东北的上京会宁府。按完颜突合速的命令，仍由李成驻守洛阳。

转眼就是十二月寒冬，李兴和苏坚两军还是忍受各种困难，坚守白马山寨。一天，有军兵报告："虏人命使前来，欲拜见李、苏二太尉。"苏坚对李兴说："莫须教他们进入，然而亦须防他们乘机窥伺山险。"李兴说："便依此议！"军兵们把金朝三名使者蒙着眼睛，押到半山，李兴和苏坚就在露天接见。

金朝的来人都是汉儿，他们见到李兴和苏坚，也不行礼，为首者说："下官是大金元帅左监军、龙虎大王属下忠翊校尉忻来孙，奉龙虎大王之命，前来招安，特赍黄榜与招安书信。李、苏二太尉坚守山寨，尽忠赵氏，亦是可敬。然而如今岳爷爷大军已退,便见得天意,康王无道,非是中兴之主,二太尉何须为他宣力效命,在此苦守,艰难备尝。龙虎大王钧旨,若是二太尉归顺大金,李太尉可特授从三品奉国上将军,做河南府尹,苏太尉可特授正四品昭毅大将军,做同知河南尹事。"

苏坚再也听不下去,他拔出宝剑,当即把忻来孙斩首,李兴吩咐另外两人说:"你们若是再胡言乱语,忻来孙便是你们底下场。你们可归去告知龙虎大王,自家们是好男儿,誓不投拜!教他前来受死!"吓得另外两人面无人色,军兵们立即把他们蒙上眼睛,交付忻来孙的人头,押下山去。

不久,岳飞所派的背嵬军第四将准备将蒋世雄率领一百人,化整为零,来到白马山。正好有苏坚所部中军军兵认识蒋世雄,把蒋世雄带上山,苏坚给李兴作了介绍,蒋世雄并未带岳飞书信,他只是口头传达:"自班师以来,岳相公夙夜痛心疾首,他不忍你们与梁太尉等在北方孤军苦战,教你们务必回归。梁太尉今在河北,亦另遣人前去关白。"

李兴只是在不久前归属岳飞,他还未曾见过主将的面,而苏坚已经跟随岳飞积年。李兴听后,不由掉下几滴英雄泪,说:"不意岳相公尚是如此牵挂自家们。"经过蒋世雄和苏坚的苦劝,李兴也终于同意南撤。

金朝劝降失败,李成奉命统兵来到白马山,他不敢径攻山寨,就在山下驻兵,打算断绝白马山寨往各处的通道,实施长围久困。苍天又降下大雪,出现了奇寒天气。

李兴与苏坚、蒋世雄商议:"如是自家们只在山上苦守,天长日久,必是自毙,何况亦难以举军南撤,须是与李成死战,方得犯死求生。"蒋世雄说:"李成所统金军亦是在冰雪中暴露,正宜乘机用兵。"苏坚说:"依下官底意思,不如雪夜斫营,必可获胜。"

三人商议已定,当晚召集军兵,说明不能坐以待毙的道理,军兵们个个踊跃,表示愿与敌人死战。大家饱餐一顿,就分兵三路,每路一千人,由李兴、苏坚和蒋世雄分别率领下山。

寒风凛冽,大雪纷飞,三千勇士在半夜突入金营。猝不及防的金军根本无法组织抵抗,被杀个七零八落,李成本人在梦中惊醒后,仓皇骑马逃窜。李兴等率军追击,直到洛水以北的福昌县三乡镇,方才收兵。于是金军的封锁就被完全打破。

到绍兴十一年,李兴等开始准备南撤。苏坚和蒋世雄的部曲都是单身,因为他们的家眷老小都在鄂州,而李兴的部伍本是当地乡兵,必须扶老携幼,并且还有当地百姓,总计有四万多人。这自然是十分困难的撤退。

正月下旬,李兴等正准备启程,不料来了一支援军,原来是梁兴、董荣、赵雲、李进、牛显、张峪等率领忠义军转战渡河而来。梁兴这支部队在河北和河东,原来乘金朝后方空虚,得以号召北方人民,纵横驰骋。岳飞大军班师后,金朝用大量兵力围剿,形势顿时逆转。

岳飞在派遣蒋世雄的同时,又命令背嵬军第七准备将左迪潜入黄河以北,几经曲折,终于在太行山区找到了梁兴等人。当左迪传达命令后,梁兴愤愤然地说:"河东底王忠植义军曾收复得十一州军,他不幸被俘,到庆阳府城下劝降,却是扬言,愿将士勿负朝廷,遂被虏人加害。忠义人不负朝廷,而朝廷却是深负北方百姓!如今大河以北唯有自家们一军,岂得退却。唯愿岳相公统军再来,与自家们会师。若是岳相公不来,自家们唯有死战而已。"其他人也作同样表态,左迪无法,只能随他们一起转战。

不料在绍兴十年岁末的一次战斗中,左迪身受重伤,他临咽气前,还是艰难地说:"众太尉须听岳相公号令,退军回鄂州。"于是梁兴等人才下了撤退的决心。他们率军渡黄河后,打听到李兴等部还在白马山,就赶来会师。

梁兴等所率的忠义军虽然在苦战中有损失,但更多的北方壮士又参加到这支队伍中,所以兵力反而扩大到约八千人。李兴见到有这支队伍加入,高兴地说:"六太尉统军前来,此次南撤便必是成功。"董荣却说:"然而八千人马底粮秣,亦是不易应副。"苏坚说:"自家们同生死,共患难,粮食不足,亦须同共节食。"

在忠义军到达两天后,李兴等就放弃白马山寨,经过商量,大家决定不烧山寨,以免暴露情况。军民共计约五万人,由梁兴、赵雲和李进率忠义军三将为前锋,李兴、苏坚和蒋世雄率白马山的人马护送老人和妇孺,董荣、牛显和张峪率忠义军三将断后。李兴等人不断回眸,凝望着白马山寨,只能掉着眼泪,依依惜别。

这支队伍沿着今豫西山区南下。当他们来到伊阳县南的大章谷一带,正遇金军的一忒母兵力邀截去路。梁兴当即激励部兵说:"自家们被迫别离故园,蓄愤既久,今日房人前来受死,须奋力一战!"他舞动鸦项枪,率先冲锋。忠义军的将士个个满怀悲愤与仇恨,在一片喊杀声中,奋力攻击金军的骑兵。不等苏坚统中军第五将前来支援,金军已经全部溃逃,遗弃了一百多具尸体。

这支队伍终于进入岳家军控制的邓州,由选锋军副统制胡清带兵接应。经历了一番悲欢离合之后,梁兴等六人统忠义军就屯驻襄阳府,而李兴、苏坚和蒋世雄所部则奉命回鄂州。

在京东进行游击战的李宝所部,也有类似的遭遇,当岳飞大军班师后,就承受了巨大的军事压力。李宝最后还是决定南撤。他率领部队约三千五百人,转移到广济军,截获金朝的一个纲船队,得到大量的银、绢、钱、米,又乘船沿着改道后的黄河岔流,前往徐州。

途中又遭遇金军的船队,计有六艘。曹洋向李宝建议说:"下官料得,虏军必是无备,可乘机掩击。"李宝说:"会得!"当两支船队相遇时,金军方面一个百夫长立在船头,说:"来底是哪个孛堇,可与自家叙话。"话音刚落,就飞来两箭,将他射中落水。李宝挥军接近和登上敌船,金军除了个别抵抗被杀外,余下七十一人全部投降。他们全是汉儿、渤海人和契丹人。李宝说:"留得他们,亦须费食,不如尽底杀了。"曹洋说:"自家们既欲南归,留此生口,便得以实验。"于是将他们全部捆绑,分别押在两艘船里。

船队一路顺风,不久就驶过了金朝前沿的淮阳军城,这是韩世忠军屡攻不克的要塞,金朝改名邳州。李宝的船队刚过,有十多骑金军沿着岸边追来,为首的大喊:"你们是何人,速与停船!"李宝也高喊道:"自家便是兴仁府泼李三,如今欲南归朝廷!"说完,就弯弓一箭,把为首的敌将射落下马。众人也跟着放箭,又射倒了四名敌骑,然后扬长而去。李宝一行由黄河入淮水,终于抵达韩世忠军镇守的前沿坚垒楚州。

北方轰轰烈烈的民众抗金斗争,终因岳家军的班师而归于沉寂。

[壹捌]
朝觐前后

宋高宗在发布了十二道严令班师诏之后,就接连收到岳家军与金军主力决战的捷报,特别是郾城和颍昌两次大战,又使宋高宗稍稍改变主意,他召见秦桧说:"既是岳飞屡获大捷,莫如由岳飞先据东、西两京,然后与虏人划河为界,此亦足以稍慰祖宗之灵,杜天下之口。若是教杨沂中统兵前去,与岳飞、刘锜共为进退,此亦是一计,足以教岳飞不得专擅。"

秦桧明白,宋高宗的最高理想就是把东、西两京在内的河南之地收回,而弃河北与河东于不顾,岳飞的捷报,又使皇帝感到鼓舞,认为实现理想有望。秦桧其实当然愿意放弃河南之地,认为放弃之后,讲和更加容易,但表面上又只能应承说:"诚如圣谕,待臣为陛下草诏。"于是秦桧又在七月中旬至下旬连着为皇帝起草几份手诏。特别是在七月二十九日,对岳飞十八日反对班师奏的回覆,又允许岳飞"少驻近便得地利处",但又须与杨沂中和刘锜"约期并进"。宋廷发表殿前副都指挥使杨沂中为淮北宣抚副使,刘锜为淮北宣抚判官。秦桧又通过王继先和宦官的暗线,尽量延缓金字牌递发岳飞的几份御笔手诏的速度,而又不留形迹。

岳飞七月二十七日到达顺昌府,然后取道淮西寿春府、庐州、无为军与和州,由采石矶渡江,径往临安。在岳飞前往行在的同时,新任淮北宣抚副使杨沂中又率殿前司军,在二十五日从临安出发北上。这支军队准备在建康府渡江,然后直趋宿州。

杨沂中在离开临安前,自然得到宋高宗的单独召见,面授机宜。他本是张俊旧部,两人关系甚深,到了建康府,当然又有一番宴请活动。张俊只召杨沂中和田师中到私宅赴宴,以便谈心。杨沂中对张俊无话不说,就在席间介绍了朝辞时宋高宗的玉音。张俊问道:"杨十,你到宿州,又有甚能为?"杨沂中说:"此回岳五立功甚多,我岂得教他独成其功,亦须厮杀一、二回,方见得自家用兵底威风。"

张俊满饮一盏当地名产的芙蓉酒,悠闲自得地指着田师中说:"田十七便知我心曲,做大将底其实不在战功,而在主上恩宠。主上底圣谕,便见得岳飞自大,颇启主上底猜疑。杨十不如在此歇泊数日,相度形势,然后见机行事。"杨沂中也善于巴结逢迎,故在官场中得到了"髯阉"的诨号,但还是比较敢战,他说:"圣上教我急速赴淮北,以便牵制岳五,教他不得擅自渡河。"张俊笑着说:"既是恁地,你且在此休息一日。"

杨沂中听从张俊的劝告,在建康府多留了一天,当他率军渡江时,还未得到岳飞班师的消息。八月十二日,杨沂中军到达盱眙时,当然已得知岳飞和刘锜两军班师的消息。他方才感到自己已成孤军,就命令步兵二万五千人留在当地,自己率骑兵五千,准备前往宿州转一圈,然后退兵。

十四日傍晚,杨沂中统率骑兵,赶到了宿州城。他当夜就得到探报,说金军约有四百骑,前来占据本州临涣县位于运河北岸的柳子镇。次日,还是得到同样的情报。杨沂中当即对部属们说:"自家们既是到淮北,亦不得空回。如今虏人在柳子镇唯有数百骑,正宜袭击,便可凯旋。"有的部属说:"切恐虏人是饵兵,杨宣副须是谨慎。"杨沂中说:"我有五千骑,足以剿杀,何惧之有。虏人不惯夜战,我当黉夜出兵。"

杨沂中不听部属的谏劝,就在当夜率五千骑出城,沿运河往西北方向直进,到十六日天光微明时抵达柳子镇,不料竟扑一个空,在镇上不见一个金兵。杨沂中到此方知形势不妙,就下令急速退军。

金朝元帅左监军完颜突合速和元帅右都监大挞不野率领五弎母的兵力,正在杨沂中的退军路上埋伏,当伏兵出击时,杨沂中见势不妙,就率先逃跑,于是全军奔溃。金军乘胜进攻宿州,在州城里大纵屠戮。

杨沂中一时不知下落,消息传到临安,引起宋廷的震恐。但杨沂中不久回到盱眙,又向朝廷递发个人平安的奏报。他引军渡江,从镇江府返回。

绍兴十年的宋金大战,从顺昌大捷开始,而以宿州失陷告终。金军最终占领了河南之地。

岳飞直到八月中旬,在接近临安府的广德军和湖州一带,才不断收到一些宋高宗手诏和朝廷的省札,一般都是从临安发往京西前沿折回以后,再递给岳飞本人。

岳飞一行走过临安府与湖州交界的独松关,又在临安府馀杭县地界的沿路,接到后面追上的金字牌快递,岳飞只能就在路边东向,行遥拜跪领礼。他启封阅读,原来正是宋高宗七月二十九日所写,允许岳飞暂缓班师的手诏,岳飞只能呆望着这张黄纸发出苦笑,他真是欲哭而无泪。于鹏、王刚、孙革和张节夫都传看这份手诏,孙革愤愤然地说:"自家们莫如遵旨回归京西,暂缓朝觐。"张节夫说:"此亦是一说,便依此议!"

大家正在说话,又从背后追来了急递,向岳飞传送宋廷的省札,岳飞开拆公文一看,原来是朝廷已知他班师的消息,说"三省、枢密院同奉圣旨",令他"疾速前来,赴行在奏事"。岳飞把这份省札递给大家,于是大家都气得沉默无语。岳飞在道边僵立多时,就第一个翻身上马,说:"既已到此,尚有何计,我须觐见主上。"

岳飞一行抵达临安城,命令王刚率背嵬骑兵暂驻馀杭门外,自己与于鹏、孙革、张节夫进城,入馆舍住宿。岳飞等人刚安顿下来,就有三省派来吏胥,向岳飞唱喏,说:"男女奉秦相公钧旨,恭请岳宣抚今夜到政事堂赴宴。"岳飞怒不可遏,大声说:"你须回覆秦相公,我不收复故土,便无颜赴宴!"那名吏胥只能向岳飞告退。

岳飞在馆舍闷住了五天,满朝的秦党自然谁也不会前来拜访,探望者只有司农卿李若虚,但他另外带来了新任司农少卿高颖。李若虚首先对众人介绍高颖,说:"高少卿原是宣和六年进士,陷落伪地十年,因穷守节,不愿出仕。如今辗转南归,得与下官同僚,幸得言语投机。"他转而痛苦地对岳飞等四人说:"下官本意,直欲你们尽复故地,然后相会,不意自德安府一别,前后仅有四月,又在行在再见。此亦是天不佑大宋,曷胜伤痛!"岳飞只是沉默着,他实在难以开口与故人,与新相识的高颖说些寒暄的话。

于鹏问道:"李大卿归来,可曾问矫诏之罪?"李若虚激愤地说:"若是治下官矫诏之罪,亦是自家底无上荣光,可惜朝廷尚优礼于下官,将我升擢司农卿。可叹一个小朝廷之中,除高少卿外,竟无一人得与下官互诉肺腑之言。曾是岳相公所不齿底万俟卨,此回上奏,力劝主上教岳相公班师有功,便自监察御史超擢右谏议大夫。"

大家当然深深地理解李若虚孤立的处境,孙革说:"李大卿在朝中便是孤臣孽子,然而你们前来,亦是尤见忌于秦桧。"李若虚说:"唯其形影相吊,孤掌难鸣,亦只得拜见你们,聊抒愤懑之情。"实际上,李若虚除了发牢骚之外,对朝政的许多重要内幕,也不可能知情,高颖自然更不待言。五天之中,除了公务外,李若虚和高颖还是天天前来拜访。

到宋高宗宣布召岳飞面对时,东南的战事已经大致告辍。无论是朝廷还是岳飞,不仅是对岳家军的前沿部队被迫放弃淮宁府与蔡州,就是对杨沂中战败后的下落,韩世忠的班师,也都已知情。

宋高宗当天还是按照惯例,先召见右相秦桧。他对河南的陷落虽然多少有点不快,但整个心态还是相当平静,因为他通过此次大战,终于真切地了解到,金人已决无能力对他在东南的称孤道寡构成威胁,他对秦桧说:"此回大战,便可谓是天限南北,不得强求。然而若是朕亲提一军,明赏罚以励士卒,亦必可擒取四太子。"

对于皇帝一套没有本钱的吹牛,秦桧自然应付裕如,他说:"陛下经历艰难,生长兵间,圣算夙成,规模素定,岂是诸骄将可比。"

宋高宗说:"自古以来,得天下者,必是先得人心,未有专事杀伐残忍,便可以得天下。兀术虽强,专事杀伐残忍,不顾失人心,朕便足以知他无能为。"

秦桧说:"陛下专以仁义治天下,天道好还,中兴必是成功。"他等了一下,见皇帝无话,就说:"虏人四太子今有回信,臣自当进呈陛下。"他从笏后取出张通古为完颜兀术起草的信件,交付冯益,由冯益摊在御案上。

这封信正是在颍昌大战后发出的,宋高宗看到信中提出以杀岳飞作为讲和条件,不由下意识地说:"此足以见得岳飞为虏人所忌,然而目即战争未得休止,便是罢岳飞底兵柄,亦谈何容易。"

秦桧对宋高宗的话当然是心领神会的,他第一次明白,皇帝并非不愿以杀岳飞作为讲和的条件。秦桧问道:"不知臣愚如何行事?"宋高宗说:

"你可作书,申述天限南北之理。如今四太子既是占得河南,便当心满意足,与朕讲好,此是两国之利。"秦桧高兴地说:"臣领旨!"

秦桧退殿,轮到岳飞下一班奏对。对岳飞说来,这是他身为大将以来,最感难堪的一次朝觐。其难堪的程度当然远远超过绍兴七年辞职后的朝觐。他内心极度愤懑,真不愿再去见皇帝,只想痛快地辞职,却又不得不见,并且还须尽量克制自己的感情,在朝见时保持臣道,不得失仪。他觉得自己将要做违心的表演,既非常厌恶朝觐时的表演,却又必须表演,心想:"杂剧底露台弟子,尚得以滑稽唱念,讥刺时政,讽喻官家,我直是不如他们。"他一进入殿内,就有一种窒息感,感觉自己似乎是艰于呼吸,欲哭无泪,只得跪在地上,用沉重的声调说:"罪臣岳飞叩见陛下,恭祝圣躬万福!"

宋高宗当然辨出了"罪臣"两字的滋味,就先命岳飞起立,然后说:"卿忠义有素,奋身许国,在京西决战决胜,大张国威,何罪之有。"岳飞沉痛地说:"臣不能宣国威灵,克殄仇寇,所收京西郡县,一朝尽失,岂得无罪,直是死有余罪,敢逃罪责!臣愚今有辞官札子,唯祈渊鉴,以免臣滥当优宠,误掌兵柄,上辜宸眷。"他说完,就把奏札交付冯益,由冯益摊在御案上。

宋高宗只是浏览一下岳飞的辞呈,就说:"兵戈再起,尚未见止息之期。虽然卿底所志,在于山林,而以臣道事主,岂得忘情于王室。卿勇略冠时,威名战功,著于南北,朕岂得允卿所请。"岳飞顿时沉默不语,他还能再说什么。宋高宗却有点不耐烦,用提问的语气喊了声"岳飞",岳飞只能说:"臣恭领圣旨!"

宋高宗也感觉殿里的气氛过于沉闷,就用劝慰的语气说:"东、西两京是宫室、陵寝底所在,朕岂得不念。然而此回用兵,亦是见得天意,天限南北,非是人力所得强求。"岳飞激动地说:"陛下说天意,然而祖宗底神灵亦是震怒既久,臣虽不才,愿再次统兵北上,光复东、西两京,陛下便得以上报祖宗。唯祈陛下圣断!"

宋高宗说:"杨沂中新败于宿州,卿不宜轻率用兵。此回卿力挫虏人兵锋,便是为国立功。卿且回归鄂州镇守,静待虏人生变,料得兀术多行不义必自毙。"他用眼睛望着岳飞,等待回答,岳飞憋了多时,只能噙着泪水说:"臣领旨!"

岳飞最后的一丝希冀完全断绝,就准备退殿。宋高宗却还想缓和一下气氛,说:"卿此回与虏决战,部属将士,多立军功,然而访闻得卿长男岳雲勇冠三军,刈旗斩将,战功甚著,而卿不报朝廷,显赏未行,殊非国典。朕已亲谕三省、枢密院,超擢岳雲为左武大夫、忠州防御使。"

岳飞真不愿意在皇帝面前垂泪,尽管竭力克制,还是掉下了两滴泪珠,他动情地说:"臣此回引军北讨,全军将士与家人相约,不破骄敌,誓不还师。虽是屡破悍虏,而臣所部英勇将士,亦有约三千人为国捐躯。将士们扶伤裹创,义无回顾,死战不休,却未赢得山河重光,所得诸郡,亦不能守。臣归鄂州,又有何面目,去见烈士们底家眷老小?臣子乳臭未干,得以生还,已是万幸,区区微劳,又何足挂齿,有误陛下劳神费心。臣恳请陛下追还异恩,庶几使臣得安愚分,归鄂州之后,亦得以稍减愧色。若是将士们捐身之余,而臣子反得赏典,委是置身何地,义不遑处,报恩无所,万诛何赎!"

宋高宗听后,也不免有一点尴尬,他到此已完全明白岳飞的极端愤懑之情。但做了十四年的皇帝,还能说不出冠冕堂皇的帝道:"赏罚是治国底二柄,朕于弃身锋镝底将士,岂无恤录,而岳雲立得奇功,亦非滥赏。"岳飞不答,宋高宗第二次用提问的口气喊了声"岳飞",岳飞只得下跪叩头,说:"臣叩谢圣恩无涯,然而亦是惶愧交加!"

岳飞退殿了,宋高宗望着他的背影的消失,然后扭头对冯益说:"岳飞不臣之渐,跋扈之态,于此可见。"冯益明白,帝王之道无非是帝王不但不能认错,并且要臣子们对自己的错误指挥俯首帖耳,毫无怨尤。岳飞稍微表露一点真实感情,就是大逆不道。他其实还多少有点同情岳飞,但嘴上必须说:"诚如官家底圣鉴。"从方才宋高宗引见秦桧和岳飞的情态,冯益内心已经有所体会:"官家疑忌岳飞,莫不是欲杀岳飞,以求与虏人讲好。"冯益事后还把自己的体会告诉了张去为,最后自然是传到了秦桧的耳中,这对秦桧说来,当然是十分重要的情报。

岳飞返回馆舍,他根本没有心情与于鹏等人详细介绍面对的情况,只是三言两语,就准备与他们启程。前来相送者还只有李若虚和高颖,彼此几乎没有言语,李若虚和高颖默默地把岳飞一行送出馀杭门外,临别之际,岳飞在马上对李若虚悲愤地说:"所得诸郡,一旦都休!社稷江山,难以中兴!乾坤世界,无由再复!"

岳飞拨转马头,正准备出发,不料来了一顶小轿,里面走出一位戴盖头的妇人,此人正是李清照。岳飞、于鹏等人下马,与李清照互相行礼。李清照自己掀开盖头,大家方才见到她十分忧伤的表情。

还是李清照首先进入正题:"老身如今方知,满朝百官,竟唯有李大卿与一个宦官,为岳相公北伐尽心,仗义执言,此亦是大宋底气数!然而岳相公是国朝底擎天柱,万万不可自暴自弃,保国安民,犹须仰仗岳相公。"岳飞以最大的努力抑制自己的泪水,伤心地说:"'擎天柱'三字,委是教下官无地自容。然而下官区区之志,非不欲为国为民,事已到此,教下官怎生保国,怎生安民?"

李清照只觉得舌头僵硬,无话可说,沉默了一阵,她又深情地说:"虽是如此,岳相公尤须珍重,归得鄂州,须是与李十姐、高四姐转致老身问安之意,思念之情。"岳飞说:"艰难之际,下官唯是感愧易安居士底深情,恭请易安居士珍重。"他向李清照长揖之后,就翻身上马,率领两千背嵬军骑士扬尘而去。李清照和李若虚、高颖直到望不见这支队伍,才怅然而归。

岳飞途经江州,还是不忘给亡母上坟,并且去东林寺拜见慧海,迟至九月晚秋,方才返回鄂州城。岳飞只觉得自己没脸见人,所以命令于鹏和王刚将背嵬军骑兵带回营房,自己轻装简从,与孙革、张节夫几乎是不声不响地返回宣抚司。

王贵、张宪、徐庆、寇成等将,还有朱芾等幕僚闻讯之后,纷纷前来参见。原来在岳家军撤离淮宁府与蔡州后,经王贵、张宪、朱芾与众将商议,决定留牛皋的左军屯驻德安府,以备策应信阳军,而大军返回鄂州。岳飞只是礼节性地和大家寒暄,他不愿意再叙述朝觐的经过。张节夫对众人说:"主上以杨沂中兵败,召诸军班师,不允再次出师。"朱芾感叹说:"此亦是意料之中底事。"岳飞得知金军并未侵犯岳家军原来的防区,前沿暂时无战事,也就不作新的军事部署。

离家五月的岳飞,终于与张宪同行,回到家里。李娃率领着家人拜见这位家长,她发现丈夫确实消瘦很多,而眼睛里埋藏着深沉的抑郁和愤懑,她只能以平和的态度迎接丈夫。岳飞望见岳雲,就问道:"祥祥底伤痛可曾痊愈?"巩岫娟连忙说:"阿爹安心,他虽是受伤百余处,皆是轻伤,今已痊可。"

岳飞坐定,李娃安排三岁的长孙岳甫捧上一盏茶,说:"阿翁吃茶。"岳飞也觉得口渴,他接过茶盏,呷了一口,又环视着众人,沉痛地说:"自家们全家尚得完聚,祥祥受伤,亦已痊愈。然而三千将士底忠骨却焚化于异乡,不得回归,徒然教他们底老小流泪啼血。我直是愧见他们,然而又岂得不去抚恤!"李娃说:"鹏举且休息半日,奴家已与高四姐等,挨家挨户,前去吊唁抚问。"

岳飞并不回答,他站起身来,显然是准备看望烈士们的家属。芮红奴全身缟素,走了进来,岳飞见到她,不由一阵伤心,他当即长跪在芮红奴的面前,无语凝噎。芮红奴又伤痛,又着急,说:"岳相公岂得如此!"她伸手想要扶岳飞,岳飞是一员武将,力大体重,芮红奴怎么能扶起,于是她只能与岳飞相对而跪,悲声大放。

李娃见到这种情景,就与高芸香一起把芮红奴扶起,说:"芮十二姐,且教鹏举长跪片刻,他底心意方得稍安。"张宪上前,对岳飞劝说多时,也把岳飞扶起。张宪说:"岳相公,自家们且去抚慰战死将士底老小。"岳飞用眼神表示同意,他又走到坐着哭泣的芮红奴面前,向她再次下跪,叩头九次。芮红奴几次要挣扎着回礼,却被李娃和高芸香两人强行按住。等岳飞走后,李娃、高芸香又与芮红奴抱头恸哭。

岳飞到晚间方才回家,全家人遵照李娃的安排,在这种特殊的时刻,不必拘礼,大家已经吃过晚饭,并且各自回屋安息。李娃独自坐在一张小桌旁边,其上有一盏油灯,摆着简单的饭食,等候丈夫归来。岳飞进屋,李娃望着他略显疲惫而极为郁闷的神色。她完全明白,岳飞经受了太大的打击,过重的刺激,再坚毅、再刚强的英雄,也是需要安慰的,然而此时此刻,她只恨没有片言只语可以安慰丈夫。

李娃起立,说:"鹏举万福,鹏举虽是伤痛,亦须吃饭。"她温情地拉着岳飞的手,把他按在座位上,又把饭碗端到岳飞面前。岳飞摇一下手,说:"我委是难以下咽!"李娃说:"鹏举,既是心情不佳,亦可暂缓进食。"岳飞身为十万大军的统帅,当着将士的面,还必须克制自己的感情,如今当着终身知己的面,就开始伤心地、软弱地抽泣起来。

　　李娃感到,丈夫的感情能够发泄出来,还是好事,她只能深情地望着岳飞,沉默不言。岳飞哭了一阵,突然说:"取河北与东京底两方土来。"仅此一句话,就勾起了李娃无比酸楚的回忆,十二年前撤离开封时的往事,历历在目。她多少明白岳飞的用意,还是问道:"鹏举意欲何为?"岳飞激愤地说:"我本欲功成身退之后,与孝娥同去云游天涯,将此二方土封于燕山之上。如今不如将此二方土投于滔滔江流!"

　　李娃到此也不由流下两行玉箸般的泪水,她说:"当时奴家尚得吟唱《秦楼月》,教鹏举振奋精神。如今又教奴有甚言语,以励鹏举之志?"岳飞悲愤地说:"自家当时唯是感叹屈居偏裨,不得行其素志。然而如今为大将,统十万雄师,竟受制于官家与奸相!兴师动众,恢拓土宇,三千貂锦丧身胡尘,今日得地,明日弃地,养寇残民,如同儿戏,何补国事?便是恳请辞官,归老山林,亦不可得。教我怎生见得鄂州底军民?我唯是愧立于天地之间!"

　　李娃突然改变语调说:"虽是如此,鹏举尚是万众瞩望底大丈夫,大丈夫处事,犹须坚忍不拔。鹏举既统哀兵十万,亦未见得自今而后,便不得有大作为。鹏举须是坚忍!不得自暴自弃,此二方土奴家须是为鹏举保留,不得投入江流。"李娃提到"自暴自弃"四字,又使岳飞联想到李清照的嘱咐,他就把李清照的送别情况作了介绍。

　　李娃乘机说:"不意易安居士所思,与奴家若合符契。鹏举辛劳一日,犹须努力加餐,待奴为鹏举温饭。"她说着,就把饭菜拿出屋去。

[壹玖]
扶 病 出 师

完颜兀术回到燕京后,听说侄子金熙宗又要再次巡幸燕京,就亲自到榆关迎接。时值九月,金熙宗的养父完颜斡本此时已得沉疴,无法陪伴郎主前来,后在明年五月病死。金熙宗和完颜斡本最初得到败报,甚至同意把燕京的珍宝全部搬运到东北的上京,现在当然是另一种心态。他会见叔父完颜兀术后,对叔父的勇敢大为赞扬,叔侄俩同到燕京。金熙宗在行宫嘉宁殿大摆御宴,请完颜兀术和越王妃耶律观音坐在最显要的地位。金熙宗亲自起立,离席为叔父斟酒,并且下令赏赐甲胄、弓箭和名马两匹,热闹一番。

在金熙宗和女真贵族的欢庆宴会上,唯一心中不快的是"国师"宇文虚中。他表面上不得不佯装笑脸,而内心却感到失望和苦闷。他原本希望宋军取得某种胜利,以便由自己出面进行调停,也得以归老于四川故乡。如今此种希望自然是落空了。面对着众人的欢声笑语,他难得与人酬酢。宇文虚中在骨子里根本看不起女真贵族的粗鲁。

杜充得了颇重的中风,在宴会的次日,宇文虚中奉金熙宗之命,前去看望。杜充躺在私第的病床上,身躯和脸部仍然显得肥胖臃肿,嘴张而不能合拢,口角不断流涎,他一不能说,二不能写,其实已成一具活尸,但每天的进食仍然颇多。他见到宇文虚中,只是用绝望的眼神瞧着对方,然后是两行泪水流向耳边。

宇文虚中本来对杜充有几分讨厌,但回忆起一年前杜充的坦率谈话,心里不由起几分怜悯之意,他说:"下官奉郎主之命,前来看觑杜相公。"

杜充还能听懂对方的话,用眼神表示对金熙宗的谢恩。宇文虚中面对这样一个病人,也感到相当别扭,他说了几句问候和安慰的话,就告别而去。两个月后,杜充离开了人世。

宇文虚中离开杜充私宅,心里有一种莫可名状的忧伤和苦恼:"人生如白驹过隙,便是真谛。杜充在宋朝曾是位极人臣,威福自恣,而转瞬之间,便在女真贵人前低眉拱手,备极屈辱,苟活至今,眼见得难逃一死,是荣是辱,亦不知后世史册怎生评说?然而与杜充相比,自家又是如何?我在金国,全仗斡本与郎主恩遇,礼意厚重。然而郎主有名而无权,斡本又已人命危浅,朝不保夕。斡本死后,依兀术底乖张跋扈,切恐难以容我。然而江南又有秦桧,我知他底行藏,他又岂得容我回归故乡。自家栖身北国,号为国师,其实原是有家难奔,形影相吊,亦不知如何了此残生?"

凄凉孤寂,有一种找人说话的渴望,使宇文虚中突然想起了在悯忠寺寄居的洪皓,就带领随从,骑马前往。他吩咐随从留在山门外,自己单独进入寺院,在各个佛殿进香叩头,祈祷众佛保佑平安,然后才去僧房找洪皓。

洪皓到燕京以后,自然比东北易于展开活动。他千方百计,打探各种消息,并且屡次给宋朝写密奏。当顺昌大捷,岳家军大举北伐时,他完全体悉金朝方面的震恐,但最近的消息又使他失望。昨夜,洪皓又用蝇头小楷写完一份密奏,报告金朝兵势其实已是再衰三竭,主张宋军再次乘胜进击。他已把密奏做成一个蜡丸,正好交付寺院里的一个人力,不料宇文虚中突然推门闯入。那个人力也相当机警,他曾见过宇文虚中,马上向宇文虚中行汉礼唱喏,说:"男女拜见宇文相公。"宇文虚中并不起任何疑心,只是摆着居高临下的架子,说:"少礼!"那个人力就不慌不忙地退走。

洪皓内心鄙视宇文虚中,他招呼对方坐定之后,又不得不作些酬酢,并且开始询问情况,刺探消息。宇文虚中来者不拒,把他所知道的金朝内情,只要与本人的利害无关,就尽量介绍。他谈到昨夜的宴会,说:"四太子酒后得意,言道当乘胜用兵,待占得江北之地,然后与宋讲和。"

洪皓当然对宇文虚中保持相当警惕,但他认为,有些议论还是可以发表:"金人底军势今非昔比。此回大战,四太子一度危困,金人曾以为燕山以南不可保。亦不知是甚底缘由,岳相公在屡胜之后退军,金军遂得以占据河南之地。然而四太子欲用兵江北,胜负难知。"

宇文虚中说:"洪尚书所言有理,然而四太子唯是穷兵黩武,且看他此回如何用兵行师。"洪皓出使时假官礼部尚书,故宇文虚中称他"尚书"。

洪皓感到打听得差不多,就不再主动说话,宇文虚中却主动以恳切的态度说:"下官知得,洪尚书尽忠宋朝,于下官必有腹非。然而下官亦有苦衷,尤是感激郎主与斡本底知遇之恩,此为下官仕宋时所未有,所未得。洪尚书须知,下官绝无陷害之意。'胡马依北风,越鸟巢南枝',下官岂不愿归老故土。下官愿推心置腹,若是日后有机可乘,切望洪尚书助我。"

洪皓说:"世事渺茫,难于逆料。下官拘押在此,已是十二年,度日似年,思归故土,而不得如愿。宇文相公既是受大金郎主恩遇,又怎生归得四川故乡?"

宇文虚中说:"下官亦是百无聊赖,造访洪尚书,稍明自家底心迹。唯愿他年他月,洪尚书与下官得以回归故里,终老牖下,毕生志愿足矣!"洪皓说:"唯愿昊天上帝佑护大宋,了此夙愿。"

完颜兀术与他的兄弟、五太子、邢王完颜阿鲁补在十二月初一又来到开封城。女真词汇简单,故人名往往重复,邢王就与三路都统同姓名,他另有汉名宗敏。这次他们不住龙德宫,而是住在百王宫,并且开始犒赏金军,准备再次南侵。按照完颜兀术的奏请,金熙宗对不少将领加官,完颜阿离补自元帅左监军升左副元帅,陕西战场的完颜撒离喝自元帅右监军升右副元帅,陕西战场的完颜拔离速自元帅左都监升元帅左监军,大挞不野自元帅右都监升元帅右监军。

完颜兀术在初二就举行宴会,并且边吃边议,商讨对宋军事行动。完颜兀术说:"大金军马既已占得河南,如今须是径逼大江,乘胜占据江北土地。"三路都统完颜阿鲁补奉调到汴京,他问道:"兀术,不知往甚处进兵?"

完颜兀术说:"莫如先取淮西。我当命洛阳底李四接替韩十八,另统十五猛安,防拓蔡州。"李四是李成的排行。完颜突合速因为没有得到升迁,满心不快,就说:"李成不是岳爷爷底敌手。"

张通古笑着说:"料得岳爷爷受制于康王与秦桧,必不至出兵北上。"完颜兀术说:"我以李四守蔡州,翟七守淮宁府,挞不野与赛里守汴京,必是无虞。"

既然主将决心已定,大家不再提出异议。由于以往战争中的损兵折将,完颜兀术只能抽调十三个忒母,共计九万余人马,由他本人亲自统率,与龙虎大王完颜突合速、邢王完颜阿鲁补、三路都统完颜阿鲁补、镇国大王完颜厮里忽、韩常进攻淮西。宋绍兴十一年,即金皇统元年(1141年)正月,金军攻破寿春府,渡过淮水,揭开了淮西之战的序幕。与用兵同时,张通古又为完颜兀术写信给秦桧,正式提出,索取江北的土地,要求宋朝撤退江北的驻军,然后才可以进行和谈。

温锦萍在绍兴十年冬产下一女,为岳家增加了新的成员,取名二娘。但分娩前后,主要是由李娃等人操劳。岳飞虽然怀着壮志难伸的苦闷,却又不得不操劳军务。如果说尚能给以某种安慰的,是经他和高颖两方面的申奏,宋廷最终发表高颖出任岳飞的宣抚司参议官,以协助他进行连结河朔的工作。

从正月二十日开始,岳飞得了很重的感冒,发高烧,剧烈的咳嗽,使他卧病在床。虽然服药调治,一时没有显效。一天,王贵、张宪和朱芾、高颖四人来到卧室,由王贵报告说:"启禀岳相公,虏酋四太子统军号称十五万,将自寿春府等处入寇淮西。"岳飞听后,立即从床上跃起,吩咐说:"可召诸将、属官到宣抚司集议。"

岳飞扶病赴会,与众人紧急商议。徐庆首先提议说:"依目今底军势,莫如乘机再次长驱,直捣东、西两京。"于是众人纷纷附议。王贵说:"徐太尉底意思虽好,若是违背朝廷底旨意,便成兴师动众,劳而无功。"朱芾说:"不如上奏,恭请圣断,方是稳当。"

岳飞说:"有劳孙干办为下官草奏,言道欲乞俞允我提军前去,会合诸帅,同共掩击,必成大功。自家们且候圣旨处分。王太尉与寇太尉、破敌军王太尉立即于本军俵散钱粮、军衣,于三日后,先统中军、后军与破敌军启程,前去德安府,与牛太尉左军会合,听候号令。"王贵与寇成、王万应声说:"下官得令!"

岳飞处分完毕,命众将散去,而让朱芾、高颖、于鹏、孙革和张节夫五人留下。等孙革起草完毕,岳飞与其他四人传阅,稍作修改,由他亲自再行誊录,命急递发送。

朱芾说:"岳相公处置已毕,可归家养疴。"岳飞说:"我卧病多日,未到军营。如今用兵在即,须是前去阅视,问候中军、后军与破敌军底将士。"张节夫说:"岳相公得病,不须亲去,当由自家们代劳。"其他人也都提出同样劝告,岳飞执意不听,最后,大家只能陪着岳飞,另外又招呼了岳雲、王敏求、李廷珪和霍坚,一起视察三军的营房。

岳飞强扶病体,骑马先去中军营房巡视。离营房不远,突然有一个百姓上前,跪在岳飞马前,岳飞连忙下马,说:"你有甚底事,直道来。"百姓说:"男女家日前火灾,有一军兵乘机盗取自家底一个芦筏,用以遮蔽他底家室。今日乞岳相公还我。"

岳飞听后,不由大怒,马上带这个百姓进入军营,召见王贵。王贵正忙于准备发兵事宜,闻讯而来,岳飞让百姓说明情况,王贵听后,说:"下官不知情,待根刷得此军兵后,即可处分。"岳飞当场不再说话,只是与众人巡视军营,问劳将士。然后又接着去后军和破敌军巡视。

岳飞一行返回宣抚司,王贵已经带着那名违犯军纪的军兵在那里等候。岳飞尽管身体困顿,仍然亲自坐衙,审问军兵:"你明知当职有令,冻杀不拆屋,饿杀不打房,何故违背?"那名军兵浑身发抖,不断叩头,说:"男女死罪!男女死罪!然而切望岳相公格外开恩,男女从此永不敢违犯。"

岳飞厉声说:"你明知故犯,便是罪不可恕!你家中尚有甚人?"军兵说:"男女家中尚有一妻一子一女。"岳飞说:"我当以公用钱一百贯资助你底家小,不教他们挨冻受饿,然而你底死罪不得免!"那名军兵只能一面流泪,一面谢恩,被亲兵们押出堂外。

岳飞又责问王贵:"王太尉,你治军无律,部兵有犯,竟不知情,又当何罪?"王贵只能下跪,说:"下官服罪,任从岳相公处置。"岳飞说:"你出军在即,若是受臀杖,便难以骑马。然而此回失职,亦不得不罚。王干办,可将他鞭背一百!"

王敏求说:"下官得令!"他当即把王贵带到一间小屋,对王贵使个眼色,说:"王太尉,下官奉令行事,多有冒犯。"他让王贵趴下,举鞭轻抽一百,虽然皮鞭在空中作响,其实没有给王贵造成多少皮肉的伤痛,然后说:"王太尉,你亦须体谅岳相公底苦心!"

王贵感叹说:"下官理会得,岳相公不如此做,又甚生统军?下官委是口服心服,感荷王干办手下留情。"王贵归家,按照岳飞命令,在三天之后,与寇成、王万等统率中军、后军和破敌军出发。

岳飞辛苦了一整天,回家以后,病情又转而加重。二月四日上午,他再次强忍发烧、头疼和咳嗽,召集军事会议。张宪说:"自家们计议已久,如今体探的实,四太子举大兵进犯淮西,便应施行围魏救赵之计,乘虚直捣东、西两京,四太子必是奔命,回军救援,然后可相机击破归师,便得以成功。"

徐庆补充说:"虏人以李成守蔡州,翟平守淮宁府,挞不野与盖天大王守东京,料得王太尉、牛太尉等四军,便足以破敌。岳相公可以大军伏击四太子底归师。"

董先说:"然而不知淮西底官军如何支捂?"岳飞说:"目即淮西有张宣抚、杨宣副与刘宣判三军,张宣抚属下又有王都统,兵力多于本军,料得尚可支捂。"按宋廷命令,淮西战区部署了淮西宣抚使张俊八万兵力,淮北宣抚副使杨沂中三万兵力,淮北宣抚判官刘锜二万兵力,全计十三万人马,张俊本人虽然怯战,但都统制王德还是勇将,所以岳飞作出可以支捂的判断。

文思敏捷的张节夫在大家讨论时,就提笔为岳飞起草奏疏,等讨论行将结束,他就把草稿递给岳飞。岳飞看了一遍,又递给朱芾和高颖,两人看后,也投以同意的目光。岳飞命令散会,就准备留下来誊录,张节夫说:"岳相公苦于寒嗽,用兵在即,须是归养,不如教岳机宜誊录。"书写机宜文字岳雲立即把草稿拿来,当场照抄。朱芾等人就劝岳飞回家静养。只等岳雲誊写完毕,交付岳飞署名,然后用急递发送。

当天下午,李娃正在给岳飞饮用汤药,朱芾特别来到卧室求见。岳飞急忙喝完,还是稍整衣冠,然后把朱芾迎入室内。朱芾开门见山地说:"下官思忖再三,今为岳相公草就另一奏稿,恭请阅视。"岳飞取来一看,其内容与上午的奏疏不同,说乘虚进攻东、西两京,势必得利。但如果皇帝以为敌寇近在淮西,未暇远图,愿出兵蕲州和黄州一带,绕出敌后,实行腹背夹攻。朱芾又进一步解释说:"依下官所料,朝廷难以俞允岳相公与众太尉底围魏救赵之计,便不得已而求其次。"岳飞只能叹息一声,对李娃说:"教祥祥前来誊录,然后再用急递发往行在。"

五天后,临安发来了金字牌递发的御笔,岳飞的感冒尚重,仍然整齐衣冠,行遥拜跪领礼。他取出黄纸,原来是宋高宗正月二十九日所发的手诏,命令岳飞出兵,"星夜前来江州,乘机照应,出其前后,使贼腹背受敌",金字牌递到鄂州,正好行程十天。

岳飞当即召开军事会议,给众人传阅御笔手诏。徐庆说:"若是依原议,本军直捣东、西两京,便是教贼腹背受敌。"朱芾说:"下官备悉徐太尉底忠义,然而依去年用兵底前例,以遵依圣旨为宜。"

张宪等人还想再说什么,岳飞用手势加以制止,他断续咳嗽,断续发令:"自家们可自鄂州径趋黄州,直赴淮西,与张宣抚等军腹背击敌。二日后出兵,此回贵于神速,当职与徐、董二太尉率背嵬军等马兵八千为前锋,而张太尉统背嵬军、前军、右军、踏白军、游奕军、胜捷军底马、步兵为后继。其余北上屯驻底五军,由王太尉与牛太尉统率,在德安府与信阳军待命,杨太尉等统水军巡护大江。鄂州留赵太尉统胜捷军第六将把截。"在岳家军中,人们逐渐把王贵、张宪、徐庆、牛皋和董先五员最骁勇善战的统制,称为五虎将。大家明白,岳飞特别命徐庆和董先暂离本军,而调任前锋部队中,当然有其深意。

高颖听岳飞不断咳嗽,就说:"岳相公至今病势不轻,依下官底意思,莫如教张太尉统八千马兵先行,而岳相公亲统大兵为后继。"张宪马上说:"下官亦是此意。"岳飞把手一挥,说:"我再休息二日,料不妨国事。"

高颖说:"既是恁地,下官虽是一介书生,不知战阵为何物,亦须追随岳相公为前锋。"岳飞说:"便请朱参谋与张太尉同行。出军前诸般事宜,烦劳张太尉与朱参谋、高参议主张。"他又命令张节夫起草回奏,由岳雲誊录,自己在奏文中署名"岳飞"两字,然后回家休养。

李娃听说岳飞两天后就要扶病出兵,当然十分着急,只能抓紧短短两天时间,加强护理。夜深人静,岳飞忍不住咳嗽,又将李娃吵醒。李娃起床,再次为岳飞加服一碗热汤药。岳飞服用后,就再也睡不着,李娃听他在床上翻覆,她完全懂得,此时已无法劝丈夫不作思考,就用爱怜的口吻问道:"鹏举有甚心事,睡不着?"岳飞说:"我寻思,此回出师救援淮西,共计六军,且不言四万余人马,便是前锋八千马兵,亦足以破敌。"

李娃又问:"然而闻得四太子侵犯淮西大兵号称十五万,何以不将王太尉、牛太尉等军亦勾抽到淮西?"岳飞说:"我料得,四太子兵力必是不足十万,他底兵势亦必不如去年大战时。唯是他粗勇好战,故侵犯淮西。所以留王太尉、牛太尉等军于德安府、信阳军,养精蓄锐,以便剿灭四太子大兵后,直取东京之用。"

李娃再问:"然而鹏举有甚忧虑?"岳飞说:"张俊怯战,又嫉贤妒能,他与杨宣副相得甚欢,而与刘宣判必不能和衷共济。此回淮西之战,他是主,我是客。如何与他和睦相处,又能济事,同共剿灭虏人大军,便是不易。"岳飞说到这里,又计上心来,他对李娃说:"事不宜迟,须是夤夜唤于干办前来,教他立即前去干事。孝娥须依自家底口授,为我起草与张俊底咨目。"

李娃知道事关重大而紧急,虽然爱怜丈夫,也不敢拖延,立即起床点灯,并且把岳云也召来。由岳飞口授,李娃起草,而岳雲誊写的咨目很快完稿。岳飞整齐衣冠,与岳雲坐在小桌旁,等于鹏进入,彼此互相作揖后,岳飞就把咨目交付于鹏,说:"淮西会战,事关国家兴亡,今有与张宣抚咨目,请于干办阅视。"

于鹏坐在油灯旁仔细阅读,由岳飞画押的咨目,语言极其谦恭,强调了此次会战事关大局,以张俊等军为主,自己愿以客军的身份,积极配合。主要是建议张俊等军先吸引敌人的兵锋,暂时不与交战,只等自己率军抵达战场后,共同围歼金军。战胜之后,张俊当然功居第一。

于鹏看后,不免感叹说:"去年张俊卖阵,下官至今犹是耿耿在怀。岳相公胸襟博大,以国事为重,可敬可叹。然而依张俊底为人,切恐难以与岳相公犄角。"岳飞恳切地说:"唯其如此,此回烦劳于干办前去,尤是任重道远,于干办切须有一个'忍'字。于干办可率五十精骑,即刻启程,到张宣抚军前,须是力争暂住他底军中,有事便驰骑告报。"

于鹏感动地说:"岳相公如此尽心国事,下官敢不从命!"他收起咨目,立即起身,与岳飞互相作揖告别,于鹏关切地说:"出兵在即,岳相公两日之内须是用心休养!"岳雲陪同他一起出卧室。于鹏回家,稍稍收拾行装,与家人告别,等他走出家门,岳雲已经调集了五十名背嵬军精骑,点着三十个火把,在门外等候。于鹏就率领骑士们急速出发,城东武昌门在半夜临时打开,岳雲把他们送出门外,远望着火光的消失,方才归家。

十一日,岳飞仍然感冒未痊,准备出征。此时又有金字牌递来了宋高宗的手诏,手诏还是催促岳飞出兵援淮西,与前一手诏稍有不同者,是命令岳飞"星夜倍道来江州,或从蕲、黄绕出其后,腹背击贼"。这等于批准了岳飞从黄州渡江,进兵淮西的方案。岳飞连忙命令张节夫和岳雲起草和誊写回奏,自己署名后,用急递发送,然后出门,准备奔赴教场。

李娃、高芸香率领全家人送别,岳飞特别规定,不让全家人远送。由于岳飞病体未愈,李娃内心尤其依依不舍,她见到岳飞强打精神,披戴五十宋斤的厚重铠甲,心里更加难过,心想:"奴恨不得是个昂藏男儿,可以代夫出征。"但在表面上又必须强装笑颜,说些祝福和振奋的言语,她只是嘱咐岳雲:"祥祥,你沿途须小心伏侍阿爹!"岳雲说:"妈妈安心!"其他一些儿女,还有巩岫娟和温锦萍,也都纷纷殷切话别。

岳飞刚出门,就正遇全身缟素的芮红奴,不由一阵心酸,无法说话,芮红奴却高声说:"唯愿岳相公旗开得胜,马到成功,为奴夫报仇!"岳飞感奋地说:"谨受教!"他吩咐李娃把芮红奴迎入家里。

当天,岳飞亲率八千余骑兵为前驱,张宪率其他六军为后续,自鄂州东向进军。前锋的八千余骑兵的编制单位为八将,由张宪在两天之内临时编组,并且选派了八名能征惯战的正将,他们是张应、李璋、韩清、王刚、胡闳休、周彦、马羽和冯赛。随从岳飞的,除徐庆和董先两员统制外,还有属官高颖、孙革、张节夫、王敏求、岳雲、霍坚等人。岳家军很快从黄州渡江,长驱淮西。

[贰零]
先 胜 后 败

淮西的张俊、杨沂中和刘锜三军是分期分批进入战场,事先并无太多联系。刘锜的二万人在正月即从太平州渡江,杨沂中的三万人是正月末从临安出发,二月渡江。

张俊正月上旬曾去临安朝觐。张俊对此次朝觐,也是忐忑不安。尽管已是秦桧控制下的朝廷,但朝官们对他在淮西卖阵,虚报四万人战功,奏请王德和田师中升官承宣使等,还是讥评颇多。张俊不得不朝见,但也准备如何在宋高宗面前进行狡辩。但使他奇怪的,是宋高宗还是批准将王德和田师中升官承宣使,也并没有对他的卖阵哪怕有含蓄的批评。他反复咀嚼皇帝的金口玉言,总觉得无法理解。

张俊回建康府后,并不敢与幕僚们交谈,倒是把皇帝的圣谕原原本本说给爱妾章秾听,章秾果然聪明过人,她说:"官家教你读唐朝底郭子仪传,教你知得尊朝廷,不得恋兵权,如有诏命,即日单车就道,便可身享厚福,子孙昌盛,是微示收兵权底圣意。"

张俊说:"然而目即战争未休,闻得去年岳五奏请辞职,官家尚是不允。如何便要解自家底兵柄?"章秾说:"奴家闻得,秦相公所以得官家底恩宠,一是力主与虏人媾和,二是力主解诸大将底兵柄。天长日久,终须行此二策,相公须是识时务,以保福寿绵延。"张俊还是面露将信将疑的神色,章秾又进一步说:"方今正值与虏人交兵,官家何以不告诫相公努力杀敌,而有此等玉音?请相公三思。"

二月初,金军进占庐州与和州含山县的急报传到对江的建康府。张俊的所部犹且整装而未发。建康知府叶梦得拉着都统制王德,特别到张俊的私第求见,张俊只得出面接待。他在客厅里悠闲自得地品尝上等团茶,显出胸有成竹的模样。王德说:"虏骑目即已到含山县,事势已迫,须是出兵渡江。"张俊面露微笑,有意放慢说话节奏:"我早有定算,虏人四太子无能为,且更待探报。"

叶梦得说:"如今刘宣判一军已是渡江,杨宣副一军亦将渡江,若是张相公一军尚是徘徊建康一带,切恐难免于清议。又含山县迫近和州,万一和州被虏军占据,长江便不可保,难道教下官任其咎。"王德说:"下官愿身先士卒,为诸军前锋,即日渡江!"张俊到此才显出有点不耐烦,说:"你可率二万人马,先次渡江,抢占和州城,然后听我号令。"王德望了望叶梦得,说:"下官得令!"他和叶梦得就此告辞。

张俊又重新回到章秾的屋里,他的心情是矛盾的,此时此刻,更是特别留恋妻妾成群、金玉满堂、灯红酒绿的生活。章秾见到张俊的神色,就面露嫣笑,用娇美的语音说:"相公,奴知得相公出师在即,特为相公壮行色。"说完,就递给张俊两张纸,张俊一看,连声说"妙"。原来章秾特别为张俊起草了一封出师后的家书,其中充满了以身许国的豪言,另有一份章秾的回信,则又以古史上霍去病、赵云不问家事,唯知军事的前例,劝勉张俊报国。

张俊想了一下,又说:"此二书煞好,然而又如何得以张扬在外?"章秾说:"此事不难,相公可嘱告一个属官,教他以自家所见,上奏官家。"张俊拍手,说:"便见得淑人足智多谋!"

当晚张府举行盛宴,众妻妾为张俊送行,纷纷为张俊斟酒敬酒,说了许多吉祥话。最后,张俊不得不带着几分醉意,离开私第,到江边的大车船上夜宿,这艘车船还是七年前岳飞平杨么后,赠送给张俊的。他到船上,第一件事就是吩咐属官为他草奏,报告皇帝出师的消息,然后带着醉意上床。五天之后,宣抚司属官在他的授意下,又把张俊的家书和章秾的回信上奏宋高宗。

由于去年大战的教训,金军此次用兵比较谨慎,其前锋部队得知王德率宋军进据和州,就立即从含山县城撤走,退屯县城以北的昭关。杨沂中率本部军马赶来,与张俊军在和州会合。刘锜军也进行犄角,宋军收复巢县城。十四日,王德又率军收复昭关。张俊得知此讯,方才离开江上的战船,启程到和州。

张俊刚到和州,一路风尘疲惫的于鹏也赶到此地,并且通报,请求张俊接见,进呈岳飞的咨目。张俊这次变换了方式,他自己不出面,推说军务太忙,命一个属官会见。于鹏再三交涉,说:"下官奉岳相公钧旨,须是拜见张相公,方得进呈咨目。"那名属官软里带硬,坚持说:"张相公军务悾偬,委实不得接见于干办,请于干办海涵。岳相公底咨目,便交付下官,自当转达张相公。"于鹏强行按捺满腹怒火,坚持要面交张俊。

那名属官无可奈何,最后只能回来面覆张俊。张俊和杨沂中、田师中三人正在州衙交谈,听了属官的报告,张俊说:"我说不见,便不得见!"杨沂中说:"既是岳五底属官,有甚怕惧,不如一见。"张俊笑着说:"既是恁地,便唤他前来。"

于鹏进入,向张俊和杨沂中唱喏,然后呈交岳飞的咨目,再三强调了岳飞的用兵建议。张俊把岳飞的咨目交给杨沂中,笑着说:"于干办风尘劳顿,且去歇息。此回淮西用兵,全仗诸军并力,依岳五便于联络底意思,你可随军,且暂泊和州,如有军情,我当命属官随时关报。"

于鹏仔细辨别张俊的答覆,感到他对岳飞的建议其实有所回避,就又一次强调说:"岳相公底意思,是恭请张相公暂缓与虏人大军决战,待岳相公统军前来协助,同共围歼四太子大军,以成张相公底大功。"张俊说:"用兵本无常法,全在临机制变,岳五底意思甚好,我亦望岳五统军前来犄角。"于鹏把该说的话说完,也只能告退。

于鹏走后,杨沂中说:"岳五去年京西决战,独成其功。此回自家们若是有机可乘,岂容岳五分功。"张俊说:"此说有理。你可与田十七统军前去,与王六、刘十八相度事势,见机而行。你是宣副,军事由你主张。若是支捂不得,亦须求岳五援兵。"刘十八是刘锜的排行。杨沂中明白,张俊本人决不敢到前方亲临战场,所以如何用兵行师,只能全权委付自己,就说:"下官遵命!"张俊又嘱咐杨沂中和田师中:"岳五咨目底事,不得泄漏!"两人同声回答:"会得!"

杨沂中次日就与田师中等军奔赴前沿,而张俊则率二万人马,包括自己的亲兵亲随军,屯驻和州。杨沂中先到昭关,会合王德的部队,他们得知刘锜一军在无为军所属巢县西北的柘皋镇与金军相持，就带兵赶到柘皋镇。

柘皋镇在石梁河以西，地处平旷。石梁河南通巢湖，恰逢大雨过后，河流湍急。金军由邢王完颜阿鲁补、镇国大王完颜厮里忽和韩常统率，计有六个弋母的兵力，共四万余人马。韩常得知敌军正是去年守顺昌的刘锜军，当然不敢轻率用兵。在他的建议下，邢王完颜阿鲁补下令，拆断石梁河上的尉子石桥，扎营于石梁河西岸，等待庐州的完颜兀术和完颜突合速亲统大军前来。

十七日，杨沂中、王德等共统兵九万人，与刘锜的二万人在石梁河以东会师。按照官位，既是张俊不上前方，自然是淮北宣抚副使杨沂中为主将，由他主持军事会商。淮北宣抚判官刘锜的官位次于杨沂中，他首先报告敌情，并提出建议："体探得虏人以邢王为主将，所以断桥自固，列营于石梁河西，便是怯战，欲等候四太子底大兵。依下官之见，莫如明日过河，不待四太子大兵到战场，先扫灭邢王、镇国大王与韩常军，然后再与四太子大兵决战，则是易于成功。"

众将之中，知道岳飞的咨目建议者，只有杨沂中和田师中两人。田师中说："目即虽是四太子大兵未到，然而邢王亦是兵力厚重。不如待张相公亲临战场，然后决战。"他不愿意说出岳飞的建议，以及岳家军正奔赴战场的情况，内心其实认为，此战只有岳家军到战场，方有胜利的把握。

王德的内心向来看不惯田师中只知吹牛拍马，立即表示反对说："用兵须是当机立断，如今王师兵力十一万，约三倍于虏人，正宜乘机取胜，机不可失，何须等待！"杨沂中明白田师中的意思，但他有自己的主意，就是既不愿岳飞前来分功，更不愿意官位更高的岳飞亲临战场，而自己还须受他指挥，就说："明日便与虏人决战。"

田师中内心还是怯战，他说："然而官军与虏军之间，有石梁河，尉子桥已是拆断。"刘锜说："石梁河阔二丈余，下官命军兵曳柴叠桥，须臾而成，已有数队甲军过桥，卧枪而坐，只待大兵过河。"杨沂中说："田十七，你休得畏怯，明日且看自家们用兵。"于是田师中再无话说。

十八日上午，十一万宋军临时搭柴桥三十六座，全军进入石梁河以西列阵。柘皋镇上原有居民几百户，都已逃亡。邢王完颜阿鲁补率领的金军以柘皋镇为中心,扎立营寨。他得知敌情后,就率军出营,列阵对峙。一条官道直穿柘皋镇,完颜阿鲁补命令完颜厮里忽率三忒母兵力列阵官道以南,为右翼,韩常率三忒母兵力列阵官道以北,为左翼,完颜阿鲁补本人率合扎猛安的亲兵,居中指挥。

杨沂中、刘锜和王德三军虽以杨沂中为主将,其实还是各自成军。按杨沂中的部署,王德兵力最多,列阵在南,刘锜军列阵在北,而自己的队伍居中。这三支军队的共同特点就是骑兵数少,王德军不足五千骑,杨沂中军经历去年的宿州之败,只有四千多骑,而刘锜军更不足四百骑。

杨沂中命令殿前司忠勇军统制辅逵率两千骑,首先向金军掠阵挑战。金军右翼突出铁骑四千迎战,击溃了宋军,辅逵的左眼下方中箭,负伤而逃。在此危急时刻,王德大呼:"虏人右翼是劲骑,我当率先破敌!"他率两千骑兵突出,引弓一发,将为首的一名金将射倒。由于王德军的增援,金军第一回合的交锋不利,只能退出战斗,宋军也并不追击,双方都返回阵内。

完颜阿鲁补眼看初战不利,就命令完颜厮里忽和韩常各率左、右翼骑兵,向宋军两翼发动攻击,因为宋军背河列阵,金军无法迂回到宋军侧后,只能以骑射密集攻击对方的两侧。

杨沂中下令说:"破虏人底拐子马,须是用弓弩与大斧。"他指挥一万殿前司步兵,手持大斧,组成一堵人墙,支援刘锜军,向敌骑侧击。刘锜也命令本军的重甲步兵突出阵前,用大斧之类以步击骑的利器,组成人墙,迎战金军。

金军的左、右翼骑兵都告失利,不得不实施迭退更进的战术,再次向宋军两翼攻击。双方前后激战了十四个回合。金军每一次冲锋的结果,都是留下了大量尸体。当金军第十四次退出战斗时,杨沂中眼看时已过午,不容金军喘息,再次组织进攻,下令说:"可乘胜追击!"。

于是各军步兵在前,在一片喊杀声中,列队冲锋。邢王完颜阿鲁补眼看宋军来势凶猛,就首先率自己的合扎亲骑逃遁。完颜厮里忽和韩常两军也接着溃退。宋军的骑兵乘势追击,俘虏了四百多名敌人,夺到了五百多匹马、骡和驴驮。刘锜所统的重甲步兵不便于追击,所以并无俘获。此次鏖战,宋军战死九百余人,而金军战死上万,尸横遍野,血染黄泥,十分惨烈。

战斗结束后,杨沂中、刘锜、王德三员主将会见,刘锜感佩地说:"下官曾闻王都统威略如神,今日得以亲见,下官愿以兄礼待王都统。"王德笑着说:"下官状貌粗陋,号称夜叉,岂得有如此俊美威武底贤弟!"杨沂中说:"大战获胜,当速报张相公,并乘胜直取庐州!"于是三人很快整顿军伍,向庐州进军。

邢王完颜阿鲁补等率败军逃往庐州,途中正遇完颜兀术与完颜突合速、三路都统完颜阿鲁补带兵前来增援。完颜兀术听完邢王完颜阿鲁补、完颜厮里忽和韩常叙述战败情状,说:"我去年在顺昌战斗不利,如今刘锜又有杨沂中、王德两军相助,不得小觑,不如暂且退兵。"他再无以往敢战的勇气,就率领大军撤回庐州城。

完颜兀术刚回庐州城,就立即在州衙再次召集军事会议。韩常明白,完颜兀术在屡败之后,已无去年初次出兵时的胆气,就首先率直地说:"此回柘皋失利,南房军必是乘胜进攻庐州,体探得岳爷爷军又自西来,若是据守庐州,切恐不利再战。大金军马已是攻破数州之地,显得兵威,如今当乘暑月之前退兵,方是上策。"邢王完颜阿鲁补没有多少行阵经验,此次初逢大战,就成败军之将,他马上附议说:"韩十八所议甚当。"

完颜兀术环视众将,几乎都显露赞成的目光,唯有郦琼说:"依目即军势,当从韩将军所议,不须在庐州停留。然而若是柘皋一战,便行退师,徒然长南房底锐气。不如扬言退兵淮北,若有机便可乘,急攻濠州,然后退师,亦足以教南房知得大金底兵威。"完颜兀术高兴地拍手,说:"便依此议!"于是众人再无话说。完颜兀术统金军当天就放弃了庐州城,并且对外扬言,因柘皋之战失败,决定退兵汴京。

龟缩在和州的张俊得到柘皋的捷报,大为振奋,对属官们说:"岳五自恃敢勇善战,此回须教他知得,若无岳家人上阵,我亦可大败虏人。"他马上命令一名属官说:"你可为我写咨目与岳五,言道我军大获全胜,四太子退军淮北,前途粮乏,不可行师。"

那名属官明白主将的意图,无非是急于对客军下逐客令,他写完之后,给张俊念了一遍。张俊还嫌咨目写得含糊而客气,又高声说:"你便去关白于鹏,教他急速返回,告报岳五,明言战事已了,岳五底援军不须前来,此间无粮可因。"那名属官带着这份咨目去见于鹏,并按张俊的吩咐转达。于鹏无可奈何,只得率领骑兵离开和州城,前去寻找岳飞的大军。

张俊想了一下,又下令说:"我当统军前去,与诸将会合,耀兵庐州城,教天下知得,张家人武功盖世,举世莫及。"次日,他就带二万人马启程,赶往前方。

宋军的前锋部队由殿前司摧锋军统制吴锡率领,打听到庐州已成空城,就在二十日夜进城。二十一日,张俊、杨沂中和刘锜三将统兵进入庐州城。踌躇满志的张俊乘得胜之威,更显得趾高气扬,他每天与众将举行酒宴,探报传来,则都是金军撤退的消息。刘锜自去年顺昌一战,名震天下,张俊更是怀着忌妒心,他作为拥有宣抚使头衔的主将,淮西的捷报,由他与杨沂中联名,而将刘锜排摈在外。刘锜也心中不满,所以张俊置酒高会,他经常不参加。

延捱到三月初五,张俊认为战局可以了结,就特别在州衙召集军事会议,与众将一面宴饮,一面商谈。张俊对刘锜说:"如今虏人渡淮已远,须议班师。刘十八底军伍皆是步兵,可先回归太平州。我当与杨十前去濠州,耀兵淮水,然后分道归江南,庶几粮食樵爨易于接济。"刘锜明白,张俊其实无非是要进一步排斥自己,尽可能多地吞食淮西军功,但张俊作为主将,也没有理由反对他的命令,就说:"便依张相公所议。"

刘锜心中不快,他饮了一盏闷酒,正打算起身离席,突然有探事人进入报告:"启禀张相公,虏人四太子昨日以大兵攻袭濠州。"张俊听后,手里的酒盏顿时跌落在地,"啪"的一声,裂成几个破瓷片,显出满脸的惊惶。刘锜见到张俊的动作和神色,心中不免好笑,他有意不发言,进一步等待对方的反应。

还是杨沂中镇定,说:"虏人于柘皋大败,有甚惧怕,自家们进军救援便是。"张俊说:"既是恁地,各军从速整饬器甲,赍粮十日,便于明日出兵。杨十统殿前司兵当前,刘十八统本军继进,我当亲统大军随后。"刘锜明白张俊的用心,如果有战功,则让杨沂中先得,如果战局不利,统军在后的张俊可以首先逃遁。他气得不想再说什么。

原来完颜兀术采用郦琼的计策,认为淮水南岸的濠州城,土墙卑薄,守军不多,易于攻取,如果宋朝大军进援,又便于退兵。这次由孔彦舟率二试母兵力担任先锋,乘船沿淮水而下,直逼州城,很快在淮水上建造浮桥,大量金军就源源不断跨过淮水,将濠州城团团包围。完颜兀术亲自耀兵东门,城上望去,只见几万骑兵列阵,旌旗蔽野,嚣埃翳天。金军还立即着手植立炮架,打造云梯等攻具。

濠州城曾有过绍兴四年的战斗经验,虽然守城仅有一千几百军士,一时还并不恐慌。知州王进拒绝金人的劝降,准备坚守待援。六日和七日,金军连续用石炮、火炮攻城,矢石如雨,尽管土城和城里屋瓦都感觉震颤,而金军并未得手。

八日天将拂晓,守城的兵马钤辖邵宏缒城,向金军投拜。于是完颜兀术得知城里的虚实,下令急攻。金军用火炮焚掉了东南的楼橹,乘势登城。知州王进被俘,另一兵马钤辖邵青战死。入城的金军大肆焚掠,把几万男女老少驱掳到淮北,一座州城大致夷为平地。

张俊、杨沂中和刘锜三军计十三万人,迟至九日上午,方才到达距离濠州城六十宋里的黄连埠。濠州失陷的消息传来,张俊只得临时在一片树林里,召集杨沂中、刘锜、王德等将领会商。

刘锜认为张俊无谋,不愿意同他多说,首先问杨沂中:"杨宣副欲怎生措置?"杨沂中说:"唯有厮杀!张相公与刘宣判在后,我统殿前司军居前,有进无退!"

刘锜感叹说:"柘皋之战,三路官军云集,兵多势盛,乘虏人大军未聚,一鼓作气,可以取胜。不料虏人包藏诡计,乘我得胜之怠,一举破得濠州,此便见得虏人兵势尚盛,有谋有备,不可小觑。官军虽有得胜之锐,然而节制未为得宜。"他说到这里,有意望张俊一眼,又继续说:"军兵身披重甲,负荷粮食,数日行军,得知濠州既失,进无所据,斗志已弱,而粮食将尽,散处旷野。如是冒险轻进,此便是铤而走险底危道。依下官底意思,不如且在此扎立硬寨,以固根本。然后方得相度形势,出兵袭击虏人,如若虏人退军,则渐为后图,此便是全师保胜之道。"

张俊被刘锜说得面露尴尬之色,却也无法反对,王德说:"便依刘宣判所议。"于是众人纷纷附和,张俊最后只能以主将的身份说:"我与杨十、刘十八三军且在此扎寨!"三支宋军就在黄连埠鼎足扎营。

张俊一时心慌意乱,六神无主,独自坐在营帐里发呆,心想:"自家原以为柘皋战后，便已了结。不料虏人又横生枝节，教自家进退两难，难以收兵，难道此回尚须叫岳家人前来救援，岂不大煞风景，颜面扫地！"

延挨到下午，张俊不断接到探报，说是金军已经撤出濠州城，城里空无一人。这个消息又使张俊感觉鼓舞和振奋。到晚饭时，张俊就把杨沂中、王德和田师中召来，一面饮食，一面商议。张俊说："既是濠州无虏人，杨十与王六、田十七可于四鼓起兵，前去濠州城，扬我兵威，然后自家们便全师而归。我得以耀军淮上，奏禀朝廷。"

杨沂中和王德、田师中已经明白主将的意图，杨沂中问："然而刘宣判军，当怎生底？"张俊笑着说："我岂得教他立功！"他立即召一个属官入帐，吩咐说："你去刘十八营中晓谕他，言道杨十与王六出兵，必是大胜虏人，刘十八底军兵可在此稳坐，不须去。"属官说："下官遵命！"退出帐外。

四更时，张俊和杨沂中两军的营中开始人喊马嘶，吵吵嚷嚷，杨沂中和王德总共选拔和调集了六万人，包括两千骑兵，五万八千步兵，向濠州城进发。

刘锜被另外两军的嘈杂噪音惊醒，一人在帐中闷闷不乐。突然有亲兵进入帐中，报告说："启禀刘宣判，今有张宣抚军抢劫本军粮秣。"刘锜大怒，就亲自带领军队前去，经过一阵搏斗，抓住了十六个张俊部属的军兵，其余约七十多人逃回自己军营。

刘锜亲自审问抓到的十六人，说："你们竟敢抢掠我军底粮秣，可知罪否？"为首的一人十分蛮横，说："自家们是张相公所属，既是粮秣不足，便须教你们接济，此亦是天公地道！"刘锜大怒，他拔出宝剑，挥剑将此人斩首，又吩咐说："将此十五人皆与斩馘，枭首槊上，号令营外！"

刘锜怒气冲冲，独坐帐中，准备着张俊找自己麻烦，不料张俊方面一时竟无动静。直到下午申时，方有张俊的一名亲兵前来，说："张相公请刘宣判到帐中叙话。"刘锜不语不答，就随那名亲兵，缓骑径行，来见张俊。他步入营帐，只见张俊坐在交椅上，满面怒色，等待自己行揖礼，而旁边竟无座位。刘锜无奈，只能上前行礼，说："下官拜见张相公！"

张俊用冷峻的口吻："刘十八，自家是宣抚使，尔不过是一个判官，便是自家底部兵有过失，你何得斩馘？"刘锜也针锋相对，说："下官不知有张相公底部兵，唯知斩馘劫寨贼！"张俊说："有部兵逃归，言道并无劫寨底事,而是无故被害,是甚底道理?"他吩咐部属:"叫逃归底前来!"

于是一群军兵进入帐中,大喊:"自家们无故被斩,乞张相公做主,伸冤理枉!"刘锜愤怒地说:"下官虽是官卑职小,亦是朝廷命官,如有过咎,张相公自当上奏朝廷,岂得与卒伍对质!"他向张俊一揖,转身出营。

刘锜翻身上马,正准备离开张俊军营。有探事人飞驰而来,见到刘锜,立即紧急强收马勒,上气不接下气,断续地说:"启禀刘宣判,大事了不得,杨宣副与王都统中了虏人埋伏,举军奔溃!"刘锜听后,只能重新下马,再次步入张俊营帐。

原来杨沂中和王德以骑兵在前,而田师中等统步兵在后,前往濠州城。十日午时,杨沂中和王德的骑兵到达城西,先登上一座小山远望。他们方才发现,濠州城南竟突然出现万余金军骑兵,城上烽烟升腾,金军立即分兵两路,向宋军骑兵的侧后迂回,分明是要截断后路。

杨沂中虽然敢勇,此时也惊惶失措,他在马上问王德:"虏人伏发,当怎生底?"王德也同样害怕,说:"下官唯是统制,岂敢主张,杨太尉是宣副,当审处利害。"杨沂中下意识地把马鞭一挥,说:"挪回!"于是两千骑兵顿时拨马南向,星迸四散,无复部伍。

那支金军伏兵是由完颜兀术和完颜厮里忽亲自指挥。他们轻而易举地袭击杨沂中和王德的逃军,接着又向北上的宋军步兵进攻,田师中首先弃军,只身驰马逃遁,其他统制、统领等也都竞相仿效。于是五万八千步兵根本没有作任何抵抗,只是乱成一团,南向溃逃,被金军骑兵追上,简直是任意踩践和杀戮,竟有一万五千余人丧生。所幸的是完颜兀术得知韩世忠军自东方来援,所以又及时收兵,没有乘胜南下,进行远程追击。

再说刘锜进入营帐,张俊已吓得面如土色,连忙向刘锜长揖,说:"兵势如此,切望刘宣判以大局为重。"刘锜说:"下官亦无回天之力,如今唯有整军南归,下官愿以本军断后。"张俊只说"感荷"两字,他急忙出帐上马,率亲随军逃跑,于是全军跟着南奔。刘锜回营后,也率军整队撤退。张俊、杨沂中和刘锜三军不走原路回庐州,而是径往滁州,然后撤到大江以南。

韩世忠也奉宋廷命令进援淮西,但他晚至三月初三,方从大本营楚州出兵,沿着淮水,水陆并进,计有一万五千兵力,小战船达六百余艘,溯流而上。六日,韩家军抵达盱眙以西的招信县,十日,又进入濠州地界。韩世忠得知濠州陷落,就下令在傍晚停止进兵,全军将士都上船休息。只有少量战船靠岸停泊,以便及时与探事人联络,大多数战船就在河里下碇。

韩世忠本人宿在一艘靠岸的战船上,有亲校耿著进入船舱,向韩世忠唱喏,然后报告说:"启禀韩相公,体探得张宣抚、杨宣副等军竟在濠州城下中虏人埋伏,大败而归。"韩世忠听后,才进一步感到形势严重,他想了一下,说:"自明日始,全军将士不须登岸,便在舟中排办强弓硬弩,溯淮水行进。若遭遇虏人,不得登岸交锋,只以战船傍岸射箭。"耿著明白,依目前的形势和己方的兵力,本军显然不宜登岸作战,与金军硬拼,所以主将作出如此决定。

韩世忠又问:"岳家人今到甚处?"耿著说:"闻得岳相公自舒州出兵,不日可到濠州。"韩世忠高兴地说:"张七原是不中用底物事,岳五上阵,方得与我并力,必是济事。"

十一日,韩家军就继续上溯淮水,向濠州进军。到十二日,韩家军的船队行进到距离濠州城约二十宋里。突然,在北岸来了一骑快马,骑马者向韩家军大喊:"自家是赵荣,不忘韩相公底恩德。下流赤龙洲水浅可涉,如今金人欲于赤龙洲伐木断流,请韩相公速归!"他连喊三次,又飞驰而去。韩世忠本人听得并不真切,却有部属在船上互相传话。原来赵荣曾是伪齐将,主动投奔韩世忠。宋高宗和秦桧依金朝的要求,又把赵荣强行遣返金朝。

韩世忠得知此讯,明白事态的严重,当即下令:"船队悉与挪回!"于是六百余艘战船迅速掉转船头,向下流退却。没有多久,完颜厮里忽和三路都统完颜阿鲁补率金军两支骑兵,分别从淮水南、北岸追来,向船上施放弓箭,有的还是箭头带火药的火箭。幸好韩家军在船上准备湿毡,并且及时扑火,所以没有一艘战船着火。

韩家军的船队一面撤退,一面也用弓弩射箭,向金军还击。两支金军不顾伤亡,仍然穷追不舍。韩家军的船队退到赤龙洲一带,果然看见大批金军正在岸边运输材木。这支金军是由韩常率领。韩世忠指挥将士向金军射箭,整个船队最终逃过了赤龙洲,没有一艘被金军拦截。

完颜厮里忽、完颜阿鲁补和韩常见韩家军逃过赤龙洲,就不再追击,收兵回濠州城。韩世忠在船上感慨地说:"此回便是善有善报,我当年厚待赵荣,此回幸得他回报!"韩世忠不敢再在淮水停留,率领全军退回楚州。

再说岳家军的行动。岳飞率领军队赶到淮西,路上接连几天遭遇大雨,将士们冒雨在泥潦中跋涉,不能不影响行军速度。

岳飞沿途还屡次得到金字牌递来的宋高宗手诏。在军情紧急时,宋高宗自然必须依赖岳飞,手诏中用尽了甘言美语,说"卿忠智冠世","朕素以社稷之计,倚重于卿","破敌成功,非卿不可"。在未得知岳飞发兵时,则接连催促岳飞发兵,接到岳飞的上奏以后,又立即否定直捣东、西两京的建议,接着又肯定岳飞提兵从黄州渡江的奏请。最后,当宋高宗接到岳飞出师的上奏,又发手诏说:"闻卿见苦寒嗽,乃能勉为朕行,国尔忘身,谁如卿者!"诸如此类,岳飞又不得不对这类过时的废纸克尽臣礼,浪费时间。

真正重要的,是岳家军本身的探报和于鹏每天两次发回的报告,使岳家军明确进兵的方向,直趋完颜兀术亲驻的庐州。岳飞在沿途尽管栉风沐雨,而感冒却逐渐痊愈。他率领前锋骑兵距离庐州只剩约四十几宋里,正遇于鹏返回。

于鹏与岳飞在马上相会后,立即把张俊的咨目面呈岳飞。岳飞看后,不由灰心丧气,说:"本军将士不避风雨,倍道兼行,只为在淮西围掩四太子大兵。如今既是张宣抚与杨宣副急功近利,忌本军分功,便教将士们空自劬劳,教自家枉费一番心力!"眼见得多日的劳心苦力,转瞬间全成泡影,徐庆、董先等将都纷纷表示气愤。

岳飞想了一下,对众将和幕僚说:"四太子虽是退兵淮北,难保他不别有祸心。本军将士且退往舒州,一以听候朝旨,二可再遣斥候,体探虏人的实动息,以便见机行事。"张节夫当即为岳飞草奏,向宋高宗上报本军暂驻舒州的决定。

岳飞率前锋部队会合了张宪的后续大军,退到舒州,岳飞为免于惊动当地百姓,驻军城北郊。两天后,李若虚奉朝旨,前来岳家军,他是专门为催促岳飞出兵而启程的。他到达军中,其实一切都已过时,只是每天与故人相聚,发些牢骚而已。

三月四日后半夜,岳飞被当夜值班的张宪和岳云叫醒,张宪报告说:"今得探事人自淮北急报,言道四太子听从郦琼计议,欲乘官军在柘皋大胜,而疏于警备之际,进攻濠州。此是郦琼部属泄漏于探事人。"岳飞想了一下,说:"可传令全军将士,于四鼓起身预备,五鼓进发,径往濠州,并请众将与属官前来计议。"

众将和幕僚,还有李若虚很快来到岳飞的帐外,由军兵们执持火把,大家就围坐在帐外空地上商议。高颖说:"此事虽属传闻,亦当谨备不虞。方今之急,在于军粮,诸路转运使督民夫运粮,甚是艰难。"徐庆说:"依目即粮储,可教军兵们各自赍负十日至十二日粮秣。"岳飞当即吩咐王良存和李启:"除军兵们各自赍带之外,你们亦须用心催粮,以备应副不时之需。"王良存和李启回答:"会得!"

岳飞又对张节夫和孙革说:"烦劳张干办草奏,急报主上,孙干办写咨目,急报张宣抚、杨宣副与刘宣判。"两人立即动手撰写。经过大家商议,由于金军攻濠州的事毕竟出于传闻,所以此次北上进军,不再分前锋与后续两支部队,而是骑兵与步兵同行。

岳家军在五日五更出发,当接近庐州城时,才得知金军攻打濠州的确讯,就加快行军速度,追赶张俊等军。十二日酉时,岳家军方才抵达濠州的定远县城。当时岳飞已经得知张俊等三军败退的消息,由于张俊等军并未撤往庐州,所以没有在中途与岳家军相遇。

因长途行军的疲惫和饥饿,全军将士急于就餐。岳飞与将领、幕僚们就在县衙吃干粮,饮水,吃到一半,有探事人进入报告,说韩家军已经败退。岳飞不愿说话,张宪却感叹说:"此回又须本军独与虏人大兵交锋。"徐庆说:"但得杀败虏人,亦不枉此回淮西一行。"

大家吃完晚饭,岳飞又在大厅与众人商议今后的军事,大家正在七嘴八舌议论,又有探事人进入报告:"体探得虏人全军皆已渡淮北去。"岳飞问道:"可体探的实?"探事人报告:"委是全军渡淮,在濠州城已不留一兵一卒。"实际上,完颜兀术也已探听到岳家军前来的消息,他再也不敢恋战,下令迅即撤兵,乘胜退回开封。

岳飞一时急怒攻心,怒不可遏,悲愤地说:"国家了不得,官家又不修德!"众人突然听到一句指责皇帝的言语,都惊呆了。朱芾、高颖、李若虚等人当然深知这句话的分量和利害,他们在呆愣之余,立即向岳飞使眼色,希望制止岳飞再说什么。

岳飞根本没有觉察他们的眼色,他继续发泄郁积过久的感情,对张宪说:"似张家人,张太尉可将一万人前去蹉踏了!"张宪无法回话,岳飞又对董先说:"似韩家人,董太尉便不消得一万人,前去蹉踏了!"董先也不能回话。岳飞又落下两滴英雄泪,说:"我有心救国,却是无力回天!此回淮西交战,岂不如同儿戏!"

朱芾感到,这种情况不能再继续下去,就向高颖和李若虚使个眼色,说:"岳相公今晚忧伤过甚,且去歇息,军务候明日再议。"他起身与高颖、李若虚三人把岳飞拉出大厅。

两天之后,岳家军只能撤回舒州。不久,岳飞又接到三省、枢密院发来的省札,命令岳飞把大军发遣回鄂州,本人率少量亲兵,与幕僚们留在舒州听候朝命,到行在奏事。于是张宪率大军沿着江岸,返回鄂州。岳飞只留王刚统二百骑兵,与朱芾、高颖、于鹏、孙革、张节夫、岳雲,还有李若虚,暂留舒州,他们接到又一份省札后,就动身前往临安。

[贰壹]
解 除 兵 权

前方柘皋之战的捷报二月二十三日传到临安。几天后的一个夜晚，秦桧正与王癸癸在卧室说话，砚童进入禀报："今有范给事求见相公。"王癸癸笑着说："官场底饿狗夜访，必有所求，今夜且不去会他。"秦桧说："他是自家底故人，或有善谋，不可不见。"说着，他依照惯例，亲自出门，把范同迎入书房。

范同等坐定之后，就单刀直入，问道："柘皋战胜，不知秦相公有甚计议？"秦桧被问得莫名其妙，但老奸巨猾的他也马上应答道："此正是老夫欲就教于择善，料得择善必有出人意表底奇谋妙计。"

范同说："主上圣虑积年，欲罢诸大将兵柄，如今正得其时。"秦桧还是感到漫无头绪，又问："何以便是得其时？"

范同说："主上所以难以措手，唯虑虏人进逼。柘皋之战，便见得若无岳飞出军，张宣抚亦大败虏人。"秦桧心想："此人煞是智谋过人，待我再以利禄相诱。"就说："老夫早知，择善必有超迈侪辈底见识，非他人可比。老夫与择善倾心相待，岂敢冒功，主上必有厚赏。"

范同说："下官与秦相公同休戚，何分彼此。"他就把自己的设计和盘托出，秦桧连声说"妙"。

当时，参知政事孙近因为曾建议张浚出任都督，遭秦桧嫉恨。秦桧最近唆使御史中丞何铸和殿中侍御史罗汝楫上奏，弹劾孙近。孙近只得按照惯例，上奏辞免，居家待罪。他不久就罢官下野。所以到次日，秦桧可以名正言顺地撇开孙近，约时已升任参知政事的王次翁，共同面对宋高宗近日又得到张俊、杨沂中等军收复庐州的捷报，以及金军已退回淮北的虚假情报，情绪颇好，他等宰执行礼毕，就首先发出玉音："此回淮西战胜，教虏人扫迹而去，全是张俊一力主张，而岳飞虽已发兵往淮西，未立寸功。"秦桧向王次翁瞧了一眼，示意由他先说，王次翁说："数年以来，岳飞最是骄横，以为国朝全仗他用兵行师，以长城自许。然而去年有顺昌之战，今年又有柘皋之战，便见得岳飞不足恃，国朝无他统军，亦足以扼制虏人。"宋高宗说："卿言深中事理。"

秦桧乘机说："臣昨收得四太子书信，须是进呈。"他把笏后的书信交付张去为，由张去为摊在御案上。宋高宗看后说："虏人教朕割让江北之地，万万不得依允。若是舍弃江北，朕又何以立国？"

秦桧说："臣已草拟得与四太子覆信，须是进呈陛下。"又是张去为把信稿摊在御案上，宋高宗说："此信不允江北土地，而重申讲好之意，深得朕旨。然而可依允虏人，朕当于江北不驻重兵，以示求和之诚。卿以朕旨写入信中，便可递发。"

秦桧接过张去为递回的信稿，先说"臣领旨"，然后乘机进言："此回虏人败退淮北，足可惩戒四太子底骄志。然而观四太子底来信，他虽是狠勇，因屡受挫败，亦有讲好之意。臣愚乞陛下因势利导，成此大事，此为天下之幸，大宋之福。"宋高宗说："朕早曾宣谕，以天下苍生为重，不惮屈己。然而依四太子一纸虚文，尚未见得眉目。"

秦桧用恳切的语调说："数年以来，陛下宵衣旰食，唯天下太平是求。然而不与强虏媾和，不收诸将兵权，天下便不得太平。此是陛下与臣愚等所共知。虏人兵势既衰，四太子书信不绝，便见得眉目。骄将拥兵自重，从中作梗，必是妨害和议。依臣愚所见，目即正宜双管齐下，以收兵权而促和议，以成和议而收兵权。"

秦桧此番话当然正中宋高宗的下怀，宋高宗说："卿有甚计议，可悉心开陈，朕当虚心听纳。"秦桧就把范同的献计叙述一遍。宋高宗对秦桧和王次翁说："此事须是慎之又慎，以防变生不测，成大事者不谋于众，卿等不得泄漏于外。待朕明日召见范同详议，亦教他不得泄漏。此事唯有朕与卿等三人处分。"秦桧和王次翁齐声说："臣遵旨！"

尽管又传来了濠州的败报,但宋高宗和秦桧并不因此改变计划,到三月下旬,还是给韩世忠、张俊和岳飞分别发下省札,命令他们前来行在朝觐。

四月中旬,张俊第一个到达行朝。秦桧当晚就特别在西湖南岸的真珠园里,设盛宴招待。真珠园内有真珠泉、高寒堂、杏堂、水心亭等建筑。张俊虽然对临安并不陌生,却还是初次进这座园林。秦桧陪同张俊,观览园里的旖旎风光,然后在高寒堂就餐。

堂里放置三张食桌,秦桧居中面北,以便观赏堂外的湖光山色,而张俊与王次翁则分列左右。王次翁是到吃饭时,才前来作陪。张俊平时虽然饫甘餍肥,但今晚的美酒佳肴,也使他胃口大开,席间特别还安排了一批乐女、舞女和歌女,奏乐歌舞,更使张俊赏心悦目,目不暇接。

张俊此次前来,也有自己的心事,主要是如何把柘皋的战功归于自己,而推诿濠州战败的责任。但他又留恋于良辰美景、华筵盛馔、丝竹管弦和轻歌曼舞,竟没有开口的机会。

酒足饭饱之后,秦桧才与张俊、王次翁步入水心亭,欣赏湖面水月交映之美。秦桧有意屏退随从,然后首先发问:"张宣抚,此处景致如何?"张俊笑着说:"建康府未有如此园林,我恨不能在此养生终老。"王次翁说:"此回张宣抚淮西战功卓著,圣上欲日后将此园赐予张宣抚。"张俊简直不敢相信自己的耳朵,问道:"当真?"秦桧说:"王参政所言非虚,圣上便欲将此园赐你。"

张俊显出十分感动的模样,说:"圣上皇恩浩荡,下官便是当牛做马,亦须仰报圣恩底万一。此回淮西之战,下官誓死血战,义无反顾,杨十、王六、田十七等秉承自家底发纵指示,成柘皋底大功。然而岳五有意延迟赴援,刘十八以去年战功,居功自傲,临阵不愿宣力,以致濠州之役失律。"他把早已准备的谎话,倾泻无余。

秦桧和王次翁其实对此丝毫不感兴趣,但两人还是装出认真倾听的神情,又不时插话,特别为攻讦岳飞帮腔。秦桧说:"此回岂但是张宣抚功高,你底家书与章淑人底回函,圣上皆已知得,甚是感动,宣谕下官等日后当为章淑人进封郡夫人。"张俊听得眉开眼笑,心想:"淑人底心计,煞是高人一等,此回夫妇俱受宠荣。"嘴上又客气一番,说:"自家底淑人虽是知书达理，又何劳圣上挂怀。"

秦桧乘机转入正题，说："圣上玉音，常道方今诸大将中，最是倚信张宣抚，可委寄社稷重任。如今圣意欲罢岳飞与韩世忠底兵柄，而教张宣抚统天下之兵。"张俊又一次感到无法相信自己的耳朵，问道："怎生底？"秦桧再重复一遍。

张俊笑逐颜开，心想："常言道，福无双至，祸不单行。今日自家便是福有双至。"又激动地表示："下官一生富贵，皆是主上所赐。今日唯是仰遵圣旨，任凭圣上驱使。"

秦桧面带微笑，望着张俊，心想："此人虽是驽将，而野心不小，且教他效命宣力，借他底手剪除岳飞与韩世忠，日后相机行事，亦须将他一并剪除。"他马上向张俊透露了某些处置的细节，张俊自然一口允诺。当夜，秦桧就安排张俊在真珠园住宿。

翌日，韩世忠也到达临安。秦桧因为前年韩世忠曾计划袭击金使张通古，一直怀恨在心，他不想见韩世忠。只是命令王次翁出面，把韩世忠也安排到真珠园住宿，并且由王次翁出面，设盛宴招待韩世忠和张俊俩。

筵席仍摆在高寒堂，照旧是三张食桌，而韩世忠顶替了昨晚秦桧的位置，酒菜全部更换新的花样，而奏乐歌舞的安排，又与昨晚相仿。韩世忠虽然也喜欢如此场面，却还是想在席间与张俊、王次翁谈点正事。然而张俊和王次翁却是心怀鬼胎，一味虚与委蛇，丝毫不涉及军国大事。

韩世忠逐渐有点不耐烦，他吐了吐舌头，说："王参政，我此回奉召前来，不知有甚机要紧切底事？"王次翁说："圣上有旨，以为韩、张二宣抚在淮西披坚执锐，躬亲临战阵，甚是辛苦，且教你们在此休息宴饮，待岳宣抚到朝，圣上当教你们同共朝见，计议大事。如今岳宣抚未到，二宣抚且在此快活数日。"

韩世忠还想向王次翁打听什么，王次翁当然不露任何口风，只是敷衍说："主上圣算宏远，非下官所知，韩宣抚且请开怀畅饮。"张俊连忙起身，亲自为韩世忠斟酒，说："韩五，自家们各在一方，相聚不易，请满饮一盏。"当夜，秦桧也安排韩世忠在真珠园住宿。

接连四天，白天是韩世忠和张俊西湖游宴，晚上是王次翁作陪，而岳飞还未到达。宋高宗在第五天召见秦桧和王次翁时，有点沉不住气，问道:"岳飞何以尚未到行朝?"秦桧说:"臣愚以省札催促,今早得知,岳飞已起离宣州旌德县界,进入临安府昌化县。料得两日后便到行在。"

宋高宗感觉安心,说:"此事虽是稳当,朕亦唯有岳飞前来,诸事措办停当,方得高枕无忧。"王次翁说:"臣愚深体圣意,务须慎之又慎,以保万全。近日与韩世忠、张俊每晚宴饮,外示闲暇,而或是终夜未尝交睫。若有纷纭,灭族非所忧,所忧宗社而已。"

秦桧望了望王次翁,只见他神色并不疲惫,眼球也毫无血丝,心想:"此人虽是外示忠朴谨厚,亦颇为工于献媚,竟敢在面对时以诳语欺蒙主上。"但表面上不露声色,他说:"臣愚以为,岳飞本是粗夫,然而号称礼贤下士,所属幕僚,多是为他出谋划策。其中李若虚曾在他幕下积年,到朝廷任官,敢于矫诏,右袒岳飞。朱芾本是朝廷遴选,到鄂州军中,却与岳飞沆瀣一气。此二人不当留朝中,庶几阻断与岳飞底过从。"

宋高宗说:"朕允卿所奏,可拟两个外任差遣,待岳飞到阙,便将二人发付外任。"秦桧说:"臣领旨!"

再说岳飞一行在二十三日上午,来到临安城西北的馀杭门外,早有三省的吏胥在门外等候,到马前唱喏,说:"男女奉秦相公与王参政钧旨,在此迎候岳相公,教岳相公将军马驻于馀杭门外,与人从到真珠园歇息。"接着,他又向李若虚和朱芾分别呈上两份省札,李若虚和朱芾取来一阅,原来是分别发表他们外任宣州知州和镇江知府。

李若虚和朱芾对此种情况早有预料。李若虚对岳飞说:"既是恁地,下官当与岳相公告别,返回城中,取老小,前去宣州赴任。唯愿岳相公与众官人珍重!"他最后一句话,声音拖得特别长,用以表示自己的衷心祝愿。

朱芾说:"下官便不须与岳相公同去真珠园,径自告辞。下官自到岳相公军中,自问扪心无愧。唯是去年力劝岳相公班师,犹是心有余憾!唯愿岳相公与众官人珍重!"

彼此怅然惜别,尽管心心相印,却都不愿再说什么,只是用眼睛深情地互望。岳飞已经明白,此次到行在,看来绝非寻常朝觐,但他对自己的前程没有任何留恋,只是对素餐尸禄深感羞愧,希望能乘机离开这个可恨的官场。他沉默一会儿,就在马上向两人抱拳长揖,说:"恭请朱参谋与李大卿前途珍重!"其他属官也向两人简单祝福。岳飞与高颖、于鹏、孙革、张节夫、岳雲惆怅地望着李若虚和朱芾骑马远去,然后由三省吏胥引领,前去真珠园。

岳飞的到来,使秦桧有一种猎物已经到手般的喜悦,他一面命令王次翁立即去真珠园,与三大将酬酢,一面飞报行宫里的宋高宗。宋高宗按照预定的计划,马上宣召给事中、兼直学士院范同与林待聘到殿,宣布自己的决定,然后按照规定,连夜锁院,让两人起草三大将新命的制词。

王次翁赶到真珠园时,岳飞与五名属官刚在园里安顿完毕。王次翁与岳飞虚情假意地应酬一番,然后就引领岳飞前去高寒堂,与韩世忠、张俊一起午宴。高颖等五名属官则另外安排餐饮。

高寒堂中改排四张食桌,依照官位,韩世忠和张俊居中,而岳飞和王次翁分坐两侧。韩世忠见到岳飞,十分热情,而张俊虽然嫉恨岳飞,表面上也虚伪敷衍。岳飞内心仍然怀着去年班师和淮西之战不能行素志的沉痛感,寡言少语。

入席之后,张俊看着酒菜,微笑说:"感荷官家皇恩广大,自家们在此等候岳五,玉液美食,竟是逐日毫不重复。"王次翁站起身来,特别为三大将斟酒,还未轮到岳飞,岳飞就起立说:"下官感荷王参政底盛情,只是须遵主上与亡母底戒令,不得饮酒。"王次翁马上盼咐:"为岳宣抚取凉水!"于是如甘豆汤、鹿梨浆、卤梅水、木瓜汁、姜蜜水等饮料又端到岳飞的食桌上。

照例还是一批乐女、歌女和舞女登堂,正要表演,岳飞忍不住用悲愤的语调说:"王参政,国难深重,国耻未雪,渊圣皇帝与众天眷尚在北方受难,而中原百姓沦落胡尘,此间歌舞升平,切恐未得其宜。"

王次翁心里暗笑:"你亦不知是甚底下场,尚是如此猖狂?"他马上抬出皇帝,进行压制,说:"此本是圣上底美意,因三宣抚在疆场日夜用兵行师,故命下官在此相伴,稍有娱乐。岳宣抚亦尤须感戴圣德,日后勉赴功名。"他坚持让乐女、歌女和舞女表演,以此使岳飞难堪。

岳飞听到"勉赴功名"四字,心里更加愤懑,他真想立即起身离席,但限于臣规,只能接受这种羞辱,他勉强动筷,但所有的美食佳肴,竟是味同嚼蜡。韩世忠见岳飞神色不好,就劝慰说:"岳五,我知得你因强敌未灭,心上不快活。然而人生亦须有劳有佚,有悲有欢,今日难得自家们相聚,得快活处且快活。"岳飞说:"感荷韩相公。"王次翁和张俊听两人的言谈,都暗自好笑。

岳飞面对吹奏歌舞,简直如芒刺在背,最后还是起身离席,说:"三位相公且在此宴饮,下官路途跋涉,稍有不适,便请先退。"他作揖之后,就扬长而去。王次翁望着岳飞的背影,心想:"今日可知,岳飞此人尤是强梗,非韩世忠可比,故官家与秦相公极是忌恶,此正是他取祸之道。"

韩世忠看不过去,就在下午单独拜访岳飞,进行安慰。岳飞还是少言寡语,他只是用眼神对韩世忠表示很深的谢意。岳飞和幕僚们察颜观色,都感觉韩世忠对行将发生的变故毫无思想准备,岳飞左思右想,还是决定对韩世忠稍加提示,说:"既是难以作为,下官底进退祸福,又何足挂齿。唯是秦桧那厮奸人得志,国家前途极是可忧!"

韩世忠说:"岳五,你可说进退,不可说祸福,此言不祥。秦桧那厮虽是奸恶,料他亦奈何自家们不得。"高颖说:"韩相公,你须知秦桧自独相以来,已贬窜得多少名士。如胡编修上封事,远谪岭南,而两个士人便遭迫害而惨死。"高颖所说,是指吴师古和李柔中两人,一个为胡铨刊印奏疏,而死于流放地,一个为胡铨鸣冤,而死于狱中。

韩世忠吐了吐舌头,说:"自家是正一品太保,岳五是正一品少保,秦桧唯是左宣奉大夫兼右相,何惧之有。"孙革说:"韩相公虽是望高、位尊而权重,常言道,防人之心不可无。"

韩世忠一声冷笑,说:"我且看秦桧那厮如何动作?"他望着窗外天色,说:"岳五,又到晚宴时分,既是主上赐宴,你且须忍耐。"说完,又热情地抓住岳飞的手,前去高寒堂赴宴。

次日早晨,三大将和他们的属官刚吃过早饭,秦桧亲自坐轿,来到真珠园,径到高寒堂,命令吏胥把三大将请来。双方略为寒暄几句,秦桧面露微笑,说:"下官奉圣旨,特赐三宣抚新命。"他把手一招,三名吏胥捧着三轴官告,走上前来。张俊早已知情,岳飞也有预料,唯有韩世忠面带惊讶之色。按照臣规,三人同时向皇帝居住的行宫方向下跪,叩头"谢恩",然后由三名吏胥把新的官告授予三大将。

三大将起立后,都不由展开官告,每轴官告上有一篇骈体文的制词,赞扬他们的才能和功绩,宣布韩世忠和张俊任枢密使,而岳飞任枢密副使。秦桧笑着说:"圣上特出宸断,命三宣抚出任枢相,教你们居中执掌兵柄,以便诸军同心合力,扫除虏寇。请三枢相同去面对,叩谢圣恩。自今你们与下官同朝辅明主,文武兼济,岂唯天下之幸,亦是下官三生有幸。"他得意之余,竟爆发出一阵狞笑。

张俊当然心领神会,马上应答:"主上圣明,下官敢不恪恭新命。"韩世忠对突如其来的新命,特别是秦桧发出的狞笑,使他感觉需要仔细推测其中的内情,但嘴上也说:"下官唯是感荷圣恩。"岳飞心想:"若是只为扫除虏寇,便是好事。然而秦桧那厮面露狂喜,必是口是心非。"他真想什么话都不说,但既然韩世忠和张俊表态,自己也不由不表态,说:"下官感荷圣恩,唯愿从此之后,得以与秦相公协力,扫除虏寇,雪莫大之耻,报无穷之冤。"秦桧当然明白岳飞话里有话,但只能报以微笑。

三名新任的枢密使和副使当即出真珠园,骑马穿行城西偏南的钱湖门,来到宫城丽正门前下马,入宫朝见。宋高宗坐在殿上,他今天特别高兴,简直是得意忘形,竟与张去为、冯益等几名宦官倾诉自己的衷心喜悦:"朕思虑积年,今日方得仿效太祖皇帝底旧规,第二回杯酒释兵权,以革倒持泰阿之患,削尾大不掉之势,不动声色,措置天下于太平,将三大帅如婴儿玩弄于股掌之上,岂不快活!"众宦官赶紧下跪,高声说:"陛下圣明!陛下睿断!陛下英果!"宋高宗哈哈大笑。

到三名新任枢密院长贰上殿时,宋高宗又换了另一副面孔,他在和颜悦色之中又略显严肃。韩世忠、张俊和岳飞叩头谢恩毕,起立,宋高宗首先发表圣谕:"朕以虏寇未平,中原未复,更定大计,登用枢臣。卿等久在兵间,为国虎臣,料敌制胜,威震华夏,唯愿施展韬略,训武厉兵,一洒仇耻。朕昔时委寄卿等以一路宣抚之权尚小,今日付与枢密典兵之权甚大。卿等自今之后,须是共为一心,勿分彼此,顾如狂虏兀术,又何足扫除。料得卿等必不负朕底寄托之重。"

面对着皇帝这套冠冕堂皇的玉音,张俊急于首先表演,他说:"臣感戴陛下信任之深,委付之重,敢不勉力。臣行将到枢密院治事,所统军马,伏望拨属御前使唤。"宋高宗说:"今年正月,卿前来行朝,朕曾教卿读郭子仪传。唐朝底郭子仪与李光弼同为名将,有大功于王室。然而李光弼负有不愿释权底嫌隙，郭子仪闻命就道，以勋名福禄自终。卿今日所奏，煞是不负朕训。"

到此为止，宋高宗突然升迁枢密院长贰的举动，终于图穷匕见。岳飞用沉重的语调说："臣自去年班师，深负愧耻，无地自容，祈请陛下优恩，释去兵权，未蒙俞允。如今既是陛下圣断，臣唯当遵旨，愿以所统军马，交付御前。正将王刚所统背嵬马军，亦乞发遣归鄂州，以便防拓。臣本是一介耕夫，误蒙陛下付托，而所设施，未效寸长，深以旷职为羞，理当省愆念咎，退居林泉。如今臣所统军马归御前，枢密院重任，陛下委付韩、张二枢相，亦足以成事，伏望陛下成全臣愚区区之志，就此退闲。"

宋高宗并不想就此顺水推舟，其实是不愿善罢甘休，他说："卿智略威名，为国家所重，须是志在王室，辅朕成中兴大业，朕岂得允卿所请。"岳飞说："圣恩深重，命臣等以扫除狂虏为己任，又教臣何以辞难？依目今底兵力事势，臣等扫除狂虏，可期岁月。目即是夏日，到秋冬便可用兵。伏望陛下圣断坚定，力排屈辱媾和底谬论，决计复仇报国，则中兴大业必成，陛下为中兴之主，必是光耀史册，万世追美。"

岳飞的侃侃正论，反而更增加了宋高宗的嫌恶感，他到此只能收起"扫除"敌人的假面，说："今年虽有柘皋之捷，复有濠州之败，卿等主张枢密院，正宜慎于用兵。"张俊马上响应说："臣愚自当恪守圣训。"

韩世忠由于濠州之败，感觉自己说话没有分量，也不愿与皇帝再当面顶撞，他感觉对自己罢兵权也不能不表态，就说："臣底高官厚禄，本是陛下所赐。臣既到枢密院治事，愿将淮东军马交付御前。"

宋高宗感到收兵权的戏可以及时收场，以便返回后宫，与刘缨缨嬉笑，就说："卿等下殿，即时去枢密院治事。"韩世忠、张俊和岳飞同声说："臣遵旨！"他们行礼毕，然后下殿。宋高宗望着他们的背影消失，不免低声自语："韩世忠救驾有功，而岳飞尤是强梗不逊。"这句话当然也很快通过暗线传到秦桧的耳朵里。

韩世忠、张俊和岳飞骑马出城，返回真珠园。张俊一路上得意地说闲话，韩世忠还勉强应付几句，岳飞只感觉心情的沉重，一言不发。进入园内，三人各自回房歇息。

高颖、于鹏、孙革、张节夫和岳云尽管对变故早有思想准备，但对岳飞罢兵权,仍然相当震惊。然而限于古代的臣规,他们对皇帝的决定,特别又涉及自身的前程,反而不能敞开议论。他们只是焦急地等待岳飞的归来。岳飞坐定后,简单地介绍了面对的经过,大家只是互相用眼神交换感情,而沉默不语。岳飞坐了许久,才说:"如今我委是进不得,退不能,然而主上既是不允辞免,教我做枢副,做一日官,便须尽一日心,到罢官而后已。"

当天下午,又有三省吏胥前来通知韩世忠和岳飞,说是宋高宗已经特赐他们住宅。于是韩世忠和岳飞又立即搬出真珠园,张俊就成了真珠园的主人。岳飞的住宅位于城西钱塘门内的前洋街,与韩世忠的住宅相邻。高颖、于鹏、孙革和张节夫改任枢密院属官,他们分别在临安城里租房居住,只有岳雲没有分配新的职务,朝夕闲居,侍奉父亲。岳飞不让王刚与自己告别,只是通过枢密院下令,命王刚统背嵬马军返回鄂州。此外,他与高颖等人通过邮递向家眷发信,让李娃与另外四家结伴而行,前来临安。

宋高宗与秦桧等人商量,很快下令撤销三大将的宣抚司机构,将三支大军改名为御前诸军,以示是直属皇帝的赵家军。宋廷任命王贵和张宪任鄂州驻扎御前诸军都统制和副都统制,王德任建康府驻扎御前诸军都统制,唯独淮东的楚州大军暂时没有任命都统制,并且下令,各御前诸军的统制以职位高低,轮流到行朝参见。

[贰贰]
画 押 枢 密

四月下旬到五月上旬,宋廷围绕着三大将罢兵权,各种事务纷纷扰扰。等尘埃落地之后,张俊就急于夜访秦桧。秦桧坐在政事堂里办公,其实还是相当懒散和清闲,他只是把各种政务交给吏胥们办理,自己宁愿独坐品茶,时或闭目,嚼齿动腮。吏胥们也早已谙熟他的脾性,见到他闭目嚼齿动腮,就知道他在思考问题,以尽量不打扰为好。秦桧的繁忙,真正紧要的政务是在私宅里,他不断分别接见党羽,商量问题,面授机宜,布置任务。

今夜秦桧正在书房接见一个曾于温州结识的故人,是福州侯官人、左朝请郎林大声。按照秦桧的奏请,由他出任湖、广总领,只待宋高宗批准。总领除了负责大军的钱粮供应外,还专一报发御前军马的公文。砚童进入禀报,说:"张枢相求见相公。"说完,就呈交秦桧一份礼品单。秦桧只见,礼品单上开列如下:

　　金器十色,三千两,玉璧四件,玉瓜杯一对,玉香鼎一对,玉盆儿一对,玉靶刀子一对,珠子十号,五百颗,玻璃碗四件,玛瑙碗四件,汝窑酒瓶四件,盏八只,官窑香炉一对,名画十轴,木绵二百匹,蜀锦二百匹,暗花婺罗二百匹。

秦桧见到如此丰厚的礼品,笑逐颜开,但他还是对林大声揶揄说:"此是张俊自登枢府,初次夜访。他底家财天下第一,却是素称悭吝,不意今夜破费恁地多。料得他必是急不可耐,意欲排摈韩、岳二人,独掌枢府。然而他便是不来见我,老夫亦须召他。"按当时礼俗,光是直呼张俊之名,就表明秦桧对张俊的大不敬。

林大声说:"既是张枢相造访,下官便须告退。"秦桧说:"不须,请林朝请在书房稍候,到时老夫便叫林朝请出见,以便同共计议。"

秦桧亲自出门迎接,按张俊的身份和彼此关系,他当然不会把张俊拉进书房,而是领到厅堂就座。彼此十分客气地寒暄,秦桧又对礼品表示感谢,张俊急于进入正题的讨论,他先要求屏退随从,然后对秦桧说:"此回全仗主上圣断,秦相公神机妙算,得以将韩五与岳五削除兵柄。然而鄂州御前诸军尚是命王贵与张宪为正、副都统,二人皆是岳五底腹心之将,难以教朝廷放心。"

秦桧问道:"依张枢相底意思,又当怎生底?"张俊说:"田十七追随下官多年,极是忠厚可信。下官以柘皋之胜,保奏他与王六升节度使。依下官底意思,若是教田十七出任鄂州大军底都统制,方得掌控岳家人,以免后患。"

秦桧心想:"张俊果是野心不小,真欲掌控天下之兵。然而田师中是有名底驽将,唯知奉承张俊,教他做鄂州底都统制,亦是一说,可教老夫安心。"他说:"下官自当力助张枢相,奏请圣上命王德与田师中升官节度使。然而岳飞初到朝廷,军中久是服习王贵与张宪,若不是暂教他们统军,亦恐易生变乱。田师中到鄂州一事,且缓缓底,不得心急。"

张俊又问:"楚州一军,至今主上未曾任命都统制,不知秦相公有甚计议?"秦桧笑着说:"此正是下官欲与张枢相计议底大事。"秦桧完全清楚,张俊嫉恨岳飞,但与韩世忠过去曾是王渊部属的左膀右臂,私人关系不错。韩世忠的次子,即梁佛面所生的韩彦樸,已经成为张俊的二女婿。张俊是否忍心对儿女亲家下手,还有待试探。他就从袍袖里取出一份新任淮东总领胡纺告发耿著的申状,递给张俊。

张俊看了一遍。他知道,文官胡纺原来奉承韩世忠,所以升迁颇快。前年初,胡纺任淮东转运副使,因为告发韩世忠准备袭击金使张通古,从此得到宋高宗的赏识,而与韩世忠的关系变坏,但韩世忠已经对胡纺无可奈何了。申状的内容是说耿著回到楚州以后,针对朝廷收兵权的事,散布流言蜚语,说本要无事,却是生事,以此动摇军心,特别是图谋叛逆,设法让韩世忠返回楚州,重新执掌兵权。

张俊看后，依凭他的政治嗅觉，已经敏感到，这份申状与其说是胡纺所上，倒不如说是秦桧一手炮制。韩世忠特别在袭击张通古的事件上，得罪秦桧颇深，秦桧正进行报复，由亲校着手，牵连昔日的主将。既然业已解除韩世忠的兵权，重掌兵权必然成为最犯皇帝忌恶的事。

张俊望着秦桧笑眯眯的神情，知道对方在等着自己表态，认为自己完全可以做一个顺水人情，就说："事关重大，须是迅即根勘耿著，以免军中滋生祸害。"秦桧到此已经明白，张俊对自己的儿女亲家其实是怀抱幸灾乐祸，以便进行排挤的心理，就说："耿著是韩枢相底亲校，此事既是牵连，尤须慎重根勘，以免株引蔓连。韩枢相处，切望张枢相不可泄漏。"秦桧清楚懂得，凡事须有限度，张俊固然可以在这件事情上给自己帮忙，但张俊只想排挤韩世忠，而依两人的关系，张俊还决无置韩世忠于死地之心。秦桧本人的最高目标，则是制造耿著冤狱，以便置韩世忠于死地，这又是决不能向张俊透露的。

张俊又旧事重提："此回淮西之战，岳五不赴援，刘十八不愿宣力，亦当处分。"秦桧说："下官已奏请主上，不日当召刘锜入见，然后罢他底兵权，教他前去做荆南知府，然而若有缓急，许他调发旁郡兵力。"

张俊问道："此是甚底意思？"秦桧笑着说："刘锜虽是作战不力，亦是威名之将，他到荆南，便可以钳制王贵与张宪，此亦是销患未形。"张俊拍手说："此是圣上妙算，一举两得。"

秦桧乘机说："待下官请张枢相一见林朝请。"他提高声音喊"砚童"，于是林大声被砚童领入厅堂，与张俊相见。秦桧只是居中作了尽可能简单的介绍："下官已是奏请林朝请前去鄂州，出任湖、广总领，以便监视王贵与张宪。若得主上俞允，此后或有紧切机要事宜，须是关报或申禀张枢相，恭请张枢相主张。"张俊一口应允："自家与林朝请既是今晚相识，理当协力。"秦桧感到火候差不多，就向林大声使个眼色，让他辞别离府。

自古以来，玩弄阴谋的一条最高原则，是必须让参与者适当知情，却不能超出哪怕是半点限度，以便最高决策者一人独自运作。在秦桧看来，无论是张俊，还是林大声，都只是自己棋局上的一只卒子，除了自己部署的相关任务之外，决不能让他们知道得更多。他至少暂时还不让张俊知道林大声此去的具体任务，更不让林大声知道自己如何使唤张俊。

等林大声离去,秦桧又向张俊透露一部分与完颜兀术书信往返的内情,他说:"圣上英断,唯有与虏人媾和,方得天下无事。"张俊立即表态:"下官敢不遵依圣旨!"

秦桧说:"然而依圣旨,为与四太子议和,江北不得屯驻重兵,以示诚信。楚州原是宣抚司驻军之地。圣上旨意,便教张枢相与岳飞同去淮东楚州,张枢相以本职为按阅御前军马,专一措置战守,岳飞为同按阅御前军马,专一同措置战守。"他接着向张俊布置具体任务。

张俊说:"既是恁地,我一人前去,即可措置,岳五同行,必是拘碍。"秦桧说:"不然,你是正职,他是副职,又是奉旨行事,他奈何你不得。正宜教他罪衅日著,然后方得下手剪除。"他最后一句用了恶狠狠的语气,因为他清楚,张俊对岳飞是有置之死地而后快的用心。张俊听后,就哈哈大笑,但秦桧却并未发笑,他只觉得距离大笑,还为时尚早。

秦桧最后特别叮咛张俊:"下官知得,张枢相与韩枢相有亲情,故特意事先关白。张枢相此回去楚州,必是撞着耿著底狱案。切望张枢相以社稷利害为重,不得关报韩枢相,以免根勘失实。"他非常注意用词的分寸,对岳飞可以直呼其名,而对韩世忠则仍称"韩枢相"。

张俊说:"秦相公放心,下官岂不知利害轻重,岂可因小失大。"秦桧又加紧奉承和许愿:"张枢相是主上识拔亲擢,最是倚重,此回又委以重任。但了得此事,张枢相便可独掌天下之兵。掌天下之兵,亦非张枢相莫属。"说得张俊昏昏然,飘飘然,舒心快意地告别。

不久,林大声的任命终于得到宋高宗的批准。在他赴鄂州之前,按照秦桧的授意,特别找万俟卨长谈一次。万俟卨向他尽可能详细地介绍他所知的鄂州大军,即前岳家军的情况,主要是向他举荐了前军副统制王俊。

枢密院和三省虽为两个机构,对掌文、武之政,而主要的办公地点,都在行宫和宁门北的都堂。岳飞只是在都堂上班十来天,就很快感受到宋高宗所谓"枢密典兵之权甚大"的滋味。枢密院长贰四人,唯有岳飞是副职,而秦桧则是右相兼枢密使。岂但是重要的,以三省、枢密院名义发布的省札,就是一般的枢密院公文,也都由秦桧一手包办,并且往往是用奉行圣旨的名义,韩世忠、张俊和岳飞三人的任务,只是在公文上画押,根本不容有任何的所谓献可替否。

韩世忠和岳飞的心情都相当郁闷,但处在他们的地位,反而不便互相倾诉。韩世忠自制一顶一字巾,每到都堂,就裹在头上,虽然赳赳武夫戴上文士头巾,显得不伦不类,他却以此向秦桧发泄不满。岳飞也因夏季天热,有意披开袍襟,以文士潇洒雍容之态,经常公开表示期望下野告退的心情。

张俊嫉恨岳飞和刘锜,不断飞短流长,但他毕竟理亏心虚,当着岳飞的面,还是虚与委蛇,从不敢正面指责。一天,韩世忠和枢密院编修官高颖来到岳飞的一小间办公室里,高颖更是满脸愤懑的神色,岳飞招呼他们就座。他知道,韩世忠向来轻薄文士,但不知怎么,竟与自己的四个前幕僚,特别是高颖话得投机,一见如故。

高颖说:"张枢相不当撰造言语,毁谤岳枢相,说淮西之战,有意不赴援,以至丧失战机,而有濠州之败。"韩世忠吐了吐舌头,作进一步的劝告:"岳五,你须是与张七上殿廷辨,以明是非,不可负谤。"

岳飞用手指着自己的心口,说:"感荷韩枢相与高编修底美意,下官所无愧者,便是此心,何必廷辨。"他取出一份孙革所记的淮西行军的日志,还有与张俊往返的咨目,递交韩世忠,说:"恭请韩枢相审议,便知真情。"韩世忠不识字,就让高颖当场念一遍,然后说:"此事昭然若揭,岳五不廷辨,我亦当寻机会口奏,教主上明察。"

三人正在说些闲话,有吏胥进入,向三人唱喏,然后说:"启禀韩、岳二枢相,秦相公请你们去都堂,有事相商。"于是韩世忠和岳飞前去都堂。

秦桧和张俊已在那里等候。秦桧见到韩世忠的头巾和岳飞的披襟,不知怎么,内心更增加了一种嫌恶感,认为两人是用文士的装束,有意向自己示威。彼此互行揖礼后,秦桧就先交付韩世忠一份宋高宗的御批。韩世忠不识字,只能在行遥拜跪领礼后,让岳飞为自己念一通。

岳飞就念着皇帝的御批,黄纸上写道:"韩世忠下亲随人,有三十余人未曾发遣前去。可速起发前去楚州,此三十余人不系合留人。"他一面念,一面内心不免感慨说:"区区细事,竟有劳官家亲下手诏!我曾以为,韩世忠有救驾底大功,不料亦是猜忌之甚!难道多三十余亲随,便有甚不轨底事?"韩世忠听后,心里也很不高兴,但嘴上只能说:"下官恭奉圣旨,当即时发遣他们归楚州。"他马上大声对在场的一名吏胥发令。

秦桧望着韩世忠,脸上露出一丝奸笑,他又交付岳飞一份诏旨和两份省札,说:"省札是三省与枢密院同奉圣旨,张枢相已是画押,如今请韩、岳二枢相画押。"

岳飞接来一看,是命令张俊和自己以本职前去按阅御前军马,措置战守,自己的头衔加一"同"字,作为副职。由于他们是枢密院的长贰,可以随宜措置,专一任责,不须事前上奏请示,只须事后上奏。让张俊和岳飞在五月十三日,到内殿面对。那份诏旨上更是写得十分冠冕堂皇:"方国步之多艰,念寇雠之尚肆。当令行阵之习有素,战守之策无遗,伐彼奸谋,成兹善计。"他不由感觉,这无疑是一时尚难于猜破的谜团。

岳飞想了一下,就对韩世忠作出说明,然后问秦桧:"敢问秦相公,何以韩枢相不去措置?"秦桧早有准备,说:"韩枢相须是居中运筹,不得三个枢相同去。"岳飞又问:"如何行程?"秦桧不能说只去楚州,就说:"圣上教你们先去楚州,然后去建康府等处。"

岳飞立即把此事与楚州大军一直不设都统制联系起来,认为其中必有阴谋诡计,就说:"下官是副职,又不熟悉楚州军务,不如教下官暂留行在,恭请韩枢相前去措置。"韩世忠也明白岳飞的用意,但处在他的地位,更不便表态,只是望着秦桧,秦桧皮笑肉不笑,回答说:"此是上意,下官亦是奉圣旨草拟省札。"于是韩世忠和岳飞都无话可说,只能在两份省札上画押。张俊接着又出示两份相同的省札,内容与给岳飞的相同,只是最后一句为"札送枢密使张少师",也请韩世忠和岳飞画押。

秦桧最后又取出另一份草拟的省札,让韩世忠和岳飞画押。岳飞一看,是奉圣旨,宣召刘锜前来行朝奏事。岳飞又问:"召刘宣判到行朝,有甚事宜?"秦桧有意透露说:"刘宣判虽是顺昌大战立得奇功,然而此回淮西之战,居功自傲,不能宣力。故遵依圣旨,召他前来奏事,然后命他改知荆南府。"

韩世忠和岳飞明白,这是张俊对刘锜的造谣中伤所致,两人也自然而然联想到对岳飞的谣诼。岳飞说:"刘宣判作战不力底事,事涉暧昧,他是国家底虎将,不当罢兵柄。"韩世忠说:"楚州大军至今未命都统制,下官愿保奏刘十八出任。"依秦桧的老奸巨猾,当然不会与两人争辩,他说:"二枢相底计议,自可面对圣上,此省札唯是教刘宣判到行在,二枢相不可不画押。"于是韩世忠和岳飞又只能画押。

岳飞和韩世忠回府,并马而行,处在他们的微妙地位,反而无法自由交谈,倾吐胸臆。两人只是在亲兵的簇拥下行进,各人想各人的心事,两人心事的共同点,是在琢磨楚州之行背后是什么阴谋,彼此都沉默不言。

到达离韩府不远,岳飞突然愤慨地说:"韩枢相,自家们直是做秦桧底画押枢密!"韩世忠说:"不知此回秦桧那厮又包藏甚底祸心?"岳飞明白,韩世忠所指当然是楚州之行,就说:"下官不得辞免,然而亦不得亏负朝廷,亏负韩枢相。"韩世忠十分感动,说:"自家与张七同僚多年,又是儿女结亲,今日方知岳五是真兄弟!"两人在马上拱手道别。

岳飞回府,岳雲在家闲着无事,就只是侍奉父亲,他恭敬地为岳飞端茶,岳飞在厅堂坐定,就出示自己所得的一份诏旨和两份省札,岳雲看后,考虑了一下,问道:"教阿爹前去甚处?"岳飞说:"教我先去楚州。你去年大战,未得去楚州,此回当随我去,稍尽孝道。"

岳雲望着岳飞,只觉得父亲眼里流露出一种异样的神情,他也知道,在父亲与生母离异之前,两人并无龃龉,就说:"此回得便,阿爹亦可一见刘妈妈。"岳飞长吁一声,说:"我岂得全不念当年伉俪之情。然而如今事过境迁,她又有家室,我如何再与她相见?你此回多尽孝道,愿她全家吉祥如意,便是我底至意。"岳雲说:"儿子理会得。"

岳雲正打算就楚州之行的背景,再与父亲交换看法,有亲兵进入报告:"启禀岳相公,今有赵秀才等故人前来相访。"岳飞连忙出门迎接,来客竟是赵九龄、邵缉和黄纵。岳飞向来客恭敬长揖,然后把他们迎入厅堂。岳雲则亲自为来客端茶,恭敬执后辈之礼。岳飞命令岳雲去请高颖、于鹏、孙革和张节夫前来,一同聚会。

岳飞与来客先寒暄了一阵,他还是依过去的习惯,称他们为赵丈、邵丈和黄机宜。岳飞见到邵缉,不由追忆起绍兴五年秋的往事。当时邵缉到鄂州游历,岳飞盛情接待,但邵缉却不愿意留在军中,只是在临别之际,赠岳飞一阕《满庭芳》词,其文字如下:

日落旌旗,霜侵甲胄,塞角声唤寒更。论兵慷慨,齿颊带风生。

坐拥貔貅十万,衔枚勇,云戟交横。横罾笑,羌戎授首,千里静挼枪。

九州人竞乐,提壶劝酒,布谷催耕。尽芝夫荛子,歌舞威名。好是轻裘缓带,驱营阵,绝漠横行。功谁纪,风神宛转,麟阁画清明。

岳飞感叹说:"当年邵丈造访,幸得赠下官词一阕。光阴倏忽,转瞬便是七年,下官煞是辜负邵丈底期望,今日得见,虽是喜出望外,却是益增愧色。"邵缉劝解说:"岳相公仰不愧天,俯不愧地,唯是天不佑大宋,气数如此,非是人力所得回天。"

赵九龄说:"建炎末,自家与邵丈相访,曾与岳相公言,依你底忠义智勇,虏人虽强,亦不足畏。然而朝廷之中若有如黄潜善、汪伯彦之流,却是深可畏,足以败坏中兴大计。如今秦桧之与岳相公,犹如当年黄、汪之与李相公、宗留守、张正方,切恐岳相公尚须循他们底旧辙。"岳飞悲慨地说:"赵丈十二年前所言,分毫不爽。"邵缉说:"如黄、汪、秦之流恰似如鱼得水,得以恣意泅游。"限于古代的专制伦理,他也只能点到为止,不能公开指斥宋高宗。

黄纵说:"自家们从温州来,薛参谋如今在故居领祠禄。他得知岳相公罢兵权,特教自家们转献一贺启。"他取出贺启,交付岳飞。正在此时,岳云引领高颖等四人也来到厅堂,于鹏和孙革是熟人,张节夫、高颖则与赵九龄等人则是初次相识,彼此见面寒暄后,就一起坐着说话。薛弼如今任提举洪州玉隆观,按照惯例,可以在家闲居领俸禄。他的贺启自然依照惯例,使用骈体文,除了一般性的祝贺之外,岳飞很快见到其中关键性的一句:

忧国爱民,怅望燕然之勒铭;用行舍藏,聊乘彭泽之巾车。

岳飞明白,这是以东汉窦宪追击匈奴,勒铭燕然山,东晋彭泽令陶渊明赋《归去来辞》,"或命巾车"的典故,劝自己引退。他把这份贺启给高颖等人传阅,又取来今天得到的诏旨和省札,出示众人。

高颖对赵九龄等人说:"你们当知岳相公底心迹,事已到此,他极是憎恶官场底虚诈,急欲辞官,解脱烦恼。然而既是在官场,便身不由己。"孙革说:"自家们亦非恋栈之辈,既与岳相公为患难之交,又岂得舍他而去。"

赵九龄叹息说:"患难之交,极是难能可贵。自家们虽是浪迹天涯,做山野之人，又岂得不为你们忧心。自家们与薛参谋底意思，唯是劝岳相公急流勇退，此虽是保身之道，他日或可临危受命，重整乾坤。若是不得已而求其次，则是依违，明哲保身，料得又非岳相公所能。"

黄纵忧心忡忡地说："秦桧那厮自独相以来，贬窜贤士大夫，不遗余力。赵相公本是主和议，亦为秦桧所忌，去年金虏进犯河南，便以台谏官论奏，远谪广南潮州安置。国朝太祖皇帝深仁厚泽，誓不杀大臣与言事官。如真宗朝宰相丁谓奸邪，迹涉谋大逆，亦只是流放琼崖了结。然而自哲宗皇帝以来，丁谓远窜炎荒之路复通，大臣多有在岭南迫令自尽。秦桧既是得志，岂得不接踵行此故事。"

岳飞、高颖等人明白，黄纵是要他们对可能到来的迫害有足够的精神准备。岳飞激昂地说："大丈夫处世，不得贪生，亦不可轻生。闻得元城先生遭恫吓，逼令自裁，然而元城先生便是不畏怯，不轻生，终是老死牖下。自家既是在官场，解脱不得，亦只有我行我素！"宋哲宗时名臣刘安世号称元城先生，岳飞在此有意避他的名讳，以示尊敬。

黄纵望了望赵九龄和邵缉，他们明白，岳飞对迫害已经有了相当的思想准备，但绝不愿因此而畏缩。赵九龄叹息说："唯愿上苍有眼，护佑得忠良！"到此为止，三位客人要规劝的话，就已倾诉无余了。

岳飞还是进一步发问："你们传阅了诏旨与省札，有甚高论，下官愿洗耳恭听。"赵九龄说："秦桧居心叵测，然而他憎恶韩枢相，必是借刀杀人。"岳飞笑着说："自家不是他手心底快刀。"

赵九龄、邵缉和黄纵终于告辞了。岳飞等人深情地送他们出府门，彼此长揖之后，紧紧握手道别。赵九龄等三人的脸上不由挂着泪珠，说："此回一别，不知何日重新相会，唯愿岳相公与众官人珍重！"岳飞等人望着他们远去，不胜惆怅。

五月十三日，宋高宗准时召张俊和岳飞面对。自从三大将当上枢密院长贰以来，作为执政官，照理应经常与宰相秦桧共同面对，共商军国大计。但是，宋高宗随心所欲，他经常召见的只是秦桧和王次翁，张俊有时也随两人一起面对，而原则上不让韩世忠和岳飞一同面对。今天其实是岳飞自当枢密副使以来，第二次参加面对，并且只是处在张俊的配角地位。

张俊和岳飞上殿行礼毕,宋高宗说:"朕以秋季将至,须防虏人冢突,特命二卿去楚州措置军事,可随宜处分,先做后奏。切望二卿共为一心,曲尽关防,固守疆场。张卿为正职,岳卿为副职,若有异议,可分别上奏,各抒己见,然而随宜处分,便暂依张卿所议。"宋高宗明知张俊已经得知准备对金媾和,在江北撤退重兵等事,仍不愿对岳飞透露真情,以免横生枝节。

岳飞完全明白皇帝的意图,其实是将自己置于无法与张俊抗争的地位。他想了一下,说:"臣领旨!依臣愚见,淮东一军,昔日是韩枢相所掌,熟知军中情实,若是韩枢相与张枢相同去,方是允当。又淮北刘宣判是国之虎臣,既蒙陛下宣召前来,臣愿保奏,教他做楚州驻扎御前诸军都统制。"

宋高宗不愿与岳飞多费唇舌,他认为,自己的召见任务已经完成,就说:"朕既已命岳卿前去楚州,岂得临时改命。刘锜底新任,待他到阙后,从长计议。朕国务繁冗,二卿可下殿预备,于明日启程。料得二卿忠义有素,当不负朕底委寄。"

张俊和岳飞就只能行礼下殿。张俊望了望岳飞,只见岳飞脸色难堪,更感得意。岳飞沉默不语,只是用牙齿紧咬嘴唇。他刚出行宫丽正门,有三省吏胥上前唱喏,说:"男女奉秦相公钧旨,恭请岳枢相去都堂。"岳飞心想:"揆情度理,官家既已宣谕,秦桧那厮却又节外生枝,教我前去,不知有甚诡计?"他不说话,只是上马,从宫城的正南绕到正北,然后去政事堂。

秦桧皮笑肉不笑,与岳飞稍作寒暄,然后进入正题,他装出关切的模样,说:"岳枢相方到行朝,坐未暖席,又须北行,为国辛劳。然而圣上召你们到阙,闻得淮东军中,军心不稳。老夫底好意,岳枢相此去,须是小心,以备反侧。若是亲兵使唤不足,枢密院亦可于额外勾抽亲兵护卫。"

岳飞严肃地说:"下官自到阙下,已发遣背嵬马军回归鄂州。蒙主上宏恩,保留亲兵二十人使唤,亦已足用,不须增兵。韩枢相既已归朝,楚州之军,即是朝廷之军,下官不曾闻得,楚州军中有甚反侧之事。自家们共事王室,须是同心协力,若是秦相公教下官捃摭同僚底瑕疵,以为得计,又岂是下官之所瞩望于秦相公。"

秦桧此次命张俊和岳飞出使楚州,在与皇帝共同谋议之外,又挟带着自己的私货,这就是举办耿著的冤狱,企图通过亲校牵连和陷害主将韩世忠。耿著已经被收禁,行将押解临安。秦桧准备等耿著押到大理寺后,再上奏宋高宗。谎称韩世忠想重新掌军,自然最为触犯宋高宗的深忌。宋高宗必定会降旨追查,然后可在狱里上下其手,严刑拷打,逼胁耿著自诬,从而株连韩世忠。秦桧认为,既是让岳飞出使楚州,耿著的冤案就无法对岳飞隐瞒,所以特别稍作提示。他总是用钩心斗角的心态去忖度他人,知道韩世忠和岳飞曾有龃龉,认为岳飞也会乘机对韩世忠落井下石,不料今天反遭岳飞一番抢白,弄得这个官场的油子一时竟满脸尴尬,张口结舌,无以对答。

两人僵持了一会儿,岳飞说:"若是秦相公别无他语,下官便请告退。"他稍微弯腰,向秦桧作礼节性的一揖,秦桧也只能还以揖礼。岳飞高视阔步,径自走出都堂。秦桧望着他的背影,咬牙切齿。

岳飞原先料想,不让韩世忠前往楚州,必有蹊跷,如今更增加了对韩世忠的忧心。他把秦桧接见的情况,与高颖等人交谈,大家商定,必须用心调查,等有了眉目,再通报韩世忠。

[贰叁]
直 道 危 行

张俊和岳飞在五月十四日离开临安。两人各自带领着旧日的幕僚。张俊本人有亲兵三十骑,秦桧临时又为他调拨杨沂中的殿前司骑兵一百人,步兵四百人,仪卫颇为气派。但岳飞只有亲兵二十骑,轻装简从,而高颖、于鹏、孙革和张节夫则各带随从两人,岳雲只是侍奉父亲,本人没有随从。

他们分乘三十艘官船,沿运河北上,到镇江府渡江之后,再改为陆行北上。张俊和岳飞并马而行,天气已经相当炎热,张俊身披紫纱袍,有亲兵张伞遮阳,从容缓骑,显得随便而开心,路上有说有笑,岳飞穿着紫麻布单袍,顶着骄阳,不免流汗,却不苟言笑。在沿途,他和高颖等人多方设法打听,岳飞又亲自向张俊试探,但张俊守口如瓶,就是不露任何声色,更使此行充满了诡秘的色彩。

他们到达扬子桥,不料遭遇一辆槛车,有一群吏胥和兵士押送南下,槛车里面正是耿著。耿著当然认识张俊和岳飞,他在绝望中见到救星,就大喊道:"张、岳二相公,男女原是韩相公麾下底耿著,无辜受淮东总领胡纺底陷害,蒙天大之诬蔑,吁请二相公速与男女伸冤理枉!"

岳飞连忙喝住:"槛车且暂停,容得耿著叙话。"张俊如果没有岳飞在旁,是决不会理睬耿著的,如今当着岳飞的面,只能伪装惊讶的模样,说:"耿著,有甚冤屈,直道来。"那群吏胥和兵士得知是张俊和岳飞,当然不得不将槛车推到他们马前。高颖等人也来到槛车前。

耿著开始叙述自己的冤狱。原来胡纺知道耿著是韩世忠的心腹,向来对耿著也奉行阿谀之道，两人的表面关系一直显得亲密。最近韩世忠罢兵权后，耿著就带着多余的亲兵，返回楚州。一天，耿著接到胡纺的短简，邀请他到扬州，说是有要事相商。耿著就从楚州赶到扬州总领所。胡纺还是一如既往，设盛宴招待。耿著酒醉之后，也不知自己说了些什么，等到酒醒，却已莫名其妙地置身在总领所私设的囹圄之中。按照法制，总领所是无权私设狴犴，并进行审讯的。但是，耿著却在总领所里受尽拷打折磨，逼胁他按照胡纺设定的口供自诬。如今临安递发到三省的省札，要将耿著押解行朝。

岳飞听完耿著的自诉，已经完全洞悉秦桧的阴谋，就对张俊说："张枢相，莫须将耿著带回扬州，与胡总领当面对质。"张俊当然也进一步明白了秦桧对韩世忠所下的毒手，但他决不愿因此而得罪秦桧，就说："自家们只管得军务，此既是三省所下底省札，便无权干涉。不如且教耿著前往行在，自家们当另作计议。"张俊表面上当然也不能对牵涉韩世忠的冤狱袖手旁观，就安慰耿著说："你且放心前去，自家们既是知得你底冤情，当为你伸张。"耿著千恩万谢，与张俊、岳飞话别，被那群吏胥和兵士押走。

岳飞又与张俊并马而行，他问道："耿著底冤屈牵连韩枢相，自家们与韩枢相有同列之义，岂得坐视他被诬陷，不知张枢相如何措置？"张俊勉强地说："待到得扬州，质问胡总领，再行措置。"他当即吩咐一名属官，让他飞骑先入扬州城，质问胡纺。岳飞心想："此分明是与胡纺通风报信。然而见得胡纺，亦必是矢口抵赖，与耿著各执一词，自家们便难于处分，此委是无济于事。"

张俊、岳飞一行到达扬州城南安江门外，扬州知州等官员一齐在门外迎候，唯独胡纺却推说到外地催粮，逃之夭夭。岳飞听到张俊属官的回报，心想："不料张俊与韩世忠亦是恁地无情。"但表面上也不再追究胡纺的下落，与张俊一起进城。

当晚，岳飞不出席知州的宴会，只与高颖、于鹏、孙革、张节夫、岳雲在馆舍随便吃食，边吃边议。于鹏说："耿太尉底冤案足见秦桧心肠歹毒，结连胡纺，设计陷害韩相公。然而下官思忖再三，岳相公虽是位居执政，便是亲涉此案，亦是难以为耿著昭雪。如今唯有急报韩相公。"

张节夫说:"然而韩相公尤是处于疑似暧昧之间。"孙革说:"虽是恁地,莫须教韩相公先去狱中体探诣实,然后求见主上自辨。"

岳飞对张节夫说:"我与韩枢相共事王室,若是教他以无辜得罪,便是有负于韩枢相。烦劳子亨为我作书,致韩枢相,备述此事。"于鹏、孙革和张节夫在枢密院都没有正式职务,只有准备差使的临时头衔,所以岳飞对他们不用官称,而改称他们的表字"直上"、"从新"和"子亨"。

张节夫很快把信稿起草完毕,交大家传阅后,岳飞又吩咐于鹏说:"此事便请直上星夜返回临安。韩枢相既是处于疑似暧昧之间,尤须计议稳当,然后行事。"于鹏慷慨地说:"下官遵命!"他率领两名随从,当即骑马飞奔,返回临安城。

岳飞等人送走于鹏以后,又接着议论。高颖说:"下官所忧,秦桧既以耿太尉底冤狱诬构韩相公,他日又何尝不可如法炮制,倾陷岳相公。"岳飞说:"我岂得无防秦桧之心,然而如耿太尉底狱事,便是防不胜防,辨不胜辨。所赖太祖官家有誓约,尚得保全。"大家明白,岳飞其实从耿著的冤案中,已经看清自己的政治前途,必被秦桧迫害无疑,在他看来,唯有宋太祖留下的不杀大臣的誓约,是自己免除或减轻祸害的护符。

孙革说:"料得主上必可明辨耿太尉底冤屈,若能因此识破秦桧底奸恶阴鸷,将他罢相,便是天下之幸。"处在专制时代,臣民们往往对皇帝有一种无奈的善良意愿,期望皇帝能够一旦醒悟,分别忠奸,然后致国家于升平。

岳飞说:"诚如从新所料,主上聪明,察耿太尉之冤不难,唯愿因此而破秦桧底奸谋。"大家明白,岳飞其实是话里有话,皇帝并非昏庸,必定可以识破秦桧的诬陷,但能否因此将秦桧罢相,还难于逆料。

岳云年少,涉历官场不深,他总是把父亲的幕僚当作自己的长辈,在此种议论场合,只是洗耳恭听,基本上不发表自己的意见,但今晚却忍不住发问:"若是官家依然任用秦桧,便当怎生底?"大家听后,都不作回答,沉默多时,高颖突然站立,悲慨地说:"此便是苍天无眼,昊天上帝与列祖列宗不佑大宋,尚复何言!"岳飞说:"我唯知你婆婆底刺字,'尽忠报国'而已,尚有何说!"

当岳飞等人紧急商量的同时,张俊正在扬州州衙享受宴请之乐。他完全猜想到岳飞与幕僚们在商讨什么,心里也有自己的盘算:"秦桧此人制造冤狱,煞是狠毒。料得岳五、韩五与秦桧必有争斗,且看官家如何处分,再作理会。"他内心对秦桧其实也无什么好感,决定在秦桧与韩世忠、岳飞围绕着耿著冤狱的较量中,装聋作哑,保持中立,关键是看宋高宗的态度。

宴会过后,张俊也召集自己的几名幕僚,叮咛说:"耿著一狱,此是三省底事,你们既是在枢府,便不须理会,料得官家圣明,日后必有处分。"众幕僚诺诺连声。

张俊、岳飞一行很快离开扬州,沿运河北上,径往前韩家军的大本营楚州。他们到达城南约二宋里,见到道旁有两家食店,都是茅屋,而食店往西不远则有一所小佛寺,显然是不久前经过修葺,颇为整洁。张俊马上动了心,他对岳飞说:"我爱此处小寺洁净,天色不早,便在此歇泊,明日再行入城。"岳飞望了望太阳,又看了看张俊,心想:"如今只是稍过正午,岂得说天色不早?张俊行藏诡秘莫测,必是与秦桧底阴谋有关。"他说:"既是恁地,待下官今日先入城,张枢相可明日入城。"

张俊因为心怀鬼胎,所以不敢在楚州城里住宿,认为如果发生兵变,在城里就不易逃脱。他让岳飞单独进城,无非是教岳飞进行试探,以便观察城里和军中的动静。尽管如此,他当然也无法承受小佛寺的清苦,又叮咛岳飞说:"我虽歇泊在小寺,须是教楚州底官府办排酒食到此。"岳飞用略带揶揄的口吻说:"会得。"两人就此分手,张俊率领他的五百几十名随从、卫兵就住进小寺院。小寺院当然不可能容纳那么多人,张俊就命卫兵们在野外露宿。

岳飞一行只剩下三十一人,他们接近楚州南门时,有前韩家军提举一行事务解元、楚州知州等出迎。解元是韩世忠的老部属,为人谨厚,但今年已有五十三岁,如今暂且主管全军日常事务。解元当然见过张俊和岳飞,当他与其他官员得知张俊竟在城外暂住,而岳飞身为执政大臣,又如此轻装简从,都惊诧莫名。张俊和他的随从、卫兵住在城外,其实是增加了当地官府的麻烦和负担。岳飞则由解元等引领,前往州衙暂住。

岳飞与解元并马而行,刚进南门,突然见到一棵大树背后露出一张泪脸。岳飞马上认出,这正是自己的前妻刘巧娘。他不由百感交集,呆愣一下,但立即清醒地意识到,在楚州已无隐讳家丑的必要和可能。岳飞扭头对后面的岳雲说:"祥祥,速去大树之后,拜见生母。"岳雲立即下马,奔向大树。刘巧娘到此也不想躲避,只是走出树后,抱住儿子,痛哭起来。

刘巧娘还是由后夫顾凛告诉岳飞前来视师的消息,但古代毕竟信息迟缓,她已经在南门等了三天。她自觉没有脸面再见岳飞,但半是往昔的情分,半是好奇,使她迫切地想着偷看前夫,似乎哪怕只看一眼,方才可以无憾。自从母子重新相会后,刘巧娘的生活较前富裕得多,但去年因为战事,岳雲和岳雷兄弟没有到楚州看望母亲,只是修书通问,也使她格外思念。

接连两天没有等到岳飞,更使刘巧娘增强了今天前夫必到的信心。天色微熹,她就及早出门,怀揣着干粮,来到南门。那棵大树是她两天前经过反复勘察,而确定的偷看地点。她时而是半疯半傻般伫立,凝望着南门,时而又是半痴半呆般围着大树打转。她的眼神中流露着绝望和渴想交织的感情。她昼思梦想,无数回地搜索、追念和品味着往日夫妻生活的每一个可能回忆到的细节。这些细节,过去只觉得平淡无奇,今天又感叹弥足珍贵,它们是属于自己的,却又是不属于自己的,是如此亲近,但又如此陌生。她反复地责问自己:"你竟是怎地有目无珠,当岳五郎生理困顿,做佃客时,投军营时,阿姑教他刺字报国时,你何以不知他今日竟是朝廷底一品执政大臣。"

刘巧娘期盼的时刻终于来到,当她藏身大树背后,凭着锐利的搜索目光,在众多的人流之中,一眼就看出一个身穿紫麻布袍,跨下黄骠马,英气逼人者:"他便是当年与奴恩爱底岳五郎!"刘巧娘无论如何不能克制自己的感情,顿时泪流满面。

在韩家军中,对于刘巧娘的事,已是尽人皆知。解元只能问岳飞:"岳相公,不知阿刘当在甚处顿放?"岳飞只觉得自己的眼睛也湿润了,但他毕竟早有主意,而与刘巧娘往日的情缘,也只能在他忧患过甚的心灵空间,占据很小的地位,他尽量压抑感情的冲动,说:"相烦解太尉,为阿刘与儿子排办馆舍,教他们相聚数日。"解元立即吩咐部下,于是刘巧娘就与岳雲另外暂住一处离州衙稍远的馆舍。

岳飞与高颖、孙革、张节夫进入州衙后,就吩咐解元说:"如今国难深重,不当糜费公使钱,排办筵席,我与高编修等众官人便饭即可。另有二事,须是嘱托解太尉。"解元说:"岳相公有事,便下钧旨,下官自当遵命。"

岳飞说:"建炎四年,赵镇抚在此殉国,闻得州人已是为他立庙,我当亲往祭祀,追崇忠魂,仰瞻英灵,稍尽礼敬之意。又忠义李统领原是自家底部属,今在楚州军中,愿得一见,以慰渴想。"原来李宝率忠义军退到楚州之后,韩世忠打算留用,而李宝却向韩世忠哀求恸哭,表示一定要回归鄂州岳家军中。韩世忠无奈,就给岳飞发信。岳飞回信说,李宝留在何处,都是为国家抗击金军,何须分彼此,于是李宝就听命,留于韩家军。今天岳飞在迎接者中不见李宝,所以提出此项要求。解元说:"李太尉如今在海州出戍,下官当发公文,教他前来参拜岳相公。"

当天下午,岳飞就与高颖、孙革、张节夫一同来到赵立的祠庙。楚州经历战祸之余,人力、财力和物力有限,所以祠庙不大。庙门朝南,其上有一横匾,用篆字书写"顯忠祠"三字,里面是一个小庭院,有四株不大的树,在东、西墙上各立一块石碑,东碑是介绍当年楚州壮烈战斗的经过,西碑是以韩世忠为首的捐赠者名单。庭院之北就是一间小殿,赵立的坐像,庙貌如生,相当逼真,在他身旁则有美貌女子侍立,她就是烈女蒋婷。

岳飞等人长久在碑文前徘徊,反复诵读,又到赵立塑像前恭敬地进香叩头。最后,岳飞跪在塑像前一面流泪,一面哀祷:"下官当年艰难百战,未得救援楚州危困,敬慕赵太尉底忠烈武勇,又未得亲识。岁月蹉跎,光阴荏苒,不期今日得以百拜英灵。然而寸功未立,燕雲未复,国仇未雪,不免在灵前深负愧耻之情,愤恨难平。唯愿赵太尉底神灵洞察,护佑朝廷,扫除内奸,他年他月,尚得再以犁庭扫穴之功,祭告忠魂。"高颖等人听后,都深为感动,他们明白,岳飞其实还是对耿著冤案的平反,因而导致秦桧的下台,寄予希望。

次日,张俊得知岳飞平安无事,才在卫兵的簇拥下,进入楚州城。他到州衙,与岳飞相见,稍事休息,就命令解元取来兵籍。岳飞看到兵籍上总计只有三万多人,就不免对张俊赞叹说:"韩枢相只以三万余精兵,自守有余,尚能救援淮西,威震京东,极是不易,仅此便见得他底大将才器。"

张俊不作回答,他对解元说:"如今楚州之军,已直属御前,我承官家亲命,欲于今日阅兵。"解元说:"除出戍外,在城诸军有二万余人马,待下官命他们列队教场,恭请二相公阅视。自韩相公归朝,各军教阅,依然不敢稍懈,以备国家用兵。"

张俊怀着不可告人的目的,他疑神疑鬼,不愿让诸军一齐集合教场,说:"只教一军人马在教场,听候点阅。"解元说:"既是恁地,背嵬军曾是韩相公底亲军,最是精锐,恭请二相公阅视。"

张俊连忙摇头说:"不须点阅背嵬军,只须检阅其他一军。"解元说:"中军去年破海州立功,曾受韩相公嘉奖。"岳飞说:"自家们便点阅中军。"岳飞知道,中军统制王胜,绰号王黑龙,向来被韩世忠视为呼延通死后的第一员勇将。韩世忠罢兵权后,没有提名解元,而是提名王胜为都统制,但宋高宗就是迟迟不宣布新命。因此岳飞更是有意检阅中军,认识一下王胜。张俊也难以表示反对意见。

解元陪同张俊和岳飞来到教场。盛夏时节,烈日暴晒,王胜和他所部三千五百将士却是全副武装,在教场整齐列队,等候检阅。解元也全身甲胄,依照阅兵的惯例,手持铁挝,骑马在前领路。张俊害怕有人谋害,所以也冒着暑气,披戴厚重的盔甲,他所率的五百余骑兵和步兵,前后蔽护,一齐拥入教场。

岳飞因为阅兵,当然也是全身甲胄,高颖、孙革、张节夫和亲兵们只是随同进入教场,而不参加检阅。但岳飞处在一种尴尬的境地,既不能单骑追随在张俊一大群人马之后,而与张俊并马而行,在一大群人马的前遮后护下,又完全不合阅兵的礼仪。他感觉非常别扭,心想:"如此点阅,成何体统!"

然而岳飞望着教场中严整的军伍队列,器甲耀日,就不由追忆似乎已是久违的军旅生活,想念鄂州的全军将士,更不由自主地产生一种重新奔驰战场的渴望。他在强烈的阳光下,虽然全身冒汗,却还是产生一种振奋:"楚州军容如此,自家归朝之后,亦足以告慰韩枢相。"

王胜面对着这种奇异的检阅场面,不由呆愣片刻,他还是手持笔刀,缓骑来到解元马前,说:"解太尉,下官遵命,率中军将士,列队教场,阅兵之前,须是参见二相公。"解元不得不拨转马头,手举铁挝,望着在卫兵马队中的张俊和岳飞,高声喊叫:"中军统制王太尉前来参拜张、岳二相公!"

张俊事先听到一种其实是荒唐的流言,说是楚州诸统制中,以王胜最为桀骜不驯,后来又听说,王胜最不服自己,甚至蓄意谋害,如今算是见到了王胜本人。王胜黑脸膛,粗眉大眼,身材魁梧,一副雄赳赳的武勇气概,不知怎么,更使张俊感觉嫌恶和害怕。他下意识地大喊:"王太尉不得持兵器见我!"于是王胜只能把笔刀往地上一掷,然后走马上前,隔着前面的卫兵行礼。

张俊又问:"王太尉与中军将士何故擐甲执兵?"解元和王胜都被问得莫名其妙,王胜只能回答:"二相公前来点阅军马,下官不敢不教将士们擐甲执兵。"张俊立即下令:"我命中军将士卸脱铠甲,释去兵刃,在教场重新列队,然后点阅。"解元和王胜无可奈何,只能执行命令。

岳飞此时已洞见张俊的心肠,他忍无可忍,就用略带揶揄的口吻说:"张枢相久在兵间,当熟知检阅底礼仪。如今只须依常礼阅兵,挟带卫兵,岂非不伦不类。下官决保张枢相平安无事。"张俊无言对答,他只能屏退卫兵,单骑在前,岳飞骑马居中,解元执梃在后,完成了此次别开生面的阅兵。

张俊和岳飞回州衙用膳,下午,张俊辞别岳飞,要出城回寺院休息,他命令解元随自己出城。寺院的一间最大的僧房如今成了张俊的起居室,张俊邀解元就座,然后进行秘密谈话。

经过一天的考察,张俊认为,与王胜相较,也只能任命解元出任都统制。但还须进行试探,他开始透露此行的部分任务:"当职奉圣旨,此回出使,只为将士出戍楚州已久,圣上教你们返回江南底镇江府快活。又海州虽属淮东路,而地处淮北,不便把截,可拆毁州城,将当地百姓南迁至镇江府。此后大军便以镇江府驻扎御前诸军为名,你以为如何?"解元听后,不禁一怔,但他只能表示服从,说:"既是圣旨,下官身为偏裨,自当遵从。"

张俊见解元表态爽快,感到高兴,就说:"然而迁徙之际,军心民心不稳,或生变乱,你身为提举一行事务,须是弹压,不得教乱,决保无虞。"解元说:"下官既是领受朝廷俸禄,居其位,任其责。楚州之军,韩相公在时,约束得整齐,必不到得生事。传闻耿太尉系狱,言道他在军中出言不逊,鼓惑众听,下官与众太尉皆可作证,岂有此事。耿太尉含冤负屈,亦望张相公为他明辨是非。"

张俊进一步感到满意,就先把耿著的冤狱撇开,说:"耿太尉底事,朝廷自当理会。"他取出一份委任都统制的空名省札,取笔填写了解元的名字,另外加上自己的画押,交付解元说:"当职奉圣旨,随宜委任镇江府都统制。如今解太尉便出任此差遣。"

解元对此任命当然感到高兴,但他把以三省、枢密院名义发布的省札看了一遍,上面连同张俊,只有两人画押,没有自己熟悉的韩世忠的画押,忍不住发问:"省札上另一押字是哪个相公底?"张俊说:"此是秦相公底。岳五是副职,不须他底押字。"解元到此方才明白其中的蹊跷,就内心而论,岳飞与张俊两人相比,他还是喜欢和尊敬岳飞,尽管他为故帅韩世忠和岳飞抱不平,但处在自己的官位,当然不敢在张俊面前说短论长。

张俊觉得,还须要进一步拉拢解元,又说:"更说与你,本军底都统制,韩五在枢府只是奏荐王胜,未得圣上俞允,故命我到此相度,而后任命。你自今伏侍当职,必有后福。"解元听后,固然对故帅韩世忠有所不满,但也更加看透了张俊的为人,他只能说:"下官感荷张相公,自今以后,愿追随马前鞍后,执鞭随镫。"

张俊哈哈大笑,说:"解太尉追随我,必有大富大贵。你可先措置海州底事,待海州百姓迁徙事成,我便亲统本军渡江。今日所言,皆是机密,你回城后,亦不得更说与岳五,说与众将知晓。"解元只能诺诺连声,向张俊告别回城。

张俊感到事情已经办理妥帖,就接连几天住在寺院里宴饮,而不进城,他总觉得,城外比城里安全。岳飞也猜不透张俊的意图,只是按过去的惯例,巡视战备,访问军营,抚慰将士。他好像是一个久离部队,又眷念兵营的人,对军旅生活的一切有一种久别重逢的亲切感,而金戈铁马的氛围也对他沉重和压抑的胸怀有所开解。几天之内,岳飞很快博得了楚州将士的好感,大家做出了一致的私下评价:"岳相公体恤官兵,忧勤国事,煞是良将!"

出戍海州的李宝特别赶到楚州。他听说岳飞在北城巡察,就连忙登城,长跪在岳飞面前,噙着泪水说:"下官参见岳相公,端的是想杀岳相公,不期今日得见!"岳飞急忙把他扶起,说:"我亦极是思念李太尉!去年班师,教李太尉在京东孤军苦战,皆是自家底罪咎!"李宝万万没有想到,在重逢之初,故帅竟对自己表示深重的负疚感,使他更加感恸,说:"下官虽是远在京东,又岂不知岳相公报国底苦心!"说完,竟大哭起来,解元本来陪同岳飞巡察,他目睹两人的相见和对话,也深为感动。

　　岳飞强忍住眼泪,他深情地对李宝慰劳一番,并且询问海州的防务。李宝说:"海州是去年王太尉率中军奋战而得,然而近日得公文,言道朝廷欲弃州城,命百姓迁徙江南底镇江府,不知是甚道理?"岳飞到此才猛然醒悟,他朝解元望了一眼,只见解元满脸窘色,岳飞暂时不说什么。

　　当晚,岳飞专为李宝设宴,但酒菜比较简单,参加作陪者也只有高颖、孙革和张节夫三人,眼见李宝酒足饭饱,岳飞就亲自起身,为他斟酒三杯,说:"今有一事,须是烦劳李太尉。"李宝起立,说:"下官惟岳相公所命!"岳飞说:"本愿与李太尉叙话数日,然而目即事势已迫。李太尉可星夜回归海州,发舟师沿海北上,到登州与文登县袭击虏军,然后引还。"李宝慷慨地说:"下官久欲厮杀,敢不奉命!"他马上把三杯酒一饮而尽,随即动身。

　　岳飞亲自送他出州衙,说:"当职另有公事,恕不远送,恭请高编修等送李太尉出城。"于是高颖、孙革和张节夫就把李宝送出楚州北城门。李宝坚决执行岳飞的命令,然而当他率舟师凯旋之际,却再也见不到岳飞。两人的匆遽会面竟成最后一别。

　　岳飞返回州衙的卧室,就下令请解元谈话。解元料到岳飞必然会找自己,他进入岳飞卧室,首先就向岳飞下跪,岳飞把他扶起,让他就座,解元向岳飞坦白了一切,最后说:"下官虽是武夫,亦粗识道理。非不知拆毁海州城,放弃楚州城,天理不容,日后亦是无颜再见韩相公。然而张相公以圣旨相逼,下官又岂敢不遵。"

　　岳飞握住拳头,紧咬嘴唇,以很大的努力克制愤怒,他以尽量平和的语气说:"当职理会得,亦不欲教解太尉为难,然而明日解太尉可到城外,与张枢相说破。"解元也是诺诺连声而告退。

　　岳飞又连夜找高颖、孙革和张节夫,说明情况,悲愤地说:"此回楚州之行,自家们如置身浓云暗雾之中,今日方见得真情。此必是秦桧欲弃淮北,自坏长城,与虏人媾和。"张节夫说:"如今岳相公亦唯有直道事主,挽回天听,万不得已,唯是表明做臣子底心迹,下官愿为岳相公草奏。"孙革长叹说:"亦只得如此,唯愿主上幡然醒悟,制止秦桧底奸谋。"高颖说:"张俊虽是正职,岳相公亦不可不据理力争。"张节夫连夜为岳飞草奏,岳飞等人又进行修改,忙到半夜。岳飞最后打发三人睡觉,自己亲自誊录,以急递发出此奏,时近四更,方才就寝。

翌日,张俊听了解元的报告,感到已不能不与岳飞公开真实的使命,就带领卫兵们进城,会见岳飞。但他还不想立即同岳飞说穿,只是建议一起登城巡视战备。他们骑马到城西,从西门登城,然后一直走到北门。解元、高颖、孙革和张节夫也随同视察。

岳飞在城头遥望北面的淮水,对张俊说:"自此往西北,便是张枢相与下官底故里与祖坟。每念当年赵太尉以孤军苦战,力捍州城,扬名千古。此后韩枢相不辞危难,到此屯兵修城,辛苦经营,亦已七年。海州地处淮北,与楚州唇齿相依,互为形势。自家们奉圣旨到此,正宜整饬战备,以为日后兴复底基本。"

张俊当然明白岳飞的意思,他说:"我此回相度,楚州城不高,濠不深,须是修城浚濠,以便守备。"岳飞不愿附和,张俊等候片刻,又追问说:"岳五以为如何?"岳飞说:"自家们所当戮力,以图克复,若是修城浚濠,只为退保之计,非下官所敢苟同。"

张俊到此干脆和盘托出,说:"朝廷底意思,是教自家们将海州百姓迁至江南,楚州大军还屯镇江府,而分遣背嵬一军回戍临安。"他坦白了最后一件事,即准备肢解前韩家军,且不说他人,就是解元也大吃一惊。

岳飞说:"此切恐是秦相公底意思?他唯是一心屈辱求和,岂有他意!"张俊连忙说:"此是圣意!"

岳飞说:"下官与张枢相同共面对,不闻主上有此圣旨。"他马上取出诏命,念道:"诏旨有言,教自家们'当令行阵之习有素,战守之策无遗,伐彼奸谋,成兹善计',秦桧底意思,岂不与圣旨南辕北辙?"张俊此时才感觉,自己确实未曾就拆毁海州城等三件事,当面接受过圣旨,无非只是依据秦桧的传达。他面对岳飞义正辞严的责问,确实拿不出真正的圣旨。这个官场的混混儿不由显露尴尬的神色。

高颖激愤地说："张相公，下官闻得，忠孝从义，而不从君、父。张相公位极人臣，又有在外专断之权，难道便不思以义行事，以忠报主，而做此三事，岂不教天下底士民唾骂？"在专制体制的官场里，当官的第一要义无非是对上司卑躬屈节，张俊还是第一次遭遇一个属官如此指责，不由涨红了脸，却又无法发作。

岳飞恳切地说："张枢相，下官曾是你底部属，你曾是下官底旧帅。下官亦知得，你与韩枢相是故交。国家所赖以图恢复，唯是自家们三、四辈。虏人狼子野心，必是穷兵黩武，万一主上复令韩枢相重新掌军，自家们又有甚颜面见他？"张俊还是一语不发。岳飞乘机用眼神向解元示意，命他暂时中止执行张俊的命令，解元也用眼神表示会意。

张俊不想再在城上巡视，他心里盘算着，到此地步，只能向宋高宗上奏，请皇帝决断。张俊和岳飞等人下城，岳飞等人的卫兵牵来骑乘，而张俊的卫兵却稍迟片刻。张俊的满腔怒火马上发泄到两名卫兵身上，说："你们牵马迟缓，当斩！"两名卫兵惊惶万状，连忙下跪求饶。

岳飞已经明白张俊的居心，但处在自己的地位，也不能不说："张枢相，且看下官底薄面，恕他们一回。"张俊不作回答，只是向部属示意，把两人拖走。岳飞又说："张枢相须知，人命关天，得饶人处且饶人。"张俊还是不回答，岳飞又向张俊长揖，说："下官若有言语冒犯，愿与张枢相赔罪。"张俊又是不理不睬。

高颖忍无可忍，高声说："张相公草菅人命，滥杀无辜，莫说是天道高远，岂不怕两个怨魂冤报，报应不爽！"高颖的话倒立即管用，张俊下令说："且将两人各施臀杖……"他"一百"两字尚未出口，亲兵却把两人的首级献来，张俊顿时面露惊骇之色。他急忙回到城外，就在寺院里为两个卫兵做道场。

岳飞和张俊在楚州相持一些时日，终于等来了两份宋高宗的手诏，一份是命令张俊依原计划执行，一份是命令岳飞回朝。岳飞不得不含悲忍痛，与高颖等人一起离开楚州城。

岳雲与亲母相聚之后，又须分别。刘巧娘怀着对儿子的负疚感，在相处的短暂时刻，尽可能地关爱，而岳雲自然也是竭尽孝道。临别之际，刘巧娘依然难舍难分，送了一程又一程。岳雲最后还是制止母亲的送行。

岳雲在与亲母相处的时间里，不难从言语之中，体会到母亲对高官荣华富贵的歆羡。他趁着分手之时，对刘巧娘说："如今妈妈丰衣足食，煞好，须是知足。妈妈不在官场，以为官场唯是养尊处优，不知官场底诸般罪苦。"刘巧娘不解地问："何以有罪苦？"

岳雲说："媚上压下，尔虞我诈，贪污行贿，鱼肉百姓，欺男霸女，嫉贤妒能，倾陷忠良，结党营私，玩忽职守，驽马恋栈豆，如此之类皆是罪；先天下之忧，忧国爱民，清正廉明，秉公执法，除暴安良，直言敢谏，忍辱负重，临危授命，如此之类皆是苦。儿子长大，稍知事理，方知阿爹虽是身居高官，而无一日无忧苦痛愤。常言道，自古忠良无有下场，阿爹底赤胆忠心，尽人皆知，切恐亦是无有下场。"

刘巧娘也多少听说一点岳飞在楚州的立身行事，她发出深长的哀叹，说："奴后悔当初，如今唯有日日焚香礼佛，祈求菩萨护佑你阿爹。唯愿祥祥明年再来相觑。"岳雲说："会得！唯愿妈妈保重。"岳雲快马加鞭，飞驰南下，追赶岳飞一行。刘巧娘直到望不见儿子的影踪，才惆怅而归。

张俊有了宋高宗手诏的撑腰，又排除了岳飞的阻难，终于完成任务，最后把前韩家军的背嵬亲军带到临安，分编入杨沂中的殿前司军。刘巧娘则随着后夫，又移居镇江府。

[贰肆]
罢 官 赋 闲

韩世忠由于事实上处于闲废状态,也相当心灰意懒,唯有在家庭生活中寻求宽慰。一天傍晚,他正与茅佛心、周佛迷等宴饮,有仆人进入报告:"今有岳相公下于官人自楚州前来,言道有紧切事宜,欲拜见相公。"韩世忠对岳飞的几个幕僚都有好感,也知道于鹏是文武全才,就亲自出门迎接。于鹏见到韩世忠,连忙唱喏,说:"下官到此,岂敢有劳韩相公亲出。"韩世忠却亲热地上前,执着于鹏的手,吐了吐舌头,说:"自家们不须拘礼节。"

韩世忠把于鹏领到一个小间,于鹏请屏退随从,然后出示岳飞的信,给韩世忠念了一遍,又把情况尽可能详细地说了一通,他最后说:"依目即事势,韩相公莫须亲奏主上,辨明耿太尉之冤,力劝主上勘问胡纺,必得秦桧底奸谋真情。"韩世忠到此才知道事态的严重,说:"便依你们底计议。"他与于鹏又进一步仔细作了商量。

韩世忠打听到耿著已在大理寺收禁,就在翌日亲自前往。大理寺就在临安城西偏北的钱塘门内,韩世忠新赐的府第往西,是岳飞的新赐府第,再往西不到百步,就是大理寺。韩世忠有意不骑马,坐着轿子,头戴一字巾,身披紫纱袍,带领十名亲兵和两名家吏。他到大理寺外停轿后,就命家吏前往通报。大理卿周三畏和左断刑少卿薛仁辅闻讯,连忙出迎,把韩世忠请到小厅就座。

韩世忠开门见山地说:"闻得自家底旧校耿著已是押到大理寺,可曾根勘?"周三畏明白,自己已是卷入秦桧与韩世忠两个大臣的争斗中,左右为难,他把眼光朝向薛仁辅,薛仁辅说:"下官已是根问一回,耿著只是叫冤。"

韩世忠吐了吐舌头,说:"当职与耿著一狱有牵连,本当回避。然而事有不得已,请周大卿与薛少卿当堂勘问,自家只是坐在屏风之后静听。"周三畏感到无法拒绝,却又用疑难和畏怯的目光望了望薛仁辅,薛仁辅审问过一次,其实已经明白耿著的冤情,就说:"下官以为,韩相公底意思不违祖宗法制,便依此议。"周三畏再无话说。韩世忠虽然没有文化,但毕竟在官场中涉足已久,他很快分辨出两人的态度不同,内心转而喜欢薛仁辅,但表面上不露声色。

周三畏和薛仁辅很快升堂。耿著被押来之后,还是陈诉冤枉,最后,他强忍痛楚,费力地脱去衣服,人们只见他遍体全是毒刑留下的血迹。薛仁辅实在看不下去,命令一名贴书录下耿著的口供,念了一遍,让他当场画押,最后又吩咐胥长说:"可将耿著押回狱中,为他敷药养伤,排办得饮食丰足,好生看觑。"胥长诺诺连声,带着耿著回狱。

韩世忠只等耿著走后,才从屏风后走出,周三畏见到他怒不可遏的神色,有几分害怕。韩世忠咬牙切齿地发问:"二官人以为,当怎生底?"周三畏吓得不敢开口,薛仁辅早已胸有成竹,说:"耿著一案,干系重大,大理寺不可不诣实奏明主上,恭请圣断。"韩世忠说:"甚好!当职另欲请二官人据实具状,画押付我。"周三畏又是面有难色,而薛仁辅却爽快地写一份状词,其中说明了韩世忠在屏风后静听,以及对耿著的审问经过,并且为韩世忠念了一遍。

韩世忠听后,说:"难得薛少卿秉公执法,伸冤理枉,当职极是感激,且请二官人画押。"薛仁辅写上"大理少卿薛仁辅"七字,然后画押,又把状词交付周三畏。

周三畏无可奈何,也只能提笔写上"大理卿周三畏"六字,然后画押。他嗫嚅着说:"韩相公,下官委是左右两难,切望韩相公鉴谅。"韩世忠用强迫的口吻说:"我唯是等候周大卿诣实上奏!"周三畏只是报以苦笑。韩世忠因为毕竟是有求于周三畏和薛仁辅,就向两人长揖,然后出门坐轿回府。

于鹏仍在韩府等候。韩世忠向他说明情况,又出示了周三畏和薛仁辅的状词,于鹏从文字上仔细推敲,说:"依下官所见,薛少卿底具状煞好,无懈可击。然而事不宜迟,迟则生变,又不知秦桧另有甚底奸计。"他与韩世忠再就面对的言语仔细作了商量。

当天下午,韩世忠冒着暑热,骑马来到丽正门前,请求面对。宋高宗算是给救驾功臣面子,单独召见。韩世忠上殿叩头后,就伏地大哭,说:"臣赤心事主,决无二意,如今有冤屈,须是乞陛下理雪。"宋高宗至今还没有收到耿著冤狱的奏报,不免大吃一惊,说:"甚底事?卿可起立面奏。"

韩世忠就是伏地不起,他叙述事情的经过,又把周三畏和薛仁辅两人画押的状词进呈,最后说:"此是胡纺坏乱祖宗法制,在总领所私自推勘,将耿著毒打诬供,其意不在耿著,而在陷害臣。伏望圣断,下胡纺于大理寺根勘,以明真情。"韩世忠没有证据可以指摘秦桧,强烈期盼着通过审问胡纺,而供出幕后的指使者。

宋高宗立即明白,胡纺本人决无如此胆量,敢于制造牵连韩世忠的大狱,背后必有主谋,他自然联想到秦桧,心想:"秦桧任相四年,竟是如此妄为!"但又马上作出回心转意的考虑:"如今罢大将兵柄,与虏人讲和,除秦桧外,别无他人可用,且缓缓底,只待事成之后,再将他罢相,便是易如反掌。如今若是教韩世忠胜诉,却是败坏大事,徒然教大将辈举趾。此便是两害相权取其轻。"

韩世忠伏在地上,抬头望着皇帝,只见宋高宗面露深思的模样,按照于鹏的设计,他不便再说什么,只是焦急地等待玉音。宋高宗仔细考虑之后,就吩咐在身后的冯益说:"韩卿下跪已久,冯十五可代朕将他扶起。"冯益上前,把韩世忠扶起。韩世忠仍然面露伤心的神态,望着皇帝。

宋高宗开始斟酌着说:"卿在建炎复辟时,立得大功,朕心不忘,自当曲赐保全,决无以军校之狱牵连底道理,卿可安心。然而胡纺是文臣,朕亦以卿保奏而升擢,若是教他到大理狱中,与军校对证,便是失国朝之体。"

韩世忠对此次面对的期望太高,皇帝的金口玉言犹如一大桶雪水,把韩世忠从头到脚浇透,岂止是心寒齿冷所能形容。他呆望着皇帝,眼神似乎在说:"胡纺如此胡做,陷害无辜,怎地处分,天理何在?国法何在?"宋高宗望着韩世忠,又说:"胡纺虽是破坏法制,其用心亦是忠君,防患于未然。朕自当告诫,教他此后须遵纪守法。"

韩世忠气得说不出话,但限于臣规,他只能呆然僵立一阵,最后还是鼓起勇气,说了另一件事:"臣闻得,张俊言道,此回淮西之战,岳飞有意赴援迟缓。臣为此根问岳飞,又查得当时行军文字,绝无此事。臣以为,此事须明奏官家,以免大臣因无根之言而负谤。"

宋高宗说:"卿有复辟大功,非岳飞可比。然而朕今日正宜告诫,卿不得与岳飞结党。"这对韩世忠又是当头棒喝,韩世忠脸色变得非常难堪,仍然僵立着,宋高宗见韩世忠不作回答,又问:"如何?"韩世忠说:"臣得旨!"他没有办法掩饰自己的感情,垂头丧气地下殿。

韩世忠回府,向焦急等待的于鹏详细叙述面对的经过,包括与岳飞结党的警告。于鹏感叹说:"只此便知岳相公底绝境。然而下官最初是伏侍张招抚,此后便伏侍岳相公。下官早已知得,覆巢之下,安有完卵。人生俯仰天地之间,不论贫富、贵贱、穷通、祸福、善恶、寿夭,终有一死。下官若因追随岳相公而遭厄运,又有何憾!下官所痛,唯是大宋江山、万千黎民,竟沦丧、涂炭于秦桧底奸谋,直是死有余恨!"

韩世忠也激动地说:"我常轻视儒生,今日方知,天下不可无儒生。我曾嗤笑岳五敬礼儒生,今日方知,岳五与儒生们直是生死相托,患难与共,难得!难得!今日是你们救我,他日你们有危难,我亦岂得不救。"

于鹏沉痛地说:"自家们唯是以直道行事。他日有危难,韩相公须遵主上告诫,不须救,救亦徒劳。下官唯愿韩相公从此杜门谢客,绝口不言兵,长享富贵。他日国家若有危难,韩相公尚得奋起牖下,为宗社效力。"他向韩世忠长揖之后,就此告辞。韩世忠虽然也是一个英雄,到此竟流着痛心的泪水,亲自送于鹏出门。

不久,宋高宗针对大理寺的上奏,亲下御批,将耿著施行脊杖五十,刺配到海南岛的吉阳军,在厢兵牢城营中服苦役。

岳飞一行在七月上旬返回临安。他一面上奏辞职,一面只能继续在政事堂上班。出于于鹏的转告,岳飞就尽量避免与韩世忠交往。

韩世忠突然去大理寺的事件,周三畏当然不敢不禀报秦桧。秦桧也曾为此担惊受怕,盘算着如何牺牲胡纺这只卒子,保全自己。但韩世忠面对的情况,又很快通过宦官、王继先和王癸癸的暗线,传到秦桧的耳朵里,他进一步摸透了宋高宗的脾胃心肝,也益发肆无忌惮。他私下对王癸癸得意地说:"只此便知,官家专意于罢兵柄,求和议,所以韩世忠那厮奈何我不得。观上意所向,岳飞已成俎上肉,他保全得韩世忠,却保全不得自身。"

岳飞上班的第三天,秦桧就把岳飞召来。他带着一脸奸笑,对岳飞说:"岳枢相底所志,固然在于林泉之适。然而圣上皇恩浩荡,以岳枢相命世之才,岂得教你就闲。"说完就递给岳飞一份诏旨。

岳飞只见诏旨上说:"朕以前日兵力分,不足以御敌,故命合而为一,悉听于卿。战守之事,固将付之卿也。今卿授任甫及旬浃,乃求去位,行府之命,措置之责,乃辞不能。举措如此,朕所未喻。夫有其时,有其位,有其权,而谓不可以有为,人固弗之信也。毋烦费辞,稽我成命。所请宜不允。"他面对着一纸刻意侮弄自己的文字游戏,气得说不出话。

秦桧却言犹未了,他用调侃的语调说:"岳枢相常称误蒙圣上奖拔,如今正是感恩图报之秋,可不勉力!"他又改用恶狠狠的声音,吩咐吏胥说:"命高编修前来拜见!"于是高颖被吏胥带来。

秦桧有意高声说:"高编修是进士,身陷伪地,心存故国,甚是不易,故圣朝亦不吝于官封。然而高编修饱读诗书,须知儒家底纲常礼教,此回去楚州,竟敢与张枢相争议,乱了上下之分。老夫本欲优容,奈何张枢相蓄愤难平,以为难以与高编修在枢密院共事。今蒙圣旨处分,特命高编修添差福建路安抚大使司参议官,限三日赴任。"说完,就递给岳飞一份三省、枢密院的省札,说:"恭请岳枢相押字。"

高颖立即心平气和地说:"岳相公须是押字。"岳飞艰难地举起了毛笔。高颖转而对秦桧说:"秦相公、张枢相自可得意于一时,然而天下底公论,必是日久而愈明。"他的声音还是那么平和,却更显示一种压倒秦桧气焰的威力,秦桧反而哑口无言,没趣地离开。

岳飞上前紧握着高颖的手,他胸中有千言万语,竟无法表达,最后说:"今晚自当设宴送别。"高颖沉静地说:"不须,下官与岳相公相见恨晚,相见虽迟,却是知心。人生天地间,得一知己足矣,何况鄂州军中,竟有众多知己。下官唯愿昊天上帝、列祖列宗稍展神明,护佑得岳相公平安,便是天下之幸。"

高颖向岳飞长揖而别。于鹏、孙革和张节夫闻讯,连忙赶到高颖的住所,得知高颖已经收拾简单的行装,离开租房。他们又骑马追到城东南的候潮门外,终究不见高颖的踪影,只能满怀惆怅而归。

在归途中,三人长久地沉默着,孙革终于开口:"自家们与高编修相处虽迟,却是敬仰他国士之风,今日不愿与自家们道别,只为徒然伤心惨目,而又无补国事。下官岂但思念高编修,亦是思念朱参谋、李大卿。料得自家们辞离岳相公,亦为时不远。"张节夫说:"如今煞是一刻千金,尤须珍惜,自家们且去岳相公处,相伴一日,便赚得一日。"他们又重新回到岳飞的第宅。

两天之后,李娃带着岳飞的儿孙,与高颖、于鹏、孙革、张节夫的家眷来到临安。岳飞打算让高颖的妻儿在自己家中暂住几天,但高颖的妻子杨氏坚持及早离开临安,前往福州。她在岳家只住了一夜,第二天就与三个儿子启程。李娃无奈,只能亲自把她送出候潮门外。

李娃在临安,除了于鹏等人的妻子外,唯一的交往者就是李清照。七月下旬,李清照从绍兴府会稽县回到临安,就来拜会李娃。李清照到会稽县,无非是应李光妻管蕙卿之邀,在那里闲住四月。

李娃让岳家的十二个儿孙全体拜见李清照。其中岳云的次子岳申刚过满月,他还是在途中船上出生的。李清照不免赞叹说:"李十姐行年四十一,已是儿孙满堂,端的教老身歆羡不已。大衙内谦恭,彬彬有礼,然而却是战场之上所向披靡底虎将,尤是难能可贵。"

李娃指着巩岫娟和温锦萍说:"娟儿与祥祥自幼青梅竹马,却是共度兵荒马乱底艰难岁月,故极是识道理。祥祥平日似若口讷,然而在危难之际,却是不顾生死,敢负重任。二新妇亦甚是贤德。若论家务事,儿孙们孝顺,无微不至,委是教奴家称心如意。"李清照面对着这个十分和睦温馨的家庭,转念自己孤子一身,不免在内心又勾起了一阵辛酸,但没有形于神色。

儿孙们告退后,李娃引领李清照参观新居,然后在一间小屋品茶谈心。李清照说:"今日得见一品大臣、一代名将底赐第家居,住屋宏敞,而陈设却是简朴。岂但是秦十、张俊之流，便是韩相公家，亦不至安于简朴。"

李娃说："实不相瞒，岳氏底赀产，尚有江州田地不足两千亩，此是以鹏举名下购置，供岳氏宗族耕作度日，另有在江州南城甘棠湖畔，宗族出力，造到房廊三十八间。此处唯是旅舍，终必易主。然而便是江州底房廊，切恐岳家亦是无福居住，须是去岭南炎荒之地度日。"

李娃神情安详，语气平缓，却给李清照带来极大的震惊。李清照心里发出深长的悲叹："不料岳相公已自料得此下场！"她只能略加劝慰："料得昊天上帝必是庇佑忠良。"李娃长吁一声，就向李清照介绍岳飞罢兵权以来的遭遇，韩世忠的面对经过，特别是宋高宗强调不能与岳飞结党，又取出皇帝不准岳飞辞职的诏文，给李清照传阅。

李娃又平心静气地说："张俊到行朝面覆，然后又去镇江府，设枢密行府，全权处分前沿军事，不教韩相公与鹏举稍有干涉。官家不允鹏举辞职，然而只是召秦桧与王次翁、范同议事，韩相公与鹏举不得面对，稍尽大臣献可替否之道，唯是日日去都堂，遇有圣旨颁下议定公文，秦桧或王次翁、范同只是教他们押字。此便是执政底职责，鹏举亦深以素餐尸禄，而愧天怍人。"

李清照不难体会到李娃在平心静气之中所蕴积的悲痛与愤怒，她见到这篇简直是侮弄岳飞于股掌之中的文字，进一步加深了对宋高宗的强烈憎恶，但又不能作任何指责，就改用另一种方式，说："老身曾亲历二事，可与李十姐言。"她所说的两件事，一是在建炎元年，康王登基前，尽管父兄母妻遭殃，国难当头，他在济州只是搜求民间美女，成天宴饮无度，官员们要求见，则必须向宦官纳贿；二是在建炎四年初，皇帝当漂泊逃难之际，仍然在章台镇海面点万盏柑灯，行欢作乐度元宵。李清照只是客观叙述，不作评议，她说完，似乎用眼神问李娃："老身直是不知，如此官家，难道是大宋祖宗底积德所致？"李娃似乎也用眼神回答："奴又岂知大宋祖宗神灵底圣意如何！"

两人沉默片刻，李清照又转换话题说："老身此回自会稽县来，管十一姐教致意于李十姐。"李娃说："甚是感荷，不知管十一姐安否？"李清照叹息说："李参政已是料得，他必是须去岭南一回。他言道：'闻得赵相公去岭南,悲忧出涕,与家人泣别。我不然,如有谪命,便是青鞋布袜,昂然前行,岂得作儿女态!'管十一姐议欲与他同行,然而经全家人计议,唯是教儿子辈轮流侍奉,管十一姐须是在故里留守。"

李娃听后,尽管竭力克制自己,还是噙着泪水,说:"奴家知得,李参政是刚烈大丈夫!鹏举亦曾言道:'大丈夫处世,不得贪生,亦不可轻生。'只是自家们已曾计议,不论天涯海角,全家人终须厮守,至死相伴。唯愿他日得与李参政为邻,李参政年迈,稍可照应。"李清照只觉辛酸,不由老泪纵横,倒还是李娃进行劝慰:"死生有命,岂是人力所得挽回。易安居士须是珍重,何必忧伤。"

两人正在说话时,岳雲进入,他手里拿着一卷台谏官弹劾岳飞的副本,按照宋时规矩,台谏官劾奏官员直至大臣,必须把副本同时转交被劾者。上奏者有御史中丞何铸、右谏议大夫万俟卨和殿中侍御史罗汝楫三人。他们的劾奏大同小异,罗列的岳飞罪名主要有三条:一是自从担任枢密副使以来,郁郁不乐,一直表示愿下野引退,不想报答皇恩,这是忧国爱君者所不忍为;二是淮西之战,坚拒明诏,不肯出师,有意逗遛;三是出使楚州,反对修城,扬言城不可守,沮丧士气,动摇民心。

李娃看后,心态再也无法保持平静,她悲愤地说:"分明是颠倒黑白,含血喷人!"李清照说:"国家设台谏,本为扶持直道,钳制权臣,如今台谏辈反成秦十底走狗!朝纲昏暗,一至于此!"但李娃又转而恢复平静,说:"此亦是意料之中,方才与易安居士所言后事,转瞬之间,便到眼前。秦桧底奸谋,始于弹奏,此后必是步步进逼。"

岳雲说:"于、孙、张三官人亦遭弹击,说他们与阿爹日夕往还,过从甚密,诡谋秘计,深不可测。"李清照说:"老身于十五年前,在济州时,便结识于官人。自古以来,最难便是忧患之交,他们与岳相公始终相随,不愧为端人正士,可惜亦横遭诋诬,直是以刀笔置人于死地!"

岳飞从都堂下班回家,他已得知弹奏的事,只是到家后,方才看到了副本。他与李清照在厅堂相见,只用平淡的口吻说:"自此以后,下官唯是居家待罪,上奏辞免,不须再去都堂,庶几稍释空享廪禄之愧。"李清照想用话劝慰,尽管她才思敏捷,极富文采,一时竟找不到适当的语言。

于鹏、孙革和张节夫三人也来到厅堂,他们与岳飞关系太深,到岳府无须有通报、出迎等繁琐礼节。与岳飞、李娃、李清照、岳雲等人相见行礼毕，张节夫取出一纸奏草，对岳飞深情地说："事势到此，绝非意料之外。自家们与岳相公既是肝胆相照，荣辱与共，不须避嫌，却是终须一别。此后各在天之一涯，又不知何时再得相逢，一抒离别思念之苦。临行之前，自家们别无相赠，唯愿再为岳相公起草一奏，伏望采纳。"他说完，就把草稿交给岳飞。

岳飞仔细看了一遍，就说："下官粗陋，只是稍通文墨，不知典故，然而亦知得国朝优礼大臣。不知前朝大臣底辞职奏，可有'冀保全于终始'之类言语？若无此等言语，切恐自家底奏中不宜开此新例，以免玷污圣明。"

大家明白，岳飞在此危难时刻表现了特别的倔强，他的话说穿了，无非是不愿向皇帝乞哀告怜。孙革解释说："此句是自家们底集思广益，大宋江山不可无岳相公，岳相公须知忍辱负重底道理。前朝大臣辞免，不须有此言；而岳相公辞免，不可不有此语。"

岳飞沉默不语，但大家从脸色看，他仍然不肯接受此议。李娃从岳飞手里取过奏草，与李清照共同阅读。李清照恳切地说："老身不愿轻易求人，今日须是哀求岳相公一回。岳相公身系国家万民底安危，须是听从三个官人底言语，以保全为上策。"

岳飞用沉重的语调说："下官非是木石，岂不感戴三官人与易安居士底深情厚谊。然而下官深知，孑然一身，已是系不得国家万民底安危。便是不得已而求保全，保全底机枢亦不在奏中有此语。奏中有此语，徒然教秦桧那厮讥笑。"

李娃说："死生有命，原不在奏中有此语。然而鹏举又岂得辜负易安居士与三位官人底赤子之心！"岳飞顿有所悟，他让岳雲取来文房四宝，把草稿照抄一遍。

于鹏、孙革和张节夫三人马上告别，岳飞坚持与岳雲出门相送。彼此在门前紧紧握手，于鹏最后引用两句诗词说："此地一为别，孤篷万里征。两情若是久长时，又岂在，朝朝暮暮。"

自从陷害韩世忠失败后，秦桧把一腔的怨毒完全发泄到岳飞身上，加紧了陷害的步伐。宋高宗对耿著冤狱的处理,使斗争双方都对皇帝的意图洞若观火,皇帝与其说是保全韩世忠,倒不如说是支持和鼓励诬陷。秦桧在唆使何铸、万俟卨和罗汝楫上弹奏之前,就已与离开行朝,前往镇江府的张俊密谋,并且与鄂州的林大声频繁地密信往还,因为在古代通讯不便的条件下,尤其需要三地三人的密切配合。尽管如此,他在宋高宗面前还是只字不提岳飞的辞呈,依照臣规,专等皇帝的玉音。

八月上旬,秦桧和王次翁,还有新近升迁参知政事的范同一起面对。秦桧已在六月由右相升迁左相,范同的升官则在七月,当然是对他设计罢兵权的赏功。宋高宗首先就专谈岳飞:"台谏官上疏,弹奏岳飞。岳飞早称敢毅,故朕不次拔擢。然而近年以来,他委是深负朕底委寄。且如楚州要地,所以屏蔽淮南,岳飞出使,却于稠人广众之中倡言:楚州不可守,城安用修。盖将士们出戍楚州厌久,欲弃而南归,岳飞意在附会而要誉,甚失朕望!"

秦桧马上帮腔:"岳飞对人所言如此,而中外或是不知。"王次翁说:"陛下底玉音当昭示朝堂,以明辨是非。"范同说:"岳飞自来大奸似忠,大佞似朴,行僻而坚,言伪而辨,陛下今日圣谕,便是洞烛他底肺腑。"

范同说完,下意识地望了望秦桧,略露骄傲得意之色,秦桧却为之一怔,心想:"他说'行僻而坚,言伪而辨',将岳飞比喻为孔子所诛底少正卯。可知此人极善以言语置人于死地。如是教他久留于庙堂,必是诡计莫测,安知他日后又以甚底言语,置老夫于死地。且稍缓时日,教台谏官将他逐去。"秦桧盘算已定,表面上不露声色,还乘着奏对的空闲,向范同稍示友善的微笑。

宋高宗又吩咐张去为向三人出示台谏官的劾奏和岳飞的辞职奏。秦桧装模作样地认真阅读其实是由他一手炮制的劾奏,旁边却传来了范同的冷笑:"岳飞拥兵自重,跋扈自肆已久,今日却要陛下保全终始。"

宋高宗问:"岳飞罢官,势在必行。卿等以为,罢官制当如何措辞?"秦桧说:"陛下圣恩自来宽仁,然而亦须稍示警戒,教他罢政之后,不得图谋不轨,辜负莫大底皇恩。"宋高宗说:"卿言甚契朕心。岳飞善于矫饰,以谦恭下士笼络人心,闻得于鹏、孙革、张节夫等人甘心做他底死党。卿等可另拟差遣,暂教他们外任,且待日后处置。"秦桧等忙说:"臣等领旨！"

八月九日，宋高宗终于正式下令，将岳飞罢官。他通过词臣所撰的制词，强调岳飞因"深衅"而"良乖众望"，招致"烦言"，而皇帝则"记功掩过"，宽大为怀，授任岳飞充武胜、定国军节度使，万寿观使的闲官。针对岳飞的奏请，宋高宗宣布将效法东汉光武帝，"以全终始之宜，以尽君臣之契"，其条件则是岳飞必须效法东汉的邓禹，"无贰色猜情"，皇帝宣称当"监此以御下"。此外，宋廷又发表于鹏外任广南东路安抚司参议官，孙革外任福建路兴化军通判，张节夫外任福建路南剑州通判，将他们逐出行朝。

宋高宗又很快接到岳飞的谢表，另有辞免两镇节度使和在京宫观官的上奏，岳飞请求皇帝另授在外的宫观官差遣，而离开行朝，至少也让自己告假去江州暂住。他在谢表中说：

功状蔑闻，敢逐良田之请；谤书狎至，犹存息壤之盟。

限于古代的臣规，岳飞对皇帝的信誓，即所谓"息壤之盟"，只能表示感戴，但仍用"功状蔑闻"，"谤书狎至"，表示了自己的愤懑。

宋高宗在召见三个宰执时，出示岳飞的谢表和奏疏，说："卿等以为如何？"范同不等秦桧表态，就抢先说："岳飞谢表中竟称劾奏为'谤书'，此足以见得他心怀怨望。然而臣愚以为，不必另除宫观差遣，可教岳飞告假前去江州。岳飞底根基全在鄂州，可命人密切监视，若是他往鄂州移动半步，正可治罪。"范同自作聪明，其实，他还一点都不知道秦桧另外已布置新的阴谋。

宋高宗却有点将信将疑，多少担心纵虎出柙，他问秦桧和王次翁："卿等以为，当怎生措置？"秦桧说："臣愚以为，便依范参政所议，必是无事。"王次翁当然处处小心，看秦桧的眼色表态。宋高宗说："便依卿等所议，然而须是用心防范，以备不测。"

范同自从升迁参知政事后，自以为羽翼已是丰满，事事处处，在皇帝面前卖弄聪明才干，不料只在数月之后，就遭万俟卨弹劾，说他围绕收兵权一事，到处吹嘘，贪天之功，以为己有。范同当天还在都堂与秦桧有说有笑，当他回家后，却接到了弹奏的副本，不由顿足，说："我今日方知长脚汉底阴险，竟教他玩弄于股掌之中！"

他急得在家里来回踱步,如同热锅上的蚂蚁,最后还是决定低声下气,前去哀求秦桧。他急忙坐轿到秦府。不料往日与自己亲热,同窗之谊经常挂在嘴上的秦桧,此时竟拒绝接见。范同回到家里,大哭一场,最后只能依照惯例,忍痛写了辞职奏。

范同罢政之后,秦桧还是不肯放过,继续唆使台谏官劾奏,最后将范同贬往筠州"居住",依照宋制,"居住"是一种对官员流放的处罚待遇。

秦桧事后只对王癸癸私下说:"贬窜了官场底一只饿狗,便除去老夫底心腹之患。自今而后,老夫方得高枕无忧。范同此人,甚是可畏。"说完,就发出了一阵得意的奸笑。王癸癸也微笑着抓一下秦桧的髯子,说:"老汉便是无毒不丈夫,范同极是工于心计,却是逃不脱老汉底掌心。"

[贰伍]
紧收罗网

张俊到镇江府,就在韩世忠军出屯楚州前的旧宣抚司,新设枢密行府。他所要办理的第一件急务,倒不是防秋,而是等待王贵前来参拜。几天之后,新任鄂州驻扎御前诸军都统制王贵就乘坐鄂州水军的一艘战船,来到此地,时为七月下旬。按照宋廷罢三大将时的规定,各支御前诸军的统制以上,都要依官位高低,轮流入见。但他们不是到行在朝见宋高宗,而是到枢密行府参拜张俊。张俊有意把鄂州大军的王贵安排在第一。

当时岳飞虽然还未罢官,王贵已经听到不少风言风语,预示着旧帅的地位岌岌可危。王贵当然也怀着一种惶恐不安的心理,他明知张俊与岳飞有龃龉,尽管内心倾向旧帅,却又不得不准备着对张俊伏低做小,忍气吞声。

王贵怀着如临深渊、如履薄冰的心态,进入大堂唱喏,张俊却是和颜悦色,他说:"王大最初便是自家底部曲,如今又是自家底部曲。一路跋涉辛苦,当职自须慰劳。"张俊当晚摆设盛宴,为王贵接风,席上不仅是美酒佳食满桌,还有伎乐女子歌舞助兴,这当然是前岳家军中从未有过的事。王贵面对着此情此景,紧张和拘谨的心情就完全松弛了。张俊还特别命令两个女子侍奉王贵夜寝。

次日,张俊才召王贵在一小屋单独密谈。他开门见山,说:"王大,你须知得,此回圣上决策,罢三大帅底兵柄,其实便是教当职一人在外,设枢密行府,独自掌军。当职器重王大,所以保奏圣上,教你做都统制。"王贵听后,马上起立长揖,说:"下官感荷张相公提携之恩!"

张俊微笑说："当职治军，自来宽厚，岳五岂得相比。闻得颍昌之战，王大力战，犹是受岳五父子底折责，此便是苛察过甚。"王贵说："此亦是下官有过失。"

张俊又说："闻得你部下军卒只是盗取民家一个芦筱，岳五岂但斩此军卒，又将你责杖一百。"王贵开始多少明白张俊的用意，感到应当表明心迹，就嗫嚅着说："此亦是下官军纪放纵所致。岳相公为大将，免不得以赏罚用人。若是以此而怨望，便是不胜其怨。"

张俊马上变脸，冷笑一声，说："人道岳五在军中最是倚信王大与张四、徐二，委是不虚。直道与你，岳五行将罢官，王大须是听命于朝廷，听命于当职，抑或依旧听命于岳五？"

王贵对此类言谈早有思想准备，他立即应答："朝廷以钱粮养兵，岳相公唯是受朝廷委寄，统率鄂州大军，鄂州大军不是岳相公底私兵。如今岳相公已释兵柄，下官虽与岳相公从微末时相随，既是为朝廷统兵，自当服从朝廷，服从张相公。"

张俊马上又回嗔作喜，说："王大如此说，便可接续统军。往时岳五掌赏罚大权，今日便是当职掌赏罚大权。王大若是听命，便是自家底部曲，高官厚禄，在所不吝，若是不愿听命，当职亦岂得放任自流。不见呼延通是韩五底勇将，曾在大仪镇救得韩五性命，韩五又终于逼令自尽。王大须知，你底生死祸福便在当职底手掌之中。"面对张俊的威胁，王贵只能低头倾首，说："下官伏侍张相公，岂敢有二心！"

张俊说："你在此休息一日，即便回归，有三般事，足以见得王大伏不伏朝廷。"王贵问道："甚底三般事？"

张俊说："若是岳五罢官，军中或有不伏，煽动生变乱，你须是尽力弹压。"王贵说："张相公安心，本军自来约束得整齐，必不到得生事。若是敢有惑乱军心底，下官必与弹压，不得教乱。"

张俊又说："若是岳五瞒昧朝廷，私自到鄂州，你须将他缉捕，归还朝廷。"王贵跟随岳飞多年，深知岳飞决不会做此事，又满口应承说："岳相公若是潜行到鄂州，便是事类叛逆，下官不得顾惜旧日情义，须是擒获归朝廷。"

张俊面露满意的笑容，又说："新任林总领到鄂州，你须是保护，不得稍有疏虞。若是军中有人告发变乱,你须即时转报林总领,依制度教他飞报朝廷。"王贵心想:"军中平安无事,岂得有此。"又一口应允,说:"下官离鄂州时,林总领尚未赴任。下官回归鄂州,须与林总领同心协力,遇有告发,自当教他专一报发御前军马文字。"

张俊又赠送了王贵不少珠宝,为他设宴尽欢,最后打发王贵返回鄂州,并且命令说:"依朝廷指挥,众统制以职次高下,轮替入见。你回得鄂州,便教张四前来镇江府参拜。"

王贵还是取水路返回,他在归舟中反复咀嚼张俊的谈话,心烦意乱,愈想愈觉得官场风波险恶,内心不免哀叹说:"自家们当初投军,只为报国杀敌,如今国耻不得雪,终日唯是心灰意懒。不料朝廷猜忌岳相公,自家是他底旧部,岂得无嫌。"他的思想好不容易才理出一个头绪:"常言道,苦海无边,回头是岸。既是报国无门,自家日后唯有上奏辞免,方得脱此险境,断此烦恼,只求平安无事,保全富贵,了此一生。"

八月二十五日,王贵乘坐的战船停泊鄂州武昌县,才正式接到岳飞罢官的邸报。尽管张俊在事先已经透露,而对王贵仍然是一个沉重的精神打击。王贵终夜长吁短叹,不能稍寐,他怀念过去与岳飞同生死、共患难的岁月,深感悲哀和忧伤:"岳相公一代忠勇名将,无与伦比,竟是得此下场,自家又何必恋栈不已!回想十余年来,追随他出生入死,为国血战,到头来只是噩梦一场!"

翌日,王贵终于回到鄂州城。他感到形势严峻,所以马上坐衙。自从朝廷撤销宣抚司后,王贵感到自己的官位低,就与张宪商量,把都统制司迁到城东的黄鹄山麓的一所大宅,这原是北宋大臣冯京致仕后的故居。张宪自从李娃搬迁后,也带着全家人移居到军营中,与徐庆为邻。他们把前宣抚司归还知州,依旧作为州衙。

除了熟识的众将之外,又多了一张新面孔,这就是湖、广总领林大声。林大声到任不久,见到任何人都显得一团和气。人们尽管普遍认为此人有来历,但也无以置贬词。王贵与林大声今天算是初次相识,彼此酬酢一番。王贵坐衙,就让张宪和林大声分坐左右,其余众将站立两旁。王贵已经考虑再三,不得不针对岳飞罢官进行训话:"岳相公曾统率本军,如今虽是罢官,而本军仰仗朝廷应副钱粮,只为报效朝廷。自当一如既往,恪守纪律,遵依朝廷指挥。众太尉尤须着力弹压部众,不得教人惑乱军心。北虏虎视眈眈,将士们须是识大体,知大义。"他说话时,几次转头注视林大声,只见林大声脸上露出满意的笑容。

王贵退堂,又再与林大声寒暄一番,他特别对林大声说:"当此忧疑之际,张相公教下官保护林总领,下官当于中军勾抽三十名军士,以为护卫。"林大声用感激的语调说:"下官甚是感荷!"

张宪、徐庆、寇成、郭青四个与岳飞关系最深的统制,又夜访王贵,询问到枢密行府的情况,王贵还是留了心眼,他说:"岳相公罢官,自家们岂得无动于衷。然而此是朝廷底大事,自家们唯是听天由命。"他避而不谈张俊对自己的笼络和威胁,只是介绍了张俊所提的第一个要求,他仍然强调说:"国家忧患,北有强虏,自家们须是顾全大局,不得教乱!"张宪对行将到来的镇江之行,感觉不安,说:"张相公待王太尉怎生底?"王贵明白张宪的心理,只是宽慰说:"张相公言道,自家昔日是他底部曲,今日又是他底部曲,他自当厚待。他唯是设宴款待,训谕自家忠于朝廷。"

于是张宪选择了一个吉日,准备在九月初一乘战船启程。八月三十日,岳飞告假去江州的消息传到鄂州。高芸香对张宪说:"与李十姐离别已有三月,奴家甚是思念。不如随循礼同舟而去,到江州暂住。待循礼自镇江返回,再到江州,与奴同归。"张宪完全赞成,他感叹说:"自家与岳相公患难之交十余年,如今既是罢官,尤须前往慰问。我亦是渴想一见。"于是高芸香给张敌万和张仇娘两个孩子也一并打点行装。

当夜,徐庆陪着一位客人前来张宪家,他就是前任鄂州知州刘洪道。刘洪道在绍兴八年罢潭州知州,去年秋,他以徽猷阁待制、提举江州太平观的闲职,寄居鄂州,与岳飞一直颇有交往。在岳家军的武将中,他又与张宪、徐庆感情最深。岳飞罢兵权的消息传到鄂州,王贵、张宪、徐庆等人为了避嫌,反而不能说三道四。唯有刘洪道以在野之士的身份,公开持激烈的批评态度,顿足抵掌,表现了十足的义愤。

刘洪道完全是布衣文士的打扮,幅巾麻布袍,显得潇洒。张宪迎接他们到小厅就座,刘洪道又以激愤的口吻说:"今夜前来相访,只是劝张太尉不必去镇江府,不如以病告假,上奏请求辞官。"张宪问:"怎生底?"

刘洪道又火气十足地说:"如今底朝廷,便是只知屈膝苟安底小朝廷。罢兵权,撤海州,弃楚州,难道不是为与虏人乞和?岳相公忠勇壮烈,名满天下,却是容不得。下官在绍兴七年时,曾劝国夫人,教岳相公复职。然而如今却是劝张太尉辞官。不及早辞官,必有后祸。秦桧那厮底奸毒,又在当年黄潜善、汪伯彦之上。张太尉不听老夫底言语,切恐日后噬脐莫及。"

张宪感叹说:"下官岂是恋栈,念得保家卫国,一无可为,不由万念俱灰,又兼自家们与岳相公从微相随,朝廷尤是嫌疑。下官正是思忖,此回到镇江府见张相公,若是得便,当力请辞官。"

刘洪道说:"如今张俊那厮与秦桧沆瀣一气,何须见他,然后辞官。"张宪说:"下官体探得用兵形势。虏人在陕西正与吴节使等军激战,料得吴节使等必可支撑。鄂州御前诸军已部署牛太尉底左军、王太尉底破敌军、李太尉底选锋军在前方,如今梁太尉又统忠义军回归,增兵戍守,料得虏人必不敢到襄汉轻举妄动。下官所忧,是淮东撤军之后,虏人已是集结军马,欲乘虚而入。此回前往镇江府,若有机会,下官仍愿请缨力战。"张宪所说的"吴节使"是指吴璘。

刘洪道发出深长的感喟:"张太尉谋国忠荩,如今是张太尉无负朝廷,而朝廷深负岳相公、张太尉等底赤心!"张宪说:"下官非是为秦桧把持底小朝廷,然而须是为大宋底江山与黎民效力。"

徐庆对刘洪道说:"靖康末,张太尉随岳相公从军杀敌,两人各自背刺'尽忠报国'与'以身许国'四字。十余年来,他们无时不以誓言深自激励。当时自家们四人唯是满腔敌忾,弃身于锋刃之端,岂知有他。然而近年以来,下官方是觉察,唯有王太尉报国之志稍衰,而荣利之心渐重。"

刘洪道说:"人生俯仰一世,取舍万殊,岂得勉强。国朝素来轻视武将,以为他们不知义理。然而老夫虽是文士,数十年间,又见得几个清操特立底文士,如今交结得岳相公与张、徐二太尉,亦足以感慰平生。张太尉既有赴汤蹈火之心,老夫又有何说,唯愿前途珍重。"

徐庆和刘洪道终于辞别。张宪夫妇带着两个孩子,就在次日登上战船,扯起风帆,顺江而下。晚秋时节,浩荡的大江仍旧奔流不息,无片时偷闲,她以博大的襟怀包容百川,吞吐着万顷澄碧,摇曳着无际蓝天,晃动着和煦阳光。那艘战船乘风破浪,直驰下游。十三岁的张敌万和十二岁的张仇娘虽然稍为懂事,面对迷离的江景,就自船头奔往船尾,又从船尾走到船头,不知疲倦地戏耍。张宪和高芸香夫妻则是满腹忧心,闷坐在船舱里。

傍晚时,张宪实在感觉气氛沉闷,百无聊赖,就挽着高芸香,出船舱走向船尾,怅望着残阳下的江景。高芸香触景生情,两行泪水直流,张宪见到娇妻的模样,无比爱怜,却又无语慰藉,此时此刻,他也不免英雄气短,儿女情长,只是长吁短叹。

高芸香抽泣着说:"去年你们远征,李十姐与奴徘徊鄂州江边,不由与儿女们追忆十二年前初见大江底情怀。言道初见大江,更是思念黄河,退到大江,更无退路。唯愿你们大功告成,自后世间便永不见刀兵。殊不料,只是噩梦一场。奴家渴望拜见岳五哥与李十姐,却又是怕见他们,教奴以甚底言语宽慰忠贞?"

张宪激愤地说:"奋起哀兵十六年,惨淡经营十六年,到头来,依然在大江徘徊,难道便是谋事在人,成事在天?教自家们岂能甘休?然而又如何做,方得甘休?"他拔剑向空中连挥三次,借以发泄胸中的积愤。

战船停泊江州,正好是上午,张宪一家四人,带着两名卫兵,一名女使,前往江州南城甘棠湖,寻访岳飞一家。

岳飞深悉朝廷的疑忌,他只能命岳雲和巩岫娟夫妻带着岳甫、岳大娘和岳申三个孙儿女留在临安赐第,实际上含有作为人质之意。自己和李娃等人昼行夜宿,在九月上旬来江州。在他们来到江州住宅的前两天,岳银铃和高泽民夫妻也来到此地。原来高泽民在官场沉浮多年,他听说一些有关自己舅父与朝廷的龃龉,就决定弃官退隐。住宅还是在去年建成的,由于岳氏宗族尽心竭力,房廊庭院,显得布局合理,环境幽静,陈设简朴,虽有高官之家的气派,却并不华靡。大家初次住进这所宅院,都感觉惬意。

亲人几年不见,难得团聚,然而在此特殊时刻,忧伤的气氛仍然笼罩着岳家。尽管如此,大家商定的第一件事,就是在次日为姚氏上坟,并且看望宗族,表示对建造住宅的谢意。

晚饭时,岳家自然分成两桌,岳银铃、岳飞、李娃和高泽民夫妇一桌,而岳雷、温锦萍夫妇带领孩童们,包括高泽民的两男一女又一桌。自从母亲姚氏去世后,岳飞按照传统的礼俗,格外尊重亲姐,他虽然自己不饮酒,而与李娃几次为岳银铃斟酒,也为外甥斟上三盏。

高泽民夫妻的性格形成鲜明对照,丈夫饶舌,而妻子任氏沉静。遇到久别重逢的亲人,几盏酒下肚,桌上简直只有高泽民一人说话,他带着醉意说:"自家十一年前,端的不服五舅处分,然而如今却是心服口服。自家在官场混迹已久,方是悟得真谛。大凡做亲民、监当官之类,第一要诀便是瞒昧良心。久而久之,或是看破红尘,或是丧尽天良。"李娃眼看高泽民一洗以往迷恋禄位、轻躁冒进的故态,感到高兴,但听了他这番表白,又不免感伤。她望了望岳飞,岳飞宽阔的眉宇微皱,却一言不发。

高泽民却开始对岳飞进言:"依自家所见,五舅底第一个不是处,便是看不破红尘。"岳银铃连忙拦阻儿子说:"泽儿,目即你五舅忧烦,不得无礼,不得胡言乱语!"岳飞却说:"二姐,自家们是亲人,不避嫌疑,不拘礼数,教泽儿只管直道来。"

高泽民经岳飞鼓励,更是口若悬河,滔滔不绝:"五舅是正一品底高官,高官底升沉,又全在君恩。五舅底失误,全在于只听范文正公'先天下之忧而忧'一言,而身体力行。如今官家只欲讲和,不教五舅忧天下,难道五舅便不当忧富贵不得保,不当忧身家性命?五舅曾统十万雄师,天下无双,又一力主战,反对议和,朝廷深所畏忌。如今既是罢官,尤须频繁上奏君父,与秦桧勤通书问,稍稍降志辱身,释嫌言欢,此便是保身之道。"

高泽民望着岳飞的表情,感觉对方无动于衷,又继续说:"此回耿著之狱,便见得五舅前途凶险。宁教胡纺虚构诬陷,坏乱法制,却是知错就错,耿著无辜,反遭刺配流放,圣意所向,已是昭然若揭。我煞是为五舅寒心!"

李娃到此忍不住代岳飞回答:"泽儿须知鹏举底心迹,他是宁为玉碎,不作瓦全底人,岂得教他不以清节自守。如今全仗国朝太祖皇帝有不杀大臣之誓,尚可庇护余生。然而自家们已是预备涉冒炎荒,在广南或海南岛度日。此亦无妨,然而若是牵连二姑与泽儿,自家们委是问心不安,亦须教二姑与泽儿、甥新妇鉴谅。"

高泽民望着岳飞,只能发出一阵苦笑。岳银铃不免抚着岳飞的肩膀,哀怜地说:"五郎自幼倔强,唯愿天可怜见!"岳飞还是一言不发,李娃又说:"趋利避害,求福免祸,好生恶死,人之常情。然而儒家圣贤又教自家们临财不苟得,临危不苟免。若是全家遭难,而江州底房廊尚得保全,便委二姑与泽儿看守,与岳氏宗族同共耕织度日。若是尚不得保全,亦只得请二姑与泽儿自谋生计。"

　　岳雷和温锦萍已经相当懂事,他们除了关照儿童们的饮食外,一直在注意和静听另一桌的对话。他们听着高泽民的劝说,内心都有一点同感,然而听到了李娃的回绝,特别是嘱咐后事,温锦萍竟忍不住流下两行玉箸般的泪水。岳雷本来心情已十分沉重,但见到妻子落泪,还是强忍悲伤,为温锦萍取来手帕。

　　本是一席亲人的团圆晚饭,却吃得并不愉快。饭后,高泽民邀岳雷下棋,两个堂兄弟的妯娌却不想当观棋不言的君子,温锦萍时而给岳二娘喂乳,时而又为丈夫参谋,任氏也忍不住稍作评议。一群天真烂漫、无忧无虑的孩童,则在岳安娘的率领下,不论辈分,玩着骑竹马、捉迷藏等游戏。岳银铃和岳飞、李娃则坐着品茶,观看儿童们的嬉闹。孩子们玩得稍累,又不时依偎在祖母和父母的膝前,娇声细语,撒痴撒娇,还是给岳银铃、岳飞和李娃带来了特殊的乐趣和安慰,使他们稍解愁颜。

　　突然,年龄最幼的岳霭跌倒在地,哭了起来,岳银铃着急地盼咐岳安娘:"速将五宝扶起!"李娃却笑着说:"二姑不知,五宝脾性最似鹏举,不须人扶。"她只对岳霭喊道:"五宝是小英雄,不须哭!"岳霭听后,果然从地上爬起来,破涕为笑。岳银铃感叹说:"五宝恰似五郎幼时!"

　　夜深人倦,孩子们开始就寝。李娃在最近一个时期以来,只能把照顾岳震和岳霭的责任交付女使,自己以尽可能多的时间陪伴丈夫。她与岳飞一同回到卧室,岳飞一面解衣,一面说:"如今雄心壮志破灭之余,尚剩得天伦之乐,然而切恐此乐亦不得久。"李娃说:"不论天涯海角,不论生计寂寥,全家人厮守一处,共度患难,便是天伦之乐。"岳飞说:"此说有理!"

　　一阵蟋蟀声,竟把岳飞从千里转战的浅梦中惊醒。岳飞听到外面江州城里的打更声,又听到枕旁的李娃的细微鼾声,就轻手轻脚地起来,不料还是把李娃吵醒,李娃说:"鹏举,欲做甚事?"岳飞只能说:"孝娥且安卧,我欲起床饮水。"他起床喝一杯凉水,只见窗纸上摇曳着月光下的树影,起了步月的念头。他轻轻推开房门,只听得李娃在床上嘱咐:"鹏举,深秋风露已寒,你若去步月,须是防寒。"岳飞说:"理会得!"就穿上夹衣,出门之后,又轻掩房门。

不大的庭院,种着四棵松树,另加一小片竹林,在朦胧的月色下,本来显得清幽,然而蟋蟀声的吵闹,却破坏了万籁俱寂的静谧,使本来心境恶劣的岳飞,增加了几分凄凉和感伤。他漫无目标地来回踱步,又时或停步,矫首故乡的远天,仰望当空的细月,不由喃喃自语:"梦中底酣战得胜是幻,人间底迫令班师是真,难道此生此世,便须终老于江州,或贬死于广南,不得去故土祖茔祭拜一回?"

岳飞最后不得不重新回屋上床,李娃依偎着丈夫,她不言不语,只是用手轻轻地抚着岳飞的心胸,以求给丈夫以尽可能多的心理温暖。屋外又传来了打更声,岳飞知道已是五更时分,就不愿再躺,他披衣起身,李娃也陪着起床。岳飞在一张小桌上点了油灯,李娃已经多少明白,丈夫要想写些什么,就帮他磨墨。岳飞提笔写下了一阕《小重山》词:

　　昨夜寒蛩不住鸣,惊回千里梦,已三更。起来独自绕阶行,人悄悄,帘外月笼明。

　　白首为功名,旧山松竹老,阻归程。欲将心事付瑶琴,知音少,弦断有谁听。

李娃说:"此是鹏举万般无奈、百感交集之作,然而与激昂慷慨底《满江红》词异趣而同旨。天下底知音岂在少数,他们岂不明鹏举底大节孤忠。"岳飞说:"我是指满朝秦党,唯知趋炎附势,以至吮痈舐痔,岂以社稷与黎民为念。"李娃说:"奴亦稍观史书,稍知时事,自古迄今,官场中不知趋炎附势底,只是凤毛麟角而已。"

天明之后,全家人忙于就餐,然后出发。他们在姚氏坟前和岳家市徘徊了一天,与宗族嘘寒问暖。次日,全家人又来到庐山东林寺进香。特别是岳银铃和李娃,率领全家人,到每一个佛殿精诚祈祷,恳求菩萨保佑岳飞,消灾免祸。

岳飞本人更是怀着沉重的心情,与慧海长谈,把自己心灵的苦痛,向对方倾诉。其实,即便岳飞不说,慧海也完全理解他的处境和心境。但是,深通儒学和佛教的慧海还是苦于不能为岳飞指点迷津。慧海真想劝岳飞削发出家,就此排除一切祸害和苦恼,却又感觉难以开口,因为他深知岳飞没有一颗脱离尘世的心,他的心无非牵挂着江山黎民,牵挂着国仇家恨,怎么能让岳飞撇开所有的喜怒哀乐,真正达到五蕴皆空、六根清净的心境。

慧海斟酌再三,才对岳飞开导说:"我佛慈悲,普度一切众生。然而学佛爱教者须知色即是空底道理,正宜开放怀抱,看破世间,宛如一场杂剧,何有真实。唯有常念一声阿弥陀佛,消遣光阴,便得皆大欢喜,不生烦恼。岳相公须是常念自家是阿弥陀佛世界中人,奈何与世人一般见识,不争,不怒,不痴,不爱,不怨,不悔,唯是一意念佛,断绝苦因,回嗔作喜,便是智慧中人,此是大安乐、大解脱底法门。"

他这一席话,说得岳飞似懂非懂,似悟非悟,岳飞说:"感荷长老指点,容弟子三思。"慧海又最后补充一句套话:"苦海无边,回头是岸,岳相公三思!"

一家人从东林寺回归宅院。岳飞对李娃转述慧海的谈话,李娃说:"长老底意思说得不分明,却是暗示教鹏举到他寺中出家。"岳飞说:"然而出家之后,或是兵祸连结,我又当如何?"李娃说:"此便是泽儿所言,鹏举一腔报国痴情,看不破红尘。"

岳飞一家人从东林寺归来的第二天,张宪一家人就找到了江州新宅。听到仆从的通报,岳银铃第一个惊喜地说:"张四哥与高四姐多时不见,待自家们出迎。"岳飞却说:"我既已下野,莫须请高四姐进屋,与张太尉以回避不见为好,便教他径去镇江府。"李娃感叹说:"此说似不近情理,然而亦只得如此,待奴与二姑迎接,说明缘由。"

李娃和岳银铃带着全体儿孙们出迎,亲人们略事寒暄,李娃只能说:"张太尉以副都统制前往枢密行府,鹏举却是下野底人,为避嫌疑,以不见为上。料得张太尉必能鉴谅。高四姐是亲戚,渴想已久,便请在此叙旧,稍得相聚之欢。"

张宪听到李娃不称自己表字"循礼",而称"张太尉",就苦笑着说:"相烦国夫人为下官转告岳相公,目即虏人欲进犯淮东,下官此去,第一便是请缨,若是请缨不得,下官亦须辞官,从此脱离官场,做一个散民。"李娃噙着泪水说:"危困时节,难得张太尉矢志许国,忠贞不渝,恭请受奴家三拜!"李娃恭敬下拜,张宪连忙深揖还礼。张宪向高芸香以眼神示意告别,又匆忙对张敌万、张仇娘简单叮咛几句,然后上马,带着两名卫兵扬尘而去。

高芸香和两个儿女被迎入屋里,岳飞出见,向高芸香长揖,说:"下官无礼,唯祈高四姐鉴谅!"高芸香说:"彼此心心相印,岳五哥何得用此语。"李娃说:"人生乐在相知心,如今与高四姐相聚不易,得欢乐时且欢乐。"岳安娘等见到张敌万和张仇娘,旧时同伴们也立即手挽着手,一同嬉戏,分外亲热。

转眼就是九月中旬,一天,岳飞闲着无事,正在庭院教孩子们舞剑,岳银铃、李娃、高芸香等人也在旁观赏,有仆役通报:"今有从义郎、新授福州专管巡捉私盐蒋太尉求见。"岳飞感觉奇怪,问:"甚底蒋太尉?"仆役说:"便是前背嵬军第四准备将蒋太尉。"岳飞听说是蒋世雄,心想:"蒋太尉二十二岁自泰州从军,追随我十二年,只因他敢战,故不次拔擢。如今正值年富力强,如何离军?必有蹊跷。然而我仍须回避。"就对李娃说:"有劳孝娥前去谢绝,下官失礼,唯是祈求鉴谅。"

李娃出去了一会儿,竟带着蒋世雄来到庭院,岳飞、高芸香等人见到蒋世雄极度忧郁的眼神,就明白事态的严重。岳飞与蒋世雄互相行礼后,就引领他去书房叙话。

原来军中的剧变,正是发生在张宪离开鄂州之后。九月初三,即张宪动身后的两天,王贵照例坐衙,众将还是两边站立,只见王贵的脸色非常阴沉,他有气无力地说:"今日恭请林总领宣读省札。"

接着,坐在旁边的林大声就起身,取出省札宣读:"三省、枢密院同奉圣旨,鄂州驻扎御前右军统制徐庆改差充广南西路兵马都监,鄂州驻扎御前后军统制寇成改差充知无为军,限即日赴任。鄂州驻扎御前左军副统制庞荣改差充右军统制,鄂州驻扎御前背嵬军同统制郭青改差充右军同统制,鄂州驻扎御前右军副统制傅选改差充背嵬军同统制。"他念完之后,又朝王贵望了一眼,王贵马上宣布说:"当职与林总领计议,寇太尉离军后,便由副统制李太尉暂统后军。"众将听后,一时惊得目瞪口呆。王贵不愿再多说一句,马上起离座位,宣布退堂。

原来自从林大声到鄂州后,首先依万俟卨的建议,暗中勾结了前军副统制王俊,又由王俊偷偷串联了傅选、庞荣和姚政三个统制。这次人事变动为了免于形迹太露,就让郭青暂时留军,但只是在右军当副职,而命庞荣主管右军,并由傅选掌握曾是岳飞亲军的背嵬军。庞荣作为牛皋的副手,本来驻守德安府,昨天刚返回鄂州,今天就任新职。于是林大声就在鄂州军中初步控制了局面。

自从岳飞罢官的消息传来,片刻之间,又在军中清洗了岳飞的两员亲将,自然引起进一步的震动。王贵退堂后,就命令两名亲兵向徐庆和寇成送来两份文字几乎全同的短简,给徐庆的短简说:"国家忧患,恭请即时就道,以免夜长梦多。下官亏负徐太尉,恕不相送。"

上卷交待,徐庆的妻子本来认赵雲的母亲张氏为义母,不久前,由于赵雲南归,把母亲接走,所以徐家收拾打点,就稍为简单。徐庆妻马氏因为与王贵的亲戚关系,愤怒指责说:"王太尉全不念昔日情同手足,忒是无情无义,待奴家前去与他论理。"徐庆说:"不须去,王太尉唯欲保全富贵,尚有甚理!自家如今无一兵一卒可统,不走何待。我所忧底,唯是岳相公与张太尉,张太尉方离鄂州军中,便下此令,必有后图。"

夫妻俩正在收拾行装,不料王贵与妻子马氏又一同来到徐庆家中,他一见徐庆夫妻,就双膝下跪,哭着说:"下官愧见徐太尉,然而左思右想,又须一见。事势到此,下官委是身不由己,百般无奈。日后下官亦当上奏辞免。"徐庆急忙把王贵扶起。经王贵的一番诉苦,且不说徐庆,就是马氏的心肠也软下来,转而取原谅的态度。王贵又再三嘱咐徐庆,请他转达对寇成的致歉之意。

徐庆和寇成毕竟都是武夫,做事决不拖泥带水,两人在傍晚时分就带着家眷,结伴离开军营。许多将领前来送行。庞荣和傅选不来送别,而姚政和王俊却夹杂在送行者中。送行者不免发牢骚,出怨言,不料两人却充当耳目,连夜向林大声汇报。于是,几天之内,又有一些将领被罢免,改充内地闲职。其中包括李娃的表弟韩清、王敏求等人。

王贵处在矛盾的中心,危机感愈来愈强,他每天坐衙,简直如坐针毡,只希望早一点退堂。他不再去军营巡视,只是在家中闷坐,但又绝不敢公开发半点牢骚。八日退堂后,他又独自在家长吁短叹:"本军原是天下无双底雄师,岳相公统军时,精心培育,如今却败坏于我手,每日坐衙,又有何面目见众太尉!自家目即恰似林大声底肉傀儡,长此以往,如何了得?"有亲兵通报:"今有前军王太尉求见。"

王贵已经听到一些关于王俊与林大声过从甚密的传闻,心想:"此人前来,须要小心。"但还是亲自出门迎接。王俊依旧显得十分恭敬,他一见王贵,就马上唱喏。王贵只说:"王统制不须拘礼。"就把他领到厅堂就座。亲兵送茶后,王俊鬼鬼祟祟地四处张望,然后用带明显口风的语调说:"下官乞王太尉屏退左右,有紧切事禀报。"王贵瞧着他的模样,心中不免厌恶,但还是吩咐亲兵们退出。

于是王俊就取出一份状纸,递给王贵,同时指着自己人中上的红疤说:"下官自靖康元年,在京城与虏人相敌,口内中箭,射落二齿,唯知心存忠义。今来张太尉欲结连下官,图谋反背,下官不敢负于国家,故亦不得不于王太尉处纳状告首。下官状中所言,如有一事一件分毫不是,乞依军法施行。"

王贵听得此语,不由浑身汗毛直竖,他马上联想到张俊对自己耳提面命的第三件事,心想:"他们蓄谋既久,此回张太尉去镇江府,必是遭殃!"他又由张宪联系到自己,自然产生强烈的兔死狐悲的哀叹。但王贵很快又意识到,自己决不能在王俊面前失态,就勉力克制犹如乱麻般的心态,开始认真阅读这份状纸。

宋时的口语与书面语言已有颇大差异,依王俊的文化水平,已写不了当时文人学士必写的文言文,状词只能用宋时的白话文写成。状词说张宪在八月二十二日夜二更,把王俊召到家里,说岳飞派人来,教张宪救他。张宪就计划驱迫鄂州大军移屯襄阳府,然后威逼朝廷让岳飞回军,再掌兵柄。张宪在九月初一出发前,又命令王俊收拾和变卖粗重物资,等他回鄂州后发令。

王贵反复阅读,愈读愈怒,心想:"此分明是含血喷人,恣意诬构!张太尉与你王俊素不亲睦,他若要谋变,不与徐太尉等人计议,如何却与你计议?依此状词,张太尉谋反背,而你反复不从,论难十余回,而张太尉竟毫无顾忌,以心曲底谋划尽底倾诉,岂有此理!一纸状词,破绽百出,依你所言,当依军法施行!"想到这里,王贵真想当场拔出宝剑,把王俊刺死。

王俊也是做贼心虚,他紧张地观察着王贵的神色表情。他见到王贵投来的几瞥利剑般的目光,就吓得心惊肉跳,全身哆嗦,下意识地辩解说:"下官状中所言,并无分毫不是事实,下官只为不敢负于国家,非是与张太尉有私怨而诬陷,乞王太尉详察。"

王贵望着王俊惶恐和惊骇的神情,又追忆张俊对自己的威逼和利诱,心想:"若是我不纳王俊底诬告状,切恐亦是救不得岳相公与张太尉,而只是与他们同归于尽。"王贵反复计算了各种可能的祸福利害,克服了心慌意乱,逐渐给自己理出了一条思路。

王贵改用严肃的口吻说:"王统制,你在状中言道,八月二十二日夜,张太尉已知得岳相公罢官,自称'我相公处有人来,教我救他'。按岳相公罢官在九日,自临安命人急驰,亦须昼行夜宿,依道里计,二十二日又怎生到得鄂州?当职自镇江府回鄂州,迟至二十五日,方得快递传到邸报。"王贵认为,王俊状词中所说,只有本人与张宪俩对话,无法对质,唯有所交待的密谋时间,是无可辩驳的硬伤。

王俊呆愣了一会儿,又自圆其说:"张太尉说岳相公处人来,教救他,下官即不曾见有人来,亦不曾见张太尉使人去岳相公处。张太尉发此言,故要激怒众人背叛朝廷。"王贵凝望着王俊的人中红疤下那条如簧之舌,说:"既是恁地,你何以不写于状词中?"王俊说:"下官当另写一小帖子。"王贵无可奈何地望了王俊一眼,就当场让王俊提笔补写了小帖子,粘在状纸上,然后马上与王俊前去总领所,找林大声。

到此地步,这三人只能按照政治规则,假戏真演。王贵明知王俊的上告决然受林大声指使,还是装聋作哑,公事公办。他让王俊叙述一通,并且把自己的质疑,王俊的小帖子都说了一遍。林大声对王贵横生枝节的小帖子当然不满,表面上也无法说三道四。他伪装惊骇,说:"此事干系重大,须是飞报朝廷。"王贵怕林大声又对小帖子上下其手,当即召来进奏官王处仁。林大声就把状纸交付王处仁,命令说:"你须入急递,飞报镇江府底枢密行府,不得泄漏!"王处仁诺诺连声而退。不报告朝廷,而径报张俊的做法,使王贵进一步明白秦桧、张俊和林大声三人之间的勾结和串通。

林大声感到应当安抚一下王贵，就说："王太尉尽忠朝廷，不徇私情，下官自当上奏朝廷。"王贵只觉得心里灌满了酸、苦、辣的滋味，就说："下官自做都统制以来，方知难以胜任，兼有疾病，唯欲辞官。下官委是不求有功，但求无过。欲望林总领将此意上陈朝廷，下官不日自当上奏辞职。"

林大声急忙说："此事须是缓缓底，军中不可无王太尉主张，若无王太尉主张，切恐郦琼之变再起。"经过一段时间的了解，林大声也深知，自己虽然串联了王俊、庞荣、傅选和姚政四个统制，他们根本不可能有王贵的威望，最后一句倒是说了真心话。王贵悲愤地说："本军岳相公自来教以忠义，必不生事！"他只能以此表示抗议，林大声当然也明白对方话里有话，发出尴尬的微笑。他最后又嘱咐说："此是机事，切望王太尉不得泄漏。"王贵返回家中，独自大哭一场。妻子马氏发现后，进行追问，王贵却什么也不说。

蒋世雄因为在送别徐庆和寇成时也出怨言，在王俊出面诬告的次日，就被宣布离军赴新任。王处仁与蒋世雄私交很好，就向他秘密透露此事，说："蒋太尉既赴新任，正宜顺道急速去江州，禀报岳相公，教岳相公为张太尉伸冤理枉。"

现在岳飞听完蒋世雄的报告，只是紧皱宽阔的眉宇，紧握拳头，他沉默许久，才悲愤地说："此便是秦桧、张俊等再造一个耿著底冤狱。可叹张太尉大祸临头，尚是以报国为念。然而我已救不得他。若是他依耿著底前例，杖脊，刺配海南岛，我又有何颜面独免！蒋太尉不计安危祸福，不知我今生今世，尚得报恩否？"

蒋世雄不由泪流满面，说："只为岳相公、张太尉忠良之将，下官便是死亦甘心！下官每念杨太尉等三千将士英勇战殁，便痛不欲生，直是以寸土未复为万古遗恨。追随岳相公、张太尉，亦是下官底无上荣光！"岳飞噙着眼泪，紧紧握着蒋世雄的手。蒋世雄说完，也只能匆匆告别。

岳飞眼前所遇到的最大难题，就是如何向高芸香交待，要不要隐瞒，说又怎么说，岳飞愁闷已极，实在毫无主见。他只能单独与李娃商量，李娃说："如此大事，又岂得瞒昧高四姐？"于是夫妇俩只能让孩子们玩耍，同几个大人谈话，用尽可能缓和的语言叙述。这是根本无法承受的沉重精神打击,却又必须让一个弱女子承受。高芸香一时如五雷轰顶,她呆愣片时,就昏厥过去,从交椅上跌下来,幸亏李娃及时扶住。

岳银铃、李娃与任氏一面流泪,一面将高芸香慢慢叫醒。高芸香神志逐渐清醒,只见满屋的人围着她落泪,而侄子高泽民哭得特别伤心。高芸香却感觉自己的泪水似乎已经干枯,等到神志完全清醒时,她只是凄厉而激愤地说:"奴家须即刻回归鄂州。教天下人知得,张循礼是清白无辜、全忠全义底男儿!教鄂州军民知得,自家们母子有血泪之痛!难道苍天竟是有目无珠!"

任凭岳飞全家如何挽留,高芸香还是带着一儿一女和一个女使,毅然决然离开江州。当她登船之际,岳飞一家人免不了与高芸香等人有一番生离死别的沉痛和深恨。

[贰陆] 蹈节尽义

完颜兀术与秦桧几番通信,并且已经探听到宋朝在海州、楚州等地撤军的消息。他完全明白宋高宗和秦桧乞和的诚心,却仍念念不忘江北的土地。九月初,金军分东、西两路,再次攻宋。但在出兵前夕,完颜兀术又按张通古等人的建议,把扣押在涿州的宋使莫将和韩恕放回,并让他们携带嫚书一份,以都元帅的名义致信康王,扬言"荐降天威,问罪江表",让对方"熟虑而善图之"。

九月十二日,宋高宗听说金人放回莫将等人,就对秦桧发表圣谕,说:"此殆是上天悔祸,虏人有休兵之意。"等莫将等人回到行朝,宋高宗在十八日亲自召见,与宰执大臣一同盘问究竟。莫将等人固然庆幸自己被放回,但除了带这份嫚书外,根本说不出任何重要情况。宋高宗颇感不耐烦,就命莫将和韩恕下殿。

宋高宗问道:"卿等以为,虏人底真意如何?"当时,范同还没有罢官,与秦桧一起奏对。秦桧这次当然不容范同抢先,说:"依臣底愚见,虏人虽不言和,诚如陛下玉音,四太子放莫将等回归,便示欲和之意。陛下当急遣使节,至虏军中,与四太子讲好,机不可失。"

君臣们商量一阵,就立即派遣刘光远和曹勋出使金军。他们所带宋高宗的回信,由秦桧起草,信中强调愿修"事大之礼","今闻兴问罪之师,先事以告,仰见爱念至厚,未忍弃绝。下国君臣既畏且感",恳请完颜兀术"曲加宽宥"。此外,秦桧又奉皇帝圣旨,另写一封书信给完颜兀术,进一步申述了皇帝回信中不便深说的问题。

刘光远和曹勋急速从临安出发。但是,宋金双方的战事却并不因此而中止。在陕西战场,吴璘军在剡家湾大破金将蒲察胡盏和完颜习不主军,这是继和尚原和仙人关之战后,西部战场的又一次重大胜利。吴璘军乘胜包围腊家城。此城将破,宋廷却发来紧急公文,强令吴璘班师。

在东部战场,完颜兀术与邢王完颜阿鲁补、龙虎大王完颜突合速统军渡过淮水,由于张俊已经撤退守军,故金军如入无人之境,连破泗州和楚州,其兵锋南至六合县,西到招信县,淮南大震。但主持前沿军事的张俊,只是命令建康府和镇江府两支御前诸军,龟缩在大江以南,不渡江抵抗。

九月下旬,张俊正与几个幕僚午宴,有亲兵报告:"今有鄂州御前诸军副都统制张太尉到枢密行府。"张俊听后,哈哈大笑,说:"一只猛虎,如今已是自行投入自家底柙中。"

酒足饭饱的张俊立即在小厅接见张宪。但依他的布置,看门的使臣对张宪说:"恭请张太尉摘去佩剑,暂且交付两个卫兵,教他们留门前,不得入府。"张宪爽快地摘下佩剑,交给两名卫兵,只是吩咐那个使臣说:"他们未曾午餐,请太尉排办。"那人说:"会得。"

张宪听说前沿军事紧张,所以特别在最后弃船,改为骑马,飞驰而来。他满脸风尘之色,人们不难看出他明显的疲乏。他上前向张俊唱喏,说:"下官鄂州御前诸军副都统制张宪参拜张相公。"

张俊望着张宪,还想对到手的猎物玩弄和挑逗一下,他不让张宪坐下,笑着说:"张四远道而来,行色匆遽,甚是辛苦。"张宪只能站着说:"下官闻得虏人大举,已破淮东两州,故急驰而来。"张俊说:"张四有甚献议?"张宪说:"若是张相公俞允,下官唯愿随镇江府解太尉或建康府王太尉出兵杀敌。料得四太子已是强弩之末,两路出师,必可大有杀获。"

张俊笑着说:"圣上命我主张前沿军事,便不劳张四费心。如今圣上已遣使北上,南北将和,虏人以为王师怠懈,故虚张声势,欲报柘皋战败之愤。我如今不与虏人交锋,便足以待和议成就。"张宪不由愤懑地说:"下官倍道兼程而来,不顾饥乏,只为请缨。既是张相公坐待和议成就,下官便请辞官。"

张俊到此才变了脸,冷笑说:"张四,事已至此,切恐你辞官不得。"张宪不解,正待发问,张俊却把王俊的诬告状掷在地上,厉声说:"张宪且看此状词!"张宪取来一看,恰似一声晴天霹雳,如梦初醒,而悲愤满腔,浑身战栗,他内心哀痛地说:"不料秦桧、张俊等人底奸毒,胜似蛇蝎。他们早已设计诬陷,我急匆匆到此,直是自投罗网!"

但张宪还是很快克制悲愤的感情,他推敲状词,转而沉静地辩白:"张相公,王俊底诬告,不难明辨。状词中说下官言道:'朝廷必疑我,教更番朝见,我去则必不来也!'然而下官不辞道途遥远,急欲来行府参拜,此又当何说?下官与王俊,本非亲密,偌大底逆谋,何以只与他一人计议?王俊反覆不从,昭昭如此,而下官只是倾心相托,尽展底蕴,切恐心醉病狂底人,亦不敢为,难道下官竟胜似心醉病狂底人?下官与王俊同处一军,他屡以奸贪,被下官制裁,此是鄂州军中人所共知,难道张相公不须命人诣实察访,为下官伸冤理枉?"

张宪的反诘,使张俊一时目瞪口呆,无法应答。但张俊又转而厉声说:"张宪既已到行府,难道尚欲逃脱天宪?"他喝令卫兵:"速将那厮叛逆枷锁了!"一群卫兵向张宪扑来,张宪大喝一声:"我是朝廷命官,不得无礼!"那群卫兵不由一怔,不敢动手,张宪对张俊怒目而视,真想扑上前去,把对方掐死,同归于尽。但转念张俊广有护卫,无法成功,就说:"下官未做昧心事,岂惧根勘,然而张相公身为大臣,尤须依法制行事,枢密行府岂是勘问推治底所在?"他说完,就大步随着那群卫兵走出小厅。

卫兵们按照张俊的命令,给张宪强行戴上枷锁。宋时禁系囚犯,不外乎枷、杻、钳、锁四类刑具,杻即手铐,锁即脚镣。枢密行府本无此类刑具,由张俊下令预先置备。枷重二十五宋斤,长六宋尺,杻长二宋尺,钳重一宋斤,长一宋尺五宋寸,锁长一宋丈二宋尺,这些都是大辟,即死刑囚徒的最重刑具。枢密行府没有牢狱,就临时把张宪关押在一间小屋。

张宪平时厚待两名卫兵,两人得知张宪被捕,经过商量,决定一人留在镇江府,打听动静,一人返回鄂州,报告王贵。好在他们所带的盘缠,还够支付一段时日的费用。

张俊押走张宪后,就吩咐枢密行府的提点诸房文字王应求说:"张宪未曾午餐,且教他饥饿一日,明日再行推勘。"王应求原是张俊在军中的亲吏,由他带到枢密行府中担任高级吏胥。王应求说:"枢密院如今在行府中有令史刘兴仁、职级严师孟,熟习事务,不如教二人推勘。"张俊就命令将两人召来。

枢密院的令史虽然是吏职,却有从八品的官品,职级地位较低,没有官品。刘兴仁和严师孟来到小厅,向张俊唱喏。张俊取出早已拟就的口供状,吩咐说:"你们根勘张宪,便教他依此供通。"

两人看了一遍,却互相用眼神交换意见,而面有难色,张俊感到不耐烦,问道:"怎生底?"刘兴仁地位较高,答复说:"男女等久在枢密院供职,知得枢密院吏无推勘法,恐坏乱祖宗之制,以此男女斗胆,未敢应承张相公。"张俊说:"我待做,则须做,你们须听我言语!"两人跪在地上,汗流满面,却仍是叩头和求饶不止。

双方僵持了一会儿,张俊终于厌烦地说:"你们且退下!"刘兴仁和严师孟如得大赦一般,逃出小厅。刘兴仁到此才私下对严师孟说:"如此伤天害理底事,自家们做不得,须是阴功积德。"严师孟叹息说:"然而可怜张太尉是一员勇将,横遭诬害,自家们却是救他不得。观张相公底意思,岂得善罢甘休。唯愿天可怜见,教张太尉、岳相公等转危为安,脱此灾难。"

张俊等两人走后,又命令王应求说:"二人胆小如鼠,你是当职亲自拔擢,明日便行勘问,自有当职承当。"王应求自然诺诺连声。

张宪被拘押禁囚后,已不复有饿意,只觉得肝肠寸断,心如刀绞,他负荷沉重的枷、杻、钳、锁,彻夜不眠,痛苦地思念高芸香和两个孩子,思念岳飞一家人,并且反复考虑了各种后果。他最后绝望地喃喃自语:"他们既是蓄谋已久,至恶至毒,料得自家在劫难逃。痛念杀敌与辞官两般事皆成泡影,而江州竟未得见岳相公一面,与妻儿便成生离死别,岂不痛彻心肝!然而事已至此,自家便须痛吃淫刑毒罚,岂得自诬!"

次日上午,王应求按张俊的命令,带着八名准备拷打的壮健卫兵,气势汹汹,进入小屋。王应求说:"张宪须知,如今已是到得死地,你若尚欲求生,免于痛吃手脚,便在此供状上押字。"说完,就把一纸口供交付张宪。张宪看后,用斩钉截铁般的语气说:"你们须是教张相公前来,不然,下官宁愿受刑而死!"

王应求为了给张俊卖好,就恶狠狠地说:"痛打这厮贼囚!"八名壮汉轮流上前,先是拳打脚踢,接着又是皮鞭木棍,张宪紧闭眼睛,咬紧牙关,就是不呻吟一声。痛楚的时光似乎延捱得格外缓慢,时近正午,张宪的全身衣袍已经被打烂,遍体渗透出血痕,八名壮汉也打得气喘力竭。

张俊已经等得不耐烦,亲自来到小屋,了解逼供是否有进展。王应求等人连忙向张俊唱喏,并让出座位,叉手站立。张俊坐下,望着倒地的张宪,说:"张宪,你如今唯有在此供状上押字,当职方得保全你底性命。"

张宪忍受着饥乏和身心的双重痛楚,勉力用低声说:"王俊虽是诬告,小帖子上亦只得如实言道,不见岳相公处有人来,亦不见张太尉使人去岳相公处。然而依此供状,既有岳相公,又有他底长男左武大夫岳防御,而握笔底又有于、孙二干办,收信底又有王太尉。敢问张相公,有甚凭证?"张俊笑着说:"此便是教你供通,你与王大收得书信,当时焚烧了当,何须凭证。"

张宪长叹一声,继续低声说:"胡虏侵凌,人神共愤,张相公与下官自当同袍同泽,以赴国难,方是正理。然而如今秦桧奉承不共戴天底仇敌,无所不用其极;陷害决意用兵底将帅,又是无所不用其极。张相公是主上亲擢,却与秦桧连结,做此亲痛仇快底事,煞是教我百思不得其解。难道张相公于虏人便无一分一毫仇恨之情,于同僚便无一丝一厘恻隐之心。"

张俊理屈词不穷,他蛮横地说:"你不须思,不须解,唯须在此供状上押字,便是造化!"张宪用低声呐喊:"我宁死于此地,亦不可画押!"说完,又紧闭双目。张俊大吼:"与我着力痛打这厮!"他亲自取过木棍,在张宪身上狠打几十下,然后返回小厅,举行午宴。

接连三天,张宪被毒打得死去活来,昏厥了无数次,就是拒不画押。王应求一筹莫展,只能向张俊汇报,张俊说:"此事不得拖延,须是急速申状。你可代张宪押字。"王应求说:"男女不知张宪底押字,如何代为画押,不知枢密院可有张宪押字底架阁文书?"张俊说:"此处是行府,又有多少架阁文书。你可胡乱押字,自有当职承当。"于是,王应求就在供状上,随便用毛笔画押,冒充张宪押字,然后将这份供状用急递发往临安的三省。

等秦桧以三省、枢密院的名义发来回文,十月初,装载张宪的一辆槛车,就由二百名军兵押送,前往临安的大理寺狱。张宪闭着双眼,他只觉得人间过于暗无天日,就不愿再见一瞥阳光。不料有一人竟拦住槛车大哭,他就是张宪带来的一名卫兵。

卫兵用最凄厉的声音高喊:"天道不公,屈勘忠良!天道不公,屈勘忠良!可怜张太尉忠心赤胆,竟得此下场!"张宪到此才睁开眼睛,望着那名卫兵,低声说:"你何不速归鄂州军中?"卫兵说:"我须沿路伏侍张太尉。"张宪用沉痛的低声说:"自家冤沉海底,尚有你为我鸣冤叫屈,便是死亦甘心。然而你岂得与我相伴,亦救不得我。鄂州军中有你底老小,速归!速归!我死到临头,幸得有你相濡以沫,唯愿来生当牛做马,以为报答。"押送的官兵见到此种情景,也不忍心把那名卫兵轰走。最后,卫兵在张宪的规劝下,向着槛车里的张宪叩头九次,方才离开,返回鄂州。

在江州城中暂住的岳飞,自从得到蒋世雄的报告后,就决定返回临安,他对李娃说:"孝娥莫须陪伴二姐,在此暂住,待我一人回行朝,临安自有祥祥与娟儿相伴。"李娃说:"不可,要去便是全家人同去。"两人各执己见,相持不下,因此迁延数日。

岳飞不久就得到三省的省札,说是奉宋高宗圣旨,朝廷有要事商议,命他立即返回行朝。在李娃的坚持下,只能全家人一同启程。岳银铃为五弟的命运忧心,又一定让高泽民送岳飞前往临安。

他们取道饶州地界,天色已晚,就在浮梁县的一所馆驿投宿。有一石姓巡检本在那里住宿,听说岳飞前来,就急忙收拾行李搬出。他见到岳飞,不免唱喏,通报官职姓名。岳飞说:"今晚巧遇,却是亏负了石巡检。"石巡检说:"男女官卑,平日难以拜见岳相公,今晚亦是男女有幸得见。"岳飞介绍家人与石巡检相见,他望着已经落山的阳光,说:"此处别无旅馆,相烦石巡检在门房暂住一宵,自家明日便启程。"石巡检见岳飞待卑官以礼,态度和蔼,更有了几分好感。

岳飞吩咐驿吏只须准备简单饭菜,驿吏特别为岳飞送来当时作为高级消费品的蜡烛以供照明。晚饭过后,李娃和温锦萍安顿孩子们睡觉,岳飞也命令卫兵、仆夫和女使休息,他只和高泽民、岳雷在堂上就座。他们虽然互不说话,其实都在紧张和忧虑地思考。

堂上的气氛异常沉闷。高泽民突然站起身来,对岳雷耳语几句,于是两人一同走到岳飞面前,高泽民忧愁地说:"五舅,我再三思忖,此回朝廷教你归去,绝非吉兆,不如不去。"岳雷说:"阿爹不如上奏,言道有病缠身,并与主上理诉,或可有济。"岳飞说:"我自得张太尉底噩耗,便急欲回归行朝,如今只得前迈!北有仇房,我若是退后半步,便成逆臣,无面目见天下人,岂得畏惧赴汤蹈火。"于是高泽民和岳雷只能退回座位。

李娃走进堂内,也坐了下来。高泽民朝岳雷看一眼,两人又起身对李娃作了同样的劝告。李娃叹息一声,她望着岳飞说:"你们须知他底秉性,君命召,不俟驾,便足以自明忠臣底心迹。"岳飞静听他们的对话,仍是照旧坚定地说:"只得前迈!"

四人又闷坐多时,高泽民第三次起身,与岳雷耳语颇久,两人又一次走到岳飞和李娃身前,岳雷说:"自家们计议,目即虽不知张太尉底下落,料得他必是自投罗网。可一而不可再,阿爹何必再投网罗之中。不如以养疴为名,与妈妈且暂住此驿。待儿子与表哥前去,会合哥哥,同共上状,理诉冤屈,此亦是一说。"李娃固然心疼丈夫,但也不愿两个儿子与外甥前去冒险。她平时遇事颇有主见,此时却反而没有一点主意。

岳飞斩钉截铁地说:"大丈夫处世,临难不苟免。若是张太尉有难,我独幸免,问心何安?只得前迈!张太尉底冤屈,不难明辨,然而天心难测,亦不知能否明辨?"李娃明白,所谓"天心"就是皇帝之心,既然有耿著冤狱知错而错判的前例,就难以预测了。她深感此种讨论只是徒然浪费唇舌,就说:"如今已是夜深,发发与泽儿不如及时歇息,明日尚须赶路。"

他们只知谈话,不知隔垣有耳。那个石巡检也已听到一些有关岳飞前程不祥的传闻。他怀着一种好奇心,在壁缝中窥探他们的举止谈话。由于岳飞等人对话的声音颇轻,石巡检也听不清楚,但他只是听到岳飞"只得前迈"的三次表态,已十分感动。事后他对人说:"岳相公千里归朝,不是赴嘉召,然而他直是趋死如归,便见得是个顶天立地底伟丈夫!"

岳飞一行抵达临安,已是十月上旬。他们刚进住宅,巩岫娟就抱住李娃大哭,说:"昨日祥祥被召赴大理寺,至今未得归!"岳飞尽管对迫害已经作了最坏的思想准备,也万没料想到儿子竟被深文周纳,而遭飞来横祸。他面露狂怒的表情,却沉默不语。李娃只能和温锦萍用一些明知是无用的话,劝慰巩岫娟。

岳飞沉思颇久,对高泽民说:"泽儿,你尚未被株连,须是急速回归江州,侍候老母,以尽孝道。"李娃也说:"看觑得二姑,便是为自家们尽心,亦须与江州底岳氏宗族,共商后事。切记奴家底言语,万万不得过问此处底冤案!"高泽民恸哭起来,岳飞夫妻还是强行把他打发走。

岳飞与李娃商量一下,决定遣散家里所有的卫兵、仆役和女使。自从岳飞罢免枢密副使后,卫兵减少到十五人,另有男仆五人和女使三人。李娃召集他们,说:"岳家不幸罹难,然而不得教城门失火,殃及池鱼。岳家底赀财,亦是瞒昧你们不得,并无金银珍宝底厚藏,如今付与你们铜钱各十贯,军兵可归鄂州军中,其余干仆、女使各请逐便。"

李娃的话音刚落,一名卫兵首先流泪说:"男女追随岳相公,南征北讨,出生入死,岂得迫于势利,就此离别,况且朝廷并无指挥,教自家们回归鄂州。我坚欲在此伏侍岳相公!"其他二十二人也各自表态,一个都不肯离开岳家。李娃再三劝说,终归无用,岳飞最后只能向众人长揖,说:"你们如此重情义,我唯是艰难愧深情!"众人一齐下跪大哭,岳飞和李娃只能把他们逐一扶起。

悲痛的气氛笼罩着整个家庭,大家匆匆吃完晚饭,及早上床。岳飞和李娃翻来覆去,无论如何睡不着,李娃忍不住说:"大理寺与此宅相距不足百步,鹏举明日莫须去大理寺,看觑祥祥?"岳飞说:"去亦无用!"

李娃说:"韩枢相便是亲去大理寺,体探得真情。"岳飞听了,心里更加难过,因为祸难竟使最有主见的妻子乱了方寸,他悲愤地说:"韩枢相去大理寺,秦桧尚是无备,如今他岂得无备。我恨不能插翅飞入大理寺,替代张四哥与祥祥受难,若得他们安然无恙,我便是千刀万剐,亦是甘心!然而天公却教我在此床上,徒然煎熬心肝,一筹莫展!"

李娃无法再说什么。翌日,她还是特别与巩岫娟雇乘轿子,前去大理寺。因为岳飞毕竟还是正一品的少保,大理寺的吏胥只是与她们软磨,虚与委蛇,说些岳雲在里面很好,不日即可放回的假话,但决不让她们走进大理寺一步。

经历了几个难眠之夜,转眼就是十月十二日。岳飞独自在书房愁闷地读书,他平时读书,真是如饥似渴,现在却怎么也读不进去,也不知书上说些什么。卫兵带着一个人进入,他正是鄂州御前诸军的进奏官、承节郎王处仁。他一见岳飞,就恭敬唱喏,岳飞连忙还揖礼,说:"如今是甚时节,王承节岂得不避嫌疑到此!"原来岳飞下令,不见任何来客。那名卫兵解释说:"王太尉有紧切事,必欲拜见,故男女引领他前来。"说完,就转身退出书房。

岳飞到此地步,也只能请王处仁坐下,说:"王俊诬告底事节,蒋太尉亦已尽底告我。"王处仁说:"我正值到临安干事,岂得不来参拜。"他开始向岳飞介绍了最近的事态,说:"下官随踏白军董太尉、王俊同到行朝,今日二人前去都堂,参拜秦桧。闻得张太尉已自镇江府押赴大理寺。下官以为,秦桧那厮必欲置岳相公于死地,岳相公岂得不上奏自辨。"

岳飞感叹说:"若是昊天上帝有目,必不使忠臣陷于不义;然而万一不幸,亦何所逃!万分感激王承节在危难时节,倾心相待,然而王承节不可在此久留,便请速归!"他谢绝了向宋高宗上奏自辨的建议。他的眼神似乎对王处仁说:"官家聪明有余,足可明辨是非曲直,何须上奏!"岳飞起身把王处仁送到门内。王处仁噙着眼泪长揖,说:"岳相公珍重!"岳飞还礼,说:"感荷!感荷!"

其实,无论是江州或临安,岳飞的私宅外早已布置了密探,监视着岳家的一举一动。王处仁回到馆驿,就立即被捕,投入大理寺狱。蒋世雄还未到福州上任,就在中途被逮捕,押到临安。与此同时,甚至张俊捏造的张宪供状还没有传递到行朝,于鹏和孙革也已从远方被押解到大理寺狱。

[贰柒]
惨酷诏狱

秦桧得知岳飞返回临安的消息，就在私第兴奋地对王癸癸说："老夫料得，岳飞必归临安，如今便是猛虎入柙，决无复出之理！"王癸癸说："此事只在官家。"

秦桧说："主上猜忌岳飞已久，如今与虏人媾和，只在旬月之间，虏人四太子亦教杀岳飞，主上免不得做顺水人情，一举两得。一以便于讲好，二以革武夫辈狂悖自肆之患。耿著之狱，韩世忠尚得倖免；如今张宪之狱，岳飞便是有三头六臂，亦不得倖免。官家虽知其伪，亦须弄假成真。"

王癸癸说："然而闻得太祖官家有誓约，教不得杀大臣。唯是擒虎易，放虎难！"秦桧奸笑说："国夫人之说极是，张宪之狱，势在必成。然而杀得与杀不得岳飞，则是尽人事，而听天命。便是流窜海南，亦足以教天下底文官武将知所畏惧，不得冒犯老夫。"

十月十二日，秦桧就在政事堂召见刚到临安的董先和王俊。原来王俊在诬告之后，又害怕事情泄漏，在鄂州军中激起众怒，就私下向林大声请求，愿去枢密行府，与张宪对质。林大声知道董先是一员虎将，也听说他对最近的军中人事变动发点牢骚，就以去枢密行府参拜为名，让他与王俊同去镇江府。董先对王俊诬告的事，还一直蒙在鼓里，到达镇江后，方知实情。张俊认为，董先还不算岳飞的亲将，对他进行了一番拉拢和威胁，董先只能表示就范。张俊就让他改任屯驻临安府的侍卫步军司前军统制。王俊不敢再呆在鄂州军中，向张俊请求离军，张俊也予以同意。

董先和王俊进入政事堂，向秦桧唱喏。秦桧说："二统制免礼！"给他们赐座,命吏胥送茶。王俊能够拜见秦桧,自然是受宠若惊,而董先的内心其实非常不快,他对张宪的冤案不免兔死狐悲,物伤其类,但如今已是在人檐下过,不敢不低头,表面上也不得不对秦桧装出恭顺的模样。

秦桧说:"岳飞盘踞上游,积恶多年,蓄谋反背。如今王统制一举告首,逆状显著,老夫明日便须面对圣上,奏请天谳。二统制忠心朝廷,凡有岳飞不公不忠底事节,可尽底诉与老夫,不须畏怯。"秦桧的意思无非是要两人揭发和检举岳飞,以便进一步深文罗织。

王俊想了一下,说:"下官闻知,去年朱仙镇班师时,岳飞曾言道:'此后底天下事竟是如何?'张宪应答,言道:'天下尚须岳相公处置。'此语董太尉曾在旁听得。"秦桧说:"此便是图谋大宋底天下,董统制可曾听得?"董先明知当时岳飞的发问和张宪的劝说都是为抗金而发,而王俊的听闻只是断章取义,歪曲事实,却只能违心地应承说:"便是如此。"

王俊接着又编造另一条,说:"下官曾闻得,岳飞言道,他三十二岁上做节度使,而太祖官家三十岁做节度使。"秦桧说:"此便是以建节之年,上方太祖皇帝,而蓄不臣之心。董统制可曾闻得?"董先尴尬地望了望秦桧,说:"下官闻得。"

王俊又想到最后一条,说:"今年援淮西,岳飞闻知张家人、韩家人败了回去,便说'官家又不修德'。"秦桧听后,高兴地说:"此是指斥乘舆,情理切害,属大不恭之罪,十恶不赦!"他又转头望着董先,董先紧张得流汗,说:"下官闻得此语。岳飞言道,似韩家人,下官便不消得一万人,前去蹂踏了。"秦桧追问:"你便如何作答?"董先感觉害怕,就乱诌说:"下官事后曾与张宪言道:'岳相公道恁地言语,莫是待胡做。'"

秦桧感觉今天的谈话颇有收获,就吩咐说:"既是恁地,董统制今日便得去侍卫步军司赴任,待日后老夫教你前去大理寺,止是此等言语,要你为证,证了当日便可出,不须惊慌。"董先只能诺诺连声。

王俊迫不及待地发问:"张相公已是俞允下官离军,不知秦相公有甚底差遣?"秦桧笑着说:"你此回立得大功,弹压有劳,老夫当保奏你为正任观察使,做浙东马、步军副都总管。"当时,如副总管之类都成了武人的闲职,王俊急忙下跪叩头,说:"谢秦相公底大恩!"董先的内心却愤愤不平:"我力战积功,如今方得做熙州观察使。你自到鄂州军中,寸功未立,一官不升,却是以告讦窜升,与我平列。"但他嘴上又能说些什么。

十三日,秦桧正式为张宪的狱事面对。他首先进呈了自己通过张俊伪造的张宪供状,张俊在奏中说:"张宪供通,为收岳飞处文字后谋反。"宋高宗将相关文件粗略地看了一遍,问秦桧说:"既有枢密行府供状,卿以为如何?"

秦桧早已准备了口奏:"目即张宪已是押赴大理寺狱,岳飞长男岳雲亦是干涉罪犯,臣已下令,将他押赴大理寺狱根勘。其余干涉罪犯,如于鹏、孙革等人,亦已入狱。唯有岳飞,他自江州奉旨回到临安,须有圣旨。"他接着又把昨天王俊和董先的揭发叙述一通,但按照当时的臣规,不能明说指斥乘舆的具体内容。

宋高宗说:"岳飞久蓄异志,心怀怨望,竟公然说大不恭底言语。他罢官时曾上奏,乞朕曲赐保全,朕亦下诏,休貌大臣,宠以全禄,宽仁厚礼,以示保护功臣,全始全终。如今岳飞阴谋败露,罪恶昭彰,方知他屡教不改,怙恶不悛,朕亦岂得置祖宗之法于不顾。依卿之见,当如何处分?"

秦桧说:"依祖宗之法,凡有大奸大慝,须是下圣旨,设置诏狱,事体大底,便教御史台推勘。"不管周三畏如何畏首畏尾,曲意奉承,经过耿著狱案的实践,秦桧还是对大理寺有所不满,所以特别强调御史台,无非是想利用自己的得力打手,以便使自己得心应手地掌控狱情的进展。

宋高宗想了一下,说:"如今干涉罪犯既已下大理寺,不如就大理寺置司根勘,然而此事体大,可命御史中丞何铸主审,大理卿周三畏为副。既设诏狱,便须榜示天下,以明朕不得私自保全岳飞,而废天下公法。卿可召岳飞前去大理寺根问,事毕,便进呈刑部、大理寺议刑状,听朕裁断。"秦桧对皇帝玉音的精微和奥妙,心领神会,无非是在宽仁的自我标榜下,让自己恣意蛮干,不必有任何顾忌,他高兴地说:"臣领旨!"

秦桧退殿,回到都堂,立即命吏胥召唤殿前副都指挥使、领殿前都指挥使职事杨沂中。杨沂中急忙来到都堂,不料秦桧的架子愈来愈大,他并不出见,只是派遣直省官交付杨沂中一份堂牒,命令他逮捕岳飞赴大理寺狱,直省官还向他口头传达:"秦相公下钧旨,要活底岳飞来。"

杨沂中不像张俊,与岳飞虽然说不上亲近,也没有多少嫌恶,而想置对方于死地。但是,既然朝廷有令,杨沂中还是必须执行。他率领三百名军士,带着一座空轿,来到岳飞住宅前,下马后,命令亲兵通报。

岳飞果然出迎了。初冬时节,他身穿紫麻布绵袍,头戴以大文豪黄庭坚命名的山谷巾,神色坦然,与全身戎装的杨沂中互行揖礼,把他迎入厅堂就座。岳飞用排行称呼说:"杨十哥,你来只为甚事?"杨沂中倒有点难以为情,说:"无事,只是教岳五哥去照对些少事节。"岳飞苦笑说:"我观你今日来,意思不好。"说完,就起身去后屋。

杨沂中想了一下,就取出堂牒,交给岳飞的一名卫兵,说:"你便将此牒付与岳相公。"那名卫兵领受堂牒,也转身去后屋。

过了一会儿,一名小女使来到厅堂,捧出一杯酒,说:"岳相公请杨殿帅稍候,且饮一杯酒。"杨沂中内心不免疑惧:"莫非他以药酒毒我?"他手里拿着酒杯,反复审视其中的玉液,不敢喝。小女使轻声说:"杨殿帅且放心,酒中无药。岳相公只是在厅后与国夫人等辞别。"杨沂中还是犹豫了一阵,然后举杯一饮而尽。

岳飞确实在后屋与全家人告别,巩岫娟抱住岳飞抽泣,说:"阿爹,你不得走!"岳雷以下,除了完全不懂事的岳二娘、岳申之外,无不伤心恸哭,年龄最小的岳申和岳霭则拽着岳飞的紫袍,连声喊道:"不得走! 不得走!"

唯有李娃却强忍哀痛,勉力克制泪水,她说:"娟儿,须知死生祸福,自有天命。既是张四哥与祥祥入狱,你阿爹何得独免。自家们为此已期盼多时!"她让巩岫娟抱开岳甫,岳雷抱开岳霭,自己把早已准备好的包裹交给岳飞,说:"冬日天寒,此是鹏举与张四哥、祥祥底衣装。"

岳飞向众人长揖,说:"你们须深自爱重!"屋里是一片生离死别、撕心裂肺的号啕声,不仅是一家亲人,还有卫兵、男仆和女使们都无比悲恸,李娃却突然发出凄厉而悲愤的呐喊:"不须哭!"岳飞接着大步走向厅堂,他不忍心再回一次头。

杨沂中听到后面的哭声,真害怕岳飞自杀,自己无法向秦桧交账,却见岳飞迈步入前厅。岳飞脸上露出严肃的微笑,说:"难得在危难时节,杨十哥犹自顾惜旧情,保全礼仪。酒中无药,我今日方见得尚有真情,须是为杨十哥去一回。皇天后土,可表我心!既是扪心无愧,我虽不当贪生,而尤不可轻生,须是直面冤狱,以明心迹。"杨沂中无话可说,只是跟随着岳飞出门,让他上轿。

军队簇拥着岳飞的坐轿,而杨沂中则骑马跟随轿后,西行不足百步,很快就来到大理寺门前。岳飞出轿,杨沂中下马,向他作揖,说:"便请岳五哥入内。"岳飞由一名宦官充任的监门官引领,进入大理寺,而杨沂中则带兵回都堂交差。

监门官让岳飞进入一间小厅,只见四面都垂着帘幕,岳飞感觉到一种阴森的气氛,却不见人影,就在一张交椅上暂坐。不一会儿,又进来四名狱子,他们是奉命收禁岳飞的,为首的说:"这里不是岳相公底坐处,日后有何中丞、周大卿前来,请岳相公照对若干事节。如今便教岳相公随自家们前去。"

岳飞自己提着包裹,随他们来到大理寺狱。宋高宗狼狈南渡之初,各个官僚机构草创,不可能有北宋昔日的规模。大理寺自然也不例外,正堂不大,正堂之东有三十间屋,供官吏办公、休息、存放档案,即架阁文字之用。正堂之南的小厅,就是岳飞暂坐之处。周三畏等人接待韩世忠,就在此间小厅。正堂之西是一个不大的牢狱,几个月前,耿著就关押在里面,共有四十间牢房。普通犯人,是不会进大理寺狱的。牢狱南北,是两块小空地,连接着墙垣,北墙另有一扇小门,供吏胥出入。官员出入,自然不走小门,而是走正南的大门。

岳飞对牢狱中的阴森可怖、酷刑毒罚当然早有足够的思想准备,然而当东面的狱门开启,一股难闻的腥臭味就扑鼻而来。岳飞进入狱中,四十间牢房,分成四行,中间有两条不宽的走廊,以木栅南北相对,各个牢房的三面都以土墙隔断。南、北走廊的两端,东、西各有一大间,供狱吏起居和拷打犯人之用,罗列各色刑具。牢狱只在东、西两屋有窗,窗棂上的窗纸已经发黄,所以特别是在中部的四十间牢房,光线尤暗。

岳飞走进中部牢房区的南走廊,才透过两旁的木栅,看到了牢房中的一切。原来为了举办这次特大的诏狱,大理寺狱只关押与本案相关的犯人。自东往西,第一间南牢房关押着张宪,而北牢房则是岳雲,第二间南牢房是于鹏,北牢房是孙革,第三间南牢房是王处仁,北牢房是蒋世雄。六人披散头发,身上都负荷着最大最重的枷、杻、钳、锁。由于王处仁昨天被捕,蒋世雄又是今天早晨方才押到,尚未动刑,而其他四人都是在此初冬天气,赤身露体,遍体血迹,已经是三分像人,七分像鬼。他们见到岳飞,还是勉力挣扎着起立,或是喊"阿爹",或是喊"岳相公"。

一刹那间,岳飞只觉得五脏迸裂,六腑撕碎,七窍生烟,浑身的鲜血都被悲愤的怒火所燃烧。他紧咬嘴唇,嘴上流血,沉默片时,就把李娃给的包裹往地上一掷,大吼道:"秦桧!张俊!你们可将我千刀万剐,何须株连众人!"

两名年老的狱子上前,向岳飞恭敬作揖,说:"男女隗顺、瞿忻拜见岳相公,既是朝命,自家们身不由己,请岳相公到房中安泊。"他们把地上的包裹捡起来,把岳飞带到西南的第十间南牢房。岳飞走进木栅,只见牢房里待遇稍好,安放一张卧榻,一个小矮桌。由于牢房空间狭小,两件家具已显得拥挤。两人又向岳飞恭敬作揖,然后退出牢房,在木栅门上挂锁。

张宪、岳雲、于鹏、孙革、王处仁和蒋世雄都处在完全绝望的状态,而张宪等四人的身心又都经受残酷的折磨。对于岳飞的入狱,他们都有足够的思想准备,却又加重了心灵的伤痛。他们也决不想对岳飞诉苦,以免再给岳飞增加痛苦。岳飞入狱,也已明白一切,不想再向他们盘问些什么。于是七个犯人之间,是长时间的痛楚的沉默。

到了傍晚时分,牢内已经颇黑,有一名胥长,他是大理寺级别最高的吏胥,来到狱内,他带着一名贴书,拿着一盏油灯和纸墨笔砚,由瞿忻陪同开锁,进入岳飞的牢房。胥长取出几纸早已拟就的供状,贴书也把油灯和笔砚之类放在小桌上,胥长恶狠狠地喊道:"岳飞,你须知得,大臣系狱,岂有活底出狱,如今已有成案,你可押字,免受毒刑之苦。"

岳飞借着灯光,还是认真把捏造的供状,从头至尾,仔细看了一遍。在此之前,他只是听蒋世雄和王处仁说个大概,如今方才明白整个冤案的细节。岳飞看完后,不说任何话,他真想把这几张纸撕个粉碎,但最后还是把这几纸供状折叠后,装在袍袖里。胥长大怒,说:"岳飞,你不知好歹,便是自讨苦吃!"他举手想抢回供状,但见到岳飞的怒目,还是缩了回去。

胥长退出牢狱,当即向具体负责此案的大理寺评事元龟年汇报。当张宪和岳雲入狱之初,大理卿周三畏就完全清楚这件狱案的分量。他对薛仁辅说:"张宪、岳雲底狱事,干系甚大,非是自家们所得了。不如委元评事措办,自家们亦得以不负重责。"薛仁辅明白,上次对耿著冤狱的处理,事实上已得罪秦桧,就说:"依国朝法制,此案当由下官审理。然而下官亦须听周大卿底忠告。"薛仁辅料到必有冤情,认为避免违心办案,远离是非,还不失为一条出路。

元龟年接收此案,阅读案件,就认为是一个升官的机遇。他倒愿意向秦桧卖好,但是,秦桧私第的门槛高,一个正八品的大理寺评事是进不去的。他找到了右谏议大夫万俟卨,这当然正中万俟卨的下怀,他只告诉元龟年八个字:"重刑之下,必有大功!"于是元龟年就依此办事,对张宪、岳云、于鹏和孙革下了毒手,却没有得到诬供。

元龟年听完胥长的报告,就责备说:"官家既已设置诏狱,事体极大,须听何中丞与周大卿底处分。然而你既为胥长,详练狱事,此供状岂得留于岳飞之手,须是夺回!"

胥长连夜带着十名精壮狱子和吏胥,进入狱中。他认为岳飞既是武将,在狭小的牢房里难以下手,就来到牢狱的西屋,点起火把,命令隗顺把岳飞带来。隗顺知道岳飞大难临头,他真不忍心看惨毒的一幕,只是对岳飞轻声说:"岳相公保重!"就退往东屋。

胥长说:"岳飞,你须知如今已不是一品底高官,而是诏狱底禁囚,与我上枷。"于是众人一拥而上,先给岳飞脱去绵袍,然后戴上最重的枷、杻、钳、锁,以防用刑时反抗。

胥长又说:"岳飞,须知你底儿子、部曲、幕僚皆在此受苦刑而招承,你今夜供通,便是造化。"岳飞挺立不答,胥长再说:"既是恁地,你先将供状取出,亦可免于受刑。"岳飞又不答。于是胥长就下令搜身,搜绵袍,又搜查牢房,居然都寻找不到。于是他们就把岳飞绑在屋柱上,反复用皮鞭和木棍毒打。

岳飞自从参加抗金战争以来,自己也说不清受过多少次、多少处伤,但皮肉的疼痛,总是更加激励自己杀敌复仇的渴望和斗志。如今却有一种身心的双重痛楚,每一鞭、每一棍的笞挞,都由肉入骨,痛彻所有的脏腑。他只觉痛楚难忍,却又坚持认为自己是一员大将,决不能在毒刑下呻吟一声。岳飞只是紧闭双目,牙齿把嘴唇咬得鲜血直流,却仍然忍受着其实是根本无法忍受的剧痛。

毒打持续到三更，夜深人静之际，每一声呼喝，每一下笞挞，整个牢狱的人都听得格外清楚。张宪、岳云、于鹏、孙革、王处仁和蒋世雄都默默地承受着撕心裂肺般的感情痛苦，承受着滚油沸汤般的心灵煎熬。突然，蒋世雄第一个发出无比悲愤的呐喊：ّ"你们且住手！岳相公是国家底栋梁，大宋底长城，岂得如此摧残，我愿替他受刑！"王处仁第二个呐喊，其他四人虽然浑身伤痕累累，也都喊声不绝。悲痛的声音久久在牢狱里回荡。

在牢狱东头的隗顺也实在听不下去，他赶到西头，对胥长说："常言道，公门里面好修行，得饶人处且饶人。你们不可只顾目睫底事节，不为后图。须知岳相公终是大将。"众囚犯的抗议和隗顺的劝说终于起了作用。胥长突然换了副面孔，对岳飞唱喏，说："男女亦是奉命行事，多有得罪，乞岳相公做一床锦被遮盖。"岳飞依然闭着双目，不予理睬。胥长吩咐给岳飞解开绑绳，脱去枷、杻、钳，只留下一条脚锁，并且重新披上绵袍。岳飞忍痛，艰难地走回牢房，一名打手又要上前搀扶，岳飞突然愤怒地把手一挥，那名打手竟摔倒在地。众人不由惊讶，原来岳飞有如此神力。

十四日，何铸就以主审官的身份，亲自来到大理寺，会同周三畏，先在小厅听元龟年的汇报，然后一起审读相关文件。由于元龟年得不到一份诬供，他呈交的文件还是王俊的状词和枢密行府捏造的张宪供状。

何铸作为秦桧信托的亲党，曾参与弹劾秦桧的政敌，其中包括岳飞。他来大理寺前，秦桧又在私第召见，作了示意。何铸读了这两份文件，当然不难看出王俊状词、小帖子和枢密行府供状三者的明显矛盾，关键在于岳飞父子有没有派人送信给王贵和张宪，策动谋反。

何铸客气地对周三畏说："下官叨居中丞之位，奉圣旨审讯鞫谳，然而周大卿尤是谙习刑法。下官不知当怎生措办，愿就教于周大卿。"周三畏明知这是一件必须昧良心做的冤案，却更不敢得罪秦桧，依他的设想，既然何铸主审，正好尽可能把一切责任推诿给主审，自己全听主审的摆布。他说："下官亦未曾措办得诏狱，此事无非恭请何中丞主审，下官协助。"

两人稍作商量，就决定下午开堂，第一个提审对象当然是岳飞。岳飞拖着脚锁，步履艰难，走到大堂。何铸坐在正中，周三畏则坐在左侧，岳飞北向站立，他不愿下跪。何铸说："恭奉圣旨，在大理寺特设诏狱，根勘岳飞、岳云父子与张宪连结谋反事节。你如今既已入狱,便须诣实供通。当职或可依法原情,奏禀圣上,依《刑统》议功律条,从轻处分。"

岳飞突然表现得无比激动,他的身体也站立不稳,指天画地说:"天地可鉴,自家并无罪愆,何得依议功律条,从轻处分!"吏胥们也接着厉声呼喝:"岳飞叉手正立!"岳飞到此似乎恍然大悟,他马上联想到西汉名将周勃入狱的史书记载,心中悲慨地说:"原来自家已非十万雄师底统帅,而是阶下底苦囚,狱吏辈便得恣意呼喝蹂躏!"

岳飞尽量克制自己的感情,从绵袍的袖中取出了那份逼令他押字的诬供状。原来岳飞用手指挖开卧榻脚下的泥地,藏于土中,又用卧榻脚压实,因此昨夜吏胥们搜索不着。岳飞抖开状纸,沉静地叙述昨天狱中发生的一切,接着又如实交待自罢官以来的主要情况,包括如何接待张宪夫妇和蒋世雄、王处仁。

他说:"我虽少读诗书,亦粗知用行舍藏之理。自统鄂州底神武后军、行营后护军以来,从未将朝廷之军视为私军,而贪恋兵柄,故屡次上奏恳辞。罢兵权以来,尤是夙夜小心,回避与旧部曲交往。张太尉在江州虽未见面,然而他底留言,亦是足证其忠肝义胆。王俊曲意诬陷,然而他底小帖子,亦是证实我与张太尉从无书信往还。如何到得枢密行府,又于事外撰造,横生枝节,竟成我与长男教于、孙二官人作书与王、张二太尉?"说到这里,何铸和周三畏就完全理屈词穷,无法追问。

岳飞把绵袍和内衣脱去,露出了一夜之间打成的累累伤痕和血迹,何铸和周三畏也不免有惨不忍睹的感觉。他又转身把背部朝向两个审讯官,悲慨地说:"唯馀自家底背部,因缚于柱上,尚得有完肤。十六年前,妈妈教人刺此'尽忠报国'四字,当时张太尉之妻亦是忍痛流泪,又在他背上刺得'以身许国'四字。十六年间,此八字端的是铭心镂骨,无时敢忘。然而昨日下狱时方见得,张太尉已是体无完肤,便是他底背刺四字,切恐亦不得复睹,难道便是以身许国者底下场?"

何铸到此竟下意识地离开案桌,近前观看岳飞背部的刺字,他的天良不由受到极大的震撼,顿时收起严峻的面孔。他回到座位,望了周三畏一眼,然后吩咐吏胥说:"且将岳飞收禁,好生看觑,此后不得私自用刑!"

何铸与周三畏商量,决定依次提审张宪等人,并且让董先和王俊当庭对证。次日,张宪披头散发,遍体血污地上堂,他是所有犯人中受拷打最重者,双腿几乎无法行走。且不说他人,就是无数次直面刀光剑影的董先见了,也不免有一种毛骨悚然的惊恐和悲哀,他心想:"与张太尉离别只是两月,难道此人竟是张太尉?张太尉驰骋战场,屡建殊勋,何等英雄,何等气概,转瞬之间,竟成活鬼!"他的泪水竟夺眶而出,又只能勉力克制自己的感情。

何铸有意离开案桌,走到张宪身边,对他全身仔细观察,在他遍布背部的伤痕中,仍隐约见到有"以身许国"四字。何铸到此不得不以极大的努力克制住泪水。他回到座位,就开始对质第一件事,他先对张宪说:"岳飞曾以他建节之年,上方太祖皇帝,大逆不道,你当是听得。若得作证,亦可量情减刑。"张宪用坚决的语气说:"我从未曾闻得。"

何铸转向站立东侧的董先,说:"此事是王太尉所言,便请董太尉佐证。"董先说:"下官记得,曾见岳飞说:'我三十二岁上建节,自古少有。'即不曾见得岳飞比并语言。"何铸追问一句:"董太尉所言事实,可敢依此语供状?"董先鼓足勇气说:"下官所说端的非虚,敢依此语立状押字。"站立西侧的王俊只能无可奈何地望了董先一眼,不敢出来反驳。

何铸又问张宪:"王太尉告发,去年班师时,岳飞曾言道:'此后底天下事竟是如何?'你言道:'天下尚须岳相公处置。'可有此语。"张宪说:"去年班师时,王俊不在军中,岳相公在淮宁府一村寺中召众人会议,他心怀痛愤,言道:'我亦不知日后底天下事,竟是如何?'我劝道:'岳相公不可灰心丧气,天下尚须岳相公处置。岳相公须记得国夫人尽忠报国底家教,一息尚存,亦须为国为民宣力。'如此言语,只为规恢故土,拯救百姓,与谋逆何关?"

何铸又转向董先,问道:"当时董太尉在场,张宪所供如何?"董先说:"下官记得,张宪所供分毫是实,并无虚诳。下官愿依此立状。"

何铸又问第三件事:"王太尉告首,今年援淮西时,岳飞出言,指斥乘舆,又教张宪、董太尉以一万人,将张家人、韩家人前去蹉踏了。张宪须是诣实供通。"

张宪说:"岳飞并无指斥言语,我理会得他底言语,只是叹息二军人马不中用,若是稍加坚持,便可会合本军人马,剿灭四太子大军。故岳飞最后言道:'我有心救国,却是无力回天!此回淮西交战,岂不如同儿戏!'"

何铸第三次转问董先,董先犹豫了一下,也决定避重就轻,他说:"我不记得岳飞有指斥言语,然而蹉踏之说,煞是欺负逐军人马不中用。下官事后曾与张宪言道:'岳相公道怎地言语,莫是待胡做。'下官愿依此供状。"张宪说:"董太尉并无此言。"

何铸再追问一句:"张宪所说岳飞底言语是虚是实?"董先说:"下官记得,岳飞实有此语。下官亦愿依此供状。"何铸当场就命令大理寺的贴书,抄录了有关董先的供状,他自己先看一遍,再由贴书交付董先,何铸说:"董太尉若是追忆得分明,尚可另供,修改文字。"

董先看了一遍,说:"所录是实,下官愿依此押字,并无更改。"他当即提笔画押。何铸说:"既是恁地,便请董太尉退堂,恕当职不能相送。"董先作揖退出,他抹了一把额头上的汗,内心既感觉沉痛,又稍觉安慰:"我今日作证,虽亦有不实之词,却是稍慰天良。然而岳相公、张太尉等受尽磨难,亦不知后段如何?"

王俊留在堂上,继续与张宪对质,但双方无非是各执一词。何铸审问的结果,又证明枢密行府所提供的张宪供状,其押字并非是张宪的手迹。

接连几天,何铸和周三畏又相继审问了岳雲、于鹏、孙革、王处仁和蒋世雄。只有王处仁和蒋世雄好汉做事好汉当,承认了他们因为不忍让忠良蒙受诬陷,而向岳飞通风报信,其他三人完全否认枢密行府供状中的指控。何铸下令,不准在狱中动刑,并且须供应足够的衣食,七名囚犯的处境才稍有改善。

何铸屏去吏胥,与周三畏在小厅单独商量,他说:"如今勘问已毕,不知周大卿有甚计议,下官当虚心听纳。"周三畏长叹一声,说:"日前有淮东军校耿著一案,因有韩相公干预,下官只得与薛少卿上奏,将胡总领底告状与耿著底供状兼收并蓄,恭请圣旨。然而此回是秦相公奉圣旨,设诏狱,自家们与刑部同共上状,须由秦相公进呈。事节便在秦相公。"

周三畏把事情挑明,向皇帝上报狱情,首先要由秦桧把关,才有资格动用刑部的名义。何铸想了一下,说:"自家们既已勘问,不如且消停数日。周大卿亦可命人再访求罪证。"周三畏说:"下官便依何中丞所议。"

于是狱案就暂时搁置起来。

转眼已到十一月上旬,何铸还是左右为难,摇摆不定。一天晚上,有仆从报告:"今有大理寺薛少卿等相访。"何铸出迎,与薛仁辅同来的还有大理寺丞何彦猷和李若朴。李若朴是李若虚的兄弟。按照制度,薛仁辅作为左断刑少卿,本应参加岳飞狱案,是周三畏让他回避的。何彦猷是左断刑少卿属下的大理寺丞,简称断丞;而李若朴则是右治狱少卿属下的大理寺丞,简称推丞,倒与这件狱事无关。

何铸把来客迎进厅堂就座,仆役送茶毕,他已明白来意,所以开门见山地说:"当职自审谳岳飞一狱,未得眉目条理,然而既是圣旨设诏狱,切恐难以延宕。三位官人若有所见,愿悉心开陈,毋有所隐。"

何彦猷首先说:"下官以为,狱案底事节已是分明。何中丞博古通今,当知古时东海杀一无辜孝妇,致得三年大旱,何况是一代忠良名将。何中丞既是奉旨主审,当有以处之。"

李若朴说:"国朝祖宗以来,倡导文教,以宽仁为治,故立法底制度颇严,而执法底用心甚宽,狱案稍有疑惑,辄得减宥。下官自入寺备员以来,方知刑法当有公、直、平、恕四字。依此四字,岳飞一狱是冤案无疑。十五年前,下官底一个兄长殉难,惨死于虏人之手。下官底另一兄长久在岳飞军中,备知其忠勇,一心报国,奋不顾身。如此贤大将,岂得教他蒙不白之冤!为此冤狱,唯是教亲者所痛,仇虏所快。"

薛仁辅说:"下官曾与周大卿审谳耿著一狱,不得辩白耿著底无辜,至今深以为恨。岳飞之狱,又更甚于耿著之狱,株连甚广,昼夜以思,委是卧不安席。下官以为,便是何中丞不得力挽狂澜,亦须思所以减宥之方。"

三人所以愿意前来劝说何铸,当然也是根据他审讯时的表现。何铸想了一下,只能说:"三官人所言深中事理,待下官徐思数日。"薛仁辅等三人进言已毕,也只能告退。

何铸今年已有五十四岁。他的父亲是馀杭县衙的押录,作为吏胥,宋时的官和吏有严格的身份性差别,就家庭背景而论,何铸当然无法与仕宦子弟等相比。父亲死后,他本人经过刻苦攻读,登科于政和五年,与秦桧是同榜进士。他在政治上出人头地,还是近年的事,最初固然有御史中丞廖刚的举荐,但后来主要是迎合秦桧,参与弹击李光、岳飞等人。如今官至御史中丞,距离执政已是咫尺之近。他天良发现后,就陷入良心与前程的矛盾之中,不能自拔。

  翌日早晨,何铸还是按照礼节,对母亲行晨省之礼。何铸的母亲吴氏已七十六岁,虽然超越了古稀之年,还十分健康。吴氏问何铸:"你近日似心事重重。"何铸就把岳飞的狱案简单说了一遍。吴氏说:"你阿爹在世日,常说做官吏底,当持心平恕,无有怨咎。他备有两个大竹筒,免得一人徒罪,便投一光钱在左筒,免得一人杖罪或论解一回诉讼,又投一糙钱在右筒。待两筒钱满,他便谢役。他临终时言道:'我有阴骘,无复遗恨。'你得以中举做官,岂非是阿爹底阴骘。如今天下底百姓皆知岳相公是忠良,秦桧是奸佞,你岂得助纣为虐,为虎作伥,陷害忠良!"何铸一向孝顺,当即向母亲长揖,说:"儿子谨受教!"

[贰捌]
卑屈事仇

从岳飞罢官到入狱的两月之间,整个陷害步骤环环紧扣,间不容髮。但自岳飞入狱后,秦桧认为已基本上大功告成,只剩下如何进一步深文周纳、罗织罪名的次要问题。他把整个狱事托付给何铸,而自己的主要精力则用于谋划对金和议。

十一月的一天夜晚,何铸前来秦桧私第。随着秦桧权势的膨胀,他基本上已不再需要出迎什么贵客,何铸在砚童的引领下,进入书房。当何铸行揖礼后,秦桧方才起立还礼,这已算是礼貌待客。砚童送茶后,知趣地退出书房,让两人密谈。

秦桧首先发问:"何中丞,与大金和议在即,岳飞底狱事若得在此前上状,亦足以大快人心。"他的话其实还是半吞半吐,但何铸已经领会,秦桧无非是要以岳飞的生命向金人献礼。

何铸鼓足勇气说:"下官奉圣旨,着力根勘,然而事与愿违,虽是想方设法,亦难以依秦相公底钧旨结绝。"秦桧万没有想到,一件十拿九稳的事,居然出现了意外,他还是不相信自己的耳朵,追问道:"怎生底?"

何铸就把自己审讯和调查的结果,向秦桧作了详细的介绍,最后恳切地说:"秦相公,常言道,救人一命,胜造七级浮屠,何况是一大将。"秦桧立即变脸,恶狠狠地说:"你做中丞,皆是老夫提携之力,何得如此?此是上意,岂可违悖。难道教你做中丞,便罢你不得。"

面对秦桧傲慢的颐指气使,何铸也颇为反感,心想:"秦桧如今已是气焰万丈,将自家底升黜归于一己,直是目无君父。"他的态度也转而强硬起来，说："下官岂是区区为一个岳飞，强敌未灭，若是无故戮一个大将，必是失军心士气，非社稷底长计。难道秦相公竟敢冒天下之大不韪。"

秦桧心想："若是他以岳飞无辜而上奏，虽未必教圣听疑惑，亦是横生枝节，不如且用缓兵之计。"又马上改换面孔，用平和的语调说："如今圣上全力以赴，主持和议大计，无暇顾及狱事。何中丞且再三详谳狱案，稍待时日，然后共商上奏事宜。"何铸其实也不愿与秦桧真正撕开脸皮，破裂关系，就说："既是恁地，下官愿奉秦相公底钧旨。"

等何铸走后，秦桧稍为动了点脑筋，就命令仆役连夜召万俟卨前来。万俟卨进入书房，向秦桧卑屈行礼后，秦桧还礼，并且亲自握一下万俟卨的手，以示亲热。万俟卨谄媚地说："秦相公贪夜召唤下官，必有要事，下官自当宣力。"

秦桧就把何铸对岳飞狱案的处置情况说了一通，万俟卨当然心领神会，这是自己升官和报复岳飞的一举两得的良机，不容错过。他说："下官依制度，不得干预狱事。然而大理评事元龟年曾来询访，下官唯是教他八字。"

秦桧问道："甚底八字？"万俟卨说："重刑之下，必有大功！"秦桧面露一丝奸笑，说："便依此计议！老夫当保奏你取代何铸。"万俟卨又连忙起立谢恩。两人的举动，当然完全违反宋朝的臣规，因为按照皇帝专制的逻辑，臣僚的升擢，只能叩谢皇恩。但两人的私下交易，已是无所顾忌。

秦桧次日面对，就口奏说："臣愚体问得，何铸鞫谳岳飞底狱事，未得仰遵圣意，暴其逆状，而欲迁延日月，庇奸党恶。切恐须另选公忠体国者，赞助圣谟，从速了得诏狱。"

宋高宗对何铸还是有一些好印象，说："何铸尚是忠朴，不可遽罢。朕意欲命他出使大金，以观其能。待他出使日，另命信臣，主此诏狱。卿以为甚人堪当此任？"

按秦桧上奏的本意，是把何铸罢黜了事。他明白皇帝的用意，虽然勘问诏狱可以更换他人，却不想罢黜何铸，特别使他感觉担心和猜忌的，是"以观其能"四字，他心想："莫非日后欲教何铸取代老夫？"但嘴上也决不能违悖皇帝，就说："臣愚以为，万俟卨堪当此任。"

自从去年黄彦节揭发万俟卨称秦桧为"恩相",虽然不了了之,但宋高宗对此一直疑神疑鬼,颇有戒心。然而他听到秦桧的举荐,还是立即一口应允,说:"便依卿议!"因为宋高宗也有自己的盘算:"鞠谳岳飞底狱事,万俟卨必是胜于何铸,且用他了得狱事,然后相机行事。"

宋金谈判进入了关键时刻。刘光远等人在十月归来,携带完颜兀术的书信,虽然仍使用嫚书的口吻,但关键性的措辞,是认为刘光远等官位不高,要求派遣更高级别的使者,到军中会谈。宋高宗和秦桧经过紧急商量,立即派遣吏部侍郎魏良臣充大金军前通问使,王公亮任副使,再一次携带书信前往。

以宋高宗名义发回的书信还是用十分卑屈的口吻,说"上国皇帝""德厚恩深",而自己"愚识浅虑,处事乖错,自怡罪戾,虽悔何及"。"惟上令下从,乃分之常,岂敢辄有指述,重蹈僭越之罪。专令良臣等听取钧诲,顾力可遵禀者,敢不罄竭,以答再造"。"乞先敛兵,许敝邑遣使,拜表阙下,恭听圣训"。

信上其实没有多少实质性的和议条款,魏良臣和王公亮看了书信,然后上殿面对,秦桧也在殿上作陪。宋高宗开始发布圣谕:"魏卿曾于绍兴四年出使,甚是宣力,朕倚信于卿,故特命再次出使,所系甚重,期于必成。此回和议,除河南土地外,可一依绍兴八年议和底前规。然而江北之地不得允,不然,大金与我共大江天险,难以立国。金人亦须教皇太后回銮,以慰朕孝养之思。"

对于皇帝的最后一句话,魏良臣和王公亮回味咀嚼颇久,却不敢发问。魏良臣问道:"臣访闻得刘光远等,言道金人或有意于索取唐、邓、商、虢四州之地,当怎生底?"宋高宗说:"若是虏人坚持,此四州之地可归大金。"面对为时不久,宋高宗就宣布退殿,说:"其余琐细事节,魏、王二卿可随相臣去政事堂,禀受朝廷指挥。"

秦桧与魏良臣、王公亮行礼后,正准备下殿,又被宋高宗叫住,他说:"二卿此去大金军前,礼物不必用上等。礼有等级,不可不严,奉四太子若用上等,则大金国主又当如何?恐左藏库无佳帛,而朕处有佳帛。往年张浚自川陕进奉,朕便时有节余,以备非常之用。"秦桧马上奉承说:"陛下恭俭如此,中兴可必致!"冯益也在殿上侍立,他内心不免感叹说:"不意官家侍奉杀太上底仇雠,竟如此殷勤周全!而于渊圣官家等天族,又恁地无情!"

魏良臣和王公亮又随秦桧来到政事堂。坐定后,魏良臣只能把敏感而棘手的问题提出来:"不知渊圣皇帝与众天眷底回归,当如何与大金交涉?"他身为大宋臣子,无法对这个问题装聋作哑,他当然不敢深问,却又不得不问秦桧。秦桧却狡猾地说:"此事你们须深体圣意,有所不为,然后得以有所为。"秦桧决不明说不与金人谈判宋钦宗等人的回归事宜,而是葫芦提的,让魏良臣和王公亮自己去体会葫芦里的圣意。因为前有绍兴八年和议的框架,魏良臣和王公亮虽然仔细推敲,也提不出多少细节问题。

魏良臣和王公亮出使在十月二十三日,到二十八日,宋高宗又正式宣布罢免韩世忠的枢密使,改充醴泉观使的闲职。韩世忠听说魏良臣等出使,仍然不顾秦桧的威势,上奏反对屈辱和议。秦桧嗾使台谏官弹劾韩世忠,韩世忠只能上章辞免。从此之后,他杜门谢客,绝口不谈军事,只是经常带一两个童仆,跨驴携酒,在西湖上游乐消遣,以躲避秦桧的迫害。

魏良臣一行倍道兼程,赶往盱眙城。张俊军所修的盱眙城如今成了完颜兀术的司令部所在地。原来完颜兀术的大军突入淮南,继攻陷泗州和楚州之后,又攻陷濠州,虽然未遇抵抗,却很快陷入断粮的困境。金军只能不避奇寒,决池涸港,挖掘冻泥,采食菱藕,捞摸鱼蚌之类,并大量宰杀马、骡、驴,进而宰杀奴婢,以济艰食。完颜兀术虽然打发刘光远和曹勋南归,他本人已是忧心如焚,只希望宋使快点到来,了结战事。

转眼就是十一月初六,完颜突合速和邢王完颜阿鲁补对完颜兀术说:"依目今事势,若是不退军,而南宋受兀术底檄书,犹得有一半人马回归;若是宋军渡江,便是不击自溃。与其在此延误,不如退兵。"完颜兀术用无可奈何的目光望着张通古,张通古说:"既是发遣刘光远等归去,四太子须是忍耐等待。然而与康王和议,切恐不必坚持取江北土地。与康王划淮水为界,应是天意!"

正商议间,有合扎亲兵报告:"启禀四太子,康王底使节已到城外。"

张通古高兴得用手加额。如何与宋使谈判,完颜兀术与众人早有商量和安排。张通古以参知行台尚书省事的身份,与行台户部兼工部侍郎、契丹人萧毅,翰林待制、同知制诰邢具瞻,作为金朝的谈判代表。

魏良臣和王公亮本以为要进行反复的讨价还价,出乎他们的意料,竟在六日的当天就初步达成协议。金朝方面已经作出决定,由萧毅和邢具瞻随魏良臣一行连夜动身,前往临安,以最后拍板成交,而完颜兀术则准备在次日就率领饥饿的金军撤退到淮水以北。

魏良臣、王公亮与两名金使离开盱眙城后,夜宿城南约三十宋里的一个荒村。村落的环境,使魏良臣不由联想起绍兴四年的出使经历,他在一盏小油灯下,对王公亮说:"八年前,自家出使,夜宿大仪镇,颇类今夜投宿。可恨韩世忠竟于自家出使后,便在镇上伏击大金人马,自家险遭不测,幸凭三寸不烂之舌,脱此厄难。不意此回和谈,竟是略无阻难,端的出人意表。"

王公亮说:"下官疑金人莫非有诈。"一句话提醒了魏良臣,他想了一下,说:"依礼制,大金四太子覆书于本朝皇帝,非臣僚所得私阅。然而若是有诈,必是在覆书之中,我须是冒犯法制,以一睹为上。"他当即取出以都元帅完颜兀术名义所写的书信,拆开一看,不由额上的汗珠直冒。原来信中称"使者许我江北之地"。

魏良臣和王公亮只能连夜找到萧毅和邢具瞻,向他们下跪叩头,伏地哀告,说:"若是依此回报江南皇帝,切恐自家们人头落地,伏望大金国使哀怜矜宥。"萧毅和邢具瞻眼看玩弄的小阴谋败露,内心也非常恐慌,害怕和谈因此告吹。萧毅望了邢具瞻一眼,说:"既是恁地,待明日凌晨,回城见四太子处分。"

七日天色未明,宋金双方的使节就匆忙动身,返回盱眙城。城里的完颜兀术等正准备早饭过后撤军,经萧毅和邢具瞻禀报后,完颜兀术不由顿足说:"可惜了!可惜了!"他只能吩咐张通古另外作书。但表面上还要摆出上国的架势,让魏良臣和王公亮伏地捣蒜般叩头数十次,告哀乞怜一阵,然后说:"我本当一举取江北之地,见得康王与你们可怜,姑且宽宥。"又把张通古改写的书信授予魏良臣,打发他们重新上路。

完颜兀术无论如何必须立即退兵。金军走过浮桥撤到淮北,统计马、骡、驴只剩四分,而奴婢只剩不足三分。尽管如此,总算是达到了让宋朝屈膝的目的。完颜兀术的心情稍觉轻松,他对众人说:"此回冒险得以成功,便是昊天上帝护佑大金!"

再说魏良臣和王公亮带着金使,来到宋朝控制地区,就派人飞报朝廷。宋高宗大喜,命令魏良臣就充馆伴使,陪同金人,而王公亮立即回朝奏事。金使沿途仍然维护上国之使的气派,他们渡江到镇江府,就在运河的座船上,插着"江南抚谕"四字大旗。镇江知府刘子羽得知后,就派人偷偷把旗帜撤掉。这可吓坏了魏良臣,不料萧毅和邢具瞻也心虚胆怯。他们不敢公然向魏良臣提出抗议,以避免和议告吹。直到船队过了镇江地界,刘子羽也派人把这面旗帜送还。于是金使仍然插起这面大旗,神气活现地到达临安。

秦桧为着最后的谈判,费尽心机。十六日,他亲自单独到馆舍,拜见金使。邢具瞻且不必论,萧毅却是秦桧在金朝的旧时相识。秦桧抢先向两人行揖礼,萧毅和邢具瞻摆足架子,由邢具瞻出面说:"上国之卿与下国之君亢礼,秦相公免礼!"他们让秦桧敬陪末座。秦桧也一改对宋朝臣僚的傲慢,显得无比恭顺。

关键的问题当然是必须屏退双方的随从,进行密谈。秦桧首先向金使通报:"恭请萧侍郎、邢内翰回报四太子,大将岳飞谋逆,如今已入诏狱。"

邢具瞻更加得意忘形,他毫不客气地奚落说:"去年四太子兵败,退到黄河。当职曾劝谕四太子,自古未有无道之主与奸臣在内,而大将得立功于外。岳飞日后且不得免祸,岂能成功。如今果不出当职所料。"秦桧只能忍受奚落,发出尴尬的微笑。

萧毅连忙圆场,说:"此是两国之幸! 秦相公亦是大金底功臣。四太子言道,秦相公成全两国上下君臣之分,亦须酬劳,不知秦相公有何所求?"

这句话正说中秦桧的心坎。去年王癸癸曾提出:"若是做一个官家罢不得底宰相,煞好!"恋栈心切的秦桧从此就多了一份心思,渴望着实现这个似乎完全无望的梦想。现在,梦想成真,就只能寄托在金使身上。他顺水推舟,把本来准备哀求的话提前说出:"下官料得,下官底相位直是朝不保夕。若是和议成就,敝国底康王必是将下官罢相。"

萧毅感到惊奇,问道:"何以见得?"秦桧说:"康王重用下官,亦只为罢诸大将兵柄,成就和议。如得两事皆成,下官便不免执柯伐柯,鸟尽弓藏,到时将下官体貌罢相,便是下官底造化。然而更用他相,便未必保得日后两国和议永固。"

邢具瞻发出揶揄的微笑,问道:"当职料得,秦相公为此谋议已久,成竹在胸,不妨直道来,若是自家们得以相助,又岂得吝于出力。"

秦桧用哀求的口吻说:"若得上国之使宣谕敝国康王,言道此回和议成就,下官有力,若得和议长久,不用刀兵,须是不许以无罪去首相。若是无罪罢免宰相,切恐和议难以保全。康王必是俯首听命。"

邢具瞻听后,更发出得意的狂笑,说:"秦相公煞是用心良苦!为大金国底利害计,亦须留得你一个相位。"萧毅说:"此事不难做,秦相公且请宽心!"秦桧当即显露感激涕零的模样。

双方会谈的另一个重要问题,当然是对宋钦宗等人的安排。萧毅坦白说:"大金国郎主已将重昏侯改封天水郡公。和议之后,天水郡公等人怎生顿放,大金国尚无定议。上回协议,大金当放还天水郡公。然而或有献议于四太子,以为如今江南军势复振,若是日后败盟,大金制御所不能,可遣天水郡公安坐汴京,以制康王。"

秦桧早有盘算,认为宋钦宗等人回归,特别对自己有百害而无一利,他说:"敝国康王常言道,不惮屈己求和,只为孝养慈母。唯有韦氏南归,方得于天下臣民之前,稍遮赧颜,此是他势在必争,而天水郡公不是必争底事目。故此回命魏良臣前来,只是教皇太后回銮,只字不提赵氏兄弟宗族回归底事。"

邢具瞻也向秦桧交底,说:"然而韦氏南归底事,大金亦是未有定议。此回四太子晓谕自家们,此事且延宕时日,既不得拒绝,亦不得依允。便是日后俞允,亦须在诸事妥帖之后。"

会谈之后,秦桧立即面对宋高宗。他佯装气愤的模样,说:"自古盟会,须是各自主其国是,两相情愿,然后立誓。如今唯是大金一意孤行,又反复更易,必欲如愿,而皇太后回銮,是第一紧切底事,金使却是模棱两可,委是教臣愚难以措办。"

宋高宗说:"朕亦知金人无信义。然而朕有天下,而孝养不及亲。徽宗固已无及,而皇太后年逾六十,朕日夜痛心。如今虽与大金设誓,亦须明言,若是归我太后,朕不惮屈己,与其约和。如其不然,朕亦不惮用兵。"

秦桧用眼神向王次翁示意,王次翁说:"臣愚不才,愿再与金使周旋,以陛下底圣孝晓谕金使,人非木石,当可感动。"宋高宗说:"卿忠于王事,朕心不忘。"

秦桧与王次翁的双簧表演获得相当成功。王次翁与金使确定了和议的若干重要事项,包括以康王的名义向金熙宗称臣,进奉誓表后,方由金熙宗册封康王为宋帝,双方以淮水为界,但岳家军收复的唐、邓、商、虢四州等地割让金朝,宋朝每年向金朝岁贡银二十五万两,绢二十五万匹,宋朝的沿边州城不得屯军戍守,不得接纳金朝的叛亡者,如此等等。

最后,王次翁将谈判的结果再次向宋高宗汇报,秦桧当然也在殿上侍立。王次翁说:"臣愚屡次晓谕,皇太后回銮,事关两国和议底成败,不归还皇太后,便不得和。然而金使言道,此事他们不得主张,须是另命使节,到大金底上京,恳求郎主圣恩,或可俞允。"

宋高宗说:"既是恁地,亦不必因此而延误和议,待朕另遣使节。然而朕引见金使时,亦当谕以朕意,皇太后不归,则誓文便同虚设。"

王次翁又说:"大金使节又节外生枝,另立一事目。他们言道,此回和议,首相有力,若是和议之后,以无罪罢免首相,便是明示不欲保全和议,人在其位则政存,人去其位则政废。臣窃以为陛下乾纲独运,此事难以依允。"

秦桧听后,马上下跪,不断叩头,说:"臣愚蠢无知,误蒙皇恩,岂敢当此!"他接连重复三遍。

宋高宗一时目瞪口呆,他望着秦桧的假戏真唱,不免叹一口气。其实,他确是准备在和议达成的一年半载后,将秦桧罢相。依宋高宗的聪明,岂不能猜透秦桧与金使的暗中串通和勾结,但面对秦桧和金人的共同要挟,他也只能两害相权取其轻。宋高宗改用亲切的口吻说:"秦卿且请起!"秦桧听后,还是装模作样,不敢起立,又把刚才的话重复三遍。宋高宗命令在旁侍立的冯益,把秦桧扶起。

宋高宗到此只能说一番顺水推舟的话："秦卿有大勋劳于社稷,朕方欲倚卿,共济中兴大业。虽是金使所言,却是正合朕意。王卿便以朕旨回报金使。"秦桧到此也不再伪装,说:"陛下如此宠荣,臣唯恨无以报称。自今以后,须是思竭驽骀,庶几仰报皇恩于万一。"

宋高宗虽然只能答应金人的要挟,内心不免有几分感伤:"废得骄将,与虏人得以议和成就,朕以为天下太平在即,不意竟成就了这厮权臣!如今亦只得缓缓底收拾。"他突然感慨说:"凡事必是熟思而后行。朕今年三十五岁,头髪竟白了大半,此是劳心所致。"使他伤心的,是自己费尽心机,绞尽脑汁,机关算尽,却还是没有算过一个权臣。

秦桧赶紧说:"陛下圣明天纵,而又恁地深思熟虑,必无过举。自今之后,天下便是中兴,永享太平!"

经过商议,宋高宗和两名宰执决定任命何铸为端明殿学士、签书枢密院事,充大金报谢使,曹勋为副使,而万俟卨接替何铸为御史中丞,主持岳飞一案的诏狱。他们将以宋康王的名义向金熙宗进献誓表,誓表以"臣构"的名义,表示"世世子孙,谨守臣节",允诺和议的各项条款,"伏望上国早降誓诏",对康王进行册封。他们的一项重要使命,当然是哀求金熙宗放还皇帝生母韦娇娇。

宋高宗退殿后,愈想秦桧稳做终身宰相的事,就愈加恼火和烦闷,但只能哑巴吃黄连,有说不出的苦。张婕妤和吴才人已进封婉仪,她们与刘缨缨等人殷勤侍宴,几杯酒下肚,宋高宗终于憋不住心里话,他带着醉意说:"朕即位十五年,经历得多少忧患事,而一心只欲做太平风流快活天子。不料前门除虎,拒犬羊,后门却是引狼入室。自今而后,须是与狼共居一室,旦夕提防。朕忧劳过甚,盛年白髪如许,可发一叹!"说完,竟落下几滴泪。张婕妤等人虽然聪明,却不完全解其意,也不敢多问,只是用各种甜言蜜语,顾左右而言他。

宋高宗的酒后失态,还是通过宦官、王继先和王癸癸的暗线,传到了秦桧的耳朵里。秦桧一阵奸笑,对王癸癸说:"除虎是指岳飞下狱,罢诸大将兵权,拒犬羊则是与金人连和,而狼则是说老夫。君臣同床而异梦,却须各自小心。"

何铸的新命正式在二十一日发布。二十三日,何铸与曹勋面对,宋高宗声泪俱下,左右侍奉的宦官们也只得或真或假地陪着擦眼抹泪,皇帝发表玉音说:"朕北望庭闱,逾十五年,几乎无泪可挥,无肠可断,所以频遣使指,而愿屈己奉币,只是为太后南归。卿等见得大金皇帝,可传朕言语:朕底亲族,久赖大金安存,朕感激不尽。然而岁月积久,朕为人之子,深不自安。何况亡者未葬,存者亦老,逢年过节,朕未尝不北向流涕。若是大国怜愍,使父兄母子团聚,大恩大德,便是子子孙孙千万年不能忘却。慈母在上国,只是寻常一个老人,然而在敝国,却所系极重。卿等以朕至诚开谕,料得大金君臣亦当感悟。"

何铸和曹勋只能叩头流泪,说:"臣等敢不力争皇太后回銮!"何铸对自己所以调离诏狱的审判,当然也是一清二楚的。他最后退殿时,还是鼓足勇气说:"臣昨恭奉圣旨,审谳岳飞一狱……"不等何铸说话,宋高宗马上予以截断,说:"岳飞一狱,既是教万俟卨做中丞,卿便不须过问。"

二十四日,金使萧毅和邢具瞻上殿辞行,宋高宗照例做了一番表演,强调了皇太后回銮的重要性。接着,他们就与何铸、曹勋一同启程。渡过淮水后,邢具瞻去开封回报完颜兀术,而萧毅则陪同宋使,前去遥远的上京。

[贰玖]
暗 无 天 日

万俟卨在十一月二十一日就任御史中丞的当天,就前去大理寺。事实上,在此之前,万俟卨就已私下召见元龟年,向他透露,自己的新任已经内定,并且向元龟年私下索取全部狱案文字。万俟卨认为,何铸和周三畏的几分审讯笔录对结案十分不利,就吩咐元龟年说:"待当职赴任后,可将岳飞等七人底伪供尽底焚烧了当。"元龟年就依此办理,除了王俊和董先的两份对证记录尚予保留外,岳飞等七人的当堂口供就全部销毁。

万俟卨的轿子停在大理寺门前,周三畏率领本寺全体官员出迎,把万俟卨接到小厅。大理寺的官员,包括薛仁辅、何彦猷和李若朴当然都知道这个新中丞的来历,但到此地步,他们感到完全无能为力。趾高气扬的万俟卨再也不与周三畏作什么商量,他到小厅就座片刻,就用训斥的口吻对周三畏说:"岳飞一案,圣上亲定,然而审谳已是一月有余,却是拖延不决,可迅即根勘。"周三畏诺诺连声,就陪着万俟卨升堂。

自从何铸审讯之后,岳飞等七名禁囚的处境稍有改善。按照吏禄制度,隗顺和瞿忻作为大理寺的狱子,为防止敲诈勒索囚犯,故实行重禄,每月可得吏俸铜钱十贯,米六斗,这在当时的众多吏胥中,无疑是相当优厚的。隗顺和瞿忻竟自己出资,供岳飞等人改善伙食,并且为遭受拷打的五人敷药。不久,李若朴和何彦猷又私下出资,通过这两名狱子,进一步为岳飞等人改善各种待遇。

到十一月上旬,大理寺狱又新增了一名案犯。原来王俊的诬告状里说,他在八月二十二日夜二更到张宪家,见到一个僧人泽一。泽一也不与王俊互相作揖,只是鬼鬼祟祟地向灯影黑处潜行而去。王俊进一步地诬陷说,泽一也参与了张宪的阴谋,并且向张宪建议:"不如先差两队甲军防守总领、运使衙门。"为张宪伪造枢密院札子,摹拓枢密院印文。于是泽一也被官府从遥远的鄂州逮捕到临安。

泽一时年已四十八岁,他原是鄂州著名的头陀寺里次于住持僧的典座,与岳飞、张宪都有往来。他被牵连到这次冤狱里,更是梦想不到的事。泽一入狱后,就被押入王处仁旁边的第四间南牢房。

泽一的入狱,使所有的在押禁囚都感到震惊和气愤。岳飞在最西的牢房,还看不到泽一入狱,而最东头的张宪最早见到泽一,不由愤怒地高喊:"竟将头陀寺底长老亦拘押到此,岂有天理!"泽一戴着枷、杻、钳、锁,却仍然平心静气地念"阿弥陀佛"。他用平和的口吻说:"贫僧自五岁入寺为童子,十八岁方剃度受戒,至今四十四年,唯知看破红尘,终日念佛,以求净心、自悟。或是前世作恶,尘缘未尽,如今唯求早日圆寂,脱此人间罪苦。"他的话倒提醒了众人,尤其是岳飞,于是大家闲着无事,愁闷无聊,都念起"阿弥陀佛",寻求心灵上的宽慰和超脱。

事实上,由于隗顺的及时通风报信,当一批吏胥将岳飞带出牢狱时,其他七人都已明白,大家将承受一次新的、更惨毒的拷打,并且再不可能有丝毫的侥倖。

岳飞伤势已愈,他迈步进入大堂,见到过去相当鄙视的万俟卨,立而不跪。万俟卨望着岳飞,发出得意的奸笑:"岳飞,你当时专断一方,目空一切,气焰嚣张,不料亦有今日!"岳飞高声说:"我受朝廷委寄,深自惕励,夙夜戒惧小心,唯恐黎民不得安,国威不得振,大耻不得雪,委是不曾料得有今日底罪苦。然而既是豺虎当道,又有人甘心为虎作伥,可叹我为国宣力,问心无愧,亦是难以倖免,尚有何言!"吏胥们齐声吆喝:"岳飞不得咆哮,叉手正立!"

万俟卨听到"为虎作伥"四字,不由大怒,厉声问道:"国家有何亏负,你与张宪、长男岳雲却要反背?"岳飞激动地说:"对天盟誓,我无负于国家。你们既掌正法,岂得无辜损陷忠臣。我便是到冥府,亦当与你们面对不休。"

万俟卨冷笑说:"岳飞既不反,可记得游天竺时,于壁上留题:'寒门何载富贵?'"众吏胥马上呼应说:"既是出此言语,便是反证昭然若揭!"岳飞心想:"此不相干底留题,亦成反证,又何须理诉!"他合上双眼,说:"我知得,既是陷落于国贼秦桧之手,便教我为国忠心,一切成罪,一切都休!"

万俟卨狞笑说:"岳飞恁地顽凶,不施用重刑,又如何教他诣实供通?"吏胥们早有准备,他们剥去岳飞的衣服,用粗麻绳把岳飞的手脚捆在屋内大柱上。先搬来一盆炭火,八名吏胥用八把长铁钳夹着八枚铜钱,在炭火中烤得发烫,然后轮流向岳飞身上灼去。万俟卨喝道:"岳飞背刺四字,专以欺世盗名,诳惑人听。可先将他底刺字尽底灼去!"于是吏胥们就专门灼烧岳飞背部的刺字处。不一会儿,岳飞背部的"尽忠报国"四字完全变成了一大片炙焦的模糊血肉。岳飞痛得浑身冒汗,却仍是不说一字,不叫一声。

按照宋朝的法律,是明令禁止法外酷刑的,特别是大理寺狱,照理应是天下依法用刑的典范。身为大理卿的周三畏见到此种可怖的情景,也只得以袖掩目,不忍心看一眼,却更不敢出面阻拦。

万俟卨见炙身无效,又下令改换其他毒刑。吏胥们取来八条木棒,手握处呈圆形,与普通木棒无异,但上半截却是干柴,吏胥们就以干柴向岳飞的身上,特别是手脚部位猛击,此种刑罚被私下命名为"掉柴"。"掉柴"无效,又改用"夹帮","夹帮"则类似于后世的夹棍。"夹帮"无效,再改用"脑箍",用粗麻绳把岳飞头部紧缠,然后把一个又一个木楔插入麻绳之中。当插入第四个木楔时,岳飞头痛欲裂,昏厥过去。吏胥们往岳飞身上泼冷水,把他弄醒。

万俟卨喝道:"岳飞可愿诣实供通?"岳飞如此壮健的身体,此时已被折磨得气息微弱,他只是用无力而仇恨的目光望着万俟卨,一字不说。万俟卨又吩咐另用其他法外酷刑。这场无比惨毒的拷打一直持续到天黑,岳飞昏厥了好多次,最后已不能行走,由几名吏胥把他抬回牢房。

隗顺见到岳飞受刑后的惨状,不禁伤心抽泣,他对这些吏胥说:"你们施刑,亦忒是狠毒,须知岳相公是一代忠良大将。"一名吏胥说:"自家们与岳飞往日无怨,今日无仇。唯是闻得,岳飞做大将时,得罪了万俟中丞,故万俟中丞便以此报复私仇。"隗顺早已准备了伤药,为岳飞敷伤。

狱里的其他禁囚,包括亲子岳云,虽然无比伤痛,却已没有任何言语,可以安慰岳飞。他们只是保持悲痛的沉默,在沉默中等待着相似的酷刑。唯有泽一噙着泪水,重复地念着:"我佛法力广大,大慈大悲,救苦救难,除却人间无量罪苦!南无阿弥陀如来!南无观世音菩萨!"在往后的漆黑和凝寒的静夜里,牢狱中只听见泽一持续不断的诵佛声。这种声音,给受无量罪苦的禁囚们的绝望心灵,多少带来一点温暖和慰藉。

接连几天,万俟卨毫无顾忌地施用各种各样的酷刑毒罚,丧心病狂地逼供,将禁囚们打得死去活来,却又一无所获。万俟卨愈来愈气急败坏,使他感到无法理解的,是峻刑怎么就没有灵验。尽管如此,他更产生一种无比强烈的残忍渴望,用刑,不断地用刑,即使达不到逼供的目标,也可以使他发泄气恼,而感觉快意。最后,轮到了泽一上堂。

使堂上众人感到惊奇的,是泽一虽然带着枷锁,却与其他形容枯槁的禁囚不同,显得面色红润,神态宁静,没有丝毫痛苦的表情。万俟卨经过几天的审讯,眼睛发红,据案咆哮说:"泽一,你胆敢结连张宪,共图谋反,须是从实供通!"

泽一平心静气地回答:"贫僧皈依我佛四十四年,自问未有分毫行事,不遵依我佛所戒。佛法最忌杀生,贫僧平日便是步行,亦是小心,不得踩踏蝼蚁性命,岂得为此谋反大逆底事。"万俟卨又咆哮说:"无行贼秃,事已至此,尚敢狡辩,你难道便不怕我底大刑?"

泽一还是平静地说:"出家人说诳言,便是罪过。贫僧在佛门受教四十四年,岂敢出诳言自诬。佛家忍辱无争,若是万俟中丞执意用刑,贫僧亦只得逆来顺受,在劫难逃,无须怨尤。然而贫僧须与人为善,劝解万俟中丞,莫做负心事。须知佛法轮回,有因必有果,报应不爽,与其日后在地狱或来世受无数量罪苦,不如幡然悔悟。佛法平等,回心向善,放下屠刀,立地成佛。"

万俟卨本来就为不能得到诬供而满腹恼火,如今泽一居然还要宣讲佛法,特别是说他做负心事,犹如火上加油,他大吼道:"大胆贼秃,竟敢以西方妖幻之道,蛊惑人心。当职自来不信佛,何惧轮回报应。与我着力施刑!"

于是众吏胥一拥而上,将泽一拖倒,首先就施用"夹帮"。泽一年事稍高,而身体又矮小瘦弱,他虽然不断念"阿弥陀佛",却很快痛昏过去。当吏胥们用冷水将他泼醒后,他还是不断地念"阿弥陀佛"。

万俟卨还下令继续用刑,在旁的周三畏到此也实在看不下去,他对万俟卨说:"下官见得此僧体弱,切恐毙命于堂上,便是不祥。况且便依他底罪状,亦只是从犯,于诏狱鞫谳无足轻重。"万俟卨说:"既是恁地,便依周大卿所言,将此贼秃严加禁锢。"这算是时间最短的一次审讯,吏胥们将泽一押回狱中,而泽一仍然一直念着"阿弥陀佛"。

张宪当然是所有禁囚中受刑最多的一人。他在自己的牢房里,用低沉而嘶哑的声音喊道:"自家们既是混迹于红尘里,受此滥刑,尚有可说。不意长老戒行孤洁,断绝尘缘,亦遭此荼毒,委是问心难安。"泽一就在自己的牢房里回答:"自家们同受此无妄之灾,亦是命中注定,然而众官人大德大善,虽是历尽劫难,终当涅槃。贫僧唯是可怜秦相公、万俟中丞等,走火入魔,不敬佛法,不知回头,终须入阿鼻地狱,万劫千磨,可怜!可怜!"这个虔诚的佛门弟子,仍然秉承佛法,以最善良的意愿,去对待无情迫害和折磨他的巨恶大憝。

万俟卨最初是新官上任三把火,信心十足,但经历了几天的毒刑拷打之后,又转而完全丧失信心。在残暴的逼供中,给他印象最深的,是岳云的话:"我宁愿受刑,死于堂下,而岂得自诬!"到此地步,他才开始为如何结案,向秦桧和宋高宗交待而发愁。

万俟卨在大理寺的小厅里,与周三畏单独商议。他问:"依周大卿底意思,此诏狱当怎生了结?"周三畏感觉自己也是天天在精神上受罪,法外的酷刑对自己成了知法犯法,虽然决不会受到追究,却迫使他想一个解脱之方。他说:"依下官底意思,若是在大堂日日审谳,徒然损威伤重,而未必有所获。不如自家们发纵指示,而教元评事措办,方是得宜。"

万俟卨觉得此计大妙,就马上召见元龟年,向他布置说:"当职自来倚重于元评事,如今便全权委付你根勘,限十日了结此案。"元龟年面有难色,说:"下官受万俟中丞与周大卿委寄,自当尽心竭力根勘,庶得及早结案。然而以十日为限,时限匆遽,切恐难以了得。"

万俟卨问:"既是恁地,你自料须有多少时日?"元龟年想了一下,说:

"依下官底意思,莫须来年正月末之前,一切了结。"万俟卨说:"此是诏狱,岂得迁延到明年,须是岁末之前了绝。"元龟年只能诺诺连声。从此之后,万俟卨就退居幕后,他只是三天两头来到大理寺的小厅,听周三畏和元龟年的汇报。

元龟年吸取以往一味用酷刑逼供的教训,改变做法。他命令胥长带着一批吏胥,继续在牢狱里施用酷刑,而本人在大堂审讯时,则尽量和颜悦色,劝诱禁囚们诬供。此外,他又把隗顺和瞿忻召来,说:"当职闻得,你们自岳飞等入狱以来,善待禁囚,此亦是阴功积德底事。然而此回是官家亲设底诏狱,他们不依当职所拟押字,如何得了结出狱。当职设赏钱四百贯,若是你们劝诱得他们画押,逐人各二十贯,岳飞为六十贯。你们可依此领赏。"瞿忻和隗顺诺诺连声而退。

转眼就到了十二月,元龟年的措施还是没有结果。一天,他琢磨岳飞的狱案,突然想起万俟卨等人在上劾奏时,曾指责岳飞救援淮西,有意逗遛,感到是一个新的突破口,就连忙去御史台,找万俟卨汇报,说:"依大宋律,临军征讨,稽期三日者,斩。"万俟卨高兴得用手加额,说:"便可依岳飞受亲札指挥,而坐观成败,逗遛不进定罪。你可从速根勘。"

元龟年返回大理寺,马上在大堂提审岳飞,岳飞只能对淮西战事的经过,作了详细叙述,他最后说:"此回战事,我亲奉御笔十五道,如今皆供奉于临安居宅。尚有孙干办底淮西行军日志,韩枢相曾听高编修为他诵读,他以张枢相蓄意毁谤,曾力劝我廷辨。幸得此行军日志亦藏于居宅。是非分明,何须再辨。"

元龟年又马上向万俟卨汇报,建议对岳飞抄家。于是他带着一批吏胥,闯入岳飞住宅,把所有的文件全部拿走。除了宋高宗的数百份手诏,不能随便销毁,转存于左藏南库,其他的文件全部拿到大理寺,元龟年与几名贴书检索一通,终于找到了孙革的行军日志。元龟年再找万俟卨商量,当场就把这份日志焚毁。

元龟年马不停蹄,又立即在大堂提审孙革,他说:"如今已是审实,岳飞在今春淮西会战中,亲奉御札,却是有意逗遛,逆状显著。你若是出而佐证,当职自当酌量减刑。"

孙革是八名禁囚中唯一的文士,对毒刑的抵抗力最差,如今已经折磨得连说句话也气喘不已,他艰难地低声说道:"感荷元评事底恩德,教我受此淫刑酷罚,料得自家所书底淮西行军日志,必已被焚烧了当。然而除此之外,我又怎生佐证?好生恶死,人之常情,然而自家如今已是求死不得,日夜备受楚毒,便是生不如死!忆得十五年前,恩师马殿院只为弹劾黄潜善、汪伯彦,而贬死异乡。他病革之际,并无片言只语嘱托家事,而唯以国事为念,犹然教我嘱告宗留守。如今事已到此,我又有甚国事可念?又有甚人可得嘱托?闻得小朝廷已与虏人屈辱媾和,当年岳家军将士血战而得底唐、邓、商、虢四州,亦复割让。献媚不共戴天底仇敌,无所不至,深文周纳,诬陷忠臣良将,亦是无所不至,我历观史册,直是亘古未有,岂止人面兽心而已。若是元评事犹欲阴功积德,可将自家从速杖毙于廷下!"元龟年被反诘得理屈词穷,无言对答。

孙革突然忍痛昂首挺胸,用嘶哑的低声唱起了岳飞的《满江红》,激愤的歌声竟愈唱愈响亮,形成一股无形的、巨大的正义威力,压迫得元龟年低头缩颈,再也不敢正视孙革一眼。等孙革唱完,元龟年才有气无力地对吏胥下令,把他押回狱中。

由于信息迟缓,对金朝媾和的消息还是在十二月初才传入狱中。这无疑又给禁囚们带来新的震动和哀痛。但大家都只是默默地承受着感情的煎熬,谁也没有发表愤慨的议论,因为大家已经没有发表抗议的情绪和气力。但当孙革步履艰难而蹒跚地返回狱中,大家都听到他以低哑而悲愤的声调,唱起《满江红》时,就起了一呼七应的效果,甚至愿与尘世绝缘的泽一,也随着众人一起噙泪悲歌,一阕《满江红》,仿佛是代表了他们对这个卖国小朝廷作最后,也是最强烈的抗争。

自从元龟年吩咐隗顺和瞿忻以来,隗顺对这笔大赏钱无动于衷,而瞿忻却不能无动于衷。他开始有意对岳飞不给好脸色。几天之后,他斜倚着岳飞牢房的木栅,突然叹息一声,说:"我平时以为岳飞是忠臣,故伏侍甚是谨慎小心,不敢稍有怠慢,如今方知得,岳飞乃是逆臣!"岳飞感觉奇怪,就挣扎着从卧榻上坐起,说:"你何以方知自家是逆臣?"

瞿忻说:"君臣不可猜疑,疑则生乱,所以君父疑臣子,便须诛杀,臣子疑君父,则须反背。若是臣子被君父所疑,而不图谋逆,便必是被君父疑忌而诛杀;若是君父疑忌臣子,而不事诛杀,则臣子必是疑惧君父而反叛。如今君父已是猜疑臣子,故送下大理寺,特设诏狱,岂有复出之理!必死无疑。岳相公若是尚得以侥倖而不死,出狱之后,便须是疑惧君父,岂得不反;反状甚是明显,所以便是逆臣。"瞿忻讲一套专制时代的君臣关系哲理,无非是为启发岳飞自诬为逆臣。

岳飞听后,翘首仰望牢房的屋顶多时,他向瞿忻说:"你可教他们将供状取来!"瞿忻高兴地走出牢狱。距离岳飞牢房最近的泽一听得清楚,他忍不住在牢房里喊道:"岳相公既是清白无辜,切不可自诬!"其他人听后,也纷纷叫喊,岳飞说:"你们不须劝谕,我自有区处。"

不一会儿,瞿忻带着胥长和一名贴书前来,他们入岳飞牢房,就把编造好的供状摊在小桌上,并且笔墨侍候。瞿忻说:"岳相公既已做得逆臣,便不如自供为逆臣。"岳飞不作回答,只是提笔在案卷之前写上八个大字:

天日昭昭!天日昭昭!

岳飞写完后说:"诏狱中暗无天日,我唯有以此祈求天日明鉴!既是决无生还之理,我自今便不饮不食,唯求成全君父底圣恩!"

[叁零]
罪名"莫须有"

岳飞入狱后，十五名卫兵很快被下令撤走。他们临行之前，都向李娃等岳家人恸哭辞行。剩下的八名男仆和女使却仍一个也不肯离开，李娃坚持要把他们遣散，经再三劝说和商量，最后只留下两名年过五十的老仆，其他六名年轻的男女也一律打发出门。在此非常时刻，李娃和巩岫娟、岳雷、温锦萍等都重新躬亲各种家务。

十二月初，李娃正在下厨，一个老仆竟带着两位客人进入，来客正是李清照和管蕙卿。李娃只能把厨事交付巩岫娟和温锦萍，自己就陪同来客到厅堂，坐下叙话。岳雷为两个长辈恭敬献茶。

李娃用平静的语气说："家门不幸，门可罗雀，易安居士与管十一姐到此，委是艰难愧深情。"管蕙卿沉痛地说："李十姐或是不知，岳、李两家同遭不幸，如今尤须相濡以沫。"

李清照望着李娃吃惊的神情，就解释说："李参政虽是罢官家居，仍遭万俟卨、罗汝楫等人弹奏，言道他阴怀怨望，鼓唱万端，反对和议，乘时诽讪，罪不可赦。官家圣谕，有赏无刑，政何以成，故下旨将李参政流窜广南西路藤州安置。枢密院特差使臣一员伴送。李参政登路之后，管十一姐执意前来看觑李十姐。"

管蕙卿说："奴家自入李门之后，随参政升黜，贫富悲欢，自以为备尝人生百般滋味。如今方知，人生最苦最痛，莫过于生离死别。然而四个儿女年幼，会稽县有家产、书籍，参政平时嗜书如命，奴家又岂得不忍心于生离死别之痛，而留居故里。往日读杜工部《垂老别》：'老妻卧路啼，岁暮衣裳单。孰知是死别,且复伤其寒。'参政早曾言道,不得作儿女态,他慨然就道时,奴家虽知藤州是炎暑之地,尚是为他置办一绵袍。"她说着,再也忍不住落下两行伤心泪。

李娃说:"鹏举是武臣,正当盛年,犹有可说;李参政是文臣,又值暮年,亦复不得免祸。足见其居心又何其毒也!"

李清照用悲愤中略带讥刺的语调说:"虽是恁地,亦须感戴皇恩浩荡,深仁厚泽,不然,岳、李二家须遭灭门之祸!"

李娃说:"忆得奴曾与管十一姐言道:人生穷达,自有天命,然而难得便是居患难之中,而不易操守,遭遇横逆,虽是悲愤万分,亦当无惨戚底容色,不屈不挠,不乱方寸。然而当鹏举与祥祥入狱前后,奴家底方寸仍是不欲乱而自乱。当前途凶险,征兆已明,奴与鹏举亦尝翻覆预卜,以备后患。然而虽知秦桧心肠歹毒,仍有三事颇出自家们底意表。"

李清照问:"怎生底三事?"李娃回答:"其一,自家们未曾料得,张太尉以身许国,欲去枢密行府请缨,抗击虏人,竟是自投缧绁之地;其二,祥祥素来清谨自守,循规蹈矩,竟是先于其父,陷身囹圄;其三,自家们以太祖誓约自恃,只备得岭南之行。如今鹏举已入诏狱,以谋逆之罪,榜示天下,切恐父子们与张太尉不死,便不得快人意。"

李清照和管蕙卿听后,都恸哭失声,唯有李娃强忍住泪水,说:"奴是岳家人,纵然日后有千般折磨,万种痛楚,亦不得教国贼辈见岳家人落泪。"李清照和管蕙卿完全明白,李娃熬过了多少悲愤的不眠之夜,她的心灵承受着无数酷刑的折磨,而胸臆间简直是倾泻着瀑布般的泪水,方才凝聚成如此简单的一句话。经李娃一说,她们也马上擦干眼泪,李清照说:"李十姐自言曾是乱了方寸,然而今日听你一言,方知煞是临大难而不乱方寸底女中豪杰!"

李娃说:"奴家自知唯是一个寻常女子。若是鹏举与祥祥有不可讳,奴家直是痛不欲生。然而念及儿孙幼小,须是为忠良留得一脉,便只得忍辱负重。"她说到这里,就起身把下厨的巩岫娟拉出来,对客人说:"天可怜见,娟儿自祥祥下大理寺狱,她悲痛欲绝,整日以泪洗面。然而如今痛定之余,已知忍辱负重底道理。奴与儿孙们言道,万一奴或有三长两短,家中便是长嫂做主。"

巩岫娟眼圈一红,却没有落泪,两颊的一对笑靥也因哀痛激愤而格外分明,她说:"奴家底生父死于仇雳,尚得身后哀荣。不料阿爹与张太尉、祥祥底耿耿丹心,竟反以逆状榜示天下。奴便是就死,亦是死不瞑目,死有余恨,须是与国贼辈去冥府质证!"

李清照痛心地说:"老身所见所闻底青史与世间冤屈事,亦不知有多少,然而如今底冤狱冤案,直是千古第一,前所未闻!孔子言道:'德不孤,必有邻。'然而如今底世道却是豺虎当道,同恶相济,有德底必孤,无道底凭恃淫威,而多有助纣为虐!"大家明白,所谓"无道"和"助纣为虐"是指谁人。

李娃留管蕙卿和李清照吃饭。两人最后向李娃辞别,管蕙卿深情地说:"家门多事,奴家尚须返回会稽县故居,不得相陪李十姐。自家们是女流,又同是天涯沦落人,自今以往,虽是各在海之一角,亦足以相知而相勉。奴家自须铭记'忍辱负重'四字之教。"李清照说:"老身当留于临安,不时探望,与李十姐共度忧患。"

李娃说:"感荷易安居士与管十一姐底深情高谊。唯愿与管十一姐在两地长相思,以不辱门楣互勉。"她把李清照和管蕙卿送出家门,依依惜别。到此为止,岳家的门外已由军兵把守,除两名男仆外,岳家人都无出门的自由。

不料两天之后,岳家又来了两位不速之客,他们就是柔福帝姬赵嬛嬛和驸马都尉高世荣。李娃对于一个素不相识的帝姬来访,毫无思想准备,也不明来意。但她只能将两位客人迎到厅堂就座,命岳雷送茶和陪坐,一时竟艰于寒暄。

李娃好不容易才想了几句:"长公主与驸马金枝玉叶,降尊纡贵,光临寒舍,又正值相公与长男因事系狱,家中亦唯有奴与次男接待贵客。"

柔福帝姬用手帕抹了一下泪水,说:"奴家原是徽宗爱女,以娇宠自恃。然而经历靖康之变,奇耻大辱,难以再述,唯是以残花败柳自命,岂敢以金枝玉叶自尊。十五年前,当奴家逃离虏军之际,曾蒙王太尉相救,又与岳相公、张太尉,于、孙二官人相识。家国惨遭祸难,幸得有岳相公等千万忠勇将士,力挽狂澜。然而小朝廷却是认贼作父,反诬忠良。奴家虽不得问政,却有负疚底深痛,痛念岳相公等蒙受千古奇冤,特来与国夫人、岳衙内赔罪。岳氏无负于赵氏,而赵氏深负于岳氏。"

柔福帝姬沉痛而恳切的语言,特别是最后两句,深深打动了李娃。经历这次惨祸,李娃的内心实际上对赵氏皇族结下了深恨,经柔福帝姬一说,她似乎方才明白,原来赵氏皇族也有两种人,也有知情义、识道理的人。李娃说:"长公主、驸马与相公底冤屈无涉,何须如此。"

柔福帝姬说:"奴家自绍兴改元以来,养尊处优十一年,然而良知尚未泯灭,无时不以报仇复国为念。然而国政不纲,日甚一日,秦桧那厮是虏人细作,自当国以来,唯是以戕害忠良为事。"她说到这里,还是忍不住把秦桧在金朝的表现,以及他初到南方时,自己如何劝说宋高宗,宋高宗回答要"与虏人通一线路",都和盘托出。李娃听后,又能对皇帝作什么评论,只是发出深长的叹息,她说:"既是恁地,尤见得岳秦不两立,相公必死无疑!"

柔福帝姬说:"国夫人可忆得,绍兴九年时,九九叔为祗谒陵寝使,曾到得鄂州,与岳相公相识。他归来后,极口盛赞岳相公是国家第一柱石之臣。如今自家们计议,九九叔上奏九哥,难道容得与杀父之仇三跪九叩,便容不得一个忠良底岳相公。"

李娃说:"贤长公主、驸马与齐安郡王在危难时伸张正义,救助相公,奴家万分感激。"她嘴上这么说,而内心并没有感觉多少宽慰。因为按照宋朝的制度,赵氏宗室,即使像赵士㒟那样,有族叔和郡王之尊,其实在政治上反而是无足轻重的,李娃不可能对他们的营救,寄予多大的希望。但从另一方面说,柔福帝姬和赵士㒟的真心诚意,又足以使李娃感动。

双方长谈颇久,彼此的感情愈来愈贴近,最后分别时,柔福帝姬竟抱住李娃,恸哭一场。尽管如此,李娃只是红着眼圈,始终不掉泪。

再隔一天,芮红奴,张宗本夫妇带着他们的一儿一女,也找到了岳家。原来张宗本得知岳家遭难后,就与妻子陈氏商量,决定弃官,随义母前来,与岳家人共患难。双方相见后,由芮红奴说明原委。

李娃说:"你们当患难时前来相聚,奴家岂不感激,然而极以为不安。亲人若得保全,消灾免难,便是自家们底至愿。鹏举苦劝二姑与泽儿在江州居住,不须到临安,便是此意。"芮红奴说:"姆姆不须劝,自家们到此,便只为有难同当,更无二志!"张宗本说:"自家们虽是异姓,而胜于同姓。

自今以往,一家人便同共赴汤蹈火,永不分离。"陈氏更抱住巩岫娟大哭,说:"自今自家们便胜似亲姐妹!"

到此地步,李娃等人也无法再进行劝说。连同两名男仆,总计全家十九口,只能在极度的苦痛中度日如年。他们有时也期待诏狱早一点判决,让结果早一点揭晓,却又害怕诏狱的最后判决,给他们带来最不幸的消息。尽管他们对最不幸的后果,已经有了最充分的思想准备。

人世间的悲欢原是不可能相通的。宋高宗尽管有不能将秦桧罢相的苦恼,有生母能否南归,为自己遮丑的忧虑,但毕竟还是了结了近年来使他悬心的两件大事。隆冬时节,行宫的各个殿阁都是炭火炽盛,享受着冬天里的春温,又何须顾及临安忍饥受冻的成群乞丐,广大农村中缺衣少食的农民。

即使在锦衣玉食、歌舞升平的行宫里,也并非没有人忧心国事,为岳飞的冤狱抱不平。特别是张婉仪与赵瑗。赵瑗今年已经十五岁,他的内心对去年岳飞北伐的夭折,今年的屈辱媾和,岳飞的冤狱,不能不怀有一点起码的义愤。然而正因为他已经懂事,除了私下与张婉仪说悄悄话以外,在任何其他场合,就不敢有半点真实感情的流露。

张婉仪更须做一个标准的两面派,除了对赵瑗之外,在任何其他场合,必须对皇帝的倒行逆施,竭尽歌功颂德之能事。她的天良并非完全没有受到触动,对自己的卖笑生涯愈来愈厌倦,但面对着吴才人和刘缨缨,却只能更加卖力地表演。由于刘缨缨的专房之宠,宋高宗到张婉仪阁中的频率愈来愈低。张婉仪对此逐渐习惯,已无多少积憾,她对强颜欢笑,奉承皇帝,也愈来愈没有乐趣。她的快乐,全在于与赵瑗说悄悄话,这多少给自己带来感情上的温暖和慰藉。

一天下午,宋高宗与张婉仪、吴婉仪、刘缨缨在后殿聚集。宋高宗把刘缨缨抱在怀里,恣意玩弄,却叫张婉仪为他念奏疏和上书。张婉仪随手取了一份奏疏,稍看了一下,感到一个机会,就按惯例,先向皇帝介绍一个大概:"此是大理少卿薛仁辅,大理寺丞何彦猷、李若樸为诏狱上奏。他们指陈万俟卨身为御史中丞,知法犯法,法外施行酷刑,百般威逼,禁囚体无完肤。国朝以来,以忠厚为本,五刑自有常制,用刑务于明慎,万俟卨所为,悖乱乖谬,败坏祖宗之法。"

宋高宗听后,把手一挥,说:"岳飞等人谋逆,不施重刑,又怎生供通。万俟卨受朕委寄,忠于职事,张娘子不须再读。"张婉仪只好停止念这份奏疏的全文。

宋高宗又另外听了两份奏疏,感觉无味,就问几名宦官:"朕教你们遍览上书言事,可先奏陈其大略。"张去为以他特有的清亮口齿说:"小底们奉旨遍览上书六十三件,其中有一件是赞颂和议底,六十二件皆是为岳飞喊冤叫屈底。"

宋高宗听说有人赞颂和议,顿感高兴,就吩咐张婉仪先念,张婉仪取来看了一下,说:"此是利州通判程敦厚所上,他言道,今陛下除骄抗之害,而疆场肃,致安靖之福,而朝廷尊,制兵之命在我,而悉收其用,欲和之利在敌,而决保其成。有四可为之势,愿陛下应之以定,而不回夺于俗,持之以久,而不促迫于时,则大功立矣。"

宋高宗拍手叫好,说:"此便是识利害、明是非底正论。可将此上书付与秦桧,与程敦厚升擢。"张去为说:"小底领旨!"宋高宗又吩咐张婉仪:"张娘子可任取另两件上书,为朕诵读。"

有了皇帝处置薛仁辅等上奏的前例,张婉仪就不再抱任何希望,她遵命随便抽取了两份,用毫无感情的音调说:"其一是南剑州布衣范澄之上书,言道岳飞自处于幽暗隐蔽之间,其势不能自暴白于陛下。宰辅之臣媚房急和,力成锻炼之狱。胡房未灭,岳飞之力,尚能戡定,陛下方锐意于恢复祖宗之业,岂可令将帅相屠,自为逆贼报仇。昔日南北朝时,檀道济有功于宋,宋文帝杀之,自坏长城,而后北魏有饮马长江之志。唯愿陛下释岳飞于疑似之间,以成高明之功。此非独是臣私心之言,乃天下公心之言。臣与岳飞,素无半面之雅,亦未尝漫刺其门,而受一饭之德,独为陛下惜朝廷之体耳。"

宋高宗说:"自古以来,武人握重兵,必生患害。祖宗倡导文治,以抑武夫骄抗之害,天下以此平安一百八十年。文人学士轻薄武夫,此是常情。然而岳飞徒有虚名,一时之间,竟有六十二士人为他喊冤叫屈,如范澄之与岳飞无私交,亦自诩处以公心。此尤以见得,岳飞不除,必生患害!"

张婉仪接着再念另一份:"汾州有荫人智浃上书言道,岳飞忠勇善战,忧国爱民,知无不为,虏人畏惮,臣敢以全家二十四口,决保岳飞无谋逆之事。宰相秦桧来历极为可疑,士人百姓多以为他是虏人细作,唯欲屈意侍奉不共戴天之仇敌,故蓄意诬害岳飞,必欲置之死地。若下秦桧于大理寺狱鞫谳,必得实情。然后躬行天讨,以成天子圣孝,而扬万古之美名。"

宋高宗说:"此皆是腐儒无用之常谈,然而听之任之,必是蛊惑人心,败坏国事。朕自当效法祖宗,以宽仁为本,可将此二书付与三省,教秦桧处分,其余底六十上书,可皆与焚烧了当,以免流传。此足以示朕儆戒而保全书生之意。"

张婉仪听后,心想:"奴侍奉官家十六年,如今方知宽仁与阴毒如何相得益彰,相反相成⋯⋯"她简直不敢再往下想,以免有腹诽之罪。多少年来,她绝非不愿趋炎附势,以讨好皇帝为最高准则和目标,但遇到岳飞无辜受迫害这个尖锐的问题,却不能不使自己未泯的一点良知,受到极大的震撼。然而处在她的可怜地位,甚至还没有腹诽的勇气。她与赵瑗尽管说悄悄话,但双方都守着一道不可触犯的警戒线,就是绝对不能流露对皇帝一丝一毫的不敬或不满,最多只是骂秦桧。她想到岳飞等一群人,还有两个书生的可悲下场,不仅产生了同情心,甚至还为他们哀痛。她只觉得自己的两面派快要装不像了,就起身说:"臣妾忽有不适,恭请官家开恩,教臣妾回阁,稍事歇息。"

宋高宗一点也没有觉察,说:"既是恁地,你且回阁休息。"如果是在建炎时或绍兴初,皇帝听到张婉仪这番话,是肯定会召唤御医的。光凭这一点,又使张婉仪更加心酸,激起一种更深的宠衰的哀痛。吴婉仪平时最善于揣摩和看透张婉仪的心理,今天居然也没有猜出张婉仪引退的原因。张婉仪回阁后,只有偷偷地哭一场,甚至不敢对赵瑗说半句相关的话。

翌日下午,宋高宗正在刘缨缨阁里调笑,有张去为在阁外口奏:"今有齐安郡王请求面对。"宋高宗虽然被打断了淫乐,有几分不快,但因为赵士㒟毕竟是皇族中年高德劭的尊长,特别是有拥戴之功,还是下令引见。

赵士㒟上殿,首先行臣礼,说:"臣愚士㒟叩见陛下,恭祝圣躬万福!"

宋高宗客气地说："九九叔少礼！"等赵士𠎥起立后，又问道："不知九九叔有甚紧切事宜？"

赵士𠎥说："微臣只为岳飞冤案而来，欲为大宋江山保全一个忠勇名将。臣曾亲至大理寺，索取狱案细观，备知纯属诬罔不实之词。今有奏疏，详析此案，恭请陛下圣鉴。"他说完，就把一份奏疏交给冯益，由冯益摊在皇帝的御案上。

宋高宗很不耐烦地粗略看了一遍，说："岳飞一案，不须惊动九九叔，九九叔曾去鄂州，故与岳飞交往，却是不辨其伪其诈。"赵士𠎥听到宋高宗这种口气，立即就联想到十三年前扬州逃难，皇帝让自己陪夜的情景，心想："他当时狼狈南逃，处境危困，虽是自称虚心听纳，亦尚无悔过之意，何况今日。然而自家须是为营救岳飞尽力！"就说："陛下须无时不忘二圣之痛，以中原为意。中原不靖，切恐不可教秦桧底奸计得逞，祸及忠义。臣愿以全家百口，保岳飞决无反背之事。岳飞最为仇虏所畏惧，若是留得岳飞，亦足以壮国势，教虏人不敢小觑大宋。恭请陛下三思。"

宋高宗此时还是想着后宫的刘缨缨，不愿再与赵士𠎥多费唇舌，就说："卿身为近属，须谨守祖宗之法，不得问政，且退殿去！"赵士𠎥无可奈何，只能叩头流泪说："恳望陛下为大宋江山，留一个忠良之将，此事有百利而无一害。况且岳飞身为大臣，太祖官家早有誓约，违者不祥。"宋高宗嫌他聒噪，就自己起身退殿，他只说一句："朕处分岳飞，正是为祖宗底社稷，料得太祖皇帝神灵必当鉴谅！"气得赵士𠎥浑身发抖。

赵士𠎥垂头丧气，找到了柔福帝姬和高世荣，简单说明情况。柔福帝姬说："奴家原以为九九叔有拥戴底大功，九哥便是有意杀岳飞，亦须稍看九九叔底颜面，不意竟恁地翻目无情！"她想起了隆祐太后听政时，最初想请赵士𠎥当皇帝，后来苗刘之变时，隆祐太后和自己也在付托梁佛面命妇服的衣领中，缝制了"士𠎥"两字的黄绢，不免恸哭流涕，说："此便是昊天上帝与列祖列宗不教大宋中兴！若是九九叔当年正位号，何得如此！"

赵士𠎥听后，吓得流汗，说："二十姐不得如此说！"柔福帝姬干脆说："九九叔只知其一，而不知其二。"她把隆祐太后和自己在苗刘之变的设计和盘托出，高世荣虽然与她夫妻十二年，也还是闻所未闻。柔福帝姬愤恨地说:"早知今日,奴家当时须力劝伯娘,假苗刘之手除了他,国家又岂得有今日!"

高世荣哀叹说:"此便是公主所言,天意难回。自家们唯有遵伯娘所嘱:'著衣啖饭,莫问国事。'九九叔自后亦须看破,不过问国事,以求保全。"

赵士𠉀悲愤地说:"失地不得复,大耻不得报,而忠臣良将反遭诬害,此难道便是天理!自家们便是苟活在世,又有甚底颜面?甚底快活?岂非形同行尸走肉?我明日当不计成败,便是为赵氏家计,亦须再去苦谏。"柔福帝姬也忍不住了,说:"既是九九叔如此仗义,奴家明日与九九叔同去。"高世荣虽然认为毫无希望,也不想劝阻。

赵士𠉀又去联络了一批宗室,次日和柔福帝姬坐轿,一同到丽正门前。不料却被宦官们拦阻在门前,说:"官家有旨,今日不得面对。"赵士𠉀出面,诉说再三,宦官们就是不让他们进入行宫,相持过正午,大家只得无奈而归。

秦桧自从有金使撑腰,稳当终身宰相后,他的权势已登峰造极。过去有些阴谋只能在私宅偷偷摸摸地商量和布置,如今已公然移到了都堂。他接到宋高宗转交的两份上书后,就命令吏胥去召唤万俟卨前来。万俟卨未到,他先取出范澄之的上书,吩咐一名吏胥说:"你可拟一都堂指挥,将范澄之决脊杖二十,黥面,流配海南吉阳军。此便是炎荒底南极。"吏胥连忙拟写一份指挥,秦桧看了一遍,当即押字,说:"你可付与临安府,依此施行。"按照宋制,都堂无权直接批发用刑的指挥。那名吏胥明知秦桧违背法制,也马上拿着这份指挥,径去临安府衙。

万俟卨很快来到都堂,向秦桧恭敬行礼,说:"下官参拜秦相公!"秦桧方才起立,稍稍躬身作揖,他的架子又较前更大。秦桧屏退随从,与万俟卨单独谈话。万俟卨明白,秦桧在最近无非是为岳飞的狱案找他,就先向秦桧简单汇报狱案的进展。秦桧取出智浃的上书,交付万俟卨,说:"如今新得狱情,智浃受岳云黄金六两,名茶一斤,马一匹,为他送书与张宪。岳飞父子入狱,他又为叛臣鸣冤叫屈。可将他收入大理寺狱中根勘。"万俟卨连忙说:"下官恭奉钧旨!"

秦桧又问:"万俟中丞可闻得宗室士㒟、福国长公主等违背祖宗法制,为岳飞上奏?"秦桧对福国长公主,即柔福帝姬还有一块心病,一种难言之隐,这就是柔福帝姬多少知道自己在金朝的行藏。万俟卨说:"下官稍有听闻。"秦桧说:"台官底职责,掌纠察官邪,肃正纲纪。"万俟卨马上领会,说:"下官等自当奏劾。"

秦桧如今不愿与鹰犬们多说废话,准备命令万俟卨离开,只见一人排闼而入,大步直前,秦桧正想大声训斥来者,原来来者正是韩世忠。万俟卨见韩世忠面带怒容,知道来者不善,连忙招呼一声:"下官拜见韩相公!"匆忙行礼,匆忙走开。

秦桧与韩世忠彼此心照不宣,但表面上还须维持礼节,互相勉强作揖,请韩世忠就座。秦桧多少猜出韩世忠的来意,他有意不说什么,只是面露一丝奸笑,等待对方。韩世忠说:"秦相公,你先撰造耿著底狱事,又将岳五父子与张太尉收入狱中,岂非作恶过甚,难道便不惧冥冥之中,太祖官家等神灵震怒?"

秦桧说:"我伏侍本朝,唯知忠心事主,太祖皇帝等在天之灵,当有天鉴。耿著之狱是胡纺告首,圣上裁断,与我何涉。韩相公难道不知,岳飞之事,乃是圣上下旨,特设诏狱。"

韩世忠说:"我亦体访得,岳五一狱至今并无真凭实据,毒刑之下,尚无供词。"秦桧说:"岳飞子岳雲与张宪底书信虽是无据,揆情度理,其事体莫须有。"

韩世忠愤怒地说:"秦相公亦非不是知书识字,你言道'莫须有'三字,又何以服天下!"他的一双怒目直盯着秦桧,真恨不能上前,把秦桧掐死。

秦桧本来摆出一种蛮不讲理的架势,但瞧着韩世忠的目光,不由产生几分害怕,他连忙起身,一面急步逃出屋外,一面招呼吏胥,一时拥上了十多人,秦桧才感觉放心。韩世忠独自在屋里憋闷许久,最后也只能长叹一声,无可奈何地高喊道:"岳五,岳五,你救得我,我却救不得你!"然后愤愤离去。

次日,御史中丞万俟卨上奏弹劾赵士㒟,说他"贪狡险忍,朋比奸邪,身为近属,交结将帅"。右谏议大夫罗汝楫也上奏弹击福国长公主与驸马都尉高世荣,说他们"不顾形迹,坏乱祖宗法制,寻访逆臣岳飞家人,踪迹诡秘"。

于是宋高宗下令,将赵士㒟罢免判大宗正事,改任提举西京嵩山崇福宫,让他离开行在,移居衢州,高世荣降三官。同时又下令刑部,重申宗室、外戚不得出谒接见宾客的禁令。尽管如此,当赵士㒟离开临安前,宋高宗又下令特赐白银一千两。万俟卨后来继续弹奏,宋高宗又下令让赵士㒟去福建路的建州居住。

[叁壹]
岁 末 殉 难

　　陷身大理寺狱的八名禁囚，万万没有想到，又会抓来一名与案件毫不相干的人，这就是智浃。智浃作为北方人，出身官宦之家，本人在战乱中南下，在绍兴八年科举落第后，曾游历鄂州，拜访过岳飞，也与张宪、岳雲相识。但他不愿留在军中，分别之后，并无书信往来。

　　智浃入狱，由隗顺引领，准备关在与泽一相对的第四间北牢房。他进入牢房区的南走廊，第一眼就认出不类人形的岳雲，他攥住木栅大哭，说："岳衙内，你上阵杀敌，是奋击无前底勇将，被毒刑屈打至此，天理不容！"岳雲望着智浃似曾相识的面容，好不容易才追忆起故人，问道："来者莫非是智秀才，你何以入大理寺狱？"

　　智浃愤怒地说："自家只为得知岳相公父子与张太尉无辜入狱，上书理诉。秦桧那厮便诬我受你钱财，送书与张太尉。我自绍兴八年以来，便在绍兴府读书，近日方到行朝，又何以去鄂州见张太尉？"关在南牢房的张宪听后，悲愤地说："恣意诬陷，曷其有极！"

　　智浃回转身来，又见到了同样是不类人形的张宪，用哭声说："张太尉，你智勇双全，一意报国，不期在此相会！"他与同牢狱的禁囚一一相见，并坚持要拜见岳飞。隗顺听任他与其他八人互相倾诉，不予限制。

　　岳飞绝食之后，只能躺在床上，但此时此刻，他还是竭力挣扎着坐起，向智浃表示敬意。智浃攥住岳飞牢房的木栅大喊："岳相公入狱，是千古第一奇冤。士人辈为营救你们，纷纷上书，临安城中多有榜帖，便是市井匹夫匹妇，亦是斥骂国贼秦桧，为岳相公底深冤痛心。"

岳飞用低沉而感恸的音调，艰难地说："此足见人间良心未泯，是非公道不绝如缕。然而唯其如此，自家们尤须不免。唯是株连智秀才，教我问心有愧，负疚殊深！"智浃感恸地说："与岳相公同狱，亦是自家底万幸！"

十二月二十二日，大理寺的胥长来到相距颇近的岳家，要求见李娃。李娃带着岳雷和两名男仆到厅堂出见。胥长显得趾高气扬，他说："只因岳飞故节饮食成病，依律合召家人入侍，岳家不知甚人前往看觑？"两名男仆立即响应，他们流泪说："自家们留此，原是为伏侍岳相公，男女愿往！"岳雷说："儿子理当前去，伏侍阿爹。"

李娃强忍悲痛，说："发发，你须忆得，阿爹言道：'大丈夫处世，不得贪生，亦不可轻生。'如今自绝饮食，必是受尽万般折磨，唯求一死。你须与阿爹最后一别。"岳雷正准备让温锦萍收拾一些衣服之类，李娃说："且待奴家另取三件物事，你入狱后，可付与阿爹。"

李娃进屋不久，就和巩岫娟取来了两个手帕包裹的黄土，一方白绸手帕和两份旧诗笺，一份是建炎三年，李娃所写的《秦楼月》词，另一份是岳飞绍兴四年所写的《满江红》词，全家人也跟着她到厅堂。她问岳雷："你可知此二方土底来历？"岳雷说："儿子知得。"他就把两包土的来历说了一遍。

李娃沉痛地说："儿子只知其一，不知其二。去年北伐夭折，你阿爹悲愤已极，以为河北与东京底二方故土既不能封于燕山，自宜投于滔滔江流。经奴家苦劝，方得保留。如今你阿爹报国苦心，一旦全休，河北、东京，小朝廷竟视为异域，甘心奉与仇虏，又留此二方土何用？"她刚说完，两个老仆就悲声大放，但是，岳家人都遵从李娃的吩咐，强忍住泪水。那名胥长虽然在牢狱对岳飞等人竭尽拷打的能事，到此也一反趾高气扬之态，不由羞惭地低下头。

李娃另将一块白绸方帕铺在桌上，原来正是她在绍兴四年抄录的《满江红》和《秦楼月》词，对岳雷说："此帕你亦付与阿爹。此二诗笺仍付娟儿珍藏，以为忠义传家墨宝。"巩岫娟再次将两份诗笺小心收藏。岳雷用一个小包裹，包了一些衣服和这三件物品。向李娃和众人告辞，说："妈妈与全家人保重，儿子去了！"

巩岫娟说："发发此去,切勿牵挂家事,家事由妈妈与奴主张,自当护持姆姆与二娘。"芮红奴和张宗本夫妇也叮咛一番,唯有温锦萍反而伤心得无语凝噎。岳霭、岳甫、岳大娘和岳二娘四个小孩子则牵着岳雷的衣服,依依不舍,或是喊"二哥",或是喊"叔叔",或是喊"阿爹"。但全家人都遵照李娃的嘱咐,特别当着胥长的面,更不掉泪。

岳雷随着胥长,正准备离开厅堂,李娃又将他喊住,用凄厉的音调郑重嘱咐说："发发,你是岳家人,忠良之后,此回前去大狱,不论见得什么,不须伤心流泪!不须低眉折腰!你阿爹、哥哥、张太尉等皆是无辜,有滔天之罪是国贼!"岳雷说："儿子遵命!"

胥长只觉得被刚才的场面压得艰于呼吸,他只管低头在前领路。两人很快进入大理寺,胥长带岳雷到牢狱门口,呼叫瞿忻和隗顺开门,他恭敬地向岳雷作揖,说："请岳衙内入内,男女告辞!"说完,就低头离开。瞿忻和隗顺也面露善意,向岳雷作揖,然后带他进入牢房区的南走廊。

张宪和岳雲首先同时看到岳雷,两人勉力冲向木栅,叫喊"二衙内"和"弟弟",岳雷见到众人被毒刑折磨的惨状,虽然尽力克制感情,还是在眼角挂下两滴泪珠。岳雲等人以为岳雷又被牵连到冤狱里,瞿忻急忙作了解释："岳二衙内是依律召入,伏侍岳相公,与狱案并无干涉。"才使众人稍稍放心。岳雷简单介绍了家中的近况,并与泽一、智浃相认,最后才由两个狱子带到牢房区的西头。

岳飞不饮不食已有多日,他只能躺在床上,气息十分微弱,对于次子的入狱,他已经闭目静听到大家的谈话,却无力动弹。岳雷进入第十间南牢房,立即跪在床前,说："不孝儿子今来伏侍阿爹!"岳飞睁开双眼,只能用低哑的声音说："你何须前来,受人间炼狱之罪苦!"他又望着木栅外的隗顺说："相烦隗院长与我一瓯薄粥。"隗顺略为高兴地说："岳二衙内入来,岳相公便欲饮食,煞好!"他马上端来一碗薄粥,岳飞饥饿多日,开始也只能进稀食。岳雷就坐在床沿,用木勺一勺一勺地喂父亲。

岳飞经过三天饮食,才较有精力说话。他开始用低声对岳雷作最后的谈话："我所以重新进食,只为与你叙话。"岳雷到此才取出李娃交付的三件物品,并叙述原委。岳飞坐在床上,拿着手帕,久久地、反复地看李娃书写的两阕词,昔日填词的情景似乎又重新浮现在脑海里,心潮顿时如海浪一般汹涌起伏。最后,他说:"你妈妈处大难而不改悠闲之操,方寸如旧,略无惨戚畏惧之意,甚好!"岳雷又把李娃在自己临行前的叮咛说了一遍,岳飞说:"我虽是受尽无数量酷刑,然而得有你妈妈为知己知心,亦不枉在人间走一回。"

岳飞吩咐岳雷喊叫"隗院长",隗顺走来,问道:"岳相公,有甚事?"岳飞说:"相烦将此词帕教狱中众禁囚传阅。"隗顺把词帕逐一传到其他牢房,于是牢房中立即响起了《满江红》和《秦楼月》的悲歌。

岳飞没有跟着唱,只是静静地听着,感恸无限。等大家唱完,岳飞突然怒吼道:"张太尉,你可曾记得,当宗留守不幸辞世后,自家们身冒暴风骤雨,吟唱张招抚底《南乡子》,悲歌进兵西京。"于是狱中又响起了《南乡子》的歌声,岳飞也激愤地与大家一起引吭高歌。

等隗顺把词帕传回岳飞牢房,岳飞又用足以使全体禁囚都能听到的高声,对岳雷说:"你妈妈将河北与东京底二方故土交付与你,携入狱中,其意甚明。可悲可叹,此二方故土竟不得封于燕山,却须撒于冤狱,被国贼辈冤沉海底!"他说完,就悲愤地把两块手帕中的黄土,抛撒在牢房里。

岳飞又极端悲愤地:"我出生农家,自幼至长,扶犁握锄,备尝农家愁苦艰窘,深知四民之中,农民最穷最苦。然而身为大臣之后,又陷落囹圄,方知号称宽仁之朝,至惨至毒莫过于刑狱,禁囚辈死去活来,生不如死。我深知大丈夫处世,不得贪生,亦不可轻生,然而事势至此,不死何待!去年大举北伐,直欲一举荡平燕雲。你妈妈曾转述西汉底韩信所言:'高鸟尽,良弓藏;敌国破,谋臣亡。'我从无恋栈之心,只拟功成身退。若是仿佛于西汉底韩信,功成受戮,亦是甘心。然而如今高鸟翱翔,良弓先藏;卖国有功而升擢,报国有罪而受刑;臣事敌国,忠臣必亡。故处心积虑,必欲将我与张太尉背刺'尽忠报国'、'以身许国'八字灭迹而后快。我梦寐以求,唯是山河一统。如今山河既不得一统,犹须竭尽臣节,献媚于杀徽宗之仇,身为将帅,本无面目自立于残山剩水之间。唯恨不死于战场,而死于诏狱;不死于敌寇,而死于朝廷,直是千古遗恨,此仇此恨,万年难消!"岳飞的话,说出了全体禁囚的心声,于是狱中又响彻了禁囚们的《满江红》悲歌。

岳飞取出身边珍藏的一个明莹的玉环,对岳雷说:"此是你妈妈当年与我定情之珍,便是你妈妈至死不渝底深情,须是携至阴曹地府,以示永怀。"他把两块包裹黄土的手帕包在玉环外,最后又用李娃所写的词帕包裹,系在腰间。

从当天开始,岳飞又重新绝食。岳雷则在岳飞生命垂尽的最后阶段,陪伴着父亲,苦度他前所未遇的惨痛时日。这个十六岁的青年,用今人的标准,还只是十五周岁的未成年人,花季少年。他虽然还是不幸中之大幸,没有尝到一点惨刑酷罚的滋味,然而整个冤狱的阴森可怖气氛,亲人们蒙受的悲惨折磨,却使他的身心饱受最严酷的摧残。

万俟卨为了尽快结案,又去都堂找到秦桧。他说:"下官虽是千方百计,而干涉罪犯并无供通。下官以为,既有王俊等人佐证,又有枢密行府文状,元龟年又定得淮西行军逗遛之罪,已可断案。"秦桧明白,狱案到此也已山穷水尽,无法罗织到更多的证据,就说:"便依此议!"

万俟卨又说:"下官欲与秦相公拟定刑罚,明日便依制度,召刑部、大理寺众官聚议详断。然而料得有数人必是为岳飞辩护。"秦桧说:"待老夫明日亲去弹压,看有甚人胆敢为逆臣开脱。刑名拟定,你务于从重,待老夫略为减轻,以示恩意。"万俟卨也没有想到,在办理最后的量刑手续时,秦桧居然还要表演一下宽厚的宰相风度。

秦桧按时带着一批吏胥,坐轿来到大理寺。尽管岁末阴寒,雨雪霏霏,一大批官员仍然冒雪在门外列队迎接。由于小厅的空间狭小,就临时在正堂设立座位,秦桧居中就座,万俟卨等依官位分坐两旁,堂上烧着炭炉,仍然寒冷。元龟年报告狱案后,万俟卨说:"岳飞等干涉罪犯如何量刑,众官人自可依法各抒己见。"

周三畏说:"诏狱干涉罪犯合计九人,不如自情轻至罪重,逐一聚断。"万俟卨说:"便依此议。"于是元龟年就先说智浃:"有荫人智浃受岳雲金六两,计一百八十贯,名茶一斤,计二贯,马一匹,计一百二十贯,共估钱三百二贯,持书信与张宪。"

一个大理寺丞说:"依律,坐赃致罪,绢十匹徒一年,十匹加一等,罪止徒三年。然而智浃为岳雲送书与张宪,图谋叛逆。若依三年徒刑,便是罪大而刑轻。"

何彦猷马上问道:"智浃受岳雲金、茶、马,并无本人与岳雲供通,物证与书证何在?"元龟年说:"茶已被智浃吃用,金与马已被智浃变卖。"

何彦猷说:"下官体访得岳雲自四月二十三日随父到临安,至十月七日入狱,其间曾陪伴其父,前往楚州,此外未去外地。智浃只是在绍兴八年,曾去鄂州,见得岳飞父子。他本在绍兴府赁屋读书,直至十月二十九日,方到临安,居于旅舍。受岳雲贿赂,致书于张宪底事,岂非子虚乌有?"

万俟卨发怒,说:"你所言又有甚证?"何彦猷取出一叠纸条,说:"此便是智浃在绍兴府与十月二十九日到临安底书证。"他交付万俟卨后,万俟卨看都不看,当场就撕个粉碎。李若樸说:"万俟中丞,你身为一台之长,主张诏狱,自当为众僚所仪刑。今日所为,切恐贻笑于天下。"万俟卨正待再次蛮不讲理地发作,只听见秦桧咳嗽一声,就立即收敛。

秦桧说:"老夫细究得律条,七品官子孙犯流罪以下,听赎。智浃底父祖皆是七品以上,赃罪正合徒三年,可出赎铜六十斤折徒刑。"于是马上召来了一片颂扬声,周三畏抢先说:"秦相公折狱明慎,以宽济猛,足以顺天道,得人情。"一个大理寺丞又进一步,说:"秦相公断刑,岂但示范于四方,亦足以为万世景仰。"他的极口赞颂却给他人出了难题,大家无论怎么搜索枯肠,再也想不出更高明的谀词。

讨论一个又一个地进行,只有薛仁辅、何彦猷和李若樸三人苦苦地为每一个无辜者辩护。万俟卨依仗众人的帮腔,把泽一定为流罪三千里,脊杖二十,居作一年,然后释放;把蒋世雄定为以削二官,黥徒刑二年,另以罚铜十斤,折合徒刑半年,勒停职务;把王处仁定为传报泄漏朝廷机密的流罪,折合徒刑六年,以削二官,黥徒刑二年,罚铜八十斤,折合徒刑四年,勒停职务;把孙革定为以免一官,黥徒刑一年,勒停职务;把于鹏定为徒刑二年半,削一官,罚铜十斤,勒停职务;把岳雲定为徒刑三年,削一官,罚铜二十斤,勒停职务。

万俟卨并非不想对他们重判,但在薛仁辅等三人据理力争的情况下,也实在拿不出重判的像样理由。薛仁辅等三人也有他们的事先商议,在皇帝设置诏狱的情势下,要想为岳飞等人完全翻案是根本不可能的,只得想方设法,力争减刑,所以他们的争论和辩白都适可而止。按照宋代的刑法,王处仁和岳雲算是"情理重",而于鹏、孙革和蒋世雄算是"情理稍重",除了泽一外,其他人都得以免官和罚铜折合徒刑。薛仁辅等人争议到此地步,特别是为岳雲争取到徒刑,无论如何也算在良心上有了交待。

讨论到了张宪,一个大理寺丞说:"依据律文,十恶不赦,其三便是谋逆,即背国从伪,谋逆者绞。张宪合依绞刑定断,当决重杖处死,另须除名,所有官爵悉皆削除,追毁出身以来所有官告。"

李若樸说:"背国从伪,只是出于王俊一人底状词,并无实据。何况即便依据状词,亦是自相抵牾,不见状词中言道:'我那里不一年,教番人必退。'难以背国从伪定罪。"

万俟卨发怒,说:"李寺丞,你底次兄是岳飞幕僚,故执意屈法枉断。"于是众人就纷纷随声附和,指责李若樸,李若樸也反唇相讥,说:"若论执意屈法枉断,自有天鉴,何畏人言!祖宗以来,折狱以忠厚为本。我只是为国家怜惜一员忠勇之将!"何彦猷说:"依据律文,虚立证据,舍法用情,锻炼成罪,是刑法大忌,若是法官误立刑名,便当以同等刑名处罚法官。如今且不论此,众官人执法多年,岂不知祖宗所创'罪疑惟轻'底旧例。"

秦桧觉察到,在今天的聚议中,自己的威势已经不能起镇压的作用,如果一定要摆威风,就反而会损害自己的威权,他说:"既是有官人异论,自可将众论同共进呈圣上,恭请圣断。如今可计议岳飞底刑名。"薛仁辅说:"秦相公可谓一言决众疑。然而张宪底刑名尚未有异议,依下官底意思,既是'罪疑惟轻',可定为徒刑二年,削官黥刑。"万俟卨朝薛仁辅瞪一眼,薛仁辅只当没有看见。

万俟卨说:"如今当依秦相公底钧旨,聚断岳飞底刑名。"一名大理寺正说:"依据律文,临军征讨,稽期三日者,便须处斩。淮西之战,岳飞十五次被受御笔,逗遛不进。又指斥乘舆,便属十恶不赦之六底大不恭罪,亦须处斩。然而他是高官,可决重杖处死。"

何彦猷反驳说:"祖宗宽厚仁慈,国朝有令,审谳轻罪,因而另得重罪,便不予追究,此便是不欲节外生枝,另求狱情于本案之外。下官详读狱案,王俊初告张宪,已是否认张宪与岳飞通书。然而枢密行府锻炼之案,岂但有岳飞通书信,又有岳雲通书信,再有于鹏与孙革为岳飞父子书写。此已是索狱情于本案之外,直至十二月,又于案外另立岳飞淮西逗遛底罪名。如此辗转搜索罪名，尤是违悖祖宗之法。"

薛仁辅说："且以淮西之战而论，下官闻得孙革有行军日志，所系往来日月甚明，却是不见于狱案。下官前往左藏南库，取索圣上淮西之战御札十五件，御札中言道，'卿小心恭慎，不敢专辄进退，深为得体'。'遵陆勤劳，转饷艰阻，卿不复顾问，必遄其行。非一意许国，谁肯如此'。'卿之此行，适中机会'。此足以见得，岳飞行军快速，颇得圣上褒嘉，又有何逗遛之实？"元龟年听完，只能无奈地朝万俟卨望一眼。

一个大理寺丞说："然而岳飞指斥乘舆，亦足以定斩刑。"李若樸说："指斥一事，唯有王俊底证言，别无所据。且依王俊所言，亦非情理切害。依律文，诸指斥乘舆，情理切害者斩，然而论国家法式，言议是非，而因涉乘舆者，律文不定刑名，临时上请。非情理切害者，只是徒刑二年。下官以为，便是确有此事，亦只是徒刑二年，可以削官黜刑。"

一个大理寺正说："李寺丞只为兄长是岳飞幕僚，故曲意辩护。"李若樸说："治狱无他，唯当公、直、平、恕，此是天下所共知。御史台、大理寺执掌正法，须是议罪不避亲，洗冤不计仇，下官唯知居其位，任其事。"

秦桧朝万俟卨望一眼，示意结束聚议。于是万俟卨说："今日众官人聚断，各陈己见，当职当依众官人底计议，与周大卿同共上状。岳飞底诏狱本是奉圣旨根勘，自当取旨裁断。"他和秦桧原先都没有料想到，在今天的聚议中，自己竟无法成为胜利者。

何彦猷起身，走到秦桧面前，说："秦相公，下官非不知今日所为，冒犯秦相公底权威。然而诚如李寺丞所言，居其位，只得任其事。下官料得，日后必有台谏官底弹奏，而居官日浅，罢黜在即。功名富贵，加官增禄，固是人之所欲，而下官思忖再三，亦不当恋栈心重，暗默保身。须知滥刑则金德失常，一夫受冤，即召灾诊，何况是一代名将。近日天阴，寒气逼人，雨雪不止，岂非是明示天意？"说完，就向秦桧一揖而别。按照古代的水、木、金、火、土五行迷信学说，刑法是属于金德。

秦桧对于自己的党羽，即使像万俟卨、王次翁之流高官，平时照样是颐指气使，威福自恣，但今天遇到如何彦猷那样的正八品低官，义正辞严的谈吐，把自己日后的宦运，可能受到的处置，都预先说穿，弄得秦桧反而摆不出宰相的威风，只得发出一阵似笑非笑的声音。

秦桧临行时,只对万俟卨和周三畏说了一句话:"你们须即便上聚断状,到政事堂。"他出门冒雨上轿,大群官员摧眉折腰,卑躬屈节,送走了这个不可一世的终身宰相。

两天后,秦桧与王次翁共同面对,向宋高宗进呈刑部和大理寺状。宋高宗这次倒是很仔细地看了一遍,说:"岳飞与张宪依情理深重,定刑私罪斩与私罪绞,尚是允当,而其余七人所拟刑名,便是罚不当罪。"

秦桧说:"当大理寺聚断时,大理少卿薛仁辅与寺丞何彦猷、李若朴喧然力争,以众议为非,务于从轻。然而此回诏狱只是奉圣旨根勘,仰求陛下圣断。"

宋高宗想了一下,说:"今日已是二十八日,自来元旦不决死罪。三十日除夕虽无明文禁刑,朕意欲欢度除夕,亦不欲于此日用刑。"秦桧说:"然而近日天气阴霾,依国朝律令,天降雨雪而未霁,不得行大辟,亦不知明日天气如何?"秦桧所以提出这个问题,其实是受了何彦猷警告的影响,他一方面做亏心事,另一方面又害怕所谓金德失常,遭致天谴,认为更不宜在雨雪天执行死刑。

宋高宗说:"只在明日,雨雪失常,不是金德,而是水德,久旱不雨方是金德。若是教岳飞等人活至来年,朕又怎生欢度除夕?雨雪必是时降时止,可在暂止时下手。"他对王次翁说:"王卿可依朕宣旨,在刑部、大理寺状末另写省札。"王次翁说:"臣领旨!"秦桧心里稍觉轻松,因为最后杀人的省札不是由他书写。

于是张去为临时搬来桌椅和文房四宝,王次翁就在殿上照录宋高宗的口授玉音,然后由张去为进呈皇帝,宋高宗看了一遍,说:"便依此行遣!"他想了一下,又问:"王贵上奏,辞免都统制,你们须拟接替人。"

秦桧说:"依张枢相力荐,欲命田师中。"宋高宗说:"闻得张俊保奏田师中做节度使,建康府军中多有不服,然而田师中底所长,在于平庸而无野心,必是服从朝廷。岳飞盘踞鄂州积年,正宜教田师中前去掌兵。鄂州军中,尤须处置稳当。如今正值将岳飞等人行遣,可稍缓时日。王贵与岳飞从微末时相随,颇为岳飞亲信,又服从朝廷,暂教他弹压数月,以免军中生乱,审时度势,然后优礼罢免,方是上策。"

秦桧说:"陛下深得驭将之道,圣虑深远。"宋高宗说:"将不知兵,兵不知将,便是祖宗旧法。如岳飞素得军心,必为厉阶。田师中日后赴任,可付他犒军银五千两,绢五千匹,以收揽军心,另勾抽蜀兵三千人,以为田师中亲军。"

秦桧和王次翁正想行礼退殿,宋高宗又想起一件事,说:"岳飞拥重兵,据鄂州累年,如今行遣,军中将士岂无反侧。况且王贵亦已在狱案中有干涉牵连,言道他与张宪同共得岳飞父子书信,只是焚烧了当。三省、枢密院可依朕旨出榜晓谕。应缘上件公事干涉底人,一切不问,亦不许人陈告,官司不得受理。只此可安鄂州军心。武将辈粗人,不知义理,非文士可比,不须深究。"秦桧马上说:"陛下深谋远虑,非臣愚等可及。"两人领旨而退。

二十九日天亮,尽管临安城里依然下着小雪,天色昏暗,大理寺门前开始忙碌起来。此时已经返回行朝的张俊乘坐大轿,而杨沂中则骑着马,带领八百军兵赶来。杨沂中是奉旨监斩,而张俊只是幸灾乐祸,以亲自观看行刑而快意。万俟卨和周三畏连忙出迎。与此同时,临安的各个城门也增加了比平时多两倍的卫兵。

张俊、杨沂中、万俟卨和周三畏只是在小厅呷茶,用火炉烧炭取暖。每过片刻,就有吏胥进入报告天气情况。延挨到中午,小雪依然不停,四人只能临时在小厅里聚餐,其他三人倒还好,只是苦了食不厌精、脍不厌细的张俊。他勉强吃了几口,就厌烦地说:"早知天气如此,当职便不当来。"

万俟卨在秦桧面前当然是低三下四,竭尽卑屈的能事,而对张俊却颇为不恭,他调侃说:"闻得张枢相若无美女与妓乐,便难以下箸,莫须教咸宁章夫人与府中妓乐前来,劝酒助兴。下官亦得一睹咸宁郡夫人底芳容。"原来章秾不久前已升为郡夫人。张俊气呼呼地把手一挥,万俟卨说:"原来张枢相只欲金屋藏娇。"岂但是杨沂中,就是畏首畏尾的周三畏也笑出声来。

小雪下到未时,方才停止。听了吏胥的报告,万俟卨说:"未时正宜行遣。"他和周三畏当即去大理寺狱。一群兵士随他们入狱,先把张宪和岳云从牢房里拉出来,装入槛车。杨沂中亲率军兵把张宪和岳云押到附近一个闹市。张俊也坐大轿赶到。因为担心重新下雪,无法行刑,就匆忙将张宪和岳雲放出槛车,绑在闹市中心。张宪和岳雲此时瘦得只剩枯皮包骨,但他们为抗议暗无天日的圣朝,只能紧闭眼睛,面南而立,立而不跪。

张俊特别亲自来到张宪和岳雲身边,得意地说:"张宪、岳雲,你们不愿天下太平,便须得此下场。还不下跪,叩谢皇恩!"张宪和岳雲都缄默不言,也不肯下跪。张俊发怒,就举腿往张宪的右膝后弯处狠踢一脚,不料无力的张宪竟是挺直身体,全身倒地。张俊接着又踢岳雲,也是同样挺直倒地。

怒不可遏的张俊还想命令军士把两人强行按成下跪姿势,杨沂中出面劝说:"张相公,斩首已是极刑,他们死到临头,不须另加罪苦。"他命令两名兵士持手刀,就地把张宪和岳雲的人头砍下,两人的鲜血染红和融化了附近的一片雪地。张宪和岳雲其实是古代的所谓弃市之刑。张俊和杨沂中率军兵走后,两人的尸体就扔弃在空地上。

临安城里的小年夜,本来相当热闹,但因为下雪,行人稀少。尽管如此,附近居民得知此讯,还是纷纷赶来。大家商议后,设法把张宪和岳雲的人头与身体缝合,然后择地埋葬。

再说在大理寺狱中,万俟卨等张宪和岳雲被拖走后,方才在牢房区的南走廊宣读省札和圣旨:"刑部、大理寺状:'看详岳飞等所犯,内岳飞私罪斩,张宪私罪绞,并系情理深重。王处仁私罪流,岳雲私罪徒,并系情理重。蒋世雄、于鹏、孙革私罪徒,并系情理稍重。今奉圣旨根勘,合取旨裁断。'有旨,岳飞特赐死。张宪、岳雲并依军法施行,令杨沂中监斩,仍多差兵将防护。余并依断,于鹏、孙革、王处仁、蒋世雄除名,内于鹏、孙革永不收叙。于鹏送万安军,孙革送浔州,王处仁送连州,蒋世雄送梧州,并编管。僧泽一决脊杖二十,刺面,配三千里外州军牢城小分收管。智浃决臀杖二十,送二千里外州军编管。岳飞、张宪家属分送广南、福建路州军拘管,月具存亡奏闻。岳飞、张宪家业籍没入官,具数申尚书省。"宋高宗的圣旨,把岳雲由徒刑提升为死刑,于鹏等五人由徒刑提升为流刑,而泽一也加重了刑罚。

万俟卨念完后又说:"国朝宽大,前朝秦时或有诛三族,诛七族,隋时有诛九族,而圣上仁慈,你们犯滔天大罪,罪止一人,家属子孙,皆得免死,赐死亦可全尸,须是叩谢皇恩浩荡,网开三面。"然而留在牢狱中的七人竟寂然无声。

万俟卨正待发怒,泽一出面说话:"贫僧自出家以来,唯知虔诚礼佛,不敢稍违佛祖之教。不幸屈勘贫僧反背之罪,或是前世孽债未偿,只得听天由命。然而教贫僧还俗,去远恶牢城营做小分,实难从命。祈求圣恩宽大,教贫僧圆寂于此,便是感激不尽。"

万俟卨大喊:"这厮贼秃是佛门败类,犹然欺世盗名,尤是可恶,可即时动刑,押解前去广南!"周三畏轻声对万俟卨说:"于鹏等人亦可及时押出,各自行遣,以免延误主犯用刑。"于是万俟卨又吩咐把于鹏等五人也一并押出牢狱。泽一按圣旨施杖刑,刺面,智浃也按圣旨施杖刑。六人各有吏胥押解,就在当天冲冒岁末苦寒,前往流放地。

牢房中只剩下岳飞和岳雷父子,岳飞因连日绝食,躺在床上,气息微弱,但他在生命的最后时刻,仍然听到万俟卨的宣读和说话,却不作任何反应。当吏胥们打开牢房木栅时,岳雷出来,对万俟卨和周三畏说:"自家依律入侍看觑阿爹,愿在此收拾遗骨。"万俟卨恶狠狠地说:"岳飞罪孽深重,岂得收尸,只须藁葬于大理寺墙角。你既无干涉罪犯,自当归家,与家人同去广南拘管。"不容岳雷再说,几个吏胥把岳雷拖出牢狱,经由牢狱北面的空地,将他推出北墙的那扇小门。

大理寺狱的禁囚,只剩下岳飞一人。万俟卨站在牢房区的走廊里,亲自监督,他下令说:"依圣旨赐岳飞死!"然后有两个吏胥进入岳飞的牢房,用一柄铁锤,猛击岳飞的左、右胁,此种行刑称为"拉胁"。岳飞因剧痛而浑身冒汗,口角溢血,却并不喊叫,并不动弹,只是怒目圆睁,遗留下最后的一瞥深仇大恨,不久就咽气了。

[叁贰]
历尽折磨

万俟卨等待岳飞断气,然后吩咐隗顺和瞿忻:"你们可连夜以草席包裹,将他葬于南墙角。"两人说:"男女遵命!"万俟卨快意地回到小厅,对周三畏说:"三月大狱,今日方得了却自家们底职事。自今而后,可欢度除夕、元旦,待来年正月,自家们当具行遣事节,面对圣上。"周三畏唯唯诺诺,把万俟卨送出衙门。苍天似乎也为人间的奇冤悲泣,下起了大雪。万俟卨冒雪上轿,离开大理寺。

等到万俟卨等人走后,隗顺才伏在岳飞尸身上大哭,瞿忻也站立一旁落泪。他们用湿麻布把岳飞尸身上的血迹擦去。隗顺想了一下,对瞿忻说:"天色将黑,你不如去南墙角挖一浅坑,然后去佛寺进香,为岳相公祈求冥福。我当于今夜将岳相公掩埋。"瞿忻说:"会得。"他先去挖好土坑,就走出北墙的小门,离开大理寺狱。

瞿忻出门后,才确定了去向。原来钱塘门外有一座小寺,名叫菩提寺,虽然在临安众多寺院中规模不大,连童子、行者在内,不过十余人,但寺院环境清净,住持僧与瞿忻相识。申时下雪暂停,而天色更加阴晦,瞿忻踏着雪泥,来到菩提寺,会见住持僧,就说明来意。住持僧听后,也不由流泪,说:"你可进香,贫僧当与本寺僧众为岳相公父子、张太尉三个忠魂做道场。"于是菩提寺首先为忠魂敲响了钟声。

隗顺所以支使开瞿忻,是决心为岳飞另觅葬地。他想:"岳相公大忠大勇,不幸身殁,岂得藁葬于大理寺墙角。"他先取草帘,里面包裹一些狱中的无用杂物,扔进南墙角的土坑里,用土掩埋。然后又用一大块麻布,包裹了岳飞的尸体,捆上麻绳。

深夜二更时分,隗顺方才冒着漫天的大雪,乘着无行人踪迹,打开大理寺狱北墙的小门,深一脚、浅一脚地行进。尽管岳飞绝食多日,尸体不算太重,但隗顺已是五十多岁的年龄,走了一段路,就气喘不已。他只能把尸体轻放,喘息一阵,然后再走。

钱塘门北的一段城墙,俗称九曲城,因为顺着护城河,曲曲折折。隗顺知道近日九曲城的一段正好崩坍,他走走停停,终于艰难地爬过了九曲城,来到城外的就近一处祠庙,名为五显神祠。他在祠庙旁轻放下尸体,开始寻找埋尸的地点。祠庙正北有一座小山,隗顺就选择山前祠后的一片空地,掘土掩埋岳飞。临时又找来两条枯枝插在小土堆上,作为标记。等一切就绪,隗顺跪在土堆前叩头九次,祝告一番,然后离开。

隗顺虽然偷偷地、仓促地掩埋了岳飞,但心事未了。他后来又买了棺材,安放岳飞尸身,并且在坟前种了两株橘树,立了一块"贾宜人之墓"的石碑。直到他临死前,才将这个秘密告诉儿子,说:"我虽为狱子,自问未做恶事,平生所做底一大善事,便是私埋岳相公底忠骨。岳相公是大忠臣,天下人心所痛,异时必当昭雪。他底私坟便在九曲城外北山之南,其上有贾宜人碑,又有双橘树为标识。他底腰间有一玉环,棺中另有一个铅简,上有大理寺勒字。只待异时朝家悬官赏,你便可得赏。此亦是自家忠厚之报。我死之后,尚得有颜面在阴府冥曹拜见岳相公。"

岳飞之死其实绝不是他和岳雲、张宪的个人惨死,而成了时代悲剧的集中表现。翌日虽是除夕,而临安城内外浸沉在哀痛之中,市民们听到岳飞、张宪、岳雲三人遇难的消息,不论男女老少,无不凄怆落泪。不少人冒雪为张宪和岳雲丧葬,举行祭奠礼,城内外的寺观纷纷敲钟做道场。

岳飞的死讯传到远方,特别如宜兴、江州、鄂州等地的百姓,更是家家户户挂着他的遗像,为这个官方宣布的逆臣举行祭奠。岳飞的生前同僚和友好,如赵九龄、邵缉、黄纵、薛弼等人,也都各自在家中为岳飞、张宪和岳雲设立灵位,行祭奠礼。

迫于当时高压而险恶的政治形势,在温州养闲的薛弼只能关起家门,亲自披麻戴孝,跪拜在岳飞等三人的灵位之前。薛弼一面流泪,一面在灵位前哀诉致词:"下官虽是深悉岳相公等忠勇,亦已知得宦途凶险,故及早为苟全偷生之计。然而将忠臣污蔑为逆臣,必欲处死而后快,其用心之险恶,直是出人意表,亘古未有。一代名将,惨遭毒手,岂得教下官不悲痛欲绝!岳相公等忠魂义魄,自当千古不朽!"

赵九龄、邵缉和黄纵的祭奠,是在常州武进县的赵九龄私宅举行。他们倒用不着像薛弼那样掩人耳目。几个月来,这三位在野之士一直关注着岳飞的命运,简直是坐卧不安,却又束手无策。岳飞等三人遇害的消息是在绍兴十二年(1142年)正月传到常州的。三人马上换穿孝服,赵九龄代表三人,在灵位前沉痛致词:"半年之前,与岳相公底言谈,犹历历在目。岳相公明知前途凶恶,而身在官场,唯是尽忠报国,不计祸福。孤忠耿直,前古未有,而受难之惨,亦是国朝一百八十年所仅见。区区小朝廷,甘心与杀父之仇百般献媚,吮痈舐痔,却是容不得几个忠良。宗汝霖、张正方、李伯纪固已生不得其用,死不得其所,而于岳相公竟是不顾太祖誓约,必欲杀戮而后快意。如此小朝廷,端的是亘古未见。"

在江州的东林寺中,慧海虽然料到岳飞必有噩耗,却不免冲破佛家与红尘绝缘的戒律,禁不住痛哭流涕。他对全寺僧人下令:"忠义岂得厚诬,可为岳相公父子与张太尉做道场四十九日,击钟一万杵。"在东林寺的带领下,江州的所有寺院都响起了钟声,为一代忠魂志哀尽敬。

在镇江府的刘巧娘听到前夫和长子被害的消息,她万万没有想到,在楚州的会面竟成最后的诀别。刘巧娘在家中恸哭三天,她最后征得后夫同意,削发出家当尼姑,天天在青灯古佛之旁,为前夫和长子祈求冥福。

但与此同时,小朝廷的迫害仍在继续进行。于鹏、孙革、王处仁、蒋世雄四人被流放到岭南远恶州军,本已是极重的刑罚,然而依照秦桧的密令,他们都在途中被暗害,而作为途中病故上报。智浃流放到袁州,也因不堪当地官吏的凌辱和折磨而死。

唯有泽一算是到达流放地广南西路的横州,当地的知州正是赵不尤。赵不尤听说岳飞等三人的惨死,本已无比悲愤。对于押解前来的泽一,自然决定特别优待。他私自召见泽一,表示慰问。泽一却坚决表示:"贫僧在诏狱备知人间磨难,唯欲在牢城营及早圆寂,以了宿债。"赵不尤最后还是听从了泽一的要求,在牢城营堆叠八层木柴,其上铺了蒲团,让泽一合掌盘坐其上,然后四面点火。虔诚的泽一在火光中只是念"阿弥陀佛"声不绝。赵不尤因为岳飞的惨死,不久也抑郁而终。

岳飞的前幕僚,如朱芾、李若虚、高颖、张节夫等人都遭弹劾而流放。在这次狱案中主张公道的何铸、薛仁辅、何彦猷、李若朴四人,也被万俟卨、罗汝楫弹劾而罢官。一位布衣文士刘允升,在岳飞生前死后,三次上书,痛斥秦桧,结果被抓到临安府狱中处死。宋廷又追究宦官黄彦节,说他与王敏求勾结,向岳飞私求财物,二人都被流放编管。甚至对寄居鄂州的刘洪道也不放过,根据林大声的密报,由万俟卨出面劾奏,说他"奴事岳飞,倡为浮言,簧鼓将士,几致变生",于是宋高宗下令,将他流放柳州"安置"。

绍兴十二年三月,宋廷酝酿已久的王贵罢官,终于正式发表。王贵听到岳飞等三人的噩耗,只能关起门来,私下大哭一场。他最终被宋高宗加上侍卫步军副都指挥使的优礼虚衔,前往福州,出任福建路马、步军副都总管的闲职。王贵为保全自己而被迫做了违心事,直到他死前,良心一直受到谴责,精神上也一直有沉重的负疚感。

田师中到任后,甚至连与王俊串通的傅选也表示不服。但田师中还是采用阴谋手段,在鄂州军中进一步清洗,把许多不服他的将领排斥离军,并且对军队进行缩编。牛皋因为发牢骚,田师中得到秦桧的密令,竟在一次酒会中投毒。牛皋中毒后回家,临终前对家人说:"我今年六十一,亦是死不足惜。唯恨南北通和,不得以马革裹尸,而死于牖下!"田师中依赖宦官为奥援,竟得以长期掌管鄂州大军。

徐庆已到广南西路静江府就任兵马都监的闲职。岭南地僻,信息更迟。然而他得到岳飞等人的死讯,竟因终夜哀痛而发疯。其他许多岳家军的将领,也都在离军和贬斥之后,饮恨而终。

再说岳雷被逐出大理寺狱后,怀着无比的哀痛,返回家中。李娃早有准备,立即与全体家人穿起了丧服,在没有岳飞父子尸身和棺材的情况下,仍然进行祭奠,厅堂临时改为灵堂。在昏黑而寒冷的雪夜,李娃与全家人只点一盏小油灯,坐在灵堂里。李娃脸上挂着泪珠,用最悲愤而凄厉的音调说:"明日便是除夕,然而蒙小朝廷底恩典,料得自家们便须冲风冒雪,放逐岭南。奴家活得四十一岁,方知得恨莫大于诬害,哀莫大于丧亲。当此万分哀恨之时,你们自当恸哭,以抒悲愤。然而明日有国贼辈命人来,自家们便不得落一滴泪,教他们见笑,教他们快意。"

她的话音刚落,岳雷第一个悲声大放,大家跟着恸哭。不料李清照和柔福帝姬、高世荣竟在岳家门前,不期而遇,并且不顾门前看守军兵的阻拦,进入岳家。李娃只见他们三人身上还带着寒雪,更加感恸,她说:"不意大雪纷飞之夜,长公主、驸马尚是到罪臣之家,而易安居士竟不顾年迈,尤是教奴感愧不安。"她说完,就带领全家人,向吊客下跪和叩头。

柔福帝姬沉痛地说:"奴家此来,只为尽吊唁志哀之礼,与岳氏谢罪。"她与高世荣、李清照急忙把岳家人扶起,他们来到灵位前,就长跪不起,失声恸哭。李娃和岳雷又连忙把他们扶起。

彼此在灵堂中坐下,借着小油灯的黯淡光线,互诉衷肠。李娃盼咐岳雷说:"奴家知得发发哀恸过甚,不得自持,痛愤难以再述。然而今日三位吊客到此,岂得不哀诉狱中见闻,亦可教世人知得诏狱之惨,禁囚之勇。"于是岳雷强忍悲恸,把诏狱中血淋淋的经历,向来客控诉。三位吊客听时,只觉得浑身汗毛直竖,仿佛自己就置身于阴森可怖的大理寺狱,面对毒刑酷罚,而伤心惨目,肝肠寸断。

李清照沉痛地说:"老身苟活五十九年,经历多少伤心辛酸事。然而今夜却如梦方醒。原来老身不是活于人境,而是置身于阴曹地府之中而不自知。岳相公亲书'天日昭昭!天日昭昭'八字。大宋寰宇既成国贼世界,又岂得有天日?又不知暗无天日底人境,竟于甚时方得了结?此外又复何言!"

直到半夜二更,岳家人才送走了这三位吊客,李娃对李清照说:"万分感激易安居士前来看觑。今夜一别,明日必当放逐于天涯海角,便成永诀。唯是易安居士年老体弱,尤须珍重,若因哀恸伤身,奴家虽在万里之遥,又岂得安心。"柔福帝姬说:"雪夜更深,自家们当送易安居士归去。"李娃说:"蒙贤长公主相送易安居士,奴家尤是感激不尽。"

送走三位仅有的吊客,岳家人都回屋上床,但除了小孩外,竟一个人也无法入梦。李娃哄幼子岳霭睡觉后,一个人在黑暗中呆呆地坐在卧室。她的感情已经痛苦得麻木,似乎已不知道痛苦为何物。在恍惚之中,似乎丈夫还是像从前一样,坐在自己面前,向爱妻诉说迎战强敌的振奋、壮志莫伸的苦闷。她下意识地用低得只有自己听到的声音,自言自语:"自古以来,人称忠臣烈士虽死犹生,然而死便死了,又如何得生?何况小朝廷竟叫鹏举、祥祥与张太尉为逆臣。逆臣,逆臣,不愿下拜于仇敌,非逆臣而何?""逆臣",这是一顶多么可怕而沉重的政治帽子,然而说到这里,她又转而对"逆臣"一词有几分好感。李娃情不自禁地吟唱起自己的《秦楼月》。唱完以后,她又用最凄厉的音调说:"鹏举、祥祥、张太尉,不知尔们在天之灵,可听得奴底吟唱?"

房门竟被轻轻地推开了,原来芮红奴和巩岫娟蹑手蹑脚地走进屋里。李娃在暗中看出两人的身影,就起身扑上去,三个人紧紧抱在一起抽泣,泣不成声。李娃突然清醒了,她用最低的声音说:"自家们切不可哀恸过甚,明日教国贼辈见得泪眼!况且明日又须远行,亦须蓄养精神,各自上床去!"于是三人重新上床。

挨过了最痛苦、最受煎熬的一夜,岳家人在除夕仍是正常起身,家里的一切细软全部收拾完毕,只等着朝廷派人,给他们最后的处置。

右宣教郎王会是王癸癸的弟弟,也是标准的膏粱子弟,他向秦桧乞讨了到岳家抄家和发遣流放的差使,带着二百名吏卒,冒雪前来。他神气活现地出轿,率吏卒拥入岳家。

岳家十九口人集合在厅堂。先由吏胥给岳家人介绍:"此官人便是秦相公底舅子、王十七宣教。"王会本来以为,岳家人见到他,必定一齐下跪叩头,乞求恩典。但出乎想像的,是岳家人虽有凄惨之容,却无乞怜之色,大家沉默地站立。

王会忍不住高声说:"如今须点检逆臣岳飞底家小,甚人是岳飞妻阿李。"李娃应声说:"奴家便是!"她对岳雷说:"发发,可将全家名籍与家产簿交付王宣教。"岳雷上前,说:"自家便是岳氏次子岳雷。"他把早已准备好的两份清单交给了王会。

王会看后,首先对张宗本说:"张承事,你已是朝廷正九品官,又非岳家底亲属。若是依岳家名籍,便须除名,同共流落岭南。"张宗本说:"自家与岳相公恩同父子,如今与义母芮安人千里迢迢,到得临安,只为与岳家人共度艰蹶岁月,万死不辞!"王会简直有点不相信自己的耳朵。王会又问两名男仆："你们既是家奴,自可发落归家。"两人说："男女自愿伏侍岳家人,前去岭南。"

王会开始统计岳家的财产,他原先指望在抄家时,顺手牵羊,至少发一笔小财,并且为此带了五名私仆前来。他见到家产簿中并无金玉珠宝之类,算得上值钱的物件只有金、玉、犀带五条,就命令吏胥按家产簿逐一核对和搜查,本人也亲自视察和监督。岳家的书房里有三千多卷书,这是岳飞生前十分珍爱的,但不愿读书的王会只把书籍视为废物,不屑一顾。一名私仆取来五条金、玉、犀带,问王会说："宣教可喜爱否?"王会见过的奇珍异宝,连自己也数不清,怎么会看得上这五条带,他把手一挥,说:"此正可赏你们五人。"

到此地步,王会感觉非常扫兴,但他还不肯死心,就追问李娃:"莫非你们另有私产瞒昧隐藏?"李娃说:"相公生前常以为,珠玉不足贵,而粟帛方足贵。故如今仍于鄂州寄存布、绢三千一百五十五匹,米、麦五千二百二十四斛,本欲接济军民之急。另在江州有田七顷八十八亩一角一步,地一十一顷九十六亩三角,水磨五所,房廊、草、瓦屋四百九十八间,供赡养南下底岳氏宗族之用。如今皆登录在簿,何须隐瞒。"

王会说:"岳飞曾为大将,家产如此菲薄,岂得教人信以为真。"李娃用平缓而略带悲愤的语气回答:"相公生前若是效法张枢相,宝玩满堂寝,田园占州县,姬妾成群,只为子孙家计,又何得为逆臣,而榜示天下!可怜他只以忧国爱民,不爱钱,不惜命自律,而至死不悟,岂不是罪有应得,死有余辜!"

岳雷虽然荫补了忠训郎、阁门祗候的官位,他事实上没有出入官场。真正懂得李娃说话分量的,当然是张宗本,他非常担心李娃的话刺痛了对方,王会因此恼羞成怒,施加横暴。但王会却反而被李娃说得理亏心虚,沉默多时,无以对答。他好不容易才转问两名男仆:"你们若能告首岳家隐瞒家财,便有重赏。"一个年龄更大的男仆说:"男女伏侍岳相公多年,端的未见他家购置金玉珠宝。"王会说:"既是恁地,你们不得随岳氏南下,须是随官府在临安、江州、鄂州等地,抄扎根括岳氏私财。"

两个男仆流泪满面,再三向王会解释和请求,王会就是不允。李娃感恸地说:"家门不幸,连累你们,奴家委是问心有愧。"两人又长跪在岳家人面前,泣不成声。此时王会下令:"时辰不早,可将逆臣岳飞家人尽底押解广南。"

于是岳家十七口人,在五十名吏卒的押送下,离开赐第,冒着岁末寒雪,沿着小街僻巷,准备从城西南的钱湖门出城南下。尽管百姓们往往不知情,但沿路仍有不少人哭泣送别,有的人长跪在雪地,向蒙冤含屈的岳家人志哀。到达钱湖门外,送行的百姓竟聚集了好几百,许多人纷纷给岳家人送来了诸如荷叶饼、芙蓉饼、蜜糕、麦糕、豆糕、糍糕之类,表示慰问。

负责押送的,是一名小武官承信郎,他对岳家怀着同情心,所以一出钱湖门,就不再驱散百姓。李娃对送来的食品和物品一概谢绝,说:"承蒙众百姓不嫌弃逆臣之家,然而岳家人岂得受此馈赠。"有的百姓就开始向吏卒们送礼说情,嘱咐他们在沿途照顾忠臣家属。那位承信郎最后说:"百姓们须知,自家亦是个嚙齿戴髪底男子,岳氏已是冤痛至深,自家岂得再做不义底事。我自当沿途看觑关照忠良一门。"有了他的保证,众百姓方才放心离去。

在流放途中,也不断有人向岳家人志哀,给予各种照顾,使岳家人重新感受到人间的是非公道和温情。他们将到流放地惠州,有一青年前来投奔岳家,原来此人竟是岳飞克复建康府时,亲自在大火中营救的孩子高祚。四年之后,高祚就与岳安娘结婚。

在岳家流放之后,鄂州的高芸香三口也在绍兴十二年正月动身,被押解前往福建路的兴化军。按照宋高宗的圣旨,是由王贵派军兵押送。高芸香三人启程时,鄂州的军民不顾政治上的高压,为他们送行。出鄂州城后,负责押送的小军官私下对高芸香说:"下官张化,原是鄂州市肆底屠夫,只为与友人复仇,杀得另一屠夫。岳相公审知,便移檄取下官到军中,免于一死。如今受王太尉密令,须是沿途关照张太尉家人,不教受苦。"

张化护送高芸香母子,进入福建路建州地界,在官道上有两名男仆打扮的人,前来询问:"前来底莫非是鄂州前副都统制张太尉底家小?"张化反问道:"你们是甚人,何以前来打探?"两人说:"自家们是新兴郡王夫人底干仆,与张太尉底高夫人有旧。"高芸香听说是一丈青,一时悲喜交集,对张化说:"郡夫人便是当年赫赫有名底女将一丈青。"

他们随两名男仆来到了一丈青王燕哥的庄宅。这所庄宅远离城市，显得幽静，如今只剩下这位女主人和十多名男仆女使。一丈青下肢瘫软，如今只能每天在女使护持下，或是坐着，或是躺着，但双手依然有力，时而还坐着抡动当年上阵杀敌的双刀。

高芸香进入小厅，就抢步上前，情不自禁扑向坐在交椅上的一丈青，与她抱头恸哭。彼此积累太久的辛酸泪水，总算都有了一个倾泻的机会。所有的在场者目睹这种情景，也都感泣起来。两人哭了许久，高芸香才叫张敌万和张仇娘上前，拜见一丈青。一丈青吩咐男仆招待张化等押解官兵，让张敌万和张仇娘到客房休息和饮食。自己则与高芸香互诉衷肠，单独谈话。

听完高芸香的叙述，一丈青一面流泪，一面咬牙切齿地说："天可怜见，岳五哥、张四哥如此忠荩，竟惨死于国贼之手。奴家恨不能做一个生肉翅底，飞向临安，将赵构、秦桧等国贼皆予斩戮，方雪得心头之恨！"她停顿了一会儿，又无可奈何地哀叹说："难道教赵构这厮做一国之君，竟是昊天上帝与祖宗底意思？天理何在？"高芸香却规劝说："此等言语，郡夫人切不可与外人说，与男仆女使说，唯有你知我知。"

高芸香也不可能在一丈青的庄宅里长久停留，当她向一丈青告别之际，一丈青只能对她说些安慰的话："自家们情同姐妹，然而又不得随妹妹前去。奴家当命仆役逐月前来存问妹妹，唯愿一路小心，养得儿女成人，留得张四哥忠良一脉，以慰他在天底忠魂。若是日后得以昭雪，妹妹便到此庄宅，与奴家终身为伴。"

岳、张两家在流放地一住竟是二十年。他们尽管也经常感受到人世的真情和温暖，然而在严酷的政治背景下，他们必须承受精神上的持久折磨，生活上的长期困顿，苦熬光阴，以日为岁。

流放后的第四年，即绍兴十五年（1145年），芮红奴病死。岳雷和温锦萍夫妇在流放地又接连生下五个儿女，岳经生于绍兴十二年，岳纬生于绍兴十三年（1143年），岳三娘生于绍兴十六年（1146年），岳纲生于绍兴十九年（1149年），岳纪生于绍兴二十一年（1152年）。此后不久，岳雷夫妻竟双双病死，岳雷的病死当然与牢狱中的刺激太深有关。他每次回忆大理寺狱中短暂的八天,总感觉惨不忍想,恸不忍述,却又在伤心时,不厌其烦地向亲人诉说。

当岳雷病革时,陋屋斗室之中不能容纳全部亲人,只有巩岫娟以长嫂的身份,带领他的六个子女站立床前,李娃只能率其他亲属站在门外。他恍惚之中,听到众人啼哭,就说:"人间既无公道,闻得阴府尚有公道,我去追随阿爹、大哥、张太尉等,你们又何须悲苦。闻得在临安行朝,逐日灯红酒绿,自夸中兴盛世,行宫又叫秦桧为'太平翁翁'。然而我身在圣朝,既深悉诏狱之惨,又饱尝流离之苦,唯知只有八字。"巩岫娟问道:"甚底八字?"岳雷勉力说出他最后一句话:"草菅人命,惨无人道!"

在埋殡了岳雷夫妻后,岳霭愤慨地说:"恁地苦度岁月,不知如何方是了结?"李娃对全家人说:"万俟卨那厮在行刑前言道,国朝宽大,圣上仁慈,故岳氏、张氏等得免于三族、七族、九族之诛,教自家们感戴皇恩浩荡,网开三面。然而自家们放逐到此,拘管十数年,方知死罪或只是一刀之痛,而活罪底惨苦,亦非稍逊于死罪。老身曾是痴心妄想,以为既有太祖誓约,岳家尚得于岭南完聚,虽是生计艰苦,亦尚可苦中求乐。不知山河破碎,又岂得教'尽忠报国'之家完整无损。如今岳家又增新坟。虽是如此,自家们尤须切记'忍辱负重'四字。奸佞辈代不乏人,黄潜善、汪伯彦之后,又有秦桧,秦桧之后,亦不知复有何许人。难道忠良便理应断子绝孙,不复振作。老身所以不愿追随你们阿爹于地下,皆以为此。"

李娃履践着她"忍辱负重"的誓言,顽强地活着,使她宽慰的是,不仅巩岫娟和张宗本夫妇悉心体贴,而逐渐长大成人的岳安娘、岳霖、岳震、岳霭,还有高祚和其他孙子、孙女们,愈是在苦难的境遇下,就愈加友爱,彼此关切。